U0057968

# 有效的讀寫教學：
## 平衡取向教學

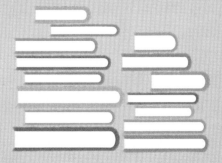

Michael Pressley 著

曾世杰 譯

# Reading Instruction That Works

## The Case for Balanced Teaching

### Third Edition

MICHAEL PRESSLEY

# 目錄

目
錄

iii

有效的讀寫教學：平衡取向教學

Reading Instruction That Works:
The Case for Balanced Teaching

# 作者簡介

Michael Pressley 是密西根州立大學教育心理與師資教育的教授,曾任教於威斯康辛大學麥迪遜校區、馬里蘭大學、聖母大學等校。他的學術著作主要聚焦在教育心理學、發展心理學、師資教育、讀寫教育等方面,尤其對閱讀理解教學有特別深入的研究。作者總是設法幫助老師們及學校克服在讀寫教育上所遭遇的困難,他在教學現場描繪出讀寫典範老師之所以傑出的作為,他也根據自己的研究,大力提倡平衡式讀寫教學法,對美國的讀寫教育有深刻的影響。

本書初版於 1998 年問世,在美國各大學教育學院甚受歡迎,為因應美國國家讀寫教育政策的改變及學術界新知的遞嬗,作者不斷蒐集資料改寫,到 2006 年,就完成第三版的修訂版。作者在寫第三版時,身罹癌症,卻以強韌的意志力撐了下來,本書最後一章的英文章名下有幾個字——「因為時間的關係⋯⋯(for the time being)」,這是本書內文中唯一指出作者即將面臨生命界限的訊息,看來令人感傷,但在閱讀他這本素材豐富、證據本位又具批判想法的鉅著後,任何人都會心生敬仰。

# 譯者簡介

　　**曾世杰**，花蓮玉里人，中原大學心理學系、國立台灣師範大學特殊教育研究所碩士、美國俄亥俄州立大學哲學博士，現任國立台東大學特殊教育學系教授。學術研究重心主要在閱讀的認知心理學研究及讀寫補救教學。致力於提升偏遠地區文化社經弱勢兒童的基本學力，座右銘是「量變可以造成質變」及「Together we can make a difference!」，和許多朋友一起，在許多小地方持續努力，就有成功的一天。

# 推薦序

第一眼讀到本書書名《有效的讀寫教學：平衡取向教學》，讀者可能納悶：教學要平衡什麼？教就是了，把學生教會就對了，不是嗎？若教學是專業，其中有各種能力與關切，特別是不同學科包含各種教法與內容合成的教學成分，而成分間的關係如何表述是專業教師常常思索與探討的一門學問。

什麼是教學成分？以國語科教學為例，大約有生字新詞、朗讀、內容深究、形式深究等部分。依據我在教室中的觀察以及根據老師們填寫的問卷，老師們放較多時間在生字新詞教學與朗讀上。這就是不平衡，因學生沒有學到如何理解。

本書第一章提到「全語言」，這對多數讀者來說或許陌生，甚至名稱本身就叫人不知所云。這是對閱讀能力發展與教學的一種理念。作者一開始就說明全語言，是因為關於閱讀，有這麼一個辯論。有人以為若不認得每一個字怎麼可能理解？有人則認為由上下文大致知道文章意思就可以，不需逐「字」閱讀。閱讀時我們腦中既有知識會被啟動幫助整理由文章得來的訊息。這是所謂由上（既有知識）而下（解字）的閱讀。當然，相對的，有人較主張由下（解字）而上的教學理念。事實是，文章由字詞組成，不識字一定不理解，但識字也不一定理解。閱讀需上下兩者互動。這就是平衡。

平衡取向教學除提到認字與理解的平衡，更重要的是在注意學生的程度與進度。識字不多者或初學者需要多學識字與詞彙；年級較長或較有能力者需要以合適的理解技能去解開文字所表徵的意涵。作者一開始以自己一生的學習閱讀為例所要表達的就是依著發展（亦請參考第 12 章附錄：讀寫能力發展之里程碑），老師要依學生能力給予不同的指導。若由小學到高中都偏向字詞教學，那就大大不平衡了。最後一章作者提出「十種不明智且隱含危機的讀寫教學主張」，這是反省。我建議讀者不妨用這十點檢

視自己對全書的理解，以及自己對語文、對讀和寫教學的想法與理念。

　　曾世杰教授經年全心全力投注於偏遠地區學童的讀寫教育，深知讀寫能力不足對個人一生的影響，也確信適切的教學可以讓學生終身獲益。我讀這一本書就像讀他對國民義務教育的殷切期盼，因此特別推薦給大家。若我們覺得今天學生讀與寫能力有加強的必要，讓我們一起回想當年我們如何被教導和今天大部分學生所接受的教法有多大差別？若你看到國語科教學方法多年不變，閱讀這本書是我們改變的開始。

國立中央大學學習與教學研究所教授

柯華葳

# 譯者序

你拿到厚厚這本書，主題是讀寫教學與教學研究，你問自己，美國的書對我有用嗎？

有沒有用，是看讀者的需求而定的。這本書在短短的時間內在美國多次再版，非常受第一線老師及研究者的歡迎，在台灣，我預計可以受益的讀者群有：

- 教國語文的老師。
- 英文老師。
- 資源班進行語文補救教學的特教老師。
- 國語文及外語師資培育的教授及研究生。
- 讀寫教育及閱讀研究者。
- 讀寫補救教學的研究者。

因為書的確有點厚，而且用了些學術術語，所以我以下做一點背景的說明，包括我為什麼要譯這本書，也許有助於你後續的閱讀。

2006 年至 2007 年，承國科會支助，我在美國維吉尼亞大學當交換學者一年，研究的主題是低成就及閱讀障礙學生的早期閱讀教學，重點在觀察美國國家政策、學術研究與教育現場間的聯繫。這三方面的聯繫正是台灣最缺乏的。

John Lloyd 教授幫我安排了一個儲放許多國小閱讀教材的研究室，從研究室到教育學院的圖書館只需一分鐘路程，我每天早上一到校，就如魚得水般進入教材、書本和期刊的環境。那時我還參與了系上的研究討論，退休的小學老師 Pat Lloyd 安排我參訪多所美國小學，我因此認識了許多優秀的老師，也有幸坐進她們的教室學習。每天下午三點，我回到宿舍，五年級的子揚和二年級的子安放學回來，我要幫他們補強英文。而那時我在台東的弱勢閱讀補救教學實驗仍在進行，正在發展教材，我一篇一篇地寫

出補救教材的課文。為了補充自行摸索的不足，我旁聽 Paige Pullen 博士開在師培學程的「讀寫教學」。這門課所用的課本，就是你手上這本《有效的讀寫教學》。

那一整年，我所有的工作時間都泡在「讀寫教學」裡。除了學習美國人是怎麼做的，也回頭思索我們台灣是怎麼做的。比較之後，我覺得一個最根本的差異是方法論上的。現在美國的教育決策，從國家級的政策到教室裡的教學決定，都非常強調證據或研究本位（evidence- or research-based），這也就是作者 Pressley 寫作時的基本態度。從美國讀寫教育的歷史脈絡來看，強調證據本位的決策，的確有助於美國處理爭議數十年的「閱讀戰爭」，本書就是從這個割裂美國語文教育界的難題開始的。這本書的副標有「平衡取向」的字眼。「平衡」乃捨兩端、執其中的意思，這裡的「兩端」，指的是美國數十年來語文教育界嚴重對立而且衝突不斷的兩大陣營：

- 技巧導向教學（稱技巧優先；skill-based or skill-first instructional orientation）。
- 全語言導向教學（whole language instructional orientation）。

**技巧導向**　從殖民時代起，技巧導向的教學就是美國語文教育的主流。在技巧導向的教學裡，讀寫被化約成許多小小的技能，教室裡教與學的目標，就是熟練這些被拆解的技能。它強調解碼，強調看字讀音，強調學習字母（串）與語音間的關係；台灣國中英語教學常用的「自然發音法」（phonics）就是一種典型的技巧導向教學。技巧導向教學經常使用與真實的讀寫相關不高的大量練習，如各種拼字、文法、克漏字的學習單等；評量時，經常採用標準化測驗，讓老師可以很快地找到受測學生在常模中的位置。

**全語言導向**　全語言支持者強調，只要讓孩子浸潤在有意義的語文環境中，兒童就可以自然而然地習得讀寫能力，千萬不能刻意去教孩子字母和字音連結的道理，因為那會讓有意義的篇章斷裂成瑣碎、無意義的音節、音素和字母串，兒童會失去閱讀的樂趣及意義感。在典型的全語言教學環境中，老師只在需要的時候隨機教導解碼的技巧，主要的教學活動就是大

量的語文活動，讓學生浸淫在高品質的文學作品或真實的報導說明文字中，並從事主動的、符合自己興趣的、真實的閱讀與寫作。

兩大陣營孰是孰非的爭議，在美國被稱為「大辯論」或「閱讀戰爭」。兩種說法南轅北轍，公說公有理，婆說婆有理，怎麼辦呢？美國人把這個太大、太久而且已經政治化了的爭議，化約成技術層次的問題——看看實證研究怎麼說。

近三十年，閱讀的科學研究備受看重，弱讀者及讀寫障礙者為什麼會有讀寫的困難？除了傳統在社會、心理及行為的層次研究之外，大腦照影工具的出現，更讓認知科學家對造成讀寫困難的認知歷程及生物致因有更清楚的認識（參見第 2 章），這些學術上的成果慢慢累積，科學家漸漸了解了一般兒童的閱讀習得是怎麼回事，學術研究開始影響到學校的讀寫教育，最後影響到整個國家的決策。

1997 年美國國會責成 NICHD 邀請閱讀研究學者組成國家閱讀小組（National Reading Panel, NRP），2000 年 NRP 提出近三十年實證研究的文獻回顧報告，指出什麼才是有效的讀寫教學法。根據這個報告，2001 年美國完成「不放棄任何一個孩子」（No Child Left Behind）立法，法案強調主軸之一就是「證據本位」（evidence-based）的有效教學，法案強調要用系統（systematic）、明示（explicit）的教學法來教下列五個讀寫成分：

- 聲韻覺識。
- 自然發音教學。
- 詞彙。
- 流暢性。
- 閱讀理解。

這五個成分也就構成了本書的主要內容，像第 3、4、5 章講的就是聲韻覺識與自然發音教學，第 6 章談流暢性，第 7 章談詞彙，第 9 章談閱讀理解。

國家閱讀小組 2000 年提出報告所指出的有效的閱讀教學，幾乎一面倒地支持技巧導向的教學法。這個政策讓全語言的支持者大為忿怒，攻擊迄今未歇。但許多全語言論者不接受科學檢驗的態度，一開始就落人口實，

最後也提不出證據說明自己的優勢，在 NCLB 立法後，美國的國家機器明顯轉向，政策離全語言愈來愈遠，本書第 1 章對全語言教學由盛而衰的歷史有詳細的介紹及評論。

但本書作者 Pressley 並沒有對全語言取向的想法做出打落水狗的舉動。他是杜威和皮亞傑的綜合體，除了涵泳在科學文獻中，也看重現場的實踐。他不只強調理論，也不只強調實務，他更強調實證研究對理論與實務的啟示。他最有名的幾個研究，都是進入教學現場觀察專家老師怎麼教（想當專家老師嗎？請參見第 8 章關於專家老師的研究），再整理出有效的讀寫教學策略來。他發現人人說讚的優秀國小專家老師都是採「平衡取向」的折衷派，既強調系統、結構的解碼技巧教學，也讓孩子盡量有機會浸潤在全語言學者強調的有意義的語文氛圍中。

Pressley 這種平衡取向的說法，是要有相當勇氣的。這和西方文化的二元對立習慣有關。你敢說兩邊都有對的地方，保證就會有人罵你「騎牆派」。這點作者在序言裡自己也提到。但 Pressley 是有證據才這麼說的，因此他心安理得不怕人罵。不但如此，他並不完全照著 NCLB 的立法內容來寫書，他外加了幾個國家閱讀小組沒有提到的教學成分，如寫作（第 10 章）及動機與讀寫的學習（第 11 章）。

這本書最棒的地方是每一章都有豐富的理論與實證資料，並依合於邏輯的順序整理，讓讀者可以很快地掌握這個領域數十年來研究的重點，及這些研究對教學現場的啟示。

以第 11 章的主題「讀寫動機」為例。作者先引大型的調查研究結果指出，兒童年紀愈大，閱讀的動機愈低落。為什麼呢？作者提出歸因論及社會比較的研究，來解釋低年級到高年級兒童動機的改變。指出了動機逐年低落的現象並給予合理解釋之後，再來就是「怎麼辦？」的問題。作者以六個小標題，整理出有實證基礎的提升動機的策略。不但是這些主要的策略，本章的最後一部分，還舉專家老師的具體作為，告訴讀者在教室裡你該做什麼、千萬不要做什麼等等。

這本書可以慢慢地從頭讀到尾，但也可以依讀者的需要，一章章獨立來看。例如，如果你想要提升班上學生的讀寫動機，可以只看第 11 章；如果想要提升學生的詞彙量或閱讀理解，可以只看第 7 章及第 9 章。為了讓

讀者可以一章章獨立閱讀，我刻意讓某些內容相似的譯註在書中的不同章節重複出現，以利閱讀。我相信這種資料豐富的作品對研究生也非常有幫助。一位研究生告訴我，他原來腦袋空空的，在看了第 11 章之後，他聯想到好幾個可以在台灣做的讀寫動機研究，一下子興奮起來。

我沒想到譯這本書會這麼辛苦，譯到後來除了總是頭昏眼花肩膀痠痛之外，其實心裡也滿難受的——本書最強調的語文教學實證研究，正是台灣語文教育界最貧乏的領域。我們不但做得少，好像也沒有察覺自己的貧乏。

教育界人人都有「理論與實務結合」的理想，但是，只強調「理論」與「實務」，經常會面臨一個問題，當不同的理論指出不同的方向時，哪一個理論是對的？或者是比較對的？

以數學教育為例，1994 年後建構主義席捲國中小數學教育，極端到甚至反對背誦九九乘法。但 2003 年教育部一紙公文，國小又恢復了原來的教法。我們得到的教訓是，即使有不錯的想法，你不試試看，怎麼知道它可不可行？

換句話說，「理論」與「實務」之間，應該還要有「實證研究」的中介。理論經過了實證研究的檢驗及修正，最終才能讓教育決策者及現場老師知道，怎麼做學生最能受益。但，我們的語文教育界，實證研究的努力卻真的有待加強。

2005 年我曾應國科會人文處之邀，整理民國 90 到 94 年間總共一千三百五十七篇申請通過的專案研究。這五年內和國語文教學相關的研究只有四十三篇，占全部專案的 3.2%。有可能因為特殊教育學生國語文補救教學需求殷切，在四十三篇語文相關的研究專案中，有二十八篇是特教領域的學者提的，十三篇為教育學系學者所提，只有台灣師大的兩篇（0.15%）來自國語文教育系。國語文課程在國中小所占教學時數最多，國語文教學背景的學者負責各階段國語文教育的師資培育，但是從以上的數據來看，台灣的語文教學界並沒有看重教學實證研究。

從 2009 年高中國文課本文言文該占多少百分比的爭議，也可以看出我們的基礎研究是不足的。我們會想要問，為什麼文言文要占 65% 呢？若文言文真的那麼重要，占 85% 豈不更好？許多高中生認為文言文只剩下語譯

譯者序

和背誦，高中國文老師是怎麼教文言文的？選文時，文學和思維的分量各要占多少？高中生在學了這麼多的文言文之後，閱讀動機是提升還是下降的？進入大學、職場後，真的需要的語文能力是什麼，和文言文占課本內容的比重有關嗎？

到目前為止，這些問題當然仍然是沒有答案的。

因此，這本譯書除了有其實用價值外，在研究上，我也希望它可以給台灣所有關心讀寫教育的夥伴們，有具體的例子可以去想像，怎樣進行相關的研究，把我們的語文教育做得更好。

最後我要感謝我的幾位學生和助理，張毓仁、黃馨誼、羅小凡及洪怡君，他們以合作及接力的方式協助我，讓我節省了許多時間。也謝謝柯老師在眼病後，於畏光的狀況下幫此書寫推薦文。譯書工程繁複，錯漏難免，還請行家好友多予指正。

曾世杰

# 緒　論

　　這是一本關於有效之國小語文教學的書，所有想知道「國小語文教學該怎麼進行？」及「這些教學作法有沒有研究根據？」的人，都是我預設的讀者。包括語文老師與語文專家、重視讀寫並協助他人在職教育的人、師資培育者、研究生、關心國小語文教育的政策決定者以及家長。簡言之，本書寫作的對象相當廣，我試著以友善、可以了解的文字，對初始閱讀做相關的研究文獻回顧，讀這本書的人，不需要具備閱讀研究的專門知識。

　　本書強調的是平衡觀點（balanced perspective）的讀寫教學，而不特別強調「全語言」（whole-language）或者是「技巧優先」（skills-first）的教學取向。平衡讀寫的教師能夠結合全語言與技巧教學的優點，他們的教學表現會超過兩種教學加起來的總和。我先在本書的前半部討論全語言（第1章）及技巧教學（第2章）的本質，和初始閱讀可能有的種種潛在困難；而在本書後半部分說明平衡教學的理念。1990年代中期，我在寫本書第一版時，在讀寫教學上採取這種平衡取向的觀點，是和當時的文化氛圍背道而馳的。那時有許多人強烈地認同「技巧導向」或「全語言」；我的書卻強調中道，認為比較好的讀寫教學必須包含這兩種看法。這種說法惹惱了對峙中的兩邊陣營。我經常聽到有些指控說，這種平衡取向的說法只是全語言的偽裝，這樣的批評當然來自於技巧導向教學的狂熱份子。同樣的，我也常聽到平衡取向只是技巧教學的偽裝的說法，這樣的抱怨當然是來自一些全語言的提倡者。當然，我自己認為兩邊的批評都扭曲了我的立場。

我的立場是，平衡讀寫教學必須包含技巧導向的教學及全整式的學習機會。在這個信念下，我希望老師們能被充分告知如何教導閱讀技巧，以及如何執行全整式的讀寫經驗教學。

不幸的是，比起第一版出版的時候，現在消費者可能更容易受到市面上出版品的誤導，以致誤解了平衡讀寫教學的本質。只要上網看看，有關平衡讀寫教學的書不可勝數。我讀了不少這樣的書，但我的感覺是，這些書經常強調的其實是技巧教學或是全語言觀點的教學，而不是平衡取向的教學。我常聽到有人指控：「平衡取向的教學只是技巧觀點（或全語言觀點）的煙幕」。但這種說法似乎已經刺激了某些作者，就真的掛著平衡取向的名義，為某一陣營立場來建構這樣的煙幕，看來那些指控似乎是自我驗證的預言。相對的，我要在這裡強調，技巧教學和全整式的教學只有在同鞍共轡的情況下才會有最好的表現。2005 年我撰寫本書的時候，會比起八年前我寫第一版和四年前寫第二版時，得到更多的認同。

在讀這本書之前，我要給讀者一些忠告，就像第一版和第二版一樣，我寫第三版時一直和許多老師互動，這些朋友花了許多時間讀這本書。他們跟我說，這本書他們讀了又讀，每次都發現新的意義。雖然，我把平衡教學最主要的概念說得很清楚，但在文章的字裡行間，我還穿插一些訊息，希望能促進大家在讀寫教學和研究的議題上有一點思考。我的忠告是，你要有心理準備，在你讀完這本書之前，也許這本書的裝訂就已經脫落了。我很確定在網路上賣舊書的網站，很難找到本書乾淨、牢靠的二手書。

對寫作的人而言，也許最常聽到的忠告就是「寫你自己知道的事情」。這本書就是在寫我所知道與我所相信的，內容都根據我對閱讀研究與閱讀教學的詮釋而寫，也根據我作為以一個閱讀教育研究者活生生的經驗來闡述。我要在緒論裡面綜覽我過去的這些經驗，因為這樣也許可以幫助你了解，為什麼本書會採平衡教學的立場。

## 我自己就是一個發展中的讀者

本書的許多結論，和我還是學生時的學習經驗絕對有關。我成長的家庭看重閱讀，總是充滿了現在所稱的「萌發讀寫經驗」。小時候，我家裡

所提供的刺激對於學前讀寫發展來說都是最好的，本書第 4 章還會再談。

我在 1957 年秋天入小學後，開始接觸 Dick、Jane 和 Sally[1] 系列教科書。他們三個小朋友已經成了代表美國二十世紀中期的文化表徵（Kismaric & Heiferman, 1996），而我從小學一年級入學開始，就以這一系列教科書的方法在學全字法（whole words）。但是，我小一的老師Lindley McKinney 小姐在 1995 年寫信給我，告訴我她其實並沒有完全照全字法的方式來教學，因為她加了許多自然發音法（phonics）的教學活動。她的記憶和我的回憶是相符的，我記得上課有許多要念出字詞來的活動，而且有很多對字詞裡語音的思考。從這些個人經驗，我學到有效的教學不一定要完全和某一方的觀點一致，有效的教學有可能是不同觀點的混合物，這也是本書主要的結論。

雖然，我在小學一年級的時候學得閱讀解碼，而且學得還不錯。但在一年級以後，我不太確定自己在閱讀時是否有好的閱讀理解力。例如，在初中時，我對中學教科書的作業因應方式是，一讀、再讀、三讀。這也是現在許多高中生所用的策略（Wood, Motz, & Willoughby, 1998），甚至有很多學生進大學後也是這樣讀（Cordón & Day, 1996）。這種策略糟透了，而且很花時間。也因為如此，那時我對學校成績和考試感到特別焦慮。例如，初中時我修了一門大學預修英文課程，老師要求我每星期讀一本書，我都有讀，但我必須承認，我實在很害怕老師會針對這本書來小考，因為我真的難以了解並記住書裡寫的東西。

我初中和高中的時候，學校有教一些理解策略，像是SQ3R（Survey、Question、Read、Recite、Review；瀏覽、提問、閱讀、背誦、回顧）的策略（Robinson, 1961），這個策略包括先瀏覽過文章，再根據篇名、標題和圖案來問自己一些問題，然後開始閱讀背誦，最後再做回顧。這些策略似乎不容易執行，我的理解和記憶也當然沒有明顯的進步。在那時，我就認為應該要有更好的策略才是，事實上真的有，在本書第 9 章我就會談到。

我在大學發現了先備知識（prior knowledge）的重要性。我在西北大學

-------------------------

1 譯註：當時全美國最盛行的讀寫課本，主角是名叫 Dick、Jane 和 Sally 的三個小朋友，該教材主要採用全字法教學，把每一字當成一個獨立的單位學習，並不強調字音的分析，即自然發音法。

的第一年，學校功課要求特別的嚴格，我幾乎無法在選修的課程裡跟上其他同學。因為他們在這些科目上的背景知識比我強多了。但在先備知識上，我也有我的優勢。高中時，我在化學科目有充實的經驗，所以對我來說，大一化學比其他人來說容易多了。大一結束，我就明白了背景知識對於了解和學習的重要性。這樣的領悟來自於在某些科目，相對於別人，我的背景知識是不足的，但在其他科目，我的背景知識強過他人。本書許多部分會談到背景知識的重要性，因為它對閱讀理解有重要的貢獻。

大學時，我開始使用閱讀及學習策略，通常是向同學學的。在大學後幾年，我終於變成一個能夠善用閱讀策略的讀者。我花了相當長的時間，才讓自己閱讀策略的使用可以發展到目前的程度。進入中年之後，在我特別熟悉的領域，因為具備豐富的先備經驗，所以可以快速閱讀。我學會了略覽書籍，並讀得很快，可以避開文章中我早已知道的細節。我在讀的時候，總是想把我正在閱讀的材料，與我的先備知識和信念連結在一起。而且我清清楚楚知道，自己主動地在尋找比對，到底我所閱讀的內容和我過去先備知識有何相同及相異之處。對我可能有用的章節，我會特別注意及仔細閱讀，這樣我才可以了解並記憶。在中年職涯一半過後，我成為一個技巧熟練的讀者，我可以很有信心地與他人溝通我在書中所讀到的內容。作為一個研究閱讀的學者，我知道大學學生能夠把策略性閱讀做得很好的實在少之又少。他們需要多年的閱讀經驗，才能發展閱讀的能力。我們將在第 2 章談到這點。

# 研究之路：閱讀與閱讀教學

我在學術界的經驗，對本書的構想有重大的影響。過去心理學的背景，影響著我的思考，尤其是發展心理學和教育心理學。這些心理學領域的準備，讓我能夠執行閱讀與閱讀教學的實驗分析，也能夠讓我的技巧有所改進，並且看到閱讀領域的新議題。本書回顧了來自不同領域的研究，這些研究應用了不同的方法學，這都跟我個人研究的多樣性有關。

## /大學及研究所教育/

1969 年至 1973 年，我在西北大學念心理系。大四時修了一門榮譽的論文寫作，為了完成這本論文，我大四的時光大部分都花在伊利諾州 Evanston 市的許多學校裡。那時，Evanston 的學校有很多革新在進行，這個經驗讓我看到研究的重要性，並且知道教育界各種不同的學術觀點。我在 Evanston 這些學校的日子，引發了我對教育的終身興趣，而且想知道研究如何幫助正在受教育的兒童。

1973 年的 8 月，我開始了在明尼蘇達大學兒童心理學的博士學位。感謝附近十校聯盟[2]的協議，讓我能夠在威斯康辛大學麥迪遜校區的教育心理學系修習我博士的課程，並且在那裡做了兩年的研究。1977 年，我得到博士學位，從那時開始我就一直參與一系列相互關聯的學術界合作，這些經驗讓我對寫這本書有了適當準備。

## /人類發展與教學的研究/

在研究所的日子以及畢業後幾年，我的研究都關於人類自然的策略發展和策略教學。我得到最主要的結論是，非常精緻的心智策略需要多年的發展才會成熟。但是，我也發現有其他的研究支持一個說法，即使是低年級的小朋友也能被教會一些策略，如果不教而讓他們自然發展，就會耗費多年。亦即，在我早期的學術生涯中，我就發現策略的自然發展經常是緩慢且不確定的。但若經由教學，這些發展會較快較好。我在本書的第二版，剛好有機會回顧那時所做的研究（Pressley & Hilden, 2006）。

## /對熟練性閱讀的研究/

好的發展研究者都知道，若想要了解發展，最重要的是，你必須先了解正在發展的特質或能力是怎麼回事。許多研究者就聚焦研究各領域專家的表現，這方面的研究非常有用，讓我們知道在發展的過程中，應該看重

---

2 譯註：Big Ten，這是美國中部十所大學合作的聯盟，除了學術交流、交換學生外，也有各種跨校運動競賽。

哪些因素。1990 年代早期,我和學生找了幾位大學教授,讓他們朗讀他們自己專業領域的文章(Wyatt et al., 1993)。那個研究的結果和其他放聲思考的研究一致(Pressley & Afflerbach, 1995)。我們指出特別優越的閱讀是非常主動的閱讀,從閱讀前一直到閱讀之後的做結論都非常主動。閱讀期間的活動可說是策略性的反應,讀者啟動了與主題相關的先備知識。Pressley 和 Afflerbach(1995)把這樣特別優越的閱讀,稱之為建構式反應閱讀,因為優讀者總是不斷地嘗試建構出意義。他們意義建構的活動和他們讀到的文章構想是一致的,而他們的反應會受到先備知識非常大的影響。

本書的立場是,建構式反應閱讀的發展是閱讀教育的適當目標,在國小就可以開始教,特別是經由理解策略教學來達成(第 9 章)。我們必須教小朋友理解策略——這樣的立場,主要是從我的閱讀教學研究而來。那項研究也促使我開始思考初始閱讀的教學,思考的內容除了策略,當然也包括如何教導解碼。

## /對國小專家老師的研究/

我的研究中最廣為人知的是,閱讀理解策略的教學與兒童理解技能的發展。我進行研究的方式,是找到特別優秀的學校,實地了解有效教學的本質。本書第 9 章提及許多這方面的發現,都是在這個系列的研究得到的結果。

關於理解教學的研究結束後,接著我進到國小裡,研究讀寫成就特別好的班級。國小的研究和中學的研究是互補的。我們試著描述什麼是有效的閱讀教學,第 8 章將詳盡討論我們在國小及中學所得到的結論。

我開始接觸傑出教學時,我是抱著開放的心態進入現場。而在許多互動之後,我的心靈收穫滿滿,而且知道好的教學應該是什麼樣子。我對這些優良老師心存仰慕、感激他們願意讓我進入教室,觀察他們的一言一行。當我想到我在這些傑出老師的教室裡面工作時,我想起西北大學的校訓,也是我大學時的座右銘:「凡是真實的、可敬的、公義的、清潔的、可愛的、有美名的,若有什麼德行、若有什麼稱讚,這些事你們都要思念」(腓力比書 4 章 8 節)。這是非常好的忠告,尤其是關於教學的研究。與其悲嘆壞的教學,倒不如藉著研究好的教學,可以讓我們學到更多。本書中,

我詳述了這樣的教學觀點。

　　當你在本書中讀到對這些優秀教學的描述時，請把掌聲歸於老師。我非常感謝有這樣的機會，能夠把他們的事蹟寫出來，這是我和我多位研究生共同研究的結果，包括 Pamela El-Dinary、Rachel Brown、Ruth Wharton-McDonald、Alysia Roehrig、Lisa Raphael、Kristen Bogner 和 Sara Dolezal，他們都是我工作上的重要夥伴。這些傑出老師和研究生們，幫助我去形塑了一個對平衡式國小讀寫教學較完整的觀點。我們非常努力，但學生和我總認為這樣的工作實在太有趣、太愉快了。我們觀察的某些傑出老師，後來不但成為文章的共同作者，也變成我們的朋友，我們因此覺得非常光榮，我感謝可以和一群這麼棒的人一起工作。

## 站在前人的肩膀上

　　作為一個研究者，我隨時都在關心相關研究的進展（Kiewra, Cresswell, & Wadkins, 1997）。研究生涯從頭至此，我一直都仔細研究閱讀和閱讀教學中最重要的觀念和實證研究（例如，Pressley with McCormick, 1995; Pressley, Woloshyn, & Associates, 1995）。這樣的努力有助於各章結論的撰寫。

## 發展閱讀教材

　　除了研究和學術寫作之外，1991 年我加入了一個團隊，開始發展一套國小的閱讀教學課程。透過與多位共同作者的互動，包括 Marilyn Adams 和 Carl Bereiter，讓我對閱讀教學的本質有了更清楚的認識。這個經驗特別讓我對解碼教學等許多議題有了敏感性，也更了解全語言和自然發音教學之間的緊張與辯論。

# 本書的沿革與宗旨

　　1994 年至 2004 年，我在北美進行一系列的演講，本書的許多部分是那次演講的內容擴充而成的。當時我是國家閱讀研究中心（National Reading Research Center, NRRC）（1992-1997）及國家英語語文成就中心（National Center for English Language Arts Achievement, CELA）（1997-2000）的主要

研究員。兩個中心的資助均來自於美國教育部的教育研究與進步辦公室（Office of Educational Research and Improvement, OERI），我非常感謝 OERI 給我研究經費的支助。我也感謝馬里蘭大學（College Park, 1989-1993）、紐約州立大學（Albany, 1993-1997），在這兩所大學任職時，我完成了本書初版的構想與寫作。本書的第二版，要感謝聖母（Notre Dame）大學的慷慨協助，1997 年至 2002 年我在那裡任教。2002 年，我轉任密西根州立大學，我和同事們得到學校的支助，成立了讀寫成就研究中心（Literacy Achievement Research Center, LARC），在那裡我完成了本書第二版的修訂。

本書在 1998 年問世之後，許多讀者告訴我，這本書的內容既可信、又有用。除了聽到這些讚美之外，我也很仔細地傾聽讀者對我 1998 和 2002 年版本的保留之處，以及他們提到我書裡未論及的部分。根據這些回饋，我重新思考這些議題，並將之重現在這些章節裡。我希望能和大家談談前兩個版本的問題，但我自己身罹重病，無法花更多時間與讀者互動。這些讀者對平衡觀點的熱情，讓我知道我努力活著是值得的。我的確做了一個值得分享的訊息，而這訊息對學生的讀寫教育造成重大的改變。當我寫第三版草稿時，我正在接受第四期癌症的治療，我希望自己能撐得過去。我期待能與從事教育的夥伴們，針對本書交換意見。

生病其實也有一些好處，就是我比較有機會坐下來讀新的書和新的文章，並做回應。2002 年的版本之後，有好多關於讀寫教育的文章出版了。因此，本書做了重大的更新。我寫完前兩個版本之後，學術界有一個很重要的發展是，期刊《閱讀的科學研究》（*Scientific Studies of Reading*）有了成功的表現。許多這本書所加進來的新資料，是來自該期刊以及《教育心理期刊》（*Journal of Educational Psychology*）。1997 年至 2002 年，我身為《教育心理期刊》的編輯，很高興在我任內讀寫研究明顯地增加。讀寫教育在現任主編 Karen R. Harris 手上，仍是主要的關切議題。

簡言之，在本書 2002 年的版本完成後，有許多關於讀寫教育的好文章出現。而本書仍然強調證據本位的寫作，並持續納入讀寫教育中的最新發現。我根據過去四、五年的最新研究，把每一章都作了更新，也更新了前幾個版本裡對幾個研究的反思。即使這麼看重學術研究，我並不認為平衡

有效的讀寫教學：平衡取向教學

*Reading Instruction That Works: The Case for Balanced Teaching*

讀寫教學是可以在大學的研究室裡培育出來的，我相信每一個老師只要下定決心就可以辦得到。不但如此，我相信每一個學校都可以決定，要不要走平衡式教學取向。本研究所認識的好老師，花了很長的時間建構了自己的平衡教學世界，而且和研究中所指的最佳讀寫教學實務非常一致。因為平衡讀寫教學是個別老師建構出來的，它可不像一般學校改革的作法，它不是可以外購的套裝教學課程。當然我這樣說，並不是要反對全面性的改革，或以商品化的方式來推廣平衡式教學。事實上，印象深刻的是，每一年我都看到一些新的證據。這些證據指出，許多國家的重要教育改革努力對美國學生都有正向的衝擊，例如閱讀復甦（Reading Recovery）、佩里學前方案（Perry Preschool Project）、Abecedarian 方案、高品質的啟蒙計畫（Head Start）和 Title 1 早期介入的嘗試，以及 Success for All（例如，Arnold & Doctoroff, 2003; Borman & Hewes, 2002; D'Agostino & Murphy, 2004; Datnow, Borman, Stringfield, Overman, & Castellano, 2003; Reynolds, Ou, & Topitzes, 2004; Reynolds, Temple, Robertson, & Mann, 2002; Zigler & Styfco, 2004）。這些計畫的效果雖然不像提倡者所預期的那樣好，結果也不穩定；但在大眾的眼裡，整體看來是樂觀的、正向的結果。

緒
論

　　談到全國性的學校改革努力，我必須提一下，自從本書最後一版出版之後，我持續地參與一個全國的國小語文教科書編寫。我總是盡所有可能去鼓勵使用這套教科書的人，在閱讀技巧教學和全整式讀寫經驗中取得平衡。我呼籲所有發展教材和教學資源的人也要做同樣的事情。盡其可能地鼓勵大家，使用本書所強調的平衡式教學。平衡式的讀寫教學是最棒的語文老師所使用的教學，也是最棒的課程發展者和學校改革者所應採用的教學策略。

　　本書 2002 年的版本之後，我一直對國家閱讀小組（National Reading Panel, 2000）的報告及其促成的課程立法方向〔就是「不放棄任何一個孩子」（No Child Left Behind）立法中，「閱讀優先」（Reading First）的部分〕，提出學術性的討論。國家閱讀小組在方法學和觀念上都非常狹隘。他們只看重真實驗與準實驗研究，許多非常傑出的研究都被排除在其報告之外。更讓人困擾的是，他們決定回顧的教學文獻，只限於音素覺識、自然發音法、流暢性、詞彙和理解，因此排除了其他重要的議題（例如，寫

作和寫作對閱讀的效果、在閱讀教學中使用文學作品、閱讀動機等議題）。結果，國家的閱讀教育方向所談到的閱讀技巧取向狹隘，且排除了許多重要的東西。許多傑出的學者已經對專案小組的報告和閱讀優先的缺點提出明確的批評，尤其在初始閱讀教學上（例如，Allington, 2003; Cunningham, 2001; Pressley, 2002; Pressley, Duke, & Boling, 2004）。愈來愈多人認為，閱讀優先計畫只是一小部分政策決定者的狹隘觀點，而不是在初始讀寫教學上深思熟慮的思考（Miskel & Song, 2004）。雖然如此，國家閱讀小組和閱讀優先法案強制性地造成了本書的一個改變——應該是好的改變：本書前兩個版本已經討論了音素覺識、自然發音法和閱讀理解，現在這本最新版包含了新的兩個章節，是閱讀優先計畫談到的，但前兩個版本未提及的：第6章談閱讀流暢性，第7章談詞彙的教學。我也加進了對寫作的討論（第10章），加了這些素材，本書的安排在專業的角度上看起來應是合理的。

因為，本書的內容最早來自於一系列的演講。書裡的想法已經面對過許多讀者的質疑。我想這本書就像 Marx 兄弟的喜劇電影，他們的電影好笑的原因是他們先在馬路上試過了，Marx 兄弟從觀眾的反應受益，僅在最後的電影版本裡留下好的材料。我的情況非常類似，我對我的聽眾曾經提出許多有關閱讀與閱讀教學的許多想法，聽眾對我提出的建議，很清楚哪些對他們而言是可信可用的，這就是我放到這本書裡面的材料。我的目標是要寫這麼一本書，要在閱讀和閱讀教學上有豐富的資料，且能引起讀者的興趣，如同 Marx 兄弟一樣。我把這部分留給讀者，你可以決定我是否成功做到這點。

你可以只讀這本書，但如果把它當成一道通往閱讀及閱讀教學領域的大門，也許更為有用。也許會有人抱怨書中有太多的括弧、引用太多文獻，這會中斷閱讀，讓讀者分心。我其實有試過其他的方法，例如用註腳來表示文獻，但效果不如預期。我傾向於在寫書時提供比較多的參考文獻，我的經驗告訴我，對國小閱讀教學感興趣的人會想要更多的資訊，特別是哪裡可以找到他們認為較關鍵的訊息。因此，我每一章都提供了參考書目（編註：請見本書所附光碟），由於我發現有些讀者僅對某些章節感興趣，所以每一章的寫作是希望對全書都有貢獻；如果你只對某些章節感興趣的話，我也希望每一章都可單獨閱讀。在結束緒論之前，我要指出，本書各章所

提的閱讀成就是客觀的測量值，對政策決定者而言，這些才是有效教學成功與否的指標。但是，我認為應該還有其他方法來思考，這樣的教學是否有更好的方式，會優於只聚焦在測驗分數上的思維。

同事們和我一直都發現，在有效的讀寫教育環境裡，學生學會如何學困難的材料，他們不但做得很好，而且也學得很快樂。更讓我們訝異的是，不像效能較弱的老師，有效能的優秀老師幾乎不花什麼時間在教室經營上。亦即，為什麼要提倡有效能的教學？理由之一是學生投入學習的熱切程度（見第 11 章），這樣的投入使班級裡的關係更為和諧。我們經常發現自己希望有更多的兒童可以享受到這樣的班級，其實不完全是為了提升學業成就，也是因為這些教室提供了溫暖、奇妙的環境。當老師成為絕佳的讀寫教師時，他們似乎也成為孩子們生命中的和平使者。

讀了這本書後，如果你覺得它引人入勝，我會很高興。但可別忘了，本書講的這些想法，在於國小付諸實行之前，還有太多研究工作與實務工作需要去做。我希望會有人暗下決心，想要藉由持續的探究來不斷修正教學執行上的細節。我期待能再修訂這本書，也許在五年之內吧！希望那時許多的修訂都已經就緒，因為學術上的努力，也因為有效閱讀教學的廣傳，更因為我們經由像藝術般的教學，兒童的讀寫發展得到了持續性的檢討與評量。

緒

論

有效的讀寫教學：平衡取向教學

*Reading Instruction That Works:*
*The Case for Balanced Teaching*

# 1 全語言

小　學階段的閱讀教學在近年受到許多注意，原因有二。第一，對部分兒
童來說，學習閱讀實在是太苦太難了；在美國，每一個學校都有閱讀
困難的學生。第二，在許多父母的眼中，孩子在學校不會閱讀，是個明顯
的心頭之痛。這些父母相信他們的子女乃特定不當閱讀教學取向下的犧牲
品。1990 年代，這種被指責的教學取向往往完全植基於全語言（whole-lan-
guage）的原則，而這些原則到二十一世紀初，仍然影響到整個國家的閱讀
教學。

全語言是一種主張讓兒童讀寫能力自然發展的教育取向，它強調讓兒
童浸淫在真實的文學材料、從事每日的書寫活動，而不強調刻意地[1]（ex-
plicit）去教導基礎閱讀技能。在正宗的全語言教室裡，閱讀技能的教學不
會成為教學的焦點，只在兒童需要時才教，而且只在讀、寫活動的情境下
教。許多人懷疑，這一代兒童的閱讀困難比前幾世代多了許多，就是因為
全語言的流行所致。而且，那些可能發生閱讀學習困難的學生，在正宗的
全語言教室裡的失敗風險，會遠高於刻意教導閱讀技能的教室（Pressley &
Rankin, 1994）。

我要強調本書並不是一本辯論「全語言與技能教學」孰是孰非的書。

---

1 譯註：全語言論者認為，只要在真實的語言及閱讀情境中，兒童「自然而然就會習得」許多閱
　讀技巧，如字母與字音的對應關係、看字讀音的自動化、拼字規則、標點符號、語法等技能，
　這些技能都是不必刻意去教的。

我認為全語言的哲學觀對小學的讀寫教學有重要而且非常正向的影響，也主張小學的閱讀課程應該納入全語言的實務內容。但是，其他的教學實務也應該納入課程，本書後續的章節，用了許多篇幅強調「技能教學」融合「全語言元素」的平衡教學法，以營造一個有效能且有吸引力的小學讀寫課程。

想要在全語言和技能教學間得到一個平衡，就必須先了解全語言，但這可有點難度。最認同全語言的人，經常不願意用課程實務（practices）去清楚地界定全語言，他們說，一個全整的取向不能這樣被簡單地化約成雞零狗碎。雖然如此，對其他的人來講，包括本書作者，藉著特定的教學實務來說明其所關聯的教育哲學，是有助於思考的。學者 Bette S. Bergeron（1990）曾經做了許多努力，試著從教學實務的角度澄清全語言的本質。她在《閱讀行為期刊》（*Journal of Reading Behavior*）刊出的一篇文章引起了許多人的注意，而且多年來持續被許多對全語言本質感興趣的學者專家引述。

# Bergeron 對全語言的界定

Bergeron（1990）在她文章的緒論中就哀嘆道，「全語言」這個詞實在是用得太不嚴謹了。她相信這個現象會使全語言作為一種教學取向的信譽受損，也可能導致人們誤用這個詞彙。

## /方法/

Bergeron 界定全語言的方式頗能昭公信。首先，她分析期刊文章，因為期刊文章訊息不但最新、也有最深思熟慮的學術想法。她竭盡所能地蒐集、回顧了 1979 至 1989 年出版之有關於全語言的期刊文章，這段期間就是正宗全語言創塑成形的年代。這些文章審視了全語言教育最重要的人物如 Kenneth S. Goodman、Jerome Harste、Sharon Rich 和 Bill Harp 等人的信念。

Bergeron（1990）先開了一個清單，列出會被認為是全語言特色及實施方式的項目，隨著研究的進展，她從所回顧的文章得到更多的訊息，再

陸續地擴充這份清單，最後再用這份清單去檢視所有的研究。

# /發現/

Bergeron（1990）的分析對全語言定義和實施方式的種種議題提供了許多訊息。

## 定義

Bergeron（1990）發現她回顧的文稿中有三分之二提到了全語言的定義——但沒有兩篇是相同的。大部分的文章提到全語言裡意義建構和功能性語言的角色，但其他部分則較無共識，如只有44%文章提到全語言是以學生為中心的、42%強調賦權、38%強調溝通導向、36%強調整合性語言藝術、30%鼓勵兒童學習上的冒險、17%強調全語言包含讀與寫、16%強調包含口說語言和書寫語言，或者14%強調這是基於一種提示的系統（a cuing system）來教閱讀（也就是運用語義、語法和字母層次等多類型的提示來認字，而不過度依賴字母層次的線索）。簡言之，這些分析說明了全語言的主要作者，對全語言定義的共識不多。

## 全語言的教學技巧與策略

全語言學者對教學技巧與策略，看法也多所差異。是的，有些方面較有共識，如81%的文章提到全語言教室看重文學作品、64%的文章認為程序性寫作（process writing）是全語言的一部分，有65%的文章強調全語言教室裡學生的合作本質，56%的文章提及看重情意面向是全語言教學的一部分。其餘的實行細節，作者們的共識就不多了。有40%以上的文章認為分享、自創拼音（invented spelling）、獨立閱讀、在真實的讀寫情境下進行主題式單元、兒童中心的教學、讀寫技能學習活動以及學生對讀寫活動的自主選擇權等，都是全語言的特色。另有超過40%的文章指出，在全語言教學中，老師和學生有良好的互動，老師也被認為是學習者。超出30%的文章則指出，寫手札、放聲讀書和獨立閱讀等活動也是全語言教學的一部分。演戲、齊讀、可預測書籍、閱讀角、學習角、老師範讀、兒童閱讀的錯誤分析（由老師進行，藉以發現學生的閱讀策略）、每日閱讀、每日寫作、兒童觀察（kidwatching，一種評量兒童的方式），以及師生會議等

活動，提到的作者人數就更少了。Bergeron（1990）指出，教學建議會有這麼多種，可能反映的是全語言教室裡教學實務多樣性的本質。

Bergeron（1990）也注意到全語言論者如何看待與其不一致的教學元素及教學實務：例如，1930 至 1970 年代閱讀課本常用的全字法（whole-word approach），這種方法強調兒童以瞬認字[2]（sight word）和自然發音法（phonics）學習新詞，Bergeron 所回顧的文章中，只有極少數關心到底自然發音法怎麼教。全語言教室不會在自然的讀寫情境下教導閱讀技巧、不會用學習單、老師也不關心閱讀解碼過程的正確性，分組教學是違反全語言教學理念的。

Bergeron（1990）的文章刊出後幾年，另一篇利用類似方法的回顧文章出爐，它也回顧了多篇嚴謹期刊裡關於全語言的文章。Moorman、Blanton 和 McLaughlin（1994）等人得到類似的結果。他們用「什麼是全語言，什麼不是全語言」的方式來反襯出全語言。他們認為全語言環境最重要的特色是「自然」（naturalness）和「對教學的個人所有權」。全語言教室不會用人工化的教學，不是真實的讀寫活動，就進不了教室[3]，那些都是被教室之外的勢力（例如，教科書出版商）所控制的。對讀者來說，也許會讓你訝異的是，雖說期刊裡對全語言的定義及對教學活動的描述是如此模糊不清，在 Bergeron（1990）之後，有許多更仔細的專書出版，討論全語言的本質。我必須在這裡花點時間談談這些專書，因為它們對全語言的本質談得相當清楚，尤其是在正宗全語言教室裡的實施方式。

# 與全語言相關的專書

任何人只要對全語言感興趣，想多知道一點，就有許多書籍可以讀。在這個議題上，我大概不能介紹太多本書，只能在這一節強調幾位特別重要的作者。

---

2 譯註：通常以閃示字卡進行，教學時不去分析解碼，以全字的方式訓練學生快速念出目標字。
3 譯註：如克漏字、選擇題等。

## /Frank Smith 和 Kenneth S. Goodman/

只要談到全語言，就有幾本專書一再地被引述，這幾本書從一開始就認為，意義的建構乃閱讀學習的主要目標。這些經典的專書刻意降低了字母和詞彙處理在文章解碼中的重要性，而認為高層次的意義建構才是閱讀的驅動力量。他們更進一步地主張，良好閱讀過程中的意義建構受到讀者先備知識的影響遠遠超過受到文本訊息的影響。

以下的文字提供了這系列思考的風格，它引述自加拿大學者Frank Smith（1979）*Reading without Nonsense* 的第 2 章，這段文字對字母及詞彙層次解碼技巧的重要性採反對的立場：

> 有個從來沒人教過的重要閱讀技巧，就是閱讀時要少依賴眼睛……太過於關注紙頁上的記號，只會使閱讀更為困難……只有視覺訊息是不足以閱讀的……對一本書的內容知道愈多，閱讀就愈容易……讀者擁有非視覺的資訊，讓他們能夠知道作者寫作時可能擁有的選擇，這可以讓讀者充分運用他們的知識，以降低對下一個可能出現字詞的不確定性，……換句話說……讀者早就知道作者遣詞用字的每一個字母，讀者根本就可以自己猜出下一個字來，看都不用看。（pp. 12-30）

Smith（1979）對閱讀教學方法有許多抱怨，他尤其反對其中的自然發音法教學，他主張優讀者[4]（good readers）在讀出字來時，是不會把該字的語音念出來的，而且，讀者要到理解這個字的意義之後，才能認出這個字來。初習閱讀者遇見不認識的字時，Smith 建議道：

> 最好的辦法是──先跳過那個難字，第二個辦法是猜猜看那個字的意思，最後一個，也最不推薦的辦法是，把那個放聲字念

---

4 譯註：在閱讀的相關研究中，經常有 good readers 和 poor readers 的對照比較，本書分別譯為「優讀者」及「弱讀者」，前者指的是閱讀流暢、解碼及理解沒有困難者，後者則是發生困難的讀者。

出來。換句話說，聲韻解碼（phonics）5是下下策。（p. 66）

　　在這本 1979 年專書的總結中，Smith 談到了閱讀教學。他仍然持續他對字母及詞彙層次解碼技能的攻擊火力（在他後來的著作裡，火力甚至更為強烈！）。事實上，他開了一份清單，列出可能有害閱讀學習的因素，其中包括：「確認已經學習和使用自然發音法技巧」和「儘早區辨出有困難的讀者，而且給予介入」（p. 138）。隨著本書的發展，讀者會漸漸發現，在過去的二十五年裡的閱讀和閱讀教學領域，我們難以想像會有人提出和科學證據不一致的建議。但是，在閱讀 Smith 的作品時，最讓人錯愕的是他提出主張時那種斬釘截鐵的態度。如果你再讀上述的引文一次，可以看到他的文字是毫不猶豫的，提出想法時是沒有什麼試探性語氣的，此外，在他後來的著作中，這種口氣又更為強烈，這在本書所回顧的大批資料裡也都有提及。總之，Smith 並不是在提出什麼假設，他是在下結論。這種作法表示，他的許多結論就是不可能得到支持的。

　　雖然不同著作裡有不同的強調重點，Frank Smith（1971, 1975, 1979, 2003, 2004）和 Kenneth S. Goodman（1986, 1996）反覆重申，閱讀學習的重點在於「基於文章中的意義線索和讀者對文章的先備知識，學習把文中字詞猜得好一點」，在認字認詞過程中，字母和詞彙層次的線索則一點都不重要。Goodman 寫作時的斬釘截鐵一點也不亞於 Smith，雖然已經有許多和他的論點相反的研究證據出現，Goodman（1996）的書經過了一番論證及精心為讀者設計的閱讀實驗之後，在第 4 章「精熟的閱讀是怎麼回事」中，寫了以下這麼一段：

　　在這些實驗裡，你研究了自己的閱讀歷程，你發現，在獲得成效（即成功地建構意義）的同時，也非常有效率（用最少的時間、精力和視覺輸入來獲取意義）。你看到了，閱讀遠比連續辨識詞彙中的字母有效率得多，你也發現在了解這些文字的同時，

----

5 譯註：phonics 經常被譯為「自然發音法」或「語音法」，是一種教導「字母（串）」與「發音」之間規則的教學方法。但為了行文的流暢，本書中依前後文需要，亦譯為聲韻解碼。

你的心靈有多麼地活躍。（p.52；斜體字是原文所加）

也許你會說，這段文字看起來好像沒有太不尊重由下而上（bottom-up）的閱讀解碼理論啊，我們再看他的第5章「發展中的閱讀是怎麼回事」章末的結論，你就不會對他反解碼的立場有什麼懷疑了：「在前哥白尼式的世界[6]中，我們以為正確、迅速的字母和詞彙辨識是所有歷程的中心，理解只是跟著出現。但現在我們知道了，閱讀就是從文字裡獲取意義」（p. 61）。

在 1996 年專書的第 7 章「閱讀歷程：循環與策略」末尾，Goodman 說得更清楚：

> 把閱讀說成是心理語言學的猜謎遊戲，我要強調的是，在從書寫語言獲取意義的過程中，「讀者的主動角色」乃我們的閱讀歷程理論中的關鍵元素。有種觀點認為，閱讀是正確、依序地辨識出字母、詞彙的歷程，我要人們與這種想法保持距離。我要大家了解，為了要建構出意義來，讀者必須：
> - 持續從複雜、不完全且意義模糊的文章中，選出極少的訊息來使用。
> - 從他們對語言及世界的認識中取材。
> - 使用策略性的預測，並且推論文章的走向。
>
> 　　簡單地說，我要大家了解，讀者在閱讀時，是不斷在猜測的。
>
> （pp. 115-116）

但再從另一個角度，Smith 和 Goodman 主張的「先備知識在閱讀歷程中扮演重要角色」，這個說法倒是正確的，本書後面的章節會再細談。我們也會再深究他們的錯誤主張——他們相信，文章的語義（semantic）和意義（meaning）線索在字詞辨識是最重要、最優先的。但是，科學的證據一面倒地指出，字母－語音的線索在字詞辨識時，其重要性超過語義和語法

---

6 譯註：pre-Copernican world，Goodman 指全語言對閱讀的理論是哥白尼式的見解。

的線索（見本書第5章），這個說法和Smith和Goodman主張的恰恰相反。

雖說Smith和Goodman的作品對全語言運動頗有激勵的作用，但在全語言的執行層次，這些作品倒沒有太大幫助。因為他們兩位都比較是「反教學」、而比較不是「倡導教學」的，他們相信閱讀學習較依賴全語言式的讀寫經驗，而不主張教導字詞如何拆解成組成成分，及這些成分如何組成字詞（如自然發音法主張的那樣）。Goodman（例如，1993）特別提到「閱讀學習歷程和第一語言的習得歷程相近」的說法，讓個體浸淫在文字的經驗中，他們自然就會發展出閱讀能力來。

> 我們從語言發展研究知道，不管是口說還是書寫，只要我們是全整式地使用語言，讓整個過程有功能、有道理，語言是很容易學的。小朋友早在他們完全掌握語音系統之前，就對口語有所了解，而且持續地愈來愈了解，那是因為他們在「使用語言」的情境下學習語言。小朋友也以同樣的方式學習書寫語言，也許他們會學到一些字母怎麼念、甚至知道字母是可以表音的，但是，若想要學會抽象的聲韻解碼系統，前提是讓兒童在適當的情境下學習：使用有意義的文字，並讓兒童試著搞懂它。真實的、有意義的情境下，兒童學習語言就沒問題。若無適當情境，兒童要學抽象的東西，就不那麼容易了。（p. 109）

Goodman（1993）在他的《自然發音法真相》（*Phonics Phacts*）一書中強調，語音教學法最重要的真相，就是不該用它來教孩子閱讀，因為根本不需要去教。兒童自然可以從實際的閱讀經驗及真實的寫作情境中學會字母－語音關聯的規則。隨著本書的進展，我們將會說明，這樣認為兒童可以自行發現字母－語音規則的說法實在是太樂觀了一點。

## /Constance Weaver/

我認為，雖然2002年Constance Weaver也出了一本相當不錯的書，但她的《了解全語言》（*Understanding whole Language*, 1994）卻是一個金字招牌，把全語言理論條理清楚地介紹給老師們。Weaver成功地承繼了

Smith、Goodman 和其他人所開啟的信念——在任何情境下，意義的形成乃閱讀的首要任務，兒童初始的閱讀學習也是如此。比 Smith 和 Goodman 更棒的是，Weaver 提出了較新的、與意義建構歷程相關的理論和研究。

　　例如，她強調基模論（schema theory），那是 1980 年代許許多多閱讀研究的理論源頭。Weaver 把她的讀者引到一個「餐廳基模」裡，大多數的西方成人都大概明白餐廳是怎麼回事，從進餐廳前到離開餐廳（例如，訂位、抵達、等待領座、點餐、用餐、埋單等等）。但「餐廳基模」可遠比這個還要複雜，我們會知道，在特定的餐廳，如卡車休息站、速食餐館、自助餐、民族風味餐廳、家庭式餐館、雞尾酒飯店和高級昂貴的餐廳，都各有不同的服務程序。我們對不同的餐廳具有不同的知識，也因此，我們進入不同民族風味的餐廳時，如希臘、義大利、墨西哥、中國或泰國餐廳，都會帶著不同的期待。這種的基模知識非常重要，我們具有適度的期待，所以可以順利地體驗這些不同的餐廳服務。例如，當我們進到匈牙利餐館時，桌旁出現拉小提琴的人，大概不會有人覺得很驚奇；但是想想看，如果我們去吃麥當勞，旁邊有人來拉小提琴，那會是怎麼一個情景。

　　讓我們再切進主題一點，當一個孩子進入麥當勞，看到板子上的食物選項，他在閱讀這些餐點名稱時，一定會受到他的「麥當勞經驗」的影響，也就是說，一個六歲的孩子在麥當勞點餐時，也許能立刻正確地念出看板上的「Big Mac」。但是，如果在家裡，把「Big Mac」寫在小紙條上，孩子也許就念不出來了。根據全語言的觀點，這種可以引發基模知識的前後文線索（context cues）在閱讀時非常重要。Weaver（1994）守住 Smith 和 Goodman 的傳統，認為前後文線索及其所引發的基模乃閱讀的關鍵。因為全語言教育者相信基模在理解時扮演最重要的角色，因此全語言經常被認為是一種「由上而下」（top-down）的觀點。亦即，讀者先要獲取高層次的大略意義，這個大略意義再促成讀者明白文章中的段落和句、字。這種論點的相對觀點叫「由下而上」，強調個別字母的分析以達成字詞的辨識，再把字詞整合在一起，以建構出文章的意義。

　　在 Weaver（1994）的閱讀觀點中，由下而上的取向講得很少，由上而下講得很多，她在書中這麼寫道：

1. 當字詞單獨出現時，大多數的字詞都有多重的意義，而不單只有一個意義。

2. 字詞置於句子、文章、社會和情境的文脈中，和其他字詞彼此互動，才出現特定的意義。

3. 意義並不存在於文章裡、不存在於作者想要表達的原意，一位讀者所感知（或建構）的，也不會完全相同。

4. 讀者帶著他們的基模──他們一輩子的知識、經驗和感覺來理解文章。

5. 當讀者在特定的情境與文章互動（transact）後，意義從而產生。

6. 也就是說，閱讀的歷程有相當可觀的程度是從全整到部分、從上到下、從深到淺、從裡到外的。（p. 43）

以上各點只是對學習閱讀的部分說明，Weaver 在她的專書中更進一步指出 Bergeron（1990）所引述的每一個成分，在全語言教室都可以扮演特定的角色。Weaver 的書中談到讓孩子沉浸在文學裡，而且鼓勵他們寫作，這兩樣都是學習閱讀和學習認字過程中的關鍵。

Weaver 描述道，書寫字詞的辨識牽涉到多重線索的分析：語義線索、語法線索、字形字音的線索等。以下面的句子為例，該句有一個空格：Mike is writing a _____.這個空格可以填進 goat（山羊）嗎？不可以，山羊填在這裡，牛頭不對馬嘴。那可以填 lied（說謊）嗎？也不可以，說謊是個動詞，但我們的語法知識提醒，這裡應該填進一個名詞。填進 book（書）怎麼樣？有點像了，它是個名詞，而且放在這裡也有意義。如果還有一些字形字音的線索（視覺線索），例如可以知道組成這個字的幾個字母，事情就明朗化了，這個字就是 book。但萬一這個字的第一個字母是 p 呢？那你就不會想到 book 這字，因為你已經看到第一個字母是 p，自然就不會去想 b 開頭的字了。在這情況下，poem（詩）才是個合理的選擇。

全語言學者為了加強「字詞辨識牽涉到語義、語法和字形－字音線索的運用」這個結論，經常引讀者閱讀時所發生的誤讀為證據來說明其理論觀點。讀者誤讀時，經常和目標字在語義上關聯（例如，在上面的例句裡，讀者把 book 書誤讀為 play 劇本）、在語法上合理（讀者會誤讀成另一個

名詞，而不會是動詞），或在字形字音上相關（例如讀者把 book 誤讀為 boom；Goodman, 1993）。當然，這樣的誤讀資料的分析所表徵的是「出問題的閱讀」，而非「稱職的閱讀」。「出問題的閱讀歷程和稱職的閱讀歷程是相似的」，這個論點雖然完全不合邏輯，但全語言的理論學家卻持續地如此主張。在出問題的閱讀歷程中所觀察到的誤讀模式（patterns of miscues），讓熱心全語言者下結論道，語義和語法的線索在閱讀歷程中先於字形－字音的線索，因為語義和語法的線索比視覺的線索更有效率。（Kenneth Goodman 在 1973 年寫了一本書討論這個觀點，又配合出版了六本實作的書籍，現在市面上均有售。）Weaver（1994）是這麼說的：

1. 具高度效能的讀者運用先行的（preceding）語法和語義文脈來預測接著立刻要讀到的東西（亦即，減少可能選項的數目）。另一方面，他們對先備知識及前後文的依賴，也讓視覺線索的運用更有效率。反過來講，這個預測也會造成誤讀，但這些誤讀出來的內容，經常和前面的文脈中的語法及意義上相符。

2. 具高度效能的讀者運用後繼的（following）語法和語義文脈來確認他們的預測，或以此為重讀或試著校正自己的動力。

3. 具中等效能的讀者運用先行的語法和語義文脈來預測，但他們比較難以察覺語法或意義哪裡出了差錯，也因此，較難以利用後繼的文脈去校正那些搭不起來的預測。

4. 效能普通的讀者運用先行的語法文脈來預測，但他們較難以運用先行的語義文脈來預測。（p. 142）

　　因為 Weaver 相信優讀者在字詞辨識時，運用語義和語法線索的情形遠甚於運用字母層次的線索——尤其是他們已經聽過但還沒有見過的字詞——這自然就會降低自然發音法教學和字母層次線索分析在認字時的重要性。雖然我們用的是「降低自然發音法教學的重要性」這樣溫和的措詞，但 Weaver（1994）旗幟鮮明地闡述她對系統性自然發音法教學的立場：

　　　　根本沒有必要。就像是在學口語的模式，大多數兒童會潛意

識地學會常用的自然發音法規則，只要給予豐富的機會閱讀環境中的文字、去閱讀可預測且令人喜愛的材料，給予豐富的機會用自創拼字 7 寫作。（p. 197；斜體字是原文所加）

關於字詞辨識技能的發展，典型的全語言哲學用簡單一句話來說明，就是：不可直接教導解碼。倒是要讓孩子沉浸在文字經驗裡，給他們機會用自創拼音寫作，這樣他們自然就能學會閱讀。

Weaver（1994, pp. 197-199）繼續列出許多不要系統教導解碼的理由，其中她認為視覺處理只是許多線索系統中的一種，有了語義和語法的線索，就可以減輕字形視覺特質處理的需求。Weaver 擔心自然發音法教學會讓孩子花太多精神去「念出」字詞來，而付諸於意義的注意力反而是不夠的。自然發音法對小朋友是非常困難的，因為它牽涉到分析性的和抽象的學習，這是全語言理論學者一向的論點，可以引 Goodman（1993）的說法為例：

英文的字母與語音的關係……是……抽象的：當我們處理這層關係時，我們面對的不是語言到意義或語言到事物之間的關係，我們在處理的是兩個抽象系統間的關係，口語和書寫語言間的關係。（p. 106）

當該說該做的都說完做完之後，Weaver 歸結出一個結論，有太多的理由支持我們應當在真實的讀寫活動中讓兒童發展字母－語音關係的知識，而不要孤立地去做解碼技能教學。你正在讀的這本書，有很大的篇幅和 Weaver（1994）及 Goodman（1993）的論點有關，但他們的閱讀技巧的發展說只對了一半。是的，真實的讀寫經驗在讀寫能力的發展中是很重要的，但是系統性的讀寫技能教導也很重要。

---

7 譯註：invented spelling 或稱 constructive spelling（建構式拼音）。全語言教室中，若兒童用自創的拼音如 I LV U 來表示 I love you，是被鼓勵的，因為全語言強調的是意義，而不是拼字解碼的細節。

# /Regie Routman/

Regie Routman是位老師，她服務的學區從傳統教學方法轉採全語言教育。Routman 也因此對支持全語言取向的理論背景特別熟悉，她寫了許多本書，把她累積下來的智慧整理在幾本書裡，這些書包括：《轉銜：從文學到讀寫》（*Transitions: From Literature to Literacy,* 1988）、《邀請：K-12教師和學習者的改變》（*Invitations: Changing as Teachers and Learners K-12,* 1991）、《對話：教學、學習與評量的策略》（*Conversations: Strategies for Teaching, Learning, and Evaluating,* 1999）和《閱讀的要點：把閱讀教好的重點》（*Reading Essentials: The Specifics You Need to Teach Reading Well,* 2002）。

北美的全語言教學非常受到澳洲及紐西蘭的讀寫教學取向的影響，例如澳洲的 Brian Cambourne（1988, 1990, 1995），以及紐西蘭的 Don Holdaway（例如，1984）。Routman 的寫作中不但可看出她對這些作者作品的熟悉程度，也可以看出她完全了解北美洲的全語言發展。經由對全語言理論的了解以及活生生的全語言經驗，她得到了一套信念，我的印象十分深刻。隨著本書的進展，讀者會更清楚，我同意她大部分的信念。她的許多信條包括：

- 學習者的發展階段必須被尊重。
- 所有的學生和老師都能學。
- 看待學習者時，首先要聚焦在其長處。
- 我們當老師的必須以身作則，讓自己成為快樂的讀書人。
- 學習者需要許多機會玩語言。
- 高度重視學習的歷程。
- 評量是持續進行的。
- 教育的目標在於幫助學生獨立。
- 學習是終身的而且需要深思熟慮。
- 老師是助長者和共同學習者。
- 課程是妥協出來的，學習者有選擇權。

- 「示範」是學習的必要條件。

- 分享是學習的重要部分。

- 為了最佳的學習，必須要有充足的時間。

- 合作和社會互動可提升讀寫發展。（Routman, 1991, p. 14）


Routman 相信，讀寫教學應該有如下的成分：兒童放聲讀寫、學生分享讀寫、老師引導下的讀寫和獨立的讀寫（Routman, 1991, p. 31）。她的書裡充滿了老師可以用在教室裡的特定實用技巧。這些書也提供許多洞見，讓讀者知道怎樣把文學帶進教室、學生可以被教會對文學有反應、拼字教學可以怎樣教並且符合全語言的精神、各學科的教學怎樣和語文課程整合、怎樣的教師管理可以促進全語言發展。書裡還以「藍頁」提供了相關的參考書目，有助於讀者進一步了解及執行全語言教育。藍頁裡也提供了一些可用在全語言教室的文學作品書單（例如，邀請讀者進入文字的書籍、特別能幫助初階讀者讀懂篇章的書籍、特別適合一至六年級教學使用的書籍、邀請讀者進入寫作的書籍等），書裡的附錄也能支持全語言教室中的不同生活面向，Routman 的書對小學老師真是可貴的資源。

　　但是，她的觀點也有令人困擾之處，最明顯的問題在於她對初始讀者教導認字時所採的立場。當初始讀者遇見不認識的生字時，Routman 提倡一種問題解決式的取向，讓讀者從幾種策略裡作出選擇，以幫助認字：


- 跳過難字。

　　繼續讀到句子或段落的結束。

　　回到句子的起頭，再試一次。

- 繼續讀。重讀、插入該生字的起始語音。

- 把那個不認識的字，換成一個與前後文能搭配的字。

- 找出認識的字串或小字。

　　用指頭遮起部分的字。

- 只用起始及結尾的語音來念那個字。

　　不用母音讀出那個字來。

- 從插圖去找線索。

- 和先備經驗連結。
- 預測並猜測接下來會出現什麼。
- 交叉檢覈。

    「聽起來對不對勁？」

    「這樣有道理嗎？」

    「這樣看起來對不對勁？」

- 自我校正和自我監控。
- 把你猜不出來的字和需要知道的字寫在便利貼上。
- 把文章念幾次，以求閱讀的流暢性和理解。（1991, p. 226b）

　　這張清單的選項有什麼問題呢？第一，本書後面的章節會談到，優讀者遇見生字時，最偏好的策略就是「念出來」，但清單裡卻沒有這個策略。第二，雖然有愈來愈多的證據顯示，利用已經認識的字串來讀新字是一種有效的解碼策略（例如，本來就會念 pail 了，兒童利用對-ail 的知識，去念出 sail 來），但它被淹沒在一長串強調語義前後文線索的策略清單裡。這張齊頭式平等的清單表示的是 Routman 對字彙辨識時使用多重線索的全然信仰——語義的、語法的、字形字音的——都要用，這種取向正是偏好全語言理論的。

　　總結來說，我確信 Routman 是一位非常好的全語言老師。我一向的信念是，優秀讀寫教師的觀點和作為將對「讀寫教學該怎麼做」有很好的啟發性，我因此非常敬仰許多她講的東西。但是，我發現她的字詞辨識的教學卻讓我十分困惑，她的說法和許許多多的研究資料是不同的。

　　即使如此，Routman 仍然比某些全語言的提倡者更能採平衡的教學取向。例如，她在她 1996 年的書《十字路口的讀寫教育：閱讀、寫作和其他教學兩難問題的談話》（*Literacy at the Crossroads: Critical Talk about Reading, Writing, and Other Teaching Dilemmas*）中，清清楚楚地寫道，至少有些學生——那些學習閱讀十分困難的學生，的確需要密集式的自然發音法教學（pp. 99-100）。他們的問題在於他們從來沒有接受過系統性的字母－語音關係教學。這個觀點和其他的全語言狂熱者正好形成對比，後者認為這些孩子之所以閱讀如此緩慢，是因為他們是被自然發音法教大的（例如，

Goodman, 1993, pp. 110-112; Weaver, 1994, p. 198）！除此，Routman（1996）強力推薦全語言教師不要放棄拼字練習本和基礎讀本（basals[8]），一直到老師有信心利用前後文的教學取向來教拼字，這個建議和許多全語言論者的意見大相逕庭。許多全語言提倡者經常建議不要教寫字，Routman 也持不同看法。總之，Routman（1996）的書中有許多真相，是我從來沒有辦法在其他全語言的書籍中找到的。她承認全語言思維的限制，這是其他全語言運動的支持者所沒有的。

# 研究支持全語言嗎？

　　本節我將歸納證據總結出，在現在的小學教育裡，全語言有什麼價值。即使有這些優點，全語言並不能有效地提升兒童所有的相關能力，以成為優秀的讀者。

## /Stahl 的文獻回顧/

　　Steven A. Stahl回顧了許多文章，這些文章都以標準化閱讀成就測驗檢驗全語言教學的效果，其中最著名的大概是 Stahl 和 Miller（1989）一篇登在《教育研究回顧》（*Review of Educational Research*）的大作。這兩位作者回顧了所有他們能找到的、「傳統的、基礎讀本教學」和「全語言或語言經驗取向（language experience approach[9]）教學」比較的實證研究。

　　Stahl 和 Miller（1989）發現全語言或語言經驗取向的教學在幼稚園[10]的效果比在一年級明顯。這篇文章刊出後，我看到過許多全語言的效果遠

----

8 譯註：本書中又稱 basal reader，均譯為基礎讀本。台灣的國中小國語文教科書，就是基礎讀本；這樣的教科書通常由短文、故事組成，編輯的宗旨在於幫助兒童按部就班習得讀寫的相關技能，基礎讀本是一冊一冊相連的，在教學時，必須循次漸進，通常還有教師手冊、習作本、評量等一併出版。因為基礎讀本有許多學習活動及內容是被外在的威權（如課程綱要或出版社）決定的，而且與語文真實的功能無關，所以，絕大多數的全語言論者都反對使用基礎讀本。

9 譯註：簡稱 LEA，是全語言教學的一種方式，強調真實的與生活經驗密切契合的語文教學，並不教解碼。在語言經驗取向的讀寫教學中，所有的教學內容均出於兒童的興趣及經驗，老師先引發討論，把兒童的討論以文字寫出來，成為兒童的閱讀、藝術、戲劇材料，並根據兒童感興趣的題材，指導進一步的圖書館使用。

10 譯註：在台灣「幼稚園」和「學前」兩個詞是混用的，但美國的幼稚園（kindergarten）屬義務教育範圍，兒童五歲入學，相當於台灣的幼稚園大班。五歲以前的稱為「學前」（preschool）。

勝於其他教學法的研究，特別是對背景不利的兒童，這樣的結果典型的都是在幼稚園階段得到的（例如，Sacks & Mergendoller, 1997）。Stahl 和 Miller（1989）也下結論道，全語言在教導兒童一些非常一般性的讀、寫概念時有效，但它在字詞辨識（word recognition）或解碼上並不特別有效，但這卻是學生要學會閱讀並達成好的理解的必要條件。該文指出，在幼稚園階段，有三十三篇文章檢驗不同教學取向教室裡兒童的閱讀準備度（reading readiness）是否有所不同，結果全語言顯然優於基礎讀本，三十三篇中只有二篇指出基礎讀本優於全語言。但到了一年級，有六十五篇全語言／語言經驗取向及基礎讀本的實證研究，有十三篇支持基礎讀本較優，九篇稱全語言／語言經驗取向較優，四十三篇無法確定。

Stahl 和 Miller（1989）有一個特別重要而且引人注目的發現（Pressley & Rankin, 1994）——和較優勢的學生比較起來，在因社經地位低落而成績差或高風險（at risk）學生的身上，比較不容易看到全語言教學的正向效果。全語言對高風險學生效果不佳，這樣的懷疑，也在後續的研究裡被確認（Jeynes & Littell, 2000; Juel & Minden-Cupp, 2000）。此外，另一個發現也讓人印象深刻——與初始閱讀（不是閱讀準備度）相關的文獻回顧指出，二十四個研究中，九個研究指出基礎讀本有比較好的效果，十五個不清楚，沒有一個研究認為全語言成效較佳。

Stahl、McKenna 和 Pagnucco（1994）再次把全語言和其他的教學法比較，並更新了 Stahl 和 Miller（1989）的結論。雖然他們發現在正宗的全語言教學中，有些重要的閱讀準備度（例如，察覺語詞乃由語音組成）並沒發展得很好，但在另外一些閱讀準備度上，全語言學生的表現比其他的教學法好。總之，Stahl 等人（1994）指出，全語言在幼稚園階段有提升閱讀準備度的效果，但在入學之後，全語言學生的表現就沒有什麼優勢了。

## 全語言經驗有利於讀寫：文獻回顧

雖然全語言學生在標準化成就測驗上的表現，不如全語言提倡者的預期，但還是有一些正向的證據支持全語言教育對孩子的助益。以下是幾樣最重要的發現：

・全語言主張讓孩子浸潤於文學與寫作的環境中，研究文獻確實持續地指出，此舉可以增加兒童對讀寫本質的認識，也會刺激去從事讀書寫字的活動（例如，Graham & Harris, 1994; Morrow, 1990, 1991; Neuman & Roskos, 1990, 1992; Rowe, 1989）。舉例來說，有愈來愈多的證據支持，如果利用文學來帶動教學，將有助於學生自主性的文學引用及對閱讀的正向態度（例如，Morrow, 1992; Morrow, O'Connor, & Smith, 1990; Rosenhouse, Feitelson, Kita, & Coldstein, 1997）。

・持續接觸高品質的文學作品，可提升對故事結構的了解，進而提升理解及寫作能力，增進兒童語言的複雜性（例如，Feitelson, Kita, & Goldstein, 1986; Morrow, 1992; Rosenhouse et al., 1997）。例如，全語言教育的環境中經常有書籍分享的活動，當老師和兒童進行書籍分享時，兒童學會如何詮釋故事，也能超越文本的內容，帶出適當的推論（例如，Cochran-Smith, 1984; Reutzel, Hollingsworth, & Eldredge, 1994）。

・正如廣泛閱讀可以拓展成人的知識（Stanovich & Cunningham, 1993），廣泛的故事經驗可以拓展兒童對世界的知識，這可以從兒童詞彙的增廣看出（例如，Elley, 1989; Robbins & Ehri, 1994; Rosenhouse et al., 1997）。讓國小學生閱讀以科學為主題的文學作品，可以增加他們對科學概念的理解（例如，Morrow, Pressley, Smith, & Smith, 1997）。

・雖說有人質疑諸如自創拼音之類的教學活動，可能干擾正統拼音和閱讀技巧的習得，但是事實似乎和這些質疑相反：好的自創拼音和學習閱讀的技巧是有關的（例如，Richgels, 1995）。

　　從以上簡短的敘述，應可看出全語言的教學實務對兒童讀寫確有其正向成就，任何人想要根據標準化測驗來說全語言無效，就必須面對這些資料，解釋看看為什麼這些活動可以帶來正向的成就。我個人是不相信全語言完全無效的論點，這些證據讓我們更要努力去思考，想想全語言的這些優點，有沒有可能在更多的教室中被複製。如果還需要更有說服力的資料，有一個俄亥俄州研究團隊所做的研究值得進一步的關注。

## Dahl 和 Freppon（1995）的研究

雖然已經有許多研究者提供了全語言效果的證據，有兩位研究者因為其一系列研究深入地比較全語言與傳統教學法的衝擊，而經常受到引用。這兩位是俄亥俄州立大學的 Karin L. Dahl 和辛辛那堤大學的 Penny A. Freppon。我先來討論她們著作中的一篇，也許可以讓讀者具體地了解其研究的內容。

Dahl 和 Freppon（1995）的研究對象為「全語言教室」和「技巧導向」教室裡的幼稚園及一年級學生，研究聚焦在這些孩子如何看待他們正在接受的讀寫教學。共有四個班級參與研究，研究者每星期造訪兩次，時間長達兩年，每個班級裡有十二位低社經的學生被選出來作為研究的焦點學生，大約有一半是黑人，一半是阿帕拉契白人。

技巧導向的班級到底是什麼樣子呢？這樣的教室都有個傳統的閱讀準備度的焦點——花很多精神在「字母－語音」的關係上。一年級用的是基礎讀本及相關的練習簿和學習單，老師透過反覆的技巧練習來教自然發音法，但這樣的教學和所閱讀的文脈無關，老師也很少討論怎樣把自然發音法運用在真實的閱讀上。雖然偶爾會有札記寫作，但是也有從黑板上抄寫或寫習作的活動。一年級每天都有輪讀活動，但是兒童其他的工作結束時，也會有從圖書角取書自己讀的情形。班級有些齊聲朗讀的活動。讀故事書的時間，對故事的討論通常侷限在要求兒童回憶故事情節的層次。簡而言之，Dahl 和 Freppon（1995）成功地描述了典型的技巧導向教室，這類的教室在全語言四處廣傳的北美洲還尚未絕跡。

那全語言教室又是什麼樣子呢？教室裡會有長時間的獨立閱讀和寫作，老師有時將兒童分組，和他們一同讀或寫，但有時會和未分組的個別兒童一起工作。兒童讀的是高品質的兒童文學，書本大都來自於藏書頗豐的班級圖書角。老師經常演示閱讀策略和技巧給小朋友看，教室裡也有很多分享式的閱讀，老師和學生會對正在閱讀書籍的故事，從事一場真的對話。念完故事，寫作是兒童常見的回應方式，老師會教兒童寫作的策略，兒童也會與老師討論如何改善他們的初稿。寫作的循環以出版作品集終結，這和作者工作坊（Writer's Workshop approach）一樣，都是全語言教室裡常見

的。寫作是每天都有的活動，有時是寫札記，有時是把自己寫的東西和同學分享；去讀同學寫的作品就是分享方式的一種。寫作的另一個重要的部分牽涉到自然發音法，老師鼓勵學生運用字母－語音的關係去試著寫出字詞來。

這個研究因為有詳盡的觀察，所以研究者可以確定他們研究的教室真的是技巧導向的或全語言的教室。為了了解學生對閱讀及寫作的態度，以及學生們對老師的教學的反應，除了詳盡的觀察外，研究者也對學生做了廣泛的測量，所有的焦點學生都接受了以下的測量：

- 研究者展示一張印著一個句子的紙，問學生紙上有什麼。由學生的反應可以看出，學生是否了解書寫語言乃是獲取意義的一套系統。
- 對書本及印刷文件的主要認識（例如，閱讀是從左而右的，從封面到封底的）。
- 對字母－語音關係的認識；問學生寫十個詞，或要求他們隨意寫幾個字，然後請他們說明自己寫出來的字
- 念本故事書給孩子聽，然後請孩子回憶這個故事，並用一個布偶說個故事。這都可以看出兒童對故事結構的了解。
- 要求兒童念一本圖畫書給一個娃娃聽，並鼓勵兒童講得愈像一個真實故事愈好。孩子也被要求講一個家中發生過的事件，如過生日。這兩種講述的比較，可以讓研究者知道兒童是否了解書裡的語法和語詞的特性。
- 請兒童談談自己的寫作作品，這可以讓研究者推論出兒童對寫作有什麼概念。

這些測量在幼稚園剛入學時及一年級快結束時實施，再加上兩年實地的教室觀察，可以讓作者比較出兩種不同的教室會對兒童的讀寫進展有什麼不同的影響。我在這裡要仔細地做一點說明。

## 關心閱讀的正確性

全語言論者的一個重要信念是「錯誤是學習的一部分」，亦即，全語言教室應該鼓勵學生勇於冒險，根據這個哲學，「念得正不正確」不應是師生的首要關切。有趣的是，技巧導向和全語言導向兩種教室中，都關心

閱讀的正確性。

## 自然發音法

　　有比較多的證據顯示，全語言教室的學生應用了比較多自然發音法的技巧。例如，全語言教室裡的寫作經常出現使用明顯表音字母 [11] 的近似拼音，但技巧導向教室裡並沒有發現這個現象。當小朋友不知道字詞怎麼寫時，全語言學生比技巧導向教室裡的學生更會使用可靠的自創拼音來寫寫看。另一項令人困擾的發現是，技巧導向教室裡的學生閱讀時如果把字詞讀錯了，他們比較不會注意到這樣念會使句意不合理，他們傾向於接受這樣的錯讀。

## 對文學的反應

　　比起技巧導向的學生，全語言學生對文學有比較多精緻的反應。當全語言學生說故事或討論故事時，他們對主角、故事事件、情節結構都展現出更廣泛的知識。在浸淫於全語言兩年之後，學生清楚地學到文學是怎麼回事。全語言學生能展現出適當的批判力，能表達作者可以怎樣來修改他們的故事。

## 因應策略

　　Dahl 和 Freppon（1995）發現全語言教室的學生遇見困難時有較好的因應能力；相對的，他們發現技巧導向教室的學生比較會避開那些有挑戰性的工作。為什麼會有這個差別？理由之一是，全語言教室比較強調社會合作，因此碰到困難時，去找朋友幫忙是適當的、可以被接受的。但這並不是說，關於因應困難，全語言教室裡的一切都如此美好。例如，全語言教室中寫作能力最弱的兒童，經常到處找人閒聊，以避開寫作，在和小朋友合作時，他們經常被選任為不需寫作的角色，例如負責畫圖。

## 覺得自己是讀者／作者嗎？

　　全語言學生較常覺得自己是讀者和作者。但在技巧導向的教室裡，只有最優秀的讀者才會這樣看待自己。

------------------------

11 譯註：例如，把 book 寫成 bk；把 speak 寫成 spek 等。

## 投入程度

　　和技巧導向的教室比較起來，在全語言教室裡，兒童顯著地較能百折不撓地投入讀寫活動。和全語言學生比較，當兒童可以主動選擇閱讀活動時，技巧導向教室裡的學生似乎並不對閱讀那麼有興趣。

## 對文字特徵的認識

　　一般來說，在文字概念、故事結構知識、寫作觀念以及其他有關書寫文字的認識上，兩組學生的相同處多於相異處。但有個例外———一年級結束之前，全語言學生比技巧導向學生更知道書中故事的語法與遣詞用字，和自然口語到底有何不同。

## 認字策略

　　全語言強調要用前後文線索來閱讀，Dahl 和 Freppon（1995）在分析學生的閱讀行為時，真的看到了這點。全語言學生遇到不熟悉的新詞時，比技巧導向的學生更可能利用圖畫線索、略過不認識的新詞、重讀及自我更正等策略進行閱讀。技巧導向的學生幾乎完全依賴字母－語音關係來辨識不認識的新詞。

## 小結

　　在 Dahl 和 Freppon（1995）的研究中，有許多發現都指出，全語言教室強過技巧導向的教室；他們的研究結果大致與前幾頁整理出來的全語言優點清單近似。Dahl 和 Freppon 已經出版了其他的分析，結果也都說全語言教室表現較佳。例如，Freppon（1991）提出報告，全語言學生比技巧導向學生更懂得「閱讀是要獲取意義的，而不只是念出字詞來」的道理。Dahl（1993）分析了全語言學生寫作時給自己的評語。這些學生寫作時，在字母－語音關係上展現了大量的自我調節語言，許多的精神都花在字母和詞語組成的型態（patterns）上。

　　Dahl 和 Freppon 的研究把全語言說得那麼正向，但從許多閱讀研究者的觀點來看，兩類教室間有一個非常重要的差別，值得一提。雖然全語言學生似乎一直學了許多字母－語音的關係，而且知道怎麼使用它，但他們使用時，似乎並不像技巧導向教室的學生那樣地篤定。全語言學生比較可

有效的讀寫教學：平衡取向教學　Reading Instruction That Works: The Case for Balanced Teaching

034

能在閱讀時依賴圖像和語義的前後文線索。在後面的幾章，我將會強調，這是一個災難式的策略——我的論點指出全語言教學的一大弱點，它並沒有詳盡、系統地教導字詞辨識，應該要教的字母－語音規則和新詞的拼字分析，都沒有教。

## Dahl、Scharer、Lawson 和 Grogan（1999）

Dahl、Scharer、Lawson 和 Grogan（1999）對 Dahl 和 Freppon（1995）做了一個極為重要的後續調查。他們研究了八個完全符合全語言哲學的一年級班級，研究者從 9 月到隔年的 5 月，花了一整個學年深入地觀察，特別聚焦在這些教室裡的自然發音法教學上。他們發現這些全語言班級進行文學閱讀和寫作時，有大量的自然發音法教學活動，大部分發生在兒童以文字對文學作品的回應上。也就是說，在全語言活動的情境下，Dahl 等人看到許多自然發音法的教學。老師鼓勵學生、教導學生用自然發音法來解讀正在閱讀的語詞，閱讀時，還隨時以機會教育來幫助學生讀出字音。寫作時，老師們鼓勵學生根據字詞的發音試著拼出字來。另一個重要的發現是，這幾個教室非常努力為某些學生提供量身訂製的教學，主要在協助學生解決讀寫上遭遇的困難。

這樣的教學似乎頗有效果，研究蒐集五種評量分數，學生在自然發音法知識（包括讀出和拼出語詞的能力）的成長，明顯超越其他四種。更讓人印象深刻的是，對於學期剛開始閱讀就很強的、很弱的、中間能力的兒童，自然發音法知識都有明顯的成長。

當然，我們無從得知，在同樣一段時間內，技巧導向的教室到底教了哪些自然發音法的知識。除此，Dahl 等人的研究所觀察的全語言老師，都是精心挑選的優秀老師。第 8 章裡將會提到，國小教師裡，只有少數的老師是優秀老師，他們的學生的成就都可以大幅提升。所以，Dahl 等人的研究證明了，有很棒的全語言教室，學生在這些教室裡自然發音法知識有很大的進步。尤有甚者，只要讀過 Dahl 等人的報告，所有人都會對這些教室裡吸引人的教學活動留下深刻印象。本書要強調這點，因為 Dahl 等人（1999）報告的教室所具備的特質，正是傑出、有效能的國小教室（見第 8 章）。這個研究太重要了，所以第 5 章我還會再談論它，要強調的是它

們採取的是自然發音法及全語言的平衡取向。

# /評論/

在讀這本書時，也許有些讀者會好奇，為什麼聲名遠播的全語言卻很少被研究？原因之一是，那些最強烈認同全語言的人，對做研究非常不感興趣，他們心裡覺得很安全踏實，因為他們從哲學和理論推斷出全語言是有效能的。另一個原因是，同樣這群全語言的提倡者一直都很有攻擊性，不斷挑戰想要研究全語言的閱讀研究者。事實上，有三位研究者（Mckenna, Robinson, & Miller, 1990）曾經以公平的仲裁角色發聲，主張應該對全語言多做一點研究，結果有位全語言提倡者 Carol Edelsky（1990）在一本流通甚廣的教學研究期刊中撰文，對他們全面開火。Mckenna 等人（1990）只不過說，全語言或許應該被研究，但 Edelsky 認為這種說法和她的世界觀不一致，也和全語言教育者的觀念不一致，底下是Edelsky回應中的一段：

> 他們 [Mckenna 等人] 什麼都搞不清楚，但他們實在有夠不要臉！！……對白人、基督徒和男人來說 [Mckenna 等人三項都符合]，去欣賞一個和他們自己想法完全相反的觀點，絕對是不需要的，而且經常與其利益不符……在他們的典範盲目和他們的觀念謬誤之間，他們的研究提案脫離現實，這一點也無足為奇……全語言反對這種評量效果的研究，因為這種研究完全依賴測驗分數的資料，他們提倡的是考試領導的課程。那種課程和那種研究弱化了老師和學生，而且違反全語言的目標；他們的主張只是把社會階層化……因為他們自以為中立，所以扮演自己任命的發言人，夢想成為腳踏兩衝突陣營的捐客，他們不知自己有典範的偏差，把一個研究議題強加給別人，扭曲、露骨地抹滅全語言的前提、論點、定義、研究議題。他們講了一個超級了不起的大話——要全語言提倡者配合他們的提案，祝他們好運吧！（Edelsky, 1990, pp. 7-10）

幸運地，有些非常棒的科學家不顧這樣的勸告（和其他連珠炮的攻

擊）。因此我們現在有相當豐富的資料，告訴我們到底全語言能做什麼，不能做什麼。

我們現在知道，全語言對讀和寫的理解，有著許多一般性的觀點。而且，浸淫在文學和寫作可以提升重要內容知識及寫作能力的發展。至少在最傑出的全語言教室裡，老師有教導自然發音法，兒童的自然發音法技能也隨之發展。根據現有比較技巧導向及全語言教學教室的研究，我們特別關心高危險群兒童，對他們來說，學習讀出語詞來，可能在技巧導向的教室裡可以得到比全語言教室更確實的幫助。這是全語言哲學一直沒有被許多關心早期閱讀的學者全心擁抱的原因之一。另一個原因是，就像Edelsky（1990）那樣，提倡全語言的人士，經常把他們的想法包裝，把課程看成政治觀點──這種政治化的觀點難以說服許多讀寫教育者。

# 初始閱讀教育的政治學
## （至少根據某些全語言領袖的看法）

除了最近有接觸小學閱讀教育討論的人士，讀者很可能沒有注意到全語言領袖們的政治基調，我在這裡提供一些樣本，說明他們的政治思維。

## /Kenneth S. Goodman/

在大辯論裡最重要的早期文件之一，當屬伊利諾大學閱讀研究中心Richard C. Anderson 等人（Anderson, Hiebert, Scott, & Wilkinson, 1985）所撰寫的報告──《打造一個讀書人的國家》（*Becoming a Nation of Readers*）。該研究中心和該報告的撰寫，都是美國教育部資助的。該報告和許多研究的觀念一致，認為早期的閱讀教育應該包括自然發音法教學，學校應該要系統性地教導解碼。該中心也督導Marilyn Adams（1990）後來的著作──《開始閱讀：文字的思考與學習》（*Beginning to Read: Thinking and Learning about Print*）的撰寫，該書引了相關的證據，並下了支持解碼技巧教學的結論。

Goodman（1993）在「自然發音法的政治學」（The Politics of Phonics）專章裡，稱 Anderson 和同事寫的《打造一個讀書人的國家》為「語

法優先說客」（p. 103）的工具；把 Adams 在《開始閱讀》書中的結論說成「一個聯邦政府單位事先決定的，好來影響國會的決策」（pp. 103-104）。他的結論是：「有些人為了他們自己的政治目的，用自然發音法來嚇唬、政治化偏遠和勞工階級的父母親」（p. 98），類似的煽情語言也出現在 Goodman 1996 年的著作裡。

## /Constance Weaver/

Weaver（1994）教科書的第 7 章「自然發音法和全語言：從政治到研究」，整章主要在說技巧教學是一個保守派政治的議題，來看看 Weaver 是怎麼說的：

> 有實質的證據說明，倡導重度自然發音法教學者，來自於極右派的特定人士和組織。例如，超右派的基督徒教育者國家聯盟（National Association of Christian Educators, NACE）和它的行動團體教育卓越公民（Citizens for Excellence in Education, CEE）催促他們基督徒的跟隨者，堅持學校裡要教自然發音法……傳統基金會（Heritage Foundation）是一個華盛頓的智庫，它有一本出版品把自然發音法吹捧成「從基本做起的最基調」，被稱為解決文盲問題的最佳方式……在如此倡導的背後力量，似乎是想要促銷一種宗教的議題及／或是維持社經地位的現況。（p. 295）

> 極右派（Far Right）的人士強調要把字詞搞「對」（get the words "right"），他們看重所謂的逐字提取而不是意義的建構，也堅持大量密集的自然發音法練習以配合他們的世界觀……密集的自然發音法教學是必要的，因為只有念出不熟悉字詞的能力才能保證讀者可以「字字必較」（word-perfect）地閱讀……「當起先的重點在於意義，而不是精確地讀出紙頁上每一個詞時，學生就會被潛移默化，學到個別的字詞是不重要的……。這種強調個別字詞的信念，對基督徒的教育者有著至高無上的重要性。他們相信聖經經句帶來的語言啟示。正統教派的基督徒相信上帝賜下的是聖經裡的每一個詞語，而不只是思想而已。」（p. 296）

重度的自然發音法教學是……一種讓兒童乖乖聽話的方法，
並且讓他們不至於為他們自己去閱讀或思考。（p. 296）

Weaver繼續闡述，自然發音法教學是一個維持社會階層化計畫中的一部分，這是讓社會一代一代複製貧窮的情況。Weaver（1994, p. 299）受到後現代主義者（例如，Giroux, 1983; Shannon, 1992）對教育的評述影響甚鉅，她認為，因為低社經地位兒童的許多不利情況，例如學前階段有限的語言經驗（見本書第 4 章），入學時已經遙遙落後於同儕。這些孩子會被安置在較弱的閱讀分組裡，比其他同學接受更多的技巧教學（例如，自然發音法），因為學校相信這些孩子必須這樣教。這種教學和其他不利的因素，組成了一個長期向下走的螺旋，這些無聊的教學抹殺了兒童的動機，也許最終就導致從學校中輟。這個結果讓他們繼續留在社會的底層裡，生兒育女，再重複這般的循環。

根據Weaver的說法，低社經地位者之所以會有這般遭遇，部分應歸咎於那些主張把技巧教學放進早期閱讀教學內容的學者，她說：

很不幸地，這種惡性循環非常可能被……Marilyn Adams 的著作《開始閱讀：文字的思考與學習》強化……這本書甚至還沒出版，極右派支持者就大表贊同並加以引用……透過公然的課程，這種重劑量的自然發音法教學將會鞏固許多非主流兒童的社會階層，讓這些孩子忙於練習閱讀技能，而無法真正閱讀（pp. 301-302）。

## /Regie Routman/

Routman（1996）出了一本《十字路口的讀寫教育：閱讀、寫作和其他教學兩難問題的談話》，該書關切的主旨是政治。她認為，就某種程度而言，政治領袖和政策決策者把教育者當成替罪羔羊，而且所謂的讀寫危機根本就沒有像許多政策決定者講的那麼嚴重。她這點倒相當有理，與Ber-liner 和 Biddle （1995）嚴密分析的結果一致。Routman 也知道教育改變將

會遭遇許多的阻抗現象，所以在她書中第 4 章提供了教育者許多建議，怎樣在他們服務的單位克服政治的阻力。事實上，該書全本都在談政治，特別談到怎樣把全語言包裝得比較美味可口，讓相關人士比較可能支持全語言的推展。例如，Routman（1996）改寫了全語言的面貌，在書的最前面就說「事實是，而且一直都是，自然發音法本來就是全語言中的一部分」（p. 9）。她的說法是，全語言老師們一直都偏向視學生需要提供自然發音法教學，也總是相信，在真實的讀寫活動中，自然發音法的知識就會發展出來。

Routman 的論點，部分是為了替全語言防衛政治上的批評，但一方面也是針對誤解全語言就是不教閱讀技巧的老師們寫的。Routman 毫不掩飾地提到這些老師的存在，她書中的第 3 章，章名就叫「我就是全語言——我不教自然發音法」。我倒和 Routman 有不同的想法，我不相信那些老師對全語言有什麼誤解，因為全語言論者就是這樣子描繪全語言的，那些老師都讀過的書，我也都讀過，這些書很容易給人一個感覺，教閱讀技巧就不符全語言的原則。Dahl 和她的同事發現有些全語言教師會在班級裡教閱讀技巧，這些老師會這麼做，也許是透過其他途徑學來的，而不是讀那些全語言的書，因為這些書所描述的全語言是沒有明示的技巧教學的。

## 全語言領袖的政治觀點是否脫離現實？

對許多人而言，全語言領袖的這些高度政治化的觀點，似乎離現實太遠了些。許多老師努力地想提高兒童的讀寫能力，但很明顯地，這些老師關切的，並未被全語言領袖納入考慮。這些政治化的觀點有些已經被正式的研究討論過，但資料並沒有證明這些觀點是正確的，讓我們來看看一位同情全語言的課程理論家 Michael W. Apple（1982, 1986），實證研究對其觀點的檢驗結果。

Apple 主張，使用基礎讀本不但限制了老師的自由，更讓老師們的教學技能自廢武功（de-skill）。老師原來可以從他們具備的各種教學技能中選擇部分的技能，以規劃閱讀課程，但只要用了基礎讀本，老師就臣服於外在的權威，放棄了教學的主控權。Apple 說，這讓老師教學計畫的技能萎縮（Apple, 1986, p. 209），這就是所謂的自廢武功說（de-skilling）。這

套論述最大問題在於，研究資料並不支持這個說法。根據好幾個調查研究結果（Barr & Sadow, 1989; Baumann & Heubach, 1994; Hoffman et al., 1995），老師並不會只是跟著基礎讀本的教師手冊走，他們很有創意，會小心地選擇、調整基礎讀本的教材，好讓閱讀教學更合理一點。當然，基礎讀本不會刪除老師的教學技能，只是全語言學者論點中沒有得到研究支持的許多例子中的一個。

在本節結束時，我想要指出，本章之所以談到全語言的政治面，只是想讓讀者們清楚知道，有些全語言支持者對技巧導向的教學有多麼強烈的反對。他們相信閱讀技巧的教學是要服務政治的，並不符許多兒童的最佳利益。

從全語言論者對世界的知覺和論點，我可以理解他們的熱情。坦白說，和自由派比較起來，在政治上的保守派人士的確比較認同技巧導向的教學，尤其是自然發音法教學（Paterson, 2003）。但我就是不能同意全語言論者把這個問題政治化的傾向，我會良心不安，也無法因為政治上的考量，就說不要教孩子們讀寫技巧。我個人的看法是，要是不使用有效的讀寫教學方法，我們就會讓不利兒童失去向上流動的機會。我提倡使用現有的、具說服力的科學分析來決定到底某些特定的方法有沒有成效。我打從心裡相信，那些會拒絕讓孩子接受這種教學方法的人，不管他們有什麼理由，都沒有辦法讓不利的孩子得到更多的好處。

# 結論與總結性迴響

1. 在現行國小的讀寫教學中，十幾年來全語言一直都是一股相當強勢的力量，在千禧年之後，其勢力有些微消退，但在國小語文領域中，仍然是一股力量。傳統的教學被「沉浸在真實文學」的概念取代，比起二十世紀中期，現在的教室裡，有更多學生在寫作。這些教學實務，提升了學生的知識和寫作技巧，也正向地影響了學生對閱讀的態度。

2. Frank Smith 和其他想法類似的心理語言學導向的學者，推出了一個由上而下的閱讀觀點。依照他們的觀點，閱讀者在閱讀時是帶著假設的，這些假設乃根據其先備知識及對文章後續出現字詞的猜測而形成。閱讀者

041

的英文語法及字詞組成規律的知識，也會影響讀者閱讀時的假設，所以優讀者讀一個句子時，該出現動詞的地方，他不會猜測會出現名詞。閱讀到最後階段讀者才會注意、處理到詞語裡的字母和字母串（字形－音素的線索）。主張字詞辨識牽涉到多重線索，其證據來自讀者偶犯的錯誤。特別重要的是，錯讀時，目標字經常被讀成語義相近的字，全語言論者把這個現象當成證據，認為這說明了閱讀時，語義的線索比字形－音素的線索重要。

3. Weaver、Routman 和其他人的著作，幫助全語言教育者把全語言的信念執行出來。Weaver 對語文教育的信念，似乎完全和 Smith、Goodman 及全世界的全語言理論學者一致。她強力推薦兒童應該浸潤在文字和寫作裡，也期待老師們對兒童有高期待，給孩子時間和機會去練習真正的讀寫，學習讀寫的過程中允許兒童犯錯，因為錯誤乃學習的一部分。如果錯誤發生了，老師的主要角色在以大量時間提供適當的回饋，指點兒童反映出自己所犯的錯誤，在這樣做的過程中，兒童可以建構出對讀寫新的認識。

Routman 的思維就沒有像 Weaver 那樣侷限於全語言的原則，這反映出她的學校實務經驗。即使如此，Routman 對字詞辨識的定義仍然比較像 Smith、Goodman 和其他的全語言論者，而比較不像本書後面幾章要談的、研究本位的觀點。

4. 雖然全語言對語文教育的影響是全面性的，而且許多特定的全語言實務也已經被確認可以鼓勵讀寫能力的發展。但有一個重要的議題最能夠把全語言的和其他的語文教育取向區分出來：全語言學者對字詞辨識的觀念。他們的想法和許多關心閱讀、尤其是關心初始閱讀的學者大相逕庭。此外，本章還沒有太強調一種全語言的特點——要增進閱讀理解的技能，全語言論者的辦法就是閱讀、閱讀、閱讀。這是一種老式的閱讀發展模型。我們將在第 9 章談到，除了讀、讀、讀之外，還有很多教學上可以著力並刺激閱讀發展的方法。也就是說，我認為全語言是讀寫發展的一套不完整的模型。我會在本書的結尾談到，全語言的優點應該要和更明示的解碼、理解教學結合。我們現在很確定的是，有些全語言教師，如 Dahl 和她的同仁研究中的參與者，在教室裡做的都是平衡取向的教學，

而且獲致很棒的進展。但是，據我在國小教室裡的廣泛觀察，許多對全語言死忠的老師，他們的教室裡絕對沒有「平衡取向」這回事。

5. 全語言是一種具政治意涵的課程哲學，全語言提倡者不斷地宣稱閱讀技巧教學是保守派的工具，用來維持現在的社經地位及政治地位的現狀。這些觀點讓我們能理解為什麼全語言教育社群會這麼強烈地反對技巧導向的教學。

即使如此，那些因低社經地位而被列為學習失敗高危險群的學生，仍然沒有因為接受全語言而走運，他們在標準測驗上的表現仍然很弱（例如，Jeynes & Littell, 2000）。此外，全語言教學並不能提升某些保守份子特別看重的字詞層次的閱讀能力，這些事實都讓政治上的保守份子開始反對全語言。全語言並不能提升拼字技能，也不能發展出替代策略（例如，Graham, 2000），閱讀高度可預期的文章也不會幫助兒童發展出字詞辨識技能（例如，Johnston, 2000）、不能刺激適當的語彙成長（Swanborn & De Glopper, 1999）。這些讓人擔心，如果採用全語言做為教學取向的話，不利兒童的教育和福祉怎麼辦。

# 2 熟練性閱讀

若能了解熟練性閱讀（skilled reading）的本質，我們才能知道閱讀教學的目標該怎麼訂定。本章所彙集的，都是當今發展國小閱讀教學時最具影響力的一些要略。本章提供的訊息可以讓讀者明白，為什麼有這麼多的研究者和閱讀老師決定要在國小課程裡加重解碼和理解策略的分量。

## 字母和詞彙層次的歷程

研究者已使用各式各樣的方法去了解優讀者是如何處理字母及詞彙，這些方式將會在下列小節中討論。

### /眼動研究/

在過去半個世紀以來，有許多研究者藉由研究讀者閱讀時的眼球移動，以了解字母及詞彙層次的閱讀歷程（Carver, 1990; Just & Carpenter, 1980; Rayner, 1992; Ygge & Lennerstrand, 1994），現在我們已經有豐富的認識。眼動研究記錄不同的眼球行為：當眼睛瞬間停留在某事物上時，我們稱其為固著（fixations）；當眼睛跳至下個固著點時，我們稱其為跳躍（saccades），有時眼睛會跳回至前句或段落中的詞彙，這就是所謂的「迴歸」（regression）。眼睛怎麼會知道下一個跳躍點在哪兒呢？從左至右閱讀印刷文字時，閱讀者所看到的訊息會有點偏向固著點右邊的內容，但僅有這

些訊息，其實不夠讀者去掌握下一個固著點到底在哪一個字，不過，這已足夠讓眼睛的下個停留點落在文字上，而不會落在字與字之間的空白上。

當每分鐘閱讀速度為二百至三百個詞彙時，優讀者似乎會處理到文章中的每一個字母。證據顯示，詞彙的字母愈多，讀者從「見到字」到「念出字音」所花的時間愈長。事實上，每加長一個字母，讀者要念出一個詞所需的時間，就會多花十至二十毫秒（Samuels, 1994）。另一個頗具說服力的證據是，如果改變文章內容，讀者會如何處理每個字母？結果顯示，把文句中的字母刪掉一兩個，閱讀速度就會立刻減慢許多（Rayner, Inhoff, Morrison, Slowiaczek, & Bertera, 1981）。假如你不相信一個字母可以造成差異，可以試著讀讀看兩篇文章，一篇是「尚可打字員」所打的未修正文稿，一篇是「傑出打字員」所打的已修正文稿，漏打或遺漏的字母會使讀者分心且速度變慢一些，是吧？

為何閱讀時，處理到每個字母是很重要的歷程？因為字母層次的線索是認字的主要途徑。這個結論有眼動和相關研究的支持，但它與全語言理論中詞彙認知的假說有所衝突。全語言論者主張，讀者閱讀不熟悉的詞彙時，必須利用前面讀到的文章意義來做猜測。此觀點認為，閱讀其實是個心理語言學的大猜謎遊戲（Goodman, 1967; Smith, 1971, 2004）。然而，眼動研究的結果並不支持這個觀點。例如，如果此觀點為真，則優讀者應該會知道文章中的下一個詞彙，亦即讀者應該會猜到剛讀這個字的右邊會出現哪個字，事實上，他們猜不到。當成人讀者在電腦螢幕上閱讀，文字突然變成空白時，他們能正確地說出最後看到的詞彙（McConkie & Hogaboam, 1985），但卻猜不到下一個詞彙是什麼，猜對的機率大約只有四分之一。一位熟練閱讀的成人在閱讀有遺漏重要字的文章時，要猜出那個字可不容易，而且正確率只有 10%（Gough, 1983）。相信嗎？請試著猜測此句所遺漏的字詞：The lanky ballplayer reached down to pick up a ___ that had jumped onto the field.（那位瘦長的球員俯身抓起一隻剛剛跳進球場的_____。）現在你還會認為閱讀高手可以根據前後文來猜字嗎？如果你還是這麼想，再讀一讀下一句：The lanky ballplayer reached down to pick up a frog that had jumped onto the field.（那位瘦長的球員俯身抓起一隻剛剛跳進球場的青蛙。）比較看看，閱讀這兩句子時，難易度的差別。

因此，過度依賴前後文語義線索會有個問題——你會猜錯許多字。亦即，心理語言學的大猜謎基本上是不可能的，是錯的，因為有太多詞彙可以填進空格裡。其實，過度依賴前後文語義線索是個很弱的策略，比較適合閱讀能力較弱的閱讀者，許多研究者（例如，Share & Stanovich, 1995）都得到類似的結論。此論點在第 5 章有更詳細的論述。

熟練的閱讀者閱讀的速度會隨著閱讀形式而變化。瀏覽文章時比較快，因為讀者會略過很多字。但當讀者試圖學習文章的內容時，閱讀是一字一字進行的，眼球會在大多數的字上停留。對於仔細閱讀的成年人來說，每個字大約耗用四分之一秒。亦即，當讀者想學習閱讀的內容時，每分鐘大約可讀二百個字（McConkie, Zola, Blanchard, & Wolverton, 1982）。而閱讀者所專注或知道的文章內容愈少，閱讀速度會愈快。輕輕鬆鬆閱讀時，典型的速度是每分鐘二百五十至三百字之間。雖然有些速讀補習班有誇大的廣告，但若要達成理解，人類最快的閱讀速度大約為每分鐘六百字（Carver, 1990, Chap. 21）。

## /去情境化的詞彙辨識/

優讀者最大的特色，就是能在去情境語義線索的情況下，正確快速地讀出文字來（例如，只有詞彙的閃式卡；Share & Stanovich, 1995）。許多研究都努力在了解，到底優讀者是如何辨識文字的。當然，對於優讀者，許多字是「瞬認字」（sight words），因為讀過很多次，這些字一瞬即知。研究者認為瞬認字的辨識是完全自動化的，只花很少的資源，在完全不費心的狀況下就可以讀出來（LaBerge & Samuels, 1974）。

但優讀者更令人刮目相看之處，是他們讀出從未見過生字新詞的能力，即使是無意義的文字或假詞，例如 swackle、preflob 及 plithing。他們念出生字或假詞，是因為他們能快速將字母與發音作聯想，並將每個音混合成音念出來。能快速正確地念出生字或假詞，就是優讀者厲害的地方（Share & Stanovich, 1995）。

優讀者對母語中常見字母串的辨識也完全自動化了。例如，他們可以認知如 -kle、pre- 及 -ing 等的字母串，很可能是因為在閱讀當中，這些字串已經被讀過很多次了。常用字母串辨識的自動化可以節省許多閱讀時的資

源。新字若由常見的字母組成，閱讀速度可以大增。你可以試著讀出這兩個字看看：retuckable 及 ekuteracbl。它們都有相同的字母，但是第一個文字比第二個文字容易念太多了，因為它由三組熟悉的字母串結合而成，而第二個單字的組合字母串卻很少見。

閱讀者較依賴字母層次，並不表示前後文語意的線索不重要，事實上，在詞彙辨識之後，它可能非常重要。請閱讀下列句子：The duck could not be stopped from biting the boy, so his mother grabbed the bill!（直譯：那鴨子無法被阻止去咬那男孩，所以他媽媽抓住了牠的鴨嘴！）現在閱讀此句：The boy could not be stopped from using his money to buy the duck, so his mother grabbed the bill.（直譯：那男孩無法被阻止去用他的錢買那鴨子，所以他媽媽抓住了他的鈔票！）依前後文語義的線索，bill 要如何解釋呢？[1]（Phillip B. Gough, personal communication, June 1996）雖然情境的關係對於單字閱讀的幫助不大，但是它卻能有助於判斷所讀詞彙的意思。

字母層次及詞彙層次的眾多研究會受到批評，是因為沒有把讀者當成一個意義營造者（meaning-maker）。這樣的批評在某種程度上是對的，讀者會隨著此章節的進行而更了解，因為很多熟練性閱讀是從句子及段落中獲取意義的。即使我們牢記在心的警告是「閱讀遠大於字詞的辨識」，但除非讀者可以確實有效地辨識個別的字詞，主動處理句子和段落是不可能發生的，這也就是學習解碼的重要性。

# 抓重點的能力

每篇文章都有許多構想（例如，Clark & Clark, 1997; Kintsch, 1974）。來看看以下這個句子：「約翰小心地把鬆落的瓦片釘在屋頂上」（Kintsch, 1982）。這句子有四個構想：約翰在釘瓦片；釘時很小心；瓦片在屋頂上；瓦片鬆脫了。優讀者讀到此句，雖然完全了解全部的構想，但到後來，可能只會記得此句主要表達的構想，即「約翰在釘瓦片」。

除非人們盡力逐字地記憶，否則他們不會記得所閱讀的每件事，他們

---

1 譯註：bill 是英文的多義詞，有「鳥喙」和「鈔票」兩種意義。

只能記住文章的主要構想（Kintsch & van Dijk, 1978; van Dijk & Kintsch, 1983）。在長篇論述中（如同本書），每一層級都有其主要構想，最上層就是書的摘要，然後，書中每一章都各有主要構想，每章的每個段落也都有。熟練性閱讀會結合較低層次的主要構想（例如，段落層次），進而創造出較高層次的摘要（例如，章的層次，進而書的層次；van Dijk & Kintsch, 1983, Chap. 2; Kintsch, 1988）。

例如，假定有位讀者正開始讀一段文章，第一個句子就包含好幾個構想，讀者必須先抓出該句的主要構想來，並把這個構想留在短期記憶中，繼續讀下一個句子，同時把第一句和第二句的主要構想整合，產生新的構想。

有時讀者必須整合先前所讀的句意，才能推論理解正在閱讀的句子是什麼意思，例如文章中只提及有個人在釘釘子，文字中並未提及「槌子」，但若讀者讀到「頭掉下來了」，這可能讓讀者立刻會推想出主要的構想為「槌子的頭飛掉了」。讀到文章段落的結尾，優讀者會隱含地（implicitly）產生出整個段落的重點摘要（這裡我強調「隱含」，因為此歷程是自動化且無法自我察覺的）。再來，如果要求讀者回想所讀的內容，讀者就能回憶起重要的構想（例如，Kintsch & Keenan, 1973）。閱讀和回想的間隔愈久，能回憶起的細節就會愈少（例如，Kintsch & van Dijk, 1978）。回想的內容會反映出初始閱讀時讀者所做的推論，也反映出回想時讀者的推論。

此外，這樣的推論是建立於閱讀者已知的基礎上；亦即，讀者最後能回憶的內容會反映出原文和讀者本身的知識背景。例如，當我告訴兒子狄更斯《小氣財神》（*A Christmas Carol*）的故事時，我花了約五分鐘說完整本故事，且只記得當時所說的情節。我所記得的只是這故事的主要構想，而非什麼人說了什麼話，也不是四位夜晚的拜訪者談話的內容。然而，在說故事當中，我提及 Tiny Tim 有小兒麻痺症，此時我必須向九歲的兒子解釋何謂小兒麻痺症，因為此症狀並未發生於當時的美國。後來，我兒子閱讀該故事，他告訴我，故事裡並沒有提到 Tiny Tim 是因為小兒麻痺症而用拐杖啊！在那同時，我就知道我在回憶時，自己做了一些書上沒有的推論，這個推論也許是歷次閱讀或看戲劇演出時做的，把 Tiny Tim 想成是個小兒麻痺症的受害者了。對閱讀文章的回憶是非常個人化的，因為讀者的先備

知識在意思扮演了很重要的角色。

　　然而，優讀者不會製造出猶豫不決的推論。在讀文章時，他們不會將完全離題的構想強加在文章中。相反地，他們會做出了解文章所需要的推論（McKoon & Ratcliff, 1992; van den Broek, 1994）。因此優讀者閱讀故事時，他們常會對故事發生的場景創造出詳盡完備的了解（例如，Fletcher, 1994; Kintsch, 1998）。先備知識（prior knowledge）的一個重要角色，是它會使讀者在接受少之又少的訊息下，了解很多的情節。即使在長篇小說裡，雖然作者只描述最重要的場合及主角最主要的性格，比起那些欠缺先備知識的讀者，擁有廣泛先備知識的讀者，比較能填補小說內容的空白處。

　　簡單的說，一篇文章從頭讀到尾，如閱讀一則故事，閱讀者會處理每個獨立構想，但是最後只會記得要點。先備知識在這裡扮演著重要角色，它讓讀者得以產生合理的推論，才能進一步了解文章內容。在某些例子中，推論相當細密，特別是內容複雜的情節。雖然本節討論的閱讀模型主要以敘述文（也就是故事）閱讀的相關研究為基礎，但是同樣的概念，也已應用到不同形式的說明文了（例如， Britton, 1994）。

　　人們閱讀的原因之一是求知。的確，廣泛閱讀的人比很少閱讀的人擁有更廣博的知識（Stanovich & Cunningham, 1993）。心理語言學家對人們如何從文章裡學習感興趣，他們也好奇，閱讀之後人們對世界的一般知識是如何跟著改變的（例如，Graesser, 1981; Graesser, Hoffman, & Clark, 1980; Kintsch, 1974; Kintsch & Keenan, 1973; Kintsch, Kozminsky, Streby, McKoon, & Keenan, 1975）。將閱讀過的要點和自己原有的知識（即先備知識）結合，會創造新的知識（例如，Anderson & Bower, 1973）。因此，如果你閱讀一篇有關於美國讀寫能力危機的雜誌文章，你可能會隱含地自我建立一個含有此文章主要構想的摘要，而在明天和朋友吃飯時，你會依此摘要向感興趣的朋友們作部分的重述。然而，較重要的是藉由閱讀此文章，你對讀寫能力的長期知識可能會改變。因此，即使過了六個月，當有人的主張與你所讀的文章內容有所衝突時，你可能會回應：「不過我覺得……」，繼續從文章的某觀點作延伸的思考，那時也許你根本就搞不清楚這份訊息是從哪兒得來的了。

# 有意識的理解：閱讀的口語原案

比起閱讀能力不佳的人，熟練的讀者擁有較多的常識，因為熟練性閱讀能有效擴充知識的發展。許多新知的產生是自動化、無意識的，是閱讀及抓重點歷程的結果。不過，閱讀也牽涉許多意識中的認知過程，閱讀時文意的獲取，絕不只是自動化及無意識的過程，它也牽涉許多有意識中、可以自我控制的過程。

藉由優秀的成人讀者大聲說出閱讀時的想法，可以得知很多關於意識中主動理解的過程。這樣的研究裡，研究者要求讀者閱讀文章，並經常打斷他們的閱讀，請他們報告在閱讀時他們正在想什麼、正在做什麼。當讀者被要求讀難度較高的文章時，研究者會更容易觀察各種意識內的決策過程。因此，口語原案的研究方式中，閱讀者所讀的文章都很有挑戰性，讀者需要多思考，才能了解文章內容。

## Wyatt 等人（1993）的研究

因為我和我的學生使用口語原案的方法完成一個熟練性閱讀的研究，所以在此領域我有第一手的經驗（Wyatt et al., 1993）。該研究中，有十五位來自馬里蘭大學的教授自行選擇他們專業領域的文章，並且在閱讀時放聲思考（think-aloud）。雖然每位教授讀的文章各不相同，而且教授的學術領域也大相逕庭，可是他們閱讀時卻有重要的相似之處。

第一，所有讀者閱讀時都非常主動：

- 以文章內容資訊和教授們對於文章議題的先備知識為基礎，他們可以預期文章接下來可能會說什麼。而且他們清楚地察覺自己的預言是對的還是錯的。
- 教授在閱讀中會尋找符合個人興趣及個人目標有關的訊息。所以準備寫研究報告的教授在閱讀文章時，會尋找有助於他們自己要寫那篇報告的訊息。而且，當他們在閱讀符合個人目標的相關資料時，會放慢閱讀速度，比讀那些不重要的資料還要慢。

- 雖然教授通常會從第一頁讀到最後一頁，但有時他們也會跳頁找尋他們覺得文章可能有的內容，也會回頭翻找起初讓他們覺得困惑的文字，以進一步澄清問題。若他們讀到的句子看起來沒有什麼道理，他們可能會再讀一次，而且回頭找一些段落中的訊息，以解答他們之前可能忽略的重點，以弄懂這個句子。
- 教授會一邊讀一邊向自己解說文章的主旨、總結文章，並思考文章哪裡有道理、哪裡沒道理。
- 教授非常能監控自己的閱讀。亦即，他們非常清楚文章閱讀的難易度，而且知道文章陳述是否為自己已知的領域，或者未知的新領域。如同先前的討論，他們知道文章哪個部分與其閱讀目標最為相關。

　　第二，比起閱讀期間所有的活動，當讀者閱讀時，他們的熱情投入最令人印象深刻。他們時常評論閱讀的內容，這有可能是因為他們具備了廣泛的先備知識。所以，當文章中的想法與他們的觀點起共鳴時，他們會積極地反應：「對極了！」或「她說中了！」不過當文章中的想法與讀者有所衝突時，則有相反的作為。他們會發出噁心的聲音（包含不敬的言語、行為），或者非言詞上的反應，例如對文章咋舌表示嘲弄。閱讀時，讀者會報告他們在哪裡感到有趣，在哪裡覺得無趣。顯然地，對讀者來說，閱讀絕對不是一種情感中立的經驗。

## /Pressley 和 Afflerbach（1995）對熟練性閱讀的研究/

　　以撰寫放聲思考方式進行的閱讀研究，已經有六十多篇在科學性期刊上發表。我在本段要報告的研究是其中一篇，由我和同事撰寫。不同研究中，讀者所報告的認知活動各有不同，可能是各研究使用了不同的指導語，以及不同的閱讀材料所致。

　　儘管各種研究的程序和閱讀材料各有不同，我和 Peter Afflerbach 回顧截至 1994 年所出版的所有研究，仍然可以異中求同，總結、建構出怎樣才是優秀的閱讀（Pressley & Afflerbach, 1995）。我和學生們研究的讀者都是平凡人。每一篇基於口語原案的研究文獻，都提到讀者在閱讀時的主動性。雖然有些讀者閱讀時的主動性比他人強，不過意識中的主動性閱讀似乎非

常常見，優讀者尤其明顯。而且，當成熟的讀者對特定的閱讀形式更有經驗後，他們會發展出更精緻老練的閱讀方式（Strømsø, Bräten, & Samuelstuen, 2003）。甚至，在一般情況下，優秀閱讀的意識歷程（conscious processing）早在閱讀開始前出現，在閱讀中維持著，並在完成閱讀之後仍然持續著。

閱讀前，優讀者會確定知道他們為什麼要閱讀這篇文章，而且很清楚了解他們自己想從中獲得什麼資訊（例如，有關印第安人在法國印第安戰爭 2 扮演何種角色？寫該篇論文的教授有什麼用意？）。優讀者不會只是從頭到尾地逐字閱讀，他們會瀏覽文章。在瀏覽時，他們對文章結構很敏銳，特別會注意一些與閱讀目標相關的訊息。優讀者會根據他們在瀏覽時獲得的訊息，判斷文章哪個部分應該先讀、哪個部分要仔細讀、哪些地方可以不必讀。優讀者會讓文章內容和先備知識連結起來，進而得到文章的總結性構想。有時，一經瀏覽，讀者會發現文章內容與讀者的目標完全不相關（例如，這篇文章中，關於印第安人在法國印第安戰爭中的角色，似乎沒有新的看法）。如此一來，優讀者會決定停止，不再往下讀了。

瀏覽過後，如果讀者真的覺得文章值得閱讀，他或她會開始從頭到尾閱讀，並因不同章節改變閱讀速度，有時會略讀，有時會跳過不讀。讀者有時會停下來重讀某部分，或停頓下來去思考剛剛所讀的內容。讀者讀到與其閱讀動機相關的內容，會投入更多注意力。讀者瀏覽文章後，會心生預測，讀者會一邊讀一邊修正這些預測，同時對即將閱讀的內容推出新的預測。亦即，優讀者會從閱讀中獲取結論，雖然結論只是暫時性的假設，會隨著文章的閱讀而有所改變。

優讀者閱讀時，會出現意識中的推論，以及無意識的、完全自動化的推論。優讀者會嘗試填補文句間的空白鴻溝，並試圖決定不認識的詞彙的意義，而且將文章內容與自己的先備知識作關聯（例如，「那就像……」）。他們會推論作者的寫作意圖，或是作者的主意從何而來。讀小說的人，總是會推論故事中各個角色的意圖。優讀者會有意識地企圖整合

---

2 譯註：French and Indian War 是一場 1754 至 1763 年英法兩國在北美洲的戰爭，英國打敗法國和與法國聯盟的印第安人，確立了英國在北美洲的影響力。

文章中不同部分的構想（例如，故事角色行為與整個大故事的關聯）。當開始讀小說時，讀者會設想一個故事發生的情境，新角色出現時，讀者會設想這個角色和該情境有什麼關係。此情境會隨著小說的閱讀，持續地保持在讀者心中。讀者會在文章不同段落之間尋找因果關係（例如，故事前段某人的行為如何刺激故事後段另一人的行為），而且為了整合全文的構想，他們會回頭翻找相關內容或跳躍著往後讀。

優讀者閱讀時會作許多的詮釋，這種詮釋有時是以釋義的方式表現（例如，「這個神話好像聖經裡的出埃及記……」），對於文章中描述的事件，讀者會形成個人的印象，假如閱讀一篇說明文，讀者會產生總結性的評論（例如，「作者在此章節真正想說的是……」）。在詮釋時，先備知識扮演重要角色。一篇有著刻板的性別意象的文章，若寫於二十世紀早期，會較容易得到激進女性主義者比較多的諒解。同樣的故事若刊載在近期的《紐約客》（*The New Yorker*）雜誌上，就絕對不會這麼容易過關了。

並不是讀完最後一個字，讀者就可以做結束了。優讀者經常會重讀文章中重要的部分。優讀者會試著重述文章的重要論點，或總結出文章的大要來，以確定自己等會兒還能回憶出文章的內容。有時優讀者會做筆記，他們經常會在閱讀結束後相當長的時間後，還在回想文章到底是什麼意思。

我和我的學生（Wyatt et al., 1993）以大學教授為對象，研究他們閱讀文章時放聲思考的過程，該研究的發現和許多其他口頭原案的研究類似。讀者會意識到許多文章的特性，從作者的風格到文章的弦外之音。尤其他們會清楚自己是否了解文章內容，以及是否這樣的了解是輕而易舉的，還是需要投入相當多的努力。當讀者發現問題時，不管是全盤文義了解的困難，或不認識某一個字，他們都會盡力解決問題。

最後，Wyatt 等人（1993）和其他口頭原案研究都有類似的發現：讀者閱讀時是帶著情感的，他們會在意識中接受或拒絕文章的形式（例如，寫作的品質）或內容，藉著表情、語言宣洩出來。

## 總結性迴響

閱讀研究者普遍同意，閱讀就是從文本中建構出意義來。雖然有這個

共識，閱讀的本質究竟如何？各家的意見不同。但這些不同的意見是可以解決的。

## /「由下而上」對「由上而下」之處理歷程/

有些人認為，閱讀時的意義獲取似乎是由下而上產生。對他們來說，閱讀就是字母和字彙的處理歷程。獲取意義最重要的就是把字念出來（sounding out），讓心智來聆聽。的確，許多有名的研究早就指出，優讀者即使在默讀時，仍然有話語的歷程涉入。有時，它甚至是安靜的說話（即讀者無聲地對自己說話）。有時言語歷程（speech processes）並非如此完整，但當文字被閱讀時，有關該文字的語音訊息會在心裡被激發，這似乎可以幫助讀者把最後幾個字保留在短期記憶中，讓讀者可以整合每個字的意義，完成文本的理解（Carver, 1990, Chap. 4; Perfetti, 1985）。這個概念，簡單的說，就是把閱讀拆解成「解碼」和「聽覺理解」兩部分，讀者聆聽閱讀中所解碼的內容，就完成了閱讀的工作。

另外有些人認為，閱讀時意義的建構是由上而下產生的。亦即以大腦中對世界的認識（world knowledge）為基礎，人們會假設文章可能接下來要說什麼，而且，此先備知識的運用會持續到理解的產生（Anderson & Pearson, 1984）。有很多證據顯示，文本的意義會因讀者而異——作者意圖透過文字傳達文義，但解讀時受到讀者先備知識的影響，所以最後達成的理解乃作者和讀者共構的（例如，Beach & Hynds, 1991; Flower, 1994; Rosenblatt, 1978）。重點是，優讀者不會讓他個人的先備知識失去控制（例如，Williams, 1993）：他們讀了故事之後所產生的理解絕對不會有過重的個人色彩。例如，要他重述所讀的故事給另外一個讀過該故事的讀者聽，第二位讀者一定可以認出這是他讀過的故事。是的，第二位讀者可能對故事中所發生的事件有不同的洞見，但兩位讀者對於故事最基本的了解卻不會有所不同。

在由下而上的閱讀方式及由上而下的模式之間，有個介於中間的說法，就是當從文本裡建構意義時，由下而上和由上而下的歷程都牽涉於其中。無庸置疑，這是本章所引述的各種證據可能得到的最合理結論，所有有關文章理解的研究證據也指出一樣的方向（例如，Clifton & Duffy, 2001）。

證據之一即是優讀者會使用有效率的眼球移動，定位在大部分的字彙上，然後處理每一個個別的字母。另一個證據是，當讀者的心智是非常主動活躍的，他們能提出假設以建構文本可能的意思，並以先備知識為基礎進行推論。這些主動的心智活動，在獲取意義及運用策略找出文章中的重要段落時，是必要的條件。熟練性閱讀一定是由下而上及由上而下的歷程交互作用而成的。想要有效地閱讀，它們缺一不可（Kintsch, 1998; Rumelhart, 1994），是一直保持平衡的。

那是否意謂著，教學時若只顧由下而上的目標，或反過來，只顧由上而下的歷程，都會徒勞無功呢？並不盡然。事實上，隨後的章節有許多證據顯示，有時單以字母及字彙層次歷程為教學目標，就可以改善閱讀成就。單單鎖定理解策略的教學，也有增進閱讀的效果。特殊成分的教學都有助於讀者達到出色的閱讀能力，因為優讀者的閱讀歷程一定會牽涉由下而上及由上而下兩方面的認知歷程，並起交互作用。

## 優讀者分析結果的誤用

在此我要特別強調，有些研究比較優讀者與弱讀者的閱讀歷程，卻得到了錯誤的解釋，一些根據這些結果發展出來的教學介入注定走向失敗。例如，弱讀者的眼球移動方式常與優讀者不同，弱讀者由左到右的眼球跳躍運動較少出現，也較少固著於字彙上，反而常固著於字與字間的空白處。這種弱讀者眼動的缺陷，讓一些教育者認為應該訓練弱讀者增加其有效的眼球動作。這方面的嘗試有時確能改善弱讀者的眼動跳躍與固著情形，但從來都沒有能改善他們的閱讀。現在一般的共識是，眼動的功能失調並不是引起閱讀困難的原因；反過來，是因為弱讀者有閱讀困難，才導致他們在閱讀時有眼動的各種症狀（見 Gaddes, 1985, Chap. 8, and Rayner & Pollatsek, 1989, Chap. 11 的回顧）。

另一個例子是速讀教學。因為對優讀者的研究得到錯誤的結論，根據這樣的結論發展出來的速讀教學方案，也是無效能的。毫無疑問地，有許多讀者可以學會略讀（skim）而非閱讀，這也就是速讀課程所教授的。問題是當讀者略讀時，他們的理解力就會下滑。雖然速讀補習班常用一些測驗來證明，受過速讀訓練的人閱讀時理解力沒有問題，但因為這些考題通

常很容易，即使沒有閱讀那篇文章，讀者也可以正確地回答。要不然，請試著回答下列問題（Carver, 1990, p. 372）：

> 下列哪一選項最不可能是一個民族社群（folk society）？
> 1. 一群有著相同族裔背景的人一起住在城市的一角。
> 2. 登上一個沙漠島嶼的一群船難生還者。
> 3. 澳洲的原住民。
> 4. 美國西南部的普艾布羅（Pueblo）印第安人。

　　雖然你沒閱讀過段落內容，但是我相信你會選出正確的答案——第二個選項。很多辦理速讀課程的人會讓你相信在閱讀相關民族社會的段落後，能回答如同上例的問題以說明你的理解能力，然而實際上那只是說明你的先備知識不錯罷了。簡言之，如果用要求較高閱讀理解的測驗題目來測試理解能力時，沒有可靠的科學證據顯示，速讀訓練能提升閱讀理解能力（Carver, 1990, Chap. 18）。然而，這並不否定本章前面所提的觀點，一個人若擁有豐富的先備知識，即使只是略讀，也能促成好的理解，也能有效率地選出重要的文章段落。換句話說，如果你要讀的材料一大疊，而且你對這個領域具有充分的先備知識時，學會略讀倒不是件壞事。

　　隨著這些頁數的討論進行，本書不會再提有關眼動訓練，或每分鐘幾千字的閱讀速度發展。然而，我將以證據說明，改善字母及字彙層次的解碼歷程將有助於閱讀。若能教導熟練性閱讀歷程中常見的閱讀理解策略，也可以改善閱讀。

# 結論與總結性迴響

1. 熟練性閱讀是高階歷程（例如，理解）及低階歷程（例如，解碼）的協調合作。從文章中獲取意義，非常依賴有效能的低階處理歷程：優讀者能自動化地辨識很多字彙及有效地解碼不熟悉的字彙。優讀者會處理到文章中大部分的字彙。的確，他們似乎會處理字彙裡大部分的個別字母。解碼文章時，主要的線索來自於字母及詞彙，而不是埋藏於詞彙裡的文

本意義，或前後文義的脈絡。

2. 當優讀者閱讀時，他們會從文章中抓出重點，即使很多細節難以回憶，他們仍可以得到主要的構想。閱讀理解就是處理文章中的各種構想，這牽涉到讀者本身的先備知識。因為先備知識會讓讀者產生許多合理的推論，從而影響閱讀。但是，反過來，一個人的先備知識的多寡，也受到閱讀的影響。

3. 雖然閱讀理解有相當大的部分是隱而未現、無意識且自動化進行的，但是也有不少的閱讀理解歷程牽涉到讀者意識中主動的文本處理。優讀者在閱讀前（例如，瀏覽文章以進行預測）、閱讀中（例如，更新預測、建立心中的想像）及閱讀後（例如，建構總結、思考文章中的哪些想法待會兒會用到）的心智都是主動活躍的。優讀者閱讀時，一邊對自己解釋，一邊給文章打分數，常常會對文章中的構想有所反應。

4. 了解熟練性閱讀的本質，可以讓我們思考有效的閱讀教學應該教些什麼。老練的讀者精通字彙層次的解碼歷程，這個發現讓教育者思索應該發展出能強調解碼的課程。優秀的閱讀牽涉有意識的、運用理解策略的歷程，這個發現讓教育者據以發展主動的閱讀理解習慣。

5. 優讀者似乎不會依賴意義線索去解碼字彙，此發現提供很好的理由駁回全語言法的論點：解碼教學應該強調從上下文的意義線索去推想。根據本書的論點，教孩子首先注意意義線索（例如，看圖片線索），再去解碼，這種建議和眼球移動訓練的建議一樣，是沒有用的。但是，讀者在評鑑解碼是否正確時，意義的線索是很重要的：假如依據前後文情節，剛才的解碼結果看起來不可思議，優讀者會懂得再回頭去看那個字。情境線索也會幫助優讀者判斷多義詞的幾個可能意義中，哪一個才是最適當的。

6. 凡是希望做好閱讀教學的人，需要了解優讀者到底是怎麼讀的。好的閱讀教學，必須能培養出本章所描述的優讀者。

# 3 學習閱讀時
# 遭遇困難的孩子

有部分智力正常的學齡兒童在學習閱讀時發生困難。早期的閱讀學習困難可以預測入學後持續的閱讀困難（例如，Francis, Shaywitz, Stuebing, & Fletcher, 1994; Phillips, Norris, Osmond, & Maynard, 2002; Satz, Taylor, Friel, & Fletcher, 1978; Spreen, 1978），乃至成年的讀寫障礙（Bruck, 1990, 1992; Finucci, Gottfredson, & Childs, 1985; Frauenheim & Heckerl, 1983; McNulty, 2003; Ransby & Swanson, 2003; Schonhaut & Satz, 1983; S. E. Shaywitz et al., 1996; Spreen, 1988）。

學習閱讀最明顯的問題是學習解碼（decode）、認字，最初的困難在於念出字詞來。這些困難可能來自於語言發展上的問題。例如，有讀寫障礙，或可能成為弱讀者的兒童，無法像一般兒童那樣，對於語音有良好的區辨能力（Bertucci, Hook, Haynes, Macaruso, & Bickley, 2003; Breier, Fletcher, Denton, & Gray, 2004; Chiappe, Chiappe, & Siegel, 2001, Espy, Molfese, Molfese, & Modglin, 2004; Guttorm, Leppanen, Richardson, & Lyytinen, 2001; Molfese et al., 2002; Molfese, Molfese, & Modgline, 2001; Serniclaes, Van Heghe, Mousty, Carré, & Sprenger-Charolles, 2004），也不能順利地將詞彙切割成一串個別的語音；他們在傾聽／說出一串由表音字母組成的語詞，或把個別的音混合成語詞時，都會感到困難重重。有許多研究重複地得到了一致的結論（例如，Booth, Perfetti, & MacWhinney, 1999; Brady & Shankweiler, 1991; Brady, Shankweiler, & Mann, 1983; Bruck, 1990, 1992; de Jong & van der Leij, 2003; Fletcher et al., 1994; Foorman, Francis, Fletcher, & Lynn, 1996; Goswami & Bryant, 1990; Gottardo, Stanovich, & Siegel, 1996; Gough, Ehri, & Treiman, 1992; Greenberg, Ehri, & Perin, 2002; Hammill, Mather, Allen, & Roberts, 2002; Liberman, Shankweiler, Fischer, & Carter, 1974; Manis, Custodio, & Szeszulski, 1993; Mann, Liberman, & Shankweiler, 1980; McCandliss, Beck, Sandak, & Perfetti, 2003; Metsala, 1997; Morris et al., 1998; Penney, 2002; Rack, Hulme, Snowling, & Wightman, 1994; Shankweiler et al., 1995; Shankweiler, Liberman, Mark, Fowler, & Fischer, 1979; Share, 1995; Share & Stanovich, 1995; Snowling, 2002; Snowling, Goulandris, & Defty, 1996; Sprenger-Charolles, Siegel, Bechennec, & Serniclaes, 2003; Stanovich, 1986, 1988; Stanovich & Siegel, 1994; Stone & Brady, 1995; Thompkins & Binder, 2003; Troia, 2004; Vellutino & Scanlon, 1982, 1987a, 1987b; Vellutino et al., 1996; Vellutino, Scanlon, Small, & Tanzman, 1991; Vellutino, Scanlon, & Tanzman, 1994; Wimmer, Mayringer, & Landerl, 1998; Ziegler, Perry, Ma-Wyatt, Ladner, & Schulte-Korne, 2003）。

　　如果那些有閱讀困難的讀者無法朗讀，亦無法藉由拼字從而發聲，那他們要用什麼策略來補償這個困難呢？弱讀者與優讀者相較，更需依賴上下文的語意情境來進行閱讀理解；換句話說，弱讀者會藉著文字或圖片的線索，大致猜測詞彙的意義，而不會逐字閱讀（Corley, 1988; Goldsmith-Phillips, 1989; Kim & Goetz, 1994; Nicholson, 1991; Nicholson, Bailey, & McArthur, 1991; Nicholson, Lillas, & Rzoska, 1988; Perfetti, Goldman, & Hogaboam, 1979; Perfetti & Roth, 1981; Schwantes, 1981, 1991; Simpson, Lorsbach, & Whitehouse, 1983; Stanovich, West, & Freeman, 1981; Tunmer & Chapman, 2004; West & Stanovich, 1978）。儘管這些學生或多或少能讀出一些詞語，或在字母的層次猜測文意（例如，字首為 p 的可能是什麼字），但是，這種字母線索的閱讀甚無效率，他們主要還是依據圖片及前後文語意情境來猜讀。

　　優秀的初學者也會用上下文來輔助閱讀，但不會過於依賴。對於一個能自由拆解及還原文字的人，實在不需要獨鍾語意情境的猜讀策略，因為只靠上下文語意線索的猜讀會碰到許多問題。問題之一，就是閱讀的正確率遠不如直接念出詞語來，很多臆測可能都是錯誤的。第二個問題是，當

讀者依靠圖片及語意情境來猜讀文字時，會比較難將新詞的解碼自動化（例如，Samuels, 1970）。因此，光用語意情境閱讀法會影響識字能力的發展，而對未來閱讀產生不良影響。依賴語意情境閱讀的第三個問題是，它太費時，會因此占用大量的短期認知容量。對一般人來說，一次記憶的容量約為七個單位（Miller, 1956），緩慢的解碼會耗費大部分的短期記憶容量，與自動化解碼相比，後者只需占用小部分。當大量的心力都專注於解碼，能用於理解的則所剩無幾，無怪乎理解的過程會如此痛苦（LaBerge & Samuels, 1974）。

閱讀的目的不僅止於解碼，而是要理解內容。然而，理解卻植基於識字技巧上；因此要談閱讀理解，便需由弱讀者的詞彙層次的理解困難談起。

# 詞彙層次的理解困難

除了朗讀之外，優讀者也可以默念的方式解碼。也就是說，雖然優讀者可以念出不熟悉的詞彙，並將這些詞彙轉化為瞬認字，一般人卻不需要大費周章地分析、整合個別音節，就能自動化地認出該字。這樣的自動化對於正在努力成為優讀者的孩子有著莫大的重要性（Ehri & Snowling, 2004）。

為什麼自動化如此重要？如上述所提，解碼的過程是在短期記憶中發生的，這個容量十分有限的區塊即我們所稱的「意識」。事實上，解碼與理解還得要分食那有限的短期記憶空間（LaBerge & Samuels, 1974）。當讀者慢慢地將一個詞先分成語音，再整合起來，早就耗費大量空間，詞彙理解能用的容量已所剩無幾，更別提還要理解整句甚至整段的文章了。相反的，自動化的認字（也就是瞬認字的識別）只占用極少量的空間，以讓出更多短期記憶空間，讓理解文句並整合段落、文章的工作得以發揮。如上所述，不熟練的讀者所能理解的內容，會比快速而熟練的讀者還少（請見 Perfetti, 1985; Perfetti & Hogaboam, 1975; Perfetti & Lesgold, 1977, 1979；本書第 6 章將討論更多關於自動化的詞彙識別問題）。

除了善於處理文字的訊息，優讀者還能夠快速而正確地解讀文句的意義。遇到一字多義的情況時，優讀者比弱讀者能在更短的時間內，根據上

下文得到正確的意思。這也許是因為優讀者閱讀時能更有效率地壓抑與主題不相干的語意訊息（Gernsbacher, 1990; Gernsbacher & Faust, 1990; Gernsbacher, Varner, & Faust, 1990; Merrill, Sperber, & McCauley, 1981）。也就是說，他們的確會運用語意情境的線索來解讀字面上的意義（Tunmer & Chapman, 2004）。例如，rock 這個字在不同的上下文中就可能有著不同的意思。當一個優讀者念到這個句子，The thief lifted the rock from the jewelry case（小偷從珠寶盒裡取走了寶石），他（她）會很快地知道 rock 是指「寶石」，而不是一般的石頭或是搖滾樂。相反地，當弱讀者念到相同的句子，他很可能解讀成不相干、甚至產生荒唐的聯想（McCormick, 1992; Purcell-Gates, 1991; Williams, 1993）。而錯誤的字義在認知歷程中浮現，會占用有限的短期記憶空間，讓先天不良的讀者更加失調。

# 詞彙層次之上的理解困難

即使弱讀者終於能正確地解碼，問題往往才正要開始。他們不能像優讀者那樣，對文章中的情節做適當的推論。因此，Yuill 和 Oakhill（1991, Chap. 4）給幾位七至八歲、熟練與不熟練的讀者閱讀底下這段文字：

> 約翰一早就起床學拼字。他好累，決定休息一下。當他睜開眼睛，第一眼就看見椅子上的鐘。時間已經過了一個小時，差不多該上學了。他拿起兩本書，裝進書包。他騎上腳踏車，以最快的速度衝向學校。然而，他輾到幾個破玻璃瓶，剩下的路只好用走的。他走過橋，到了教室，考試已經結束了。（p. 71）

Yuill 和 Oakhill 最重要的發現是，就算是把這段文章擺在兒童眼前以備查詢，兒童不需要記憶文章裡的細節，不熟練的讀者們還是不太容易回答相關的推理性問題，像是：「約翰是怎麼去學校的？」「約翰決定休息一下的時候，他本來是在做什麼？」「為什麼約翰最後是走路到學校的？」或是「你怎麼知道約翰遲到了？」Yuill 和 Oakhill（1991; 亦見 Cain & Oakhill, 2004; Oakhill & Cain, 2004）列出了一些結論，說明熟練與不熟練的

讀者在推理能力上的差異。

是有些因素會造成這種現象（Cain & Oakhill, 2004; Oakhill & Cain, 2004），例如，推理的技能要看讀者是否擁有和文章相關的背景知識。相較於優讀者，弱讀者通常都比較缺乏各種背景知識，弱讀者的詞彙量遠不如優讀者（例如，Ruddell, 1994），就是支持此說法的證據。或許是因為讀得多，優讀者背景知識就多，而每次閱讀所能學到的，也就多於弱讀者了（Cipielewski & Stanovich, 1992; Stanovich, 1986）。

然而，推論理解也得看讀者是否知道如何運用策略、何時運用（對策略是否具有後設認知；例如，Cain, 1999; Cain & Oakhill, 2004; Oakhill & Cain, 2004）。優讀兒童比弱讀兒童更知道怎麼去閱讀。例如，弱讀的孩子就比較拙於了解哪些部分是他們可以重讀、略讀、抓重點讀，或根據不同的目的自問自答（例如， Forrest-Pressley & Waller, 1984; Garner & Kraus, 1981/82; Paris & Myers, 1981）。弱讀者也比較不容易發現，到底有什麼因素可能干擾他們的閱讀，像是注意力不集中或被外務分心（Paris & Myers, 1981）。弱讀兒童比優讀兒童較難以監控自己的理解狀況——他們不太知道自己到底理解了沒——閱讀時也不知道自己該在什麼時候多花點工夫，以得到真正的理解（例如，Garner, 1980）。

後設認知程度的不同，與優讀或弱讀孩童所使用的策略有關。例如，Owings、Petersen、Bransford、Morris 和 Stein（1980）觀察發現，五年級的弱讀兒童較同齡兒童不確定要如何隨文章的難度而改變閱讀方式，而且，中學階段的弱讀兒童也較優讀兒童不懂得回頭從文章中尋找答案（Garner & Reis, 1981）。Phillips（1988）的放聲思考研究指出，閱讀流暢性不佳的六年級讀者，不太懂得如何在閱讀遇到瓶頸時改變策略，不會試著調整對文句的解讀，也不會特別留意文章的重點。也就是說，Phillips 發現弱讀者在閱讀時比較不積極，也因此降低了理解的程度。

總而言之，後設認知派的學者已經注意到，不同的兒童在底下幾方面有相當大的差異：「閱讀」及「如何讀」的概念、閱讀理解的監控歷程、閱讀時主動的策略調整等。他們深信長期後設認知與監控是利用策略（Flavell, Miller, & Miller, 1993）來理解的主要因素。

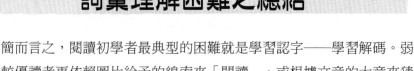

# 詞彙理解困難之總結

　　簡而言之，閱讀初學者最典型的困難就是學習認字——學習解碼。弱讀者較優讀者更依賴圖片給予的線索來「閱讀」，或根據文章的大意來猜測。這樣做往往導致理解錯誤。此外，弱讀者在自動化詞彙識別能力的發展上也較為遲緩與不定。由於他們得用耗費大量認知資源的策略來解碼（例如，分析語意情境線索、朗讀應為同齡優讀者認識的瞬認字等），因此對於文字的理解也較為有限，面對多重字義的詞彙時，也難以辨別、選擇最適合的字義。

　　對於文字解碼的無力也同樣影響策略的運作，因為要使用有效的理解策略，必須先有足夠的短期記憶空間以供利用。由於對弱讀者而言，閱讀與理解是艱辛又沒有把握的事，他們的知識庫無法像一般人那樣，藉由閱讀穩定地成長。也就是說，解碼的技巧與從閱讀獲得知識高度相關（例如，Cipielewski & Stanovich, 1992; Stanovich, 1986; Stanovich & Cunningham, 1993）。當然，無法從閱讀獲得足夠的知識，也會折損未來的閱讀理解，因為閱讀理解非常仰賴先備知識，先備知識與閱讀理解間，兩者是相生相依的。

# 生理上的讀寫障礙

　　當孩子在學習閱讀時遭遇困難，經常會被認為是生理的問題。有些孩子智力正常，在生理上卻有一些會造成他們閱讀困難、甚至無法學習閱讀的問題，即使接受了通常能幫助中低智能學生的密集式教學後，仍然無法受益。真的有這樣的孩子嗎？

## 生理上的讀寫障礙與弱讀的其他成因

　　如果一個智力正常或智力優秀的孩子在接受密集且優良的教學後，卻始終學不會閱讀，就有理由懷疑他有發展性讀寫障礙（developmental dyslexia）——這是一種生理上的讀寫障礙（reading disorder；例如 Harris &

Hodges, 1981）。（還有另一種後天的讀寫障礙，係指因腦部受創導致閱讀困難。）先天的讀寫障礙有個特色，就是患者在閱讀及相關的語言功能上所遭遇的困難，遠大於其他學業和認知任務。

雖然大部分關於生理上的讀寫障礙的重要研究都是針對兒童而做，仍然有大量的證據指出，有許多正常智力的成人弱讀者，也有明顯的語言上的問題，難以將文字解碼而朗讀出聲（Bell & Perfetti, 1994; Elbro, Nielsen, & Petersen, 1994; Greenberg, Ehri, & Perin, 1997; Swanson, Mink, & Bocian, 1999）。在這些分析研究中，特別值得一提的是，其他的可能因素包括短期記憶（工作記憶）、語意分析（semantic processing）與句法分析（syntactic processing）技巧的受損，但其中與詞彙層次之閱讀困難相關的語言問題，才是發展性讀寫障礙的明顯主因（Lyon, 1995）。我覺得我們應該期待有更多著墨於這個議題上的研究。例如，de Jong（1998; 亦見 Swanson & Alexander, 1997）提供了一個相當有說服力的證據，證明無法閱讀的孩子，其短期記憶容量的確比一般的孩童小得多——他們同時處理多重訊息的能力較弱。自此，就有很多研究紛紛開始比較正常與有閱讀困難的孩子或成人（Cain, Oakhill, & Bryant, 2004; Kibby, Marks, Morgan, & Long, 2004; Linderholm & van den Broek, 2002; Swanson, 2003; Swanson & Sachse-Lee, 2001; Walczyk, Marsiglia, Bryan, & Naquin, 2001）。此外，如同解碼在閱讀中扮演的重要角色，愈多人注意到詞彙層次理解之外的閱讀問題（即理解錯誤），就有愈多非聲韻問題的解釋被列入閱讀困難的成因之一，像是短期記憶及語言問題（例如，Cain & Oakhill, 2004; Hatcher & Hulme, 1999; Nation, Adams, Bowyer-Crane, & Snowling, 1999; Oakhill & Cain, 2004; Swanson, 1999b）。Swanson（1999a）的研究更提出強而有力的說明，指出嚴重的閱讀困難（例如，理解）不只是聲韻處理上的缺陷，而是由各種機能的不足所造成的。無論基本詞彙的辨識對於理解有多麼重要，它仍然只是影響孩子閱讀理解眾多因素中的一個（例如，Zinar, 2000）。

當學生在學習閱讀時遭遇到嚴重的問題，不難推測語言能力可能出了問題，能力的不足從對語言的基本感知到記憶語言、發展句法結構、理解能力，都可能從很小的時候就看得出端倪（見Catts, 1989; Catts, Fey, Zhang, & Tomblin, 1999; Elbro & Scarborough, 2004; Katz, Shankweiler, & Liberman,

1981; Liberman, Mann, Shankweiler, & Werfelman, 1982; Mann & Brady, 1988; Olson, Kliegl, Davidson, & Foltz, 1985; Sawyer & Butler, 1991; Stanovich, 1986; Vellutino, 1979）。長大後可能會遭遇嚴重閱讀困難的學齡前兒童，他們的用語與正常的讀者相較，會有許多不一樣的地方：他們的敘述比較簡短，句型結構較不複雜；發音不太標準；所知詞彙也比較少。發展性讀寫障礙的兒童與正常的兒童相較，較難將一般常見的物品叫出名稱來（例如，Elbro & Scarborough, 2004; Scarborough, 1990）。

一般型的（garden-variety）弱讀者與讀寫障礙者（dyslexic reader）不同。一般型弱讀者，其閱讀困難的情形和他們其他學業上的困難沒有兩樣，因為他們整體的智能本來就比較低（Stanovich, 1988）。所謂的「一般」強調的是一般智能，一般智能低落會導致閱讀困難，這比發展性讀寫障礙更為普遍。以白人為例，大約有 16% 的人口智商低於 85，其中就有許多孩子因此遭遇閱讀困難的問題。

讀寫障礙者及一般的弱讀情形，跟智力正常卻有讀寫障礙，或是由於幼年失教所導致的閱讀困難是不同的。但是，要區分一個閱讀困難的學生究竟是天生如此，或由於智能較低，或只是由於幼年失教，通常很難，甚至幾乎不可能。儘管如此，還是只有當整體智力等於或高於平均值，且已經試過各種方法來教學卻仍無效，才算是讀寫障礙者。

## / 讀寫障礙的發生率 /

專家對於生理上讀寫障礙發生率的估算意見分歧。我見過最高的統計是大約 20%（亦即有 20% 的人口由於生理上的缺陷而深受閱讀困難之苦；例如，Shaywitz, 1996）。有更多的專家認為沒有那麼多，主張只有 1% 或更少的常人在生理上有此缺陷，其他專家則估算不超過 5%（Hynd & Hynd, 1984; Stevenson, 2004）。經過一番反思後，我所認為的發生率是：「比較接近 1%，而不是 20%。即使是總人口的 2%，就會令很多專家很驚訝了，更別提超過 5%。」的確，智力正常的兒童中，有 20% 至 30% 在學習閱讀的過程中遭遇困難，但在提供系統化教學後，發現只有少數幾位確有生理上的異常，使他們無法學習閱讀。

我看過最好的估算讀寫障礙發生率的研究之一，是 Frank R. Vellutino

和他的同僚的研究（Vellutino et al., 1996; 亦見 Vellutino & Scanlon, 2001）。在一個共有八百二十七位學生的市郊學區裡，研究者讓平均成績在最後9%、但智力正常或更高（亦即智力商數超過90）的一年級學童，接受每天三十分鐘的補救教學，密集學習自然發音。經過一學期的補救，只有 3%的學生仍在全國常模測驗中的後30%，而只有1.5%在後15%。也就是說，只有極少數學生就算接受密集的解碼教學，還是無法學會閱讀（Vellutino和同僚的研究，控制變項都經過謹慎的設計，是本書中第一個舉證很多在學校學習閱讀遭遇困難的孩子，如果接受密集的教學，依然可以獲得改善的研究；見第 5 章）。

　　Vellutino 等人（1996）指出了非常重要的一點：如果還沒有進行系統化的密集閱讀教學，就說孩子是因為生理上的異常而無法閱讀，那就大錯特錯。這也說明了一個國家的啟蒙閱讀教學應該要很有系統，或是能密集地加強識字技巧。Vellutino 和他同事的意思是，那 20%至 30%智力正常卻有嚴重的識字困難的孩子，大部分都是可以靠解碼的密集訓練獲得改善。這樣看起來樂觀許多——總比假設他們識字困難都導因於生理上的問題好得多。Vellutino 和同僚的研究也是對大環境的喊話：有教育性的環境是很有價值的，學生的閱讀成就深受學習經驗的影響。

　　然而，不容忽視的還有 Vellutino 等人（1996）提到的有效教學，應是長達一學期或更久的一對一的教學，與本書前幾章提到的個別指導法（tutorial approaches）有異曲同工之妙。密集的指導能讓教師仔細觀察每個學生的問題，並發展合適的教法。此研究的對照組是採用學校一般的小組教學，來證明如果不是密集的一對一個別教學，就無法發揮那麼大的功效。稍後我將再次論及一對一教學實施辦法，就是 Vellutino 等人（1996）操刀示範主張能扭轉弱讀者劣勢的研究。自本書第一版出版後，就已有許多一對一的個別教學應運而生（見 Invernizzi, 2001）。

## /讀寫障礙者的詞彙認知困難也有個別差異/

　　發展性讀寫障礙有很多種不同的詞彙認知困難，有些是無法快速解碼，有些則是無論快慢都難以解碼。

　　當有讀寫障礙的學生在認字時遭遇困難，即使不受時間限制，他們仍

應屬解碼正確性障礙（decoding-accuracy-disabled；例如，Lovett, 1984）。分辨兒童能否正確解碼最穩當的方法，就是看接受密集式教學的兒童是否能夠靠解碼念出假詞（pseudowords；例如，maglum、croleb；Rack, Snowling, & Olson, 1992）。要能念出假詞，必須對字母與語音間的關係有足夠的了解（Hogaboam & Perfetti, 1978）。用假詞作為鑑別解碼能力的好處是，這些字不是瞬認字，兒童不會事先見過，而必須自行解碼念出。

相對於無法正確解碼者，有些讀寫障礙者能夠正確解碼，但解碼速度卻非常緩慢，可稱為解碼速度障礙（rate-disabled decoders；例如，Hogaboam & Perfetti, 1978; 亦見 Bowers & Swanson, 1991; Lovett, 1984）。Maryanne Wolf 和她的同事（例如，Wolf & Bowers, 1999; Wolf, Pfeil, Lotz, & Biddle, 1994）特別主張解碼速度的緩慢可能代表其他能力，包括語言訊息提取速度的失常，例如他們看圖唸名的速度也比其他孩子緩慢（Wolf, 1986, 1991; 亦見 Denckla, 1972; Denckla & Rudel, 1976）。相反的，優讀者能對組成文本的語文符號（verbal symbols）做出快速的反應（Perfetti, 1985）。緩慢的語言處理歷程是學習閱讀困難的預測指標（Levy, Bourassa, & Horn, 1999），應該在入學前的幾年就觀察得到（例如，McDougall, Hulme, Ellis, & Monk, 1994; Torgesen & Davis, 1996; Vellutino, Scanlon, & Spearing, 1995）。簡言之，有些讀寫障礙者幾乎無法閱讀，其他的則能透過密集教學學習解碼，但語言提取的速度還是非常緩慢。探討正常與障礙讀者在聲韻處理（phonological processes）和處理速度[1]上的差異，是近來很熱門的研究領域（Cardoso-Martins & Pennington, 2004; Catts, Gillispie, Leonard, Kail, & Miller, 2002; Kirby, Parrila, & Pfeiffer, 2003; Parrila, Kirby, & McQuarrie, 2004; Schat-schneider, Fletcher, Francis, Carlson, & Foorman, 2004; Sunseth & Bowers, 2002）。

## /發展性讀寫障礙的遺傳基礎/

當一個孩子在學習閱讀的過程中遭遇困難、有閱讀困難的家族史、沒有低智能的家族史，他就有可能是位發展性讀寫障礙兒童。幾年前，臨床

---

1 譯註：主要是唸名速度。

醫師就已經懷疑發展性讀寫障礙可能具有遺傳性，而近來的研究則支持了這個假設。

如果人的各種特質是由遺傳決定的，那麼相同個性出現在同卵雙胞胎的情形，應該比出現在異卵雙生的身上多得多，因為同卵雙生的基因完全相同，而異卵雙生則只有一半相同。雙胞胎的研究指出，基因和閱讀困難的發生有關（例如，Bakwin, 1973; Decker & Vandenberg, 1985; DeFries, Fulker, & LaBuda, 1987），特別是和讀出陌生字彙能力有關（Olson, 1994）。如果閱讀能力是源自於基因，那麼養子女和親生父母間閱讀能力的關聯性，應該比養子女及養父母間的關聯大得多：這也得到支持（Cardon, DiLalla, Plomin, DeFries, & Fulker, 1990）。總之，支持遺傳基礎和某種閱讀困難有關的證據逐年增加，特別是某些特別嚴重的讀寫障礙（Byrne et al., 2002; Davis, Knopik, Olson, Wadsworth, & DeFries, 2001; Gayan & Olson, 2003; Gilger & Wise, 2004; Hohnen & Stevenson, 1999; Olson & Gayan, 2001; Stevenson, 2004; Thomson & Raskind, 2003; Tunick & Pennington, 2002）。

## /正常人與發展性讀寫障礙者腦部功能與結構的不同/

一般來說，語言的處理功能主要在左腦，而非右腦處理。先進的影像處理技術能夠將腦部結構、動態與腦部活動的記錄（例如，閱讀），以精細的影像呈現，也因此證實了弱讀者腦部左半葉的結構和功能確與一般人不同（Conners, 1971; Duffy & McAnulty, 1990; Fiez et al., 1995; Flowers, Wood, & Naylor, 1991; Galaburda, Sherman, Rosen, Aboitz, & Geschwind, 1985; Galin, 1989; Gross-Glenn et al., 1988; Harter, 1991; Hier, LeMay, Rosenberger, & Perlo, 1978; Jernigan, Hesselink, Sowell, & Tallal, 1991; Johnson & Myklebust, 1967; Larsen, Hoien, Lundberg, & Odegaard, 1990; Mody, 2004; Rumsey, 1996; Rumsey, Nace, & Andreason, 1995; Shaywitz et al., 2000; Shaywitz & Shaywitz, 2003; Wood, Felton, Flowers, & Naylor, 1991）。例如，讀寫障礙者腦部負責閱讀部分的區塊比較窄小（Hynd & Semrud-Chikeman, 1989）。此外，讀寫障礙者與一般人的腦部活動模式也不太一樣。簡而言之，讀寫障礙者與一般人的腦部結構的確有所不同（第 6 章將有更多關於兩者腦部結構相異的論述）。

對閱讀研究特別有心的神經學家認為最重要的一點是，讀寫障礙者腦部異常的部分通常就是專職處理聲韻的區塊（Mody, 2004; Shaywitz et al., 2000）。這就是詞彙層次的閱讀困難理論獨鍾於聲韻處理困難，而非其他如視覺系統的困難，最強而有力的證據。但是至此還不足以解釋一些較高階的讀寫障礙，例如理解困難。

## 視覺知覺困難是否會導致認字障礙？

Vellutino（1979）率先獨排眾議，聲稱讀寫障礙是導因於語言學上的缺陷，而非視覺－知覺上的異常。後來，許多想要證明學習障礙應該是導因於各種視覺處理問題卻失敗的研究者，正好支持了 Vellutino 的論點。直到最近，由 Vellutino（1979）所做關於讀寫障礙者初期的閱讀困難的有力論述，終於在多數研究閱讀的領域中立於不敗之地。

即使如此，仍有研究閱讀時眼球動作的學者，針對 Vellutino（1979）的研究，提出部分讀寫障礙的受測者在閱讀時眼動出現異常的論點（見 Lovegrove, 1992）。當正常的讀者進行逐字閱讀（見第 2 章），眼球活動是快速的，一般以一次六至九個詞彙的速度掃視，即以每字約四分之一秒的時間注視文本（Rayner & McConkie, 1976）。當他閱讀的是英文時，正常的掃視動作是由左至右，雖然偶爾也有由右至左的逆行方式。在閱讀到最後一行時，會來個大回顧，流暢地由右至左將全文再掃視一遍。

正常閱讀是以由左至右為主的，然而許多讀寫障礙者的閱讀模式正好與之相反。二十世紀初期的研究（Gray, 1917; Schmidt, 1917）就已顯示，讀寫障礙者最後的回顧掃視經常無法順利進行，注視文字的時間比一般人更久，同一行文句需反覆閱讀，注視及回顧每個字的次數也比一般人多（Pirozzolo, 1979）。

雖然讀寫障礙者與正常讀者的視覺處理過程確實不同，但頂尖的學者仍不認為那就是導致讀寫障礙的原因。如果那是的話，成功矯正眼動應該就能改進閱讀能力，然而事實是不能（Pirozzolo, 1979, 1983）。相對於讀寫障礙的成因，眼動的異常應該是讀寫障礙的結果才是。因為無法解碼與理解文本，才會不斷地動眼去重複閱讀。

即使如此，近年來有一個重要的假說：讀寫障礙者與正常讀者視覺處

理能力的不同，確實反映在基礎的空間能力上，尤其是這個不同一直被懷疑是導致正常讀者能快速地從詞彙的大致外形獲知訊息的原因〔粗略的知覺訊息（coarse perceptual information）〕。這種歷程發生於周邊視野（peripheral vision），而會影響眼球掃視的動作（Fischer, 1992; Lovegrove, 1992）。也就是說，部分讀寫障礙者無法快速處理接收到的視覺訊息，特別是這些訊息是夾帶在一連串快速的訊息中（例如，Gaddes, 1982; Galaburda & Livingstone, 1993; Lovegrove, Garzia, & Nicholson, 1990; Martin & Lovegrove, 1987）。如果要問閱讀是什麼，閱讀就是快速序列處理訊息的過程。但是認知上的不同，到底是讀寫障礙的原因或是結果，就不得而知了。

　　另一個重要的新興假說，從關於眼動和快速序列處理的複雜文獻中浮現——某些讀寫障礙可能起因於基本的生理異常。Livingstone、Rosen、Drislane 和 Galaburda（1991; 亦見 Galaburda & Livingstone, 1993）相信許多讀寫障礙者的視覺系統神經傳導路徑可能不同於一般人。

　　其他關於這些假說的研究，認為讀寫障礙可能不僅僅是語言障礙的問題，有可能是由語言及視覺－知覺整體上的問題所導致——或者還有另一種可能，有些人是因為語言障礙導致，有些人則是視覺－知覺障礙導致。除此之外，還有其他相關的可能性，包括那些有讀寫障礙的人，可能還具有其他會影響快速序列處理訊息的障礙（亦即除了視覺外，還結合其他形式的障礙；Farmer & Klein, 1995; Tallal, Miller, & Fitch, 1993），或是無法快速區辨相似刺激（如字母）的障礙（Studdert-Kennedy & Mody, 1995）。因此，還有各種不同的缺陷可能導致讀寫障礙。這些假說引發了很大的關注（Martin, 1995），特別是某幾種導致讀寫障礙的致因（例如，無法快速序列處理訊息）比其他致因更為罕見（例如，語言缺陷；Rayner, Pollatsek, & Bilsky, 1995）。

## /小結/

　　部分在學習閱讀之路上深受挫敗的兒童是因為他們的智能較低，這種閱讀困難對學術與教育領域的學者來說並不難解釋；難以解釋的是智能一般、甚至優秀的兒童，即便接受密集的指導仍不見效，依然深受閱讀學習之苦，這就是發展性讀寫障礙。

許多在生物學上關於發展性讀寫障礙的難題，像個拼圖一樣，現在許多小拼板都已經到位。有證據顯示，讀寫障礙具備基因遺傳的基礎（Gilger & Wise, 2004; Smith, Kimberling, & Pennington, 1991）。有些讀寫障礙者的神經結構確與一般人有些相異處，特別是腦中負責處理語言的區域。雖然有愈來愈多證據指出發展性讀寫障礙通常和語言－語音處理的困難有關，但還是有很多人提出新的假說，說明知覺，特別是視知覺在讀寫障礙中扮演的重要角色。

如果閱讀困難發生的一開始，就假設是由於生理上的異常所導致，那就大錯特錯了。必須確定已經排除所有被後天環境影響的可能性後（也就是確定兒童有接受過如何解碼的指導，而現在有很多學校都沒有做到這一點），才能確定是發展性讀寫障礙。關於這點，Vellutino 和他的同僚（1996）提出了最有力的研究證據，許多學習閱讀遭遇困難的孩子，在接受過密集指導後，成績表現就都回復到一般的水準。下一章將會再談到其他幾篇關於這方面的研究。

大部分剛開始接觸閱讀就碰壁的孩子並不是先天就如此，他們只是還沒有機會學習如何解碼，以及如何用最有效率的方法從文本中了解其意義。當讀完本書後，我希望能成功地說服你，大部分智力正常的孩子都是學習解碼與理解的可造之材。

# 晚發型的讀寫障礙

不容忽視的是，專家們總是比較重視低年級時就發生的閱讀困難，而不甚重視較晚才出現的閱讀困難。這樣一來，就會忽略掉有許多孩子是到了四年級才首次出現閱讀困難的現象，即所謂的「四年級成績崩盤」（fourth-grade slump）。因為四年級的閱讀需求有個轉捩點——更重視理解能力，文本的困難度也增加了——因此，我們確有理由懷疑，有些孩子可能會在這個階段首次遭遇閱讀上的困難。

Leach、Scorborough 和 Rescorla（2003）在一個重要的研究中探索這個假設的可能性。他們在費城的一所學校裡研究一群四年級的小學生，並事先分析他們在閱讀上的表現。學生們乃是由貧富各自不同的社區中抽樣而

來。

　　這個研究有幾項重大的發現：第一，全樣本中的31%從低年級時就有閱讀困難，並持續到三年級。相反地，全樣本中，只有 8%在低年級時有閱讀困難，但到了三年級便獲得改善——是指他們已達到一般閱讀的水準。也就是說，五個閱讀有困難的孩子中，只有一位在介入後得到改善，其餘四位仍然需要持續的幫助，這是一項讓人怵目驚心的統計數字。在一般的公立學校，當孩子一遭遇到閱讀困難，通常就很難再趕上同儕。坦白說，在我待在學校的幾年當中，仔細思量 Leach 等人（2003）的研究後，我發現他們的統計數字是正確的：大部分在低年級就遭遇閱讀困難的學生，幾年後都還是需要額外的指導。

　　至於那些有讀寫障礙的四年級生有 41%參與研究，其中男女大約各半。這些有閱讀困難的學生當中，有 42%只具有閱讀詞彙障礙，18%只具有閱讀理解障礙，而有 39%則是兩者兼具。如果在低年級時只需擔心詞彙層次的閱讀問題，那到了中年級可就不只如此了——就這個例子來看，到了四年級，就有一半以上的讀寫障礙者兼具詞彙層次的閱讀困難及理解困難。

　　然而，這項統計資料中最重要的一點是，這群四年級的讀寫障礙者中，有 47%是到了中年級才出現閱讀困難的。不只如此，這些數據大致上也與前人對於早期讀寫障礙的研究不謀而合（Badian, 1999; Shaywitz, Edcobar, Shaywitz, Fletcher, & Makuch, 1992）。有些孩子確實到了中年級才遇到閱讀困難，而且研究顯示這些較晚出現的閱讀困難也比較不那麼嚴重——例如他們閱讀的速度可以比較快，雖然還是比一般正常的讀者來得慢。

　　Leach 等人（2003）明白地指出，關於三年級之後出現的閱讀困難的文獻少之又少，亟需學者進行大量相關的研究，因為我們需要有力可靠的佐證來輔導中高年級的閱讀困難者，以改善他們的處境。一個國家針對閱讀所做的政策，不應該只針對低年級的小學生，像是「不放棄任何一個孩子」法案中的「閱讀優先」政策，就能幫助到許多中高年級的學生。有些成績落後的低年級學生會逐漸進步，有些則不會；有些成績還不錯的低年級學生將來可能遭遇困難，而有些則繼續維持相當的水準（見 Phillips et al., 2002 關於這點的相關論述）。國家應為全體學生量身打造良好的閱讀政策。

# 結論與總結性迴響

1. 弱讀者最顯著的閱讀困難就是無法正確解碼。在第 5 章中，有許多證據顯示許多遭遇閱讀困難的孩子，儘管接受了密集的系統化教學，學習解碼、字母與聲音的連結，以及將個別的聲音組成詞彙，卻仍然效果不彰。許多弱讀者閱讀的情形仍然停留在好像沒有接受過相關指導，或像是那些指導很鬆散似的，一點都沒有改善的跡象。

2. 弱讀者若是想了解文本，通常會依賴文本中的語意情境線索，但有時卻會造成誤解，同時也相當費力，會占用大量的短期記憶空間，而能用以理解的空間則所剩不多。即使當他們成功地將詞彙解碼，卻也經常無法選擇最適當的字義，使上下文能夠連貫起來。弱讀者不知如何選用正確的字義而猶如陷在五里霧中混淆不清。

3. 弱讀者經常不知如何使用有效的策略來理解文本，也不知如何運用背景知識與文本做連結，或是獲得全文所要傳達的概念。當學生無法更有效率地解碼，他們就無法從閱讀文本中學習到太多的知識。

4. 有些人的讀寫障礙是由於生理上的異常所導致，兩種最明顯的例子就是低智能者以及發展性讀寫障礙者。然而，對於大多數智能正常、閱讀理解卻有困難的人來說，就不僅僅是生物學因素能解釋的了。對一個智能正常的孩子來說，除非已經盡力教導他閱讀，情況卻不見改善，才能稱他患有發展性讀寫障礙。如果孩子的智能正常，因為環境因素才導致讀寫障礙的可能性，應該比發展性讀寫障礙的可能性大得多，其中一種因素就是因為他（她）沒有接受過系統化而適切的閱讀教學。而其他可能發生在就學前幾年、卻會影響後來閱讀成就的環境因素，將會在下一章探討到。

5. 讀寫障礙可不只在低年級階段會發生。有些在低年級就遭遇閱讀困難的孩子往後仍然身陷其中，有些則在中年級以後才遭遇困難。當然，如同本章一開始所說的，有些讀寫障礙會持續伴隨至成年。不幸的是，如前所述，雖然在小學階段，尤其是在低年級階段，有許多種介入治療的方式，但卻少有能針對此後的階段進行治療。當然這要在另一本書中討論

有效的讀寫教學：平衡取向教學

*Reading Instruction That Works: The Case for Balanced Teaching*

了，因為本書主要是探討關於初等教育的問題。如同我呼籲能有更多關於中高年級讀寫障礙的介入研究，若有更多能幫助小學階段之後的研究，自然更加完美。

有效的讀寫教學：平衡取向教學

Reading Instruction That Works:
The Case for Balanced Teaching

# 學習閱讀前的心智發展

**4**

在孩子初入校門前,很多與讀寫能力相關的發展就出現了。在讀寫能力的研究者間,一個眾所皆知的主張是,讀寫能力的發展始於出生之時,學前的家庭生活中就有許多影響讀寫能力發展的機會。亦即,有許多萌發讀寫(emergent literacy)的機會(Saada-Robert, 2004; Tolchinsky, 2004)。這些機會包括遊戲和活動;進餐時的互動;親子一起看電視(例如,看教育性節目);戶外活動(例如,去圖書館);以及閱讀、寫字和繪畫(Baker, Sonnenschein, Serpell, Fernandez-Fein, & Scher, 1994)。這些活動可以刺激孩子語言發展,對後來讀寫能力的發展有關鍵性的影響(例如,Frijters, Barron, & Brunello, 2000; Leseman & de Jong, 1998)。它們也能增加孩子對於文字的認識,例如,了解英文閱讀是由左至右、由上而下的,也會知道圖畫及文字的差異。學前與成人間的互動,也會讓兒童習得字母知識。簡言之,在學齡前的數年中,與成人間有豐富的語言互動的孩子相較於互動較少的孩子們來說,在讀寫能力的發展上擁有許多的優勢(例如,Whitehurst & Lonigan, 1998, 2001)。在此所要強調的是,學齡前最健康的、有利於讀寫能力發展的環境,就是家庭生活中自然發生、充滿樂趣的那部分。亦即,可以促進讀寫萌發的家庭並不像學校,它以好玩的、口語的、刺激性的方式讓學前兒童樂在其中(Sonnenschein et al., 1996),兒童和成人間的關係是有去有回的雙向互動。讀寫能力研究者廣泛接受:學齡前兒童所經歷的環境,是影響入學後閱讀及寫作能力發展的關鍵因素。

研究學齡前讀寫能力的研究者受到發展心理學很大的影響。本章第一節先談 John Bowlby 的依附理論（theory of attachment），將論及安全依附對親子之間有益的認知交流有多麼重要。第二節將簡略地回顧 Lev S. Vygotsky 所提出的發展理論，他相信成人與兒童互動之後會引發許多思考，兒童許多技能的習得，正反映出這些思維的內化過程。第三節則報告讀寫技能的萌發，對學前讀寫特別感興趣的學者，在這方面已經有了仔細的研究。本章會以一項對初始閱讀發展特別重要的能力作為總結——兒童必須學會音素覺識——詞彙是由較小的語音單位組合而成的。

# 安全依附型關係有助於讀寫發展

若父母及嬰兒間的關係發展正常，嬰兒會與他們的照顧者形成強烈的情感鍵結，此鍵結稱之為依附（attachment）。依附中的嬰兒和主要照顧者會有多方互動，該照顧者也成為嬰兒依附的主要對象。一旦依附產生，幼兒會竭盡所能地去親近其主要照顧者，包括爬向他們、當他們離開視線時就哭，以及黏著他們不放。John Bowlby（1969）提出一個完整的理論來說明依附的發展過程，並提出可以解釋依附現象的生物學以及社會學機制。Bowlby 的書出版至今，嬰兒－照顧者間的依附關係的發展過程已經受到廣泛的研究，Bowlby 的觀點得到了許多研究的支持（例如，Sroufe, 1996）。

也許在依附文獻中最重要的發現是，愈有回應的成人——或者說，當嬰兒需要幫助時，成人提供的幫助愈多——則嬰兒及成人間的依附關係會愈安全。研究者測量嬰兒初生的第一年中，父母親的敏感度及第一年晚期的依附安全性時，他們發現這兩者有明顯的相關（Sroufe, 1996, Chap. 10）。這對其他方面的發展是很重要的，因為依附關係愈安全，父母在幫助孩子探索世界時就愈有效能（Ainsworth, 1967; Schaffer & Emerson, 1964）。

## 依附的安全性及後來的發展

Bowlby（1969）認為，安全的依附乃良好心理健康的前導因素——有安全依附的嬰兒長大一點時，比較可能適應良好且容易親近。一個可能的

解釋是，嬰兒時期的安全依附會反映出基礎信任的發展；反之，不安全的依附則反映出基礎的不信任（例如，Erikson, 1968）。嬰兒時期的基礎信任，會和孩子之後與他人互動時的安全及信任有關，也影響孩子的互動品質。我認為，社會性互動會影響孩子的認知發展，如果真的如此，那麼這些有安全依附的孩子，將會在認知發展上受益。

在此特別有關聯的是嬰兒時期的安全依附，與隨後的親子認知互動之間的交互作用。例如，在一個很有名的研究裡，Matas、Arend 和 Sroufe（1978）指出，嬰兒時期的安全依附可以預測二歲大的孩子和他們的母親一同進行解決問題的品質。孩子在與母親的互動中，會想出如何用二根棒子從一條長管子中取得一個誘惑物。他們也會了解如何用積木讓槓桿末端壓下而讓糖果從樹脂玻璃的洞中升起來。這是如何發生的呢？有二歲大安全依附嬰兒的母親們在問題解決任務的期間，提供較高品質的支持給她們的孩子。對於有安全依附的孩子來說，問題解決的過程是比較快樂的，相較起來，較少安全依附的孩子常常會拒絕母親的建議，甚至當建議提出時會反抗她們。其他的研究複製了這個研究結果（Frankel & Bates, 1990），另外，Moss 和 St. Laurent（2001）指出，入學時（六歲）的安全依附，可以預測在低年級時會有較高的學業成績。一般而言，當親子間具有安全依附，父母的指導和支持程度會比較適當，既不會太少也不會太多（Fagot & Kavanaugh, 1993），亦即，在對親子的情感安全上，父母會給予必要的支持，但孩子想自己做時，父母會盡可能地支持並放手（Borkowski & Duke-wich, 1996; Moss, 1992）。如此讓孩子獨立的做法，對於孩子的學業發展似乎相當有幫助（Moss & St. Laurent, 2001）。

## 依附的安全性及讀寫萌發經驗

孩子與其主要照顧者的社會情感的品質，對學前幼兒－父母讀寫互動之品質有很大的影響。特別是母親和孩子的依附安全性與母親和孩子讀寫萌發經驗的品質有關（Bus, 2001）。荷蘭研究學者 Adriana G. Bus 和 Marinus H. van IJzendoorn（1998）觀察過一歲、三歲和五歲大的孩子和母親從事三個活動的過程：一同看「芝麻街」（*Sesame Street*）、一起看圖畫書，以及討論字母書——這些都是讀寫萌發最典型的情境。他們也測量母子間的關

係，先讓母子分開一下，再觀察重聚時的互動情形（Main, Kaplan, & Cassidy, 1985），相較於安全依附較弱的幼兒，安全依附較佳的幼兒重聚時快樂多了。同樣地，從事上述讀寫活動時，也是有安全依附的幼兒表現較為正向積極，他們比較專心且不易被外務分神。更重要的是，在讀寫萌發的互動時，具安全依附的母子，更能聚焦在讀寫活動上。具安全依附的孩子，他們的媽媽比較可以要求她們的孩子，孩子也比較能有好的表現以符合這些要求。

Bus 和 van IJzendoorn（1995）研究過一群三歲大的孩子，每個孩子和媽媽依附的安全性各有不同。該研究發現，母親報告與孩子共讀的頻率與依附的安全性成正相關，相較於較無安全依附的孩子，具安全依附的孩子和母親有較多的共讀頻率。研究期間，研究者觀察幼兒與母親共讀故事書的行為，結果發現，依附愈不安全，孩子愈不容易專注，也更容易說和主題無關的話。依附的安全性愈低，孩子似乎愈難以從文本中獲取訊息。

簡言之，當父母和孩子一起面對知性挑戰時，包括共讀，依附的安全性可以預測健康的互動關係。安全依附的親子關係，有助於將共讀當成生活中的常規，孩子也比較能從文本中得到學習。但有些孩子有較高的風險而難以與父母發展安全的依附關係，例如，因為他們天生就擁有難與人相處的氣質（temperaments; Chess & Thomas, 1987; Thomas & Chess, 1986）。但即使天生有氣質上的困難，有效的介入會增加安全依附的可能性，及認知上豐富有益的互動。受過指導的父母比較能觀察他們孩子，並提高對孩子的敏感度（例如，Belsky, Rosenberger, & Crnic, 1995; van den Boom, 1994, 1995; van IJzendoorn, Juffer, & Duyvesteyn, 1995）。讀寫研究者需要思考如何去影響家庭，好讓嬰兒初期開始的萌發讀寫互動可以有最好的效果。

# Vygotsky 的理論：
## 智力發展即人際互動技能的內化

人的所有智能都是向他人學來的。現在有許多研究者研究人際關係如何促成思考及學習技能的發展。Lev S. Vygotsky[1]，活躍於 1930 年代的前蘇

---

1 譯註：國內常譯為維考斯基。

聯，在這領域一直是最具影響力的理論家。

## 內在語言及思考

Vygotsky（1962）相信，內在語言（inner speech）對於成人來說，是一個和思考極為相關的重要機制。內在語言不同於外在語言，它以濃縮和片段的方式存在，只用極少及片段詞語來表達複雜的思想內容。是話語在支持想法的。當你需要完成某複雜的任務時，你就會感覺到內在語言的存在。例如，昨天我在修理控制印表機的電腦系統檔案時，我就想：「是不是某某地方已經壞掉了？」此想法促使我使用系統檔案的多用途程式，試圖修復損害的軟體。當處理不成功後，我會比我說出來的速度還快地再想：「乾脆把檔案換掉好了。」我做了，且印表機後來就恢復正常了。當我回顧剛剛做的事，就如同 Vygotsky（1962）所聲明的，我了解到我的思考及內在語言是如此融為一體，以至於難以區分。

蘇聯的心理學家曾做了一些極重要的研究，主題是人們「使用」或「不使用」隱內語言（subvocalize；即用內在話語來調節自己的行為）時的差異。當人們處理一個具挑戰性的問題時，隱內語言就會發生（Sokolov, 1975）。例如，Sokolov 描述隱內語言會在閱讀時發生，它發生的強度隨著文本的難度而增強，也會隨著研究者指定的任務而增強（例如，要求讀者記憶所閱讀的內容，就會增加隱內語言的強度）。根據俄國心理學家的觀點，當做一件有挑戰性的工作時，對自己說話乃問題解決的必要成分，是好事一件。

## 內在語言的發展

Vygotsky 的一項重要貢獻是建立起兒童期內在語言的發展理論。在生命開始的前兩年，思考是非言語的。在語言發展的早期階段，話語扮演的角色有限。然後，孩子就會開始展現發展心理學者所謂的「自我中心語言」（egocentric speech）。亦即，當學前兒童做事時，他們常常會對自己說出他們正在做的事。Vogotsky 認為，自我中心語言的出現是一項重要的智力進展，這種說話的方式會開始影響孩子所想及所做的事情。父母常會聽到他們家的幼兒說：「我要去和小明玩了。」然後才去找小明玩；也常聽到

孩子說:「我要跑去溜滑梯那裡。」然後他才跑過去。學前孩童正思考再來要去做什麼事時,這樣的言詞就出現了。Vygotsky 的研究中,故意讓學前孩子碰到困難的情境,例如,彩色鉛筆、紙或顏料不見了,這時,自我中心語言就會大量增加。

外顯的自我中心語言終究會變成內隱而且濃縮的形式。不過,當孩子遇到具挑戰性的問題時,它又變成外顯的話語。回顧第 2 章,當熟練的讀者遇到很熟悉的詞彙時,其閱讀是自動化的——話語的歷程鮮少涉入;只有當讀到生字難字時,話語的歷程才再出現。這和蘇聯心理學家發現的一般原則相符,話語乃思考的一個重要部分,特別是從事具挑戰性的思考時。

當代的讀寫研究者積極研究孩子在思考時的話語使用情形。例如,普渡大學的研究者 Cox(1994)觀察學前幼兒的自我調節語言(self-regulatory speech),情境是當他們要向一個大人口述一個自己編的簡短故事,讓大人寫下來。當孩子在思考故事接下來的可能時,Cox 聽到他們這樣對自己說:「現在,我該做什麼呢?」、「要說之前,先想一下你要說什麼」,以及「有了⋯⋯我想就是這樣」。這些觀察與 Vygotsky 和其他發展心理學者的觀察是一致的(例如,Kohlberg, Yaeger, & Hjertholm, 1968)——學前孩童為了組織他們的思考,而使用外顯的、聽得見的自我話語。

## 社會互動中的思想發展

Vygotsky 著名的思想發展理論在過去二十五年間聲名大噪,主要是因為他的一本以俄文寫的書——《社會中的心智》(*Mind in Society*)被譯成西方文字,在該書中,Vygotsky(1978)清楚地說明:與他人的互動在孩子思考能力的發展上是主要的原動力。

### 解決問題能力的發展

成人常常會去幫助遇到困難的孩子。沒有協助時,孩子自己可能無法解決問題,但有了父母的支持,她或他就會有不錯的進展。在這些互動中所發生的,其實就是思考,這樣的思考,牽涉兩個頭腦的思考。年復一年參與這樣的互動,兒童就會把這些思考內化。亦即,本來是人際之間(interpersonal)的思考歷程,逐漸成為個體之內(intrapersonal)的歷程。

Vygotsky 最常被引用的一段文字，精確描述了這種發展的進程：

> 一個孩子的文化發展中，任何功能都會出現兩次，或說是在兩個層面發生。它先出現在社會面，接著出現在心理面。首先，它出現在人與人間的心理範疇（interpsychological category）。然後，它出現在兒童內在的心理範疇。這對於自發的注意力、邏輯性的記憶力、觀念的形成及意志的發展來說，都同樣地真實……社會關係或人與人間的關係有其遺傳上的起源，並潛藏在所有高等功能及其關係之下……在他們個人範圍中，人類會保持社會互動的功能。（1978, pp. 163-164）

根據 Vygotsky 的觀點，如果孩子所處的世界，在他需要協助時，就可以提供協助，以從中獲益，則其認知發展會更能穩紮穩打地向前邁進。這樣對孩子需求有所回應的世界，並不是強制介入的世界；相反地，當孩子需要時，它才會給予支持。當二歲或三歲大的孩子能自己解決問題時，適當回應的成人也能讓他們自己去解決。任何一位學齡前孩子的父母都知道，小孩子會常常說：「我可以自己做！」當孩子能做到時，父母會引以為榮。當然，二歲及三歲大孩子也會碰到無法完成的任務，不管給予多大的協助，也無法完成。一個有回應的社會環境甚至不會嘗試鼓勵孩子去做這樣的任務，而且事實上，會常常阻止兒童嘗試其能力範圍之外的行為。例如，當小兒子極力要求父親教導他開車，父親直接將他從駕駛座抱開。

除了兩種難易度極端的任務（一種是孩子能獨立完成，而一種則是以他們的年紀不可能完成），難易居中的任務（即必須靠成人才能完成的工作），就是關鍵性的發展互動生成的時機。根據 Vogotsky 的理論，有回應的社會世界此時會在孩子近側發展區域（zone of proximal development）範圍內提供協助。事實上，這區域是超越孩子獨立工作的能力，但是在提供協助後就能達成。在近側發展區裡，能力較佳且有反應的大人視兒童的需要，提示、輔導兒童學習怎麼解決問題。

因此，如果孩子無法自己注意問題的某些重要面向，回應的成人會指引孩子轉移注意力到這些面向上。有時，成人會建議孩子用某個策略。成

人支持兒童完成任務，孩子終究可以不靠協助而獨力完成任務，並將那些先前成人支持的多種想法內化。沒有成人的協助，不管是獨自或與同儕互動，孩子可能無法發現很多思考的形式。

當成人用這種方式幫助時，可稱之為提供學習鷹架（scaffold; Wood, Bruner, & Ross, 1976），這是一個涉及建築物鷹架的比喻。這個比喻十分恰當：建設中的建築物設有鷹架，當新建築物無法自我支撐，就靠鷹架撐持。當建築物完成，鷹架就可以拆除。成人帶著兒童面對學業的問題，情況也是這樣：成人必須小心監控兒童的學業進展，並且提供必要的協助，幫助兒童達成學習的標的。如果孩子可以很快地學會，成人的回應指導就不那麼需要，可以漸漸撤除了。

## 語言能力的發展

在學齡前期間使用語言時，有些孩子會比其他人接受到更多的鷹架。相較於中高社經背景的孩子，低收入戶家庭的孩子得到比較少的支援性、溝通性的互動（Bernstein, 1965）。這是個關鍵，因為學前的口語溝通能力發展乃閱讀及寫作上成功的必要條件（例如，Snow, 1991）。Hart和Risley（1995）的研究說明了孩子語言互動及其後續認知發展間的關聯性。他們共花了兩年仔細觀察四十二戶家庭，當孩子們大約七至九個月大時開始研究。在觀察期間，研究者用錄音機及筆記記錄每一件持續發生的事。然後，他們會將此觀察仔細編碼，分析出到底有哪些形式的口語互動出現。

研究結果非常清楚：不同社會階級的語言互動品質有很大的差異。比起工人階級的家庭，高水準專業的家庭可以觀察到比較多高品質的口語互動。比起接受社會救濟的家庭，工人階級的家庭則可以觀察比較多的口語互動。社會經濟的階層愈高，父母愈常傾聽他們的孩子，幫助孩子把話講得更清楚，並告訴他們什麼值得記住，教導他們如何處理困難。這兩年的觀察中，研究者觀察到口語互動之量與質的差異，而且他們表示：其實平均來說，高水準專業家庭的孩子一年可以接收到四百萬個口語詞彙，而接受社會救濟家庭的孩子只有二十五萬詞彙。

以如此顯著的輸入差異為基礎，可想而知，會有什麼結果上的差異。到孩子三歲的時候，比起工人階級家庭的孩子，高水準專業家庭的孩子知

道比較多的詞彙，而工人階級家庭的孩子又比接受社會救濟家庭的孩子知道比較多的詞彙。然而，因為在高水準專業家庭、工人階級家庭及接受社會救濟家庭之間還有其他差異存在，所以在這研究中，即使孩子的語言能力不同，也不能說一定就是他們所經驗的語言互動質量所致。雖然如此，此項研究所獲得的關聯性，加上其他研究所得的證據，這個結論——孩子所經驗的口語互動品質與他們的語言及認知發展有穩定的相關——得到很多支持。

會回應的成人花很多時間與孩子討論發生在他們身上的事，並且協助孩子學習如何成為描述自己記憶的敘述者（Nelson & Fivush, 2004）。羅格斯（Rutgers）大學的心理學者 Judith A. Hudson（1990）分析她的女兒瑞秋所敘述的經驗，以及這些經驗是如何增加瑞秋描述生活事件的能力。透過關於瑞秋本身所引發的對話，特別的關鍵在於瑞秋有很多機會與她的媽媽討論過去。而且當瑞秋想不起來時，媽媽會提示瑞秋，最典型的方式就是提問。

經由如此的對話經歷，瑞秋學到如何表達曾發生在她身上的事。Hudson（1990）下結論道，透過社會互動，描述一個人生活事件的重要思考能力可以得到發展，這與 Vygotsky 的見解一致。當孩子無法建構某事件的記憶時，媽媽會以問題提供孩子回憶的鷹架。當瑞秋對於回憶過去時該講些什麼逐漸熟悉，而且開始回想得更完整時，成人在引導問題方式上所提供的鷹架就會減少。在 Hudson 的記述中，瑞秋從一個需要協助的故事敘述者，進步到一個獨立自主的故事敘述者，這個描述和許多其他的研究一致，孩子討論過去的能力有賴於與大人的對話經驗（Engel, 1986; Nelson, 1993a, 1993b; Nelson & Fivush, 2004; Pillemer & White, 1989; Ratner, 1980, 1984; Reese, Haden, & Fivush, 1993; Tessler, 1986）。

實際上，每個想到閱讀的人，都會相信閱讀的成功取決於語言發展（Dickinson, McCabe, & Clark-Chiarelli, 2004）。因此，學齡前的會話經驗對認知發展及溝通技巧上有深遠影響，這個發現對於閱讀教育的社群而言真是意義非凡。然而，Hudson 和她同事的研究似乎比這個發現還更有意義。Hudson 相信支持性的親子對話經驗不僅促進孩子溝通的能力，而且也會增進他們組織及了解自己的先前經驗（Nelson, 1996; Nelson & Fivush,

2004）。植基於經驗的先備知識對理解文章中的訊息是很重要的。因為擁有豐富及支持性對話經驗的孩子，有組織較佳、較完整的先備知識，所以他們應該會比那些沒有經驗的孩子在理解方面占有優勢。生活於豐富的人際世界而且會學習如何與他人溝通的孩子們，在認知上的發展會遠超過其他沒有如此的同儕。

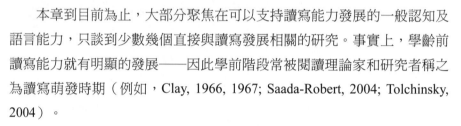

# 讀寫萌發

　　本章到目前為止，大部分聚焦在可以支持讀寫能力發展的一般認知及語言能力，只談到少數幾個直接與讀寫發展相關的研究。事實上，學齡前讀寫能力就有明顯的發展——因此學前階段常被閱讀理論家和研究者稱之為讀寫萌發時期（例如，Clay, 1966, 1967; Saada-Robert, 2004; Tolchinsky, 2004）。

　　許多研究直接聚焦於讀寫萌發。讀寫能力發展始於一歲生日之前，例如，透過充滿彩色圖片的塑膠製「沐浴小書」或父母哄孩子睡覺的童謠。這些早期經驗逐漸擴展成一系列讀寫能力，從塗鴉寫字母，到坐在祖母膝聽故事。支持讀寫萌發的環境包括：(1)和父母、兄弟姊妹及其他人的豐富人際關係經驗；(2)物質環境，包括讀寫的材料，從冰箱上的塑膠字母，到故事書，到寫作的用具等都是；(3)父母和他人對孩子的讀寫能力發展有高度積極的重視（Leichter, 1984; Morrow, 2001; Saada-Robert, 2004; Tolchinsky, 2004）。

　　更具體地說，在能促成讀寫萌發的家庭中，孩子在早期會接觸紙筆活動、字母、甚至印刷字。父母會讀給孩子聽，而且當孩子試圖要閱讀時，父母會協助孩子（例如，將書本保持豎立，假裝正在讀書）。書本及其他閱讀材料在支持讀寫萌發的家庭中是很重要的（Briggs & Elkind, 1973; Clark, 1976; Durkin, 1966; King & Friesen, 1972; Morrow, 1983; Plessas & Oakes, 1964; Teale, 1978; Yaden, Rowe, & MacGillivray, 2000）。

## /閱讀故事書/

　　閱讀故事書是一種對讀寫萌發非常有幫助的活動（Garton & Pratt, 2004;

van Kleeck, Stahl, & Bauer, 2003）。在學齡前兒童所聽故事書的量，和後來其詞彙、語言發展、孩子的閱讀興趣與早期閱讀上的成就，都有顯著的關聯性（Stahl, 2003; Sulzby & Teale, 1991）。因為閱讀故事書可以刺激兒童的讀寫發展，已經有研究仔細地探討照顧者與孩子之間讀故事書時產生的互動。

　　故事書閱讀包含讀者和孩子之間豐富的討論及活躍的對話。成人與孩子一起理解文本意義的同時，也得到很多樂趣（Morrow, 2001）。成人和孩子都會邊讀邊問問題；成人會示範書中對話的方式，孩子有時也能參與；成人稱讚孩子可以從圖片及文字中獲取意義；成人提供孩子訊息，並對孩子對於故事的反應作出回應；成人和孩子都會把文本中發生的事情和他們自己的生活及周遭世界關聯起來（例如，Applebee & Langer, 1983; Cochran-Smith, 1984; Flood, 1977; Pellegrini, Perlmutter, Galda, & Brody, 1990; Roser & Martinez, 1985; Taylor & Strickland, 1986）。如此豐富互動的經驗，可以預測孩子後來讀寫能力習得的成功與否（Stahl, 2003; Sulzby & Teale, 1991）。

　　進展良好的故事書閱讀，「鷹架」作用顯而易見。擅長故事書閱讀的父母會鼓勵孩子對讀物有所反應，並讓孩子盡可能參與閱讀。當孩子需要支持時，父母會提供孩子能了解的東西（例如， DeLoache & DeMendoza, 1987）。隨著年齡增長，學齡前孩子能注意到的文本愈來愈長（Heath, 1982; Sulzby & Teale, 1987）。當他們獲得閱讀故事書的經驗，成人會和孩子產生更多關於文本的複雜討論（Snow, 1983; Sulzby & Teale, 1987）。有很多閱讀故事書經驗的孩子慣於與成人交流故事內容；相較於沒有經驗的同儕，他們在故事書閱讀期間會更加專心（Bus & van IJzendoorn, 1988）。

　　故事書閱讀的形式差異會不會影響認知發展？已經有些研究在探討這個主題。有些父母不那麼看重讀寫能力，他們不像重視讀寫能力的父母那樣讓孩子從事閱讀——例如，他們不會給孩子提示，讓孩子去思考文本還有什麼其他可能的意義。他們很少使閱讀變得更有趣，也沒有設法以孩子能了解的方式呈現內容（Bus et al., 2000）。擅長誘發兒童在閱讀時口語互動的成人，可以使孩子擁有更好的詞彙發展（例如，Ninio, 1980; Pellegrini, Galda, Perlmutter, & Jones, 1994）。愈能將書本內容做延伸討論的父母，他們的孩子在學校愈容易勝任各種讀寫任務（Heath, 1982）。簡言之，故事

書閱讀的方式有優劣之分；故事書閱讀的品質對孩子認知發展的影響非常大。

故事書閱讀的品質和讀寫能力發展之間的關聯（Sulzby & Teale, 1991）促使 Grover J. Whitehurst 和其同事（Whitehurst et al., 1988）研究是否可以藉著改善父母在閱讀故事書時的互動能力，進而裨益孩子讀寫萌發能力的發展。十四位一至三歲大孩子的父母參與為期一個月的介入，以改善故事書閱讀中的親子互動。這些父母被教導多問開放式的問題，也要多問故事中各種角色的功能及特色。研究者也建議父母親在故事書閱讀時，如何適當地回應孩子的評論、如何擴展孩子必須說的內容。在實驗組的父母也被教導少用平鋪直敘的方式閱讀，也要少問隨便指個圖上的角色就能回答的簡單問題。另外有十五位孩子及其父母擔任控制組，研究者鼓勵他們繼續用原來的方式和孩子一起閱讀故事書。

首先，實驗組的父母的確能學會新的親子共讀故事書的方式，這些方式主要在增進親子間互動的品質。雖然實驗組及控制組的孩子在語言相關變項上，在實驗開始時並沒有差別，但在介入結束時，實驗組和控制組有了明顯的差異，結果支持了實驗的效能：實驗後，實驗組幼兒在一個心理語言能力的標準化測驗及二種詞彙測驗上的得分超過控制組。這個研究最驚人之處是，九個月後再施以同樣的測驗，實驗組仍然勝過控制組，雖然兩組的差距不像第一次那麼大。

不幸地，故事書閱讀並非總是那麼吸引孩子，也未必具有互動性及娛樂性（Hammett, van Kleeck, & Huberty, 2003）。低階級和次級文化背景的孩子，他們家庭中出現高品質的故事書閱讀的機會較低，即使真的有進行故事書閱讀，家長也非常少用開放式問題，或進行讓閱讀變好玩的一些活動，但這些活動都是促進語言發展的關鍵（例如，Anderson-Yockel & Haynes, 1994; Bergin, 2001; Bus et al., 2000; Federal Interagency Forum on Child and Family Statistics, 1999; Hammer, 1999, 2001; van Kleeck, 2004）。值得注意的是，當 Whitehurst 的研究團隊以墨西哥裔家庭為研究對象（Valdez-Menchaca & Whitehurst, 1992），或將閱讀故事書的概念融入日托的啟蒙（day care/Head Start）介入時（Whitehurst et al.,1994, 1999），也得到正向的結果。Whitehurst 的團隊最近的研究也指出，互動式故事書閱讀的確有助於

低社會經濟孩子的語言發展（例如，Zevenbergen, Whitehurst, & Zeven-bergen, 2003）。在提升不同階層孩子的讀寫能力發展上，故事書閱讀是一種很有潛力的方式。

　　Whitehurst 和同事所發展的介入，也有成本效益的考量。他們發展了可以教導母親如何在閱讀故事時與孩子互動的錄影帶（Arnold, Lonigan, Whitehurst, & Epstein, 1994）。其他研究者在故事書閱讀介入的設計上也有進展。例如，Crain-Thoreson 和 Dale（1995）訓練幼兒園全體教職員在故事書閱讀時，與孩子有更積極主動的互動。結果，參與的孩子在很多語言測驗上，包括詞彙測驗、平均句長及口語複雜性的分析，都有比較好的表現。Dickinson 和 Smith（1994）發展了類似的介入方案，也得到相似的結論。簡言之，藉由積極吸引學前幼兒加入故事書閱讀中的討論，成人可以促進孩子的語言發展；而且這樣的經驗愈早開始愈好（Lonigan, Anthony, & Burgess, 1995; Stahl, 2003）。

## 在幼兒園發展豐富的讀寫萌發知識

　　Neuman 和 Roskos（1997）做了一項有趣的研究，學前幼兒至少在經歷一個有豐富讀寫萌發學習機會的環境時，才會知道學前幼兒的讀寫萌發有多重要。他們花了七個月觀察三十位學前幼兒參與幼兒園中三個遊戲角落：郵局、餐廳和醫生辦公室的學習情形，這三個遊戲角落裡有許多讀寫萌發活動在進行。

　　Neuman 和 Roskos（1997）發現，幼兒在遊戲角落學到很多東西的名稱和功能，包括：信封、鉛筆、信、信箱、菜單、帳單、發票、保險卡和視力檢查表。學前幼兒也學到如何去做許多和讀寫相關的事情，包括：拿郵票、將郵票貼在信封上、寫上收件人的地址姓名、寄信、送信、拿餐廳的點菜單、從菜單上點菜、檢閱餐廳的帳單、用餐時的交流玩笑、拿取餐廳的目錄、寫下訊息、給予處方、在醫師辦公室簽字及描述急救程序。Neuman 和 Roskos（1997）也觀察到一些較高層策略的使用，這些策略和年紀較大的孩子在讀寫時所使用的策略相似。這些包括搜尋訊息、糾正並給予他人回應、自我糾正、依某標準檢查與讀寫相關的事物（例如，檢查郵局的信封是否有依照規定分類），及開始工作前的蒐集資料。簡言之，在經

過設計的、有助於讀寫萌發活動的幼兒園教室裡，孩子可以學習到很多讀寫行為。有些老師在教室裡設計了圖書角和郵局角，這就已經創造一個可以支持故事書閱讀、兒童寫作及相關讀寫活動的情境（Roskos & Neuman, 2001）。

在更多近期研究中，Neuman（1999; 亦見 Koskinen et al., 2000; McGill-Franzen, Allington, Yokoi, & Brooks, 1999）指出書籍在學前教育情境中的重要性，書籍可以替學前幼兒增加很多讀寫能力的互動。當書本隨手可得，而且老師訓練有素，知道怎麼使用這些書時，幼兒就會投入這些提倡讀寫的活動（例如，看書、與其他孩子一同分享書本內容），並且語言和讀寫能力都得到提升。除了強調書本在孩子的世界可以造成一個積極的改變，Neuman 也指出，如果孩子的生活中沒有書會怎麼樣。Neuman 和 Celano（2001）研究中低收入戶學前幼兒所生活的世界是否有足夠的書本，他們發現中產階級學校及社區有較多的書本。Duke（2000a, 2000b）在小學一年級實施一個類似的研究，也得到相似的發現。富有的父母及學校服務他們的孩子的方式很多，其中之一就是提供讀寫萌發中的孩子在家及在幼兒園都有豐富的圖書資源。

## 關於讀寫萌發經歷的詮釋爭議

從嬰孩時期開始，成人和孩子就有機會藉由讀寫而一起互動。有些孩子比其他孩子還幸運，能參與較多讀寫萌發的互動。這些幸運的孩子生活於讀寫經驗如此普遍的家庭中，這些家庭中的好習慣也會自然地延伸到新的家庭成員，從誕生那日開始，就得以觸及讀寫活動。但是，有些學前幼兒沒那麼幸運，並沒有一貫、優秀的讀寫萌發經驗，這促使如 Whitehurst、Neuman 和 Roskos 的研究者開始去研究如何增加父母、教師和孩子之間的讀寫萌發互動。研究成果激起了熱情，人們開始相信若能讓學前幼兒有許多質量均佳的讀寫互動，他們正式入學時會有更好的準備。

然而，在本節的結尾，我必須承認在讀寫萌發研究上，學界存在一些不一致的詮釋。例如，故事書閱讀有助於語言和讀寫發展，這樣的說法並無壓倒性的共識，雖然許多人把統計上的相關情形視為支持該說法的證據（Bus, van IJzendoorn, & Pellegrini, 1995; Dunning, Mason, & Stewart, 1994;

Lonigan, 1994）。亦即，雖然對學前兒童心理測量有許多問題（不只是兒童年紀小、測驗信度較低的問題而已）、有許多研究統計考驗力不夠（因此，得到顯著相關的可能性降低），而且各個研究各有不同的研究程序，有些研究者指出，故事書閱讀及讀寫萌發成長之間，各研究都得到正相關的結論，這讓他們留下深刻的印象。相反地，其他研究者（Scarborough & Dobrich, 1994）檢視完全相同的相關係數，卻得到完全不同的結論，他們認為故事書閱讀和讀寫萌發之間的相關性小到微不足道，而且這樣的相關也可能可以歸因於其他的因素，例如，故事書閱讀和讀寫萌發間的因果關係可能是倒過來的，也許是語言或讀寫特別有天分的孩子，特別喜歡從事故事書閱讀，而較無天分或興趣的孩子，也許就不太去碰故事書。我自己讀到的證據讓我比較相信早期的讀寫互動是很重要的。我對教學實驗的研究特別有信心，例如 Whitehurst 和他的夥伴所做的研究。但，更多的研究是需要的。

有個可能性是讀寫萌發的經歷並不是對所有孩子都有同樣的效果。例如，在 Bus 和 van IJzendoorn（例如，1988, 1992, 1995）的研究中，有個驚人的發現是，當孩子對父母的依附不那麼安全時，故事書閱讀並不會給孩子們帶來如安全依附的親子那樣快樂及投入的經驗。很有可能是負面的親子互動破壞了閱讀興趣（Bus, 1993, 1994）。

不管孩子讀寫萌發經驗有多正向，它們仍不足以促成一個非常重要的能力的發展，下一節，我將談到這個重要的能力——音素覺識（phonemic awareness）。

# 音素覺識的教學與發展

雖然在學前階段，語言能力的進展不足以讓孩子成為一位閱讀者，但語言能力的重要性不可忽略。事實上，五歲孩子進入幼稚園時的語言能力，與低年級的閱讀成就之間有很高的相關（見 Elbro, Borstrøm, & Petersen, 1998; Elbro & Scarborough, 2004; Mann, 2003; Muter & Snowling, 1998; Scarborough, 2001）。雖然高危險的幼稚園兒童常常有其他聲韻的問題，但是有個特別值得注意的發現——缺乏音素覺識能力的幼稚園學生，日後有很

高的機會發生閱讀學習的困難（例如，Adams, 1990; Blachman, 2000; Pennington, Groisser, & Welsh, 1993; Stanovich, 1986, 1988）。例如 Elbro 等人（1998）發現常見詞彙發音有困難的幼稚園兒童（他們缺乏詞彙中明顯的音韻表徵），在二年級時會有比較大的機會發生閱讀困難。

　　詞彙是由可分割的語音成分（如音素）組成的，一個人若能察覺或領悟這個道理，他就具備了「音素覺識」的能力。用來量測音素覺識能力的認知作業有很多種（Adams, 1990; Anthony & Lonigan, 2004; Slocum, O'Connor, & Jenkins, 1993; Stahl & Murray, 1994, 1998; Wagner, Torgesen, Laughon, Simmons, & Rashotte, 1993）。各家研究者對音素覺識都有一些不同的看法，每一種看法都有根有據。爭議在於，不同的認知作業是否代表不同層級的音素覺識；或在於聲韻覺識的不同表現，究竟是不是一種單純的能力，或是一種複合的能力（Anthony & Lonigan, 2004; Anthony, Lonigan, Driscoll, Phillips, & Burgess, 2003; Mann & Foy, 2003; Mann & Wimmer, 2002）。儘管如此，Marilyn J. Adams（1990）對音素覺識概念的闡述仍然讓我們比較清楚音素覺識到底是怎麼回事。根據她的說法，音素覺識最基層的形式，就是個體有夠好的聽辨力，對押韻詞彙的記憶可以強過非押韻詞彙。具備此層次音素覺識能力的兒童會比缺乏音素覺識的同儕更容易記憶童謠（Maclean, Bryant, & Bradley, 1987）。在下個層次，兒童可以從幾個詞彙中抓出與其他詞彙聲韻特質不同的詞彙，例如，在 can、dan、sod 三個字之中，能認出 sod 是「怪字」，因為它沒有以 -n 結尾；或在 bat、bax、mar 三個字之中，認出 mar 是「怪字」，因為它不是以 b- 開始的。在更進一層的認知層次，孩子會混合語音成分，以形成詞彙，例如，呈現 m、ah（即短音 a）和 t，兒童能念出 mat 來。更高層次的音素覺識，兒童能把一個語詞分析成較小的語音成分，能說出 mat 是由 m、ah 和 t 這些音所組成。在最高音素處理階段的孩子，會從完整的詞彙中拆離出個別的語音來：例如，當被問起從 mat 中刪除 m 音時，兒童會說 at。因此，當學生能主動地操弄音素和玩音素時，音素覺識能力就到達最巔峰。我特別強調在如此操作中的趣味性，是因為我看見孩子在教室中練習混合、添加、刪除和插入音素這類的音素覺識教學，小朋友似乎都玩得很開心。

　　音素覺識有這麼多表示的方式，也難怪會有這麼多種不同的評量方式，

包括實驗室的評量或較標準化的測量都是（Sodoro, Allinder, & Rankin-Erickson, 2002）。

有個聚焦在音素覺識上的研究特別有名。Connie Juel（1988）蒐集五十四個孩子從一年級到四年級的多種閱讀及相關的變項。二十三位西班牙裔的小孩、十四位非洲裔美國人的小孩及十三位白人都是同校同學。此研究中最驚人的發現之一是，兒童若有閱讀低成就，問題會一直持續下去：如果孩子在一年級時有閱讀困難，他們有 88%的機會在四年級時仍有困難。然而，跟本節主題更相關的是，一年級時，音素覺識是最能預測低劣閱讀成就的最佳預測變項：孩子若具有先前我們所討論的較高層的音素覺識能力，他們在 Juel（1988）的研究會得到較高的分數。特別驚人的是，一年級時的音素覺識可以有效地預測四年級時的閱讀困難。雖說早期音素覺識是很好的預測變項，可以預測較晚期的閱讀能力，但在 Juel（1988）的研究之後，研究者也發現其他的早期語言的預測變項，可預測後來的閱讀能力（亦即，基本的閱讀能力及字母識別；Elbro & Scarborough, 2004; Scarborough, 2001）。

Juel 的發現讓許多人開始努力鑽研，做了許多關於音素覺識的研究，探討它為什麼和閱讀能力有關。以這些研究為基礎，現在我們知道，在所有年齡層，弱讀者比起同年的優讀者來說，經常有音素覺識能力較弱的問題（例如，Pratt & Brady, 1988; Shaywitz, 1996）。缺乏音素覺識的孩子在字母－語音關係的發展及拼字的學習上都很困難（Griffith, 1991; Juel, Griffith, & Gough, 1986）。Juel 的研究之後，許多不同的研究都指出，四至六歲孩子若音素覺識不佳，不僅特別預知了早期的閱讀成就，也預知整個小學階段的閱讀困難（例如，Badian, 2001; Bowey, 1995, 2002; Goswami, 2002b; Hulme et al., 2002; McBride-Chang & Kail, 2002; Muter, Hulme, Snowling, & Stevenson, 2004; Näslund & Schneider, 1996; Speece, Ritchey, Cooper, Roth, & Schatschneider, 2004; Storch & Whitehurst, 2002; Stuart & Masterson, 1992; Torgesen & Burgess, 1998; Wesseling & Reitsma, 2001; Windfuhr & Snowling, 2001）。也有證據指出，小學階段的音素覺識困難和與閱讀困難有關，這些研究至少指出音素覺識與閱讀能力的關係，就如同其他潛在重要變項與閱讀能力的關係一樣（即字母和數字的快速唸名；Cardoso-Martins

& Pennington, 2004; Kirby, Parrila, & Pfeiffer, 2003; Parrila, Kirby, & McQuarrie, 2004; Schatschneider, Fletcher, Francis, Carlson, & Foorman, 2004; Sunseth & Bowers, 2002; Swanson, Trainin, Necoechea, & Hammill, 2003; Torgesen, Wagner, Rashotte, Burgess, & Hecht, 1997）。至少在一些分析上，較高層的音素覺識（例如，將詞彙分離成語音成分的能力），比起較簡單形式（例如，押韻的察覺；Nation & Hulme, 1997），比較能預知閱讀能力。

　　缺乏音素覺識似乎是一個惡性循環的一部分。在發展的早期語言經驗豐富並有良好詞彙的兒童，會擁有較佳的音素覺識，因為良好的詞彙發展提供很多機會讓兒童以語音差異做為辨識詞彙的基礎（Dickinson, McCabe, Anastasopoulos, Peisner-Feinberg, & Poe, 2003; Goswami, 2000, 2001; Metsala, 1999）。語言經驗較弱的孩子知道的詞彙較少，音素覺識也弱。接著，有缺陷的音素覺識會妨礙解碼的學習，然後接著會減少大量閱讀的可能並影響閱讀理解能力。長期下來，兒童較少有機會練習閱讀，以文字傳達的資訊也接觸得少，最後造成高層次閱讀能力（例如，理解複雜句法能力）及增強文本理解的先備知識的落後（Juel, 1988）。這就是 Stanovich（1986）所稱的馬太效應，即閱讀發展過程中貧者愈貧、富者愈富的現象。

　　為了發展兒童最高層次的音素覺識，正式的閱讀教學似乎是必要的（例如，只有非常少的孩子能在沒有正式的教學下，發展出高階段的音素覺識；例如，Lundberg, 1991）。父母親對字母和字母發音的教導，能預言音素覺識的讀寫萌發經驗（Crain-Thoreson & Dale, 1992）。然而，很多父母並沒有這樣教，是以音素覺識的教學都發生在學校。因此，如果要發展音素覺識，有必要提供幼稚園及一年級孩子音素覺識的教學。

## 音素覺識教學

　　經過有系統的練習，讓兒童根據常見的字首、字中和字尾音素來做詞彙分類，音素覺識就得以發展。最早的音素覺識發展教學研究之一，是由 Lynette Bradley 和 Peter E. Bryant（例如，1983）在英國實施的，這個研究是知名度最高的一個。

　　Bradley 和 Bryant（1983）的教學強調一個重要的原則——語音分類，相同的一個字，可以依其首音、中間音和尾音來做不同的分類。例如，按

字首來分，hen 可以和 hat、hill、hair 和 hand 分在同一組，因為它們都以 h 為首音。hen 也可以和 men、sun 分在同一組，因為這三個詞彙是以 n 為結尾音素。如果 hen 和 bed、leg 分在同一組，這個字組相同之處，在於它們中間部分的發音都是短音 e。

Bradley 和 Bryant（1983）的教學持續了二年，共四十節十分鐘的課程。在前面的二十節課，參與者都是不具音素覺識能力的五、六歲孩子，研究者教導他們使用圖片（即 hen、men 和 leg 的圖片），根據不同圖片名稱的共同發音來給圖片分類。例如，在某一堂課中，研究者使用一套以字母 b 為代表的圖片呈現給說出物體的孩子。由於老師強力要求孩子留意聽這些字音，孩子不斷複述這些圖片的名稱，接著，老師會問孩子，這幾個圖片中，是否有相同的聲音？如此的教學會持續到孩子能辨別出共同的語音為止，如果孩子在辨識上有困難，大人可以提供幫助和提示。

在訓練期間，聲音辨識任務會重複好幾次，但每次都有一點小變化（例如，第一次呈現 bus，孩子需要從一系列圖片中挑選出一張「相同首音」的圖片；再次呈現 bus 時，這次要孩子挑選和 bus 有「不同首音」的圖片）。接著給予孩子多套圖片，要求他們根據圖片相同的發音來做分類，然後問他們是怎麼分的。研究中也玩找出相異語音（odd-one-out）的遊戲，孩子要從幾個字中，挑出首音（或尾音或中間音）與眾不同的那個字。每個音（例如，b）都有許多次如此的練習，當孩子似乎能掌握所教過的音時，老師才會再教新的語音。當然，隨著語音的累積，任務的難度也會逐漸增加。

二十節使用圖片的課程之後，跟著是使用詞彙的二十節課，孩子在其中需要決定詞彙是否有押韻或有相同的開始聲音（押頭韻）。當孩子對此任務熟練後，就會有一些關於尾音的課程（例如，odd-one-out 練習需要淘汰不同尾音的字）。然後孩子能使用尾音為基礎作分類之後，就會有以中間音為基礎的詞彙分類教學。

在訓練中，圖片會單純地以聽覺呈現。先是做語音的辨別練習，但後來卻以語音的產出取代，孩子必須想出在某特定位置包含某特定語音的詞彙。在後半段課程中，孩子需要使用塑膠字母拼出字來，如果孩子有困難，老師會提供協助，甚至拼字給孩子。拼字練習包含多套的詞彙組，它們都

具有共同的語音特質。因此，在練習拼 hat、cat 和 rat 這組詞彙時，一個較有效率的策略是，每次只改變每個字的第一個塑膠字母。許多字母串的語音特點就是藉著這樣的字組來說明的。

研究者教導控制組的孩子根據語意來為圖片及詞彙分類（例如，cat、bat 和 rat 都分在一起，因為它們都是動物）。和控制組比較起來，實驗組（被要求以語音分類）在標準化閱讀的表現明顯優於控制組。更驚人的是，隔了五年之後，即使許多控制組兒童已經過大量的矯正，低年級學過語音分類訓練的兒童仍然有驚人的閱讀優勢（Bradley, 1989; Bradley & Bryant, 1991）。

因為 Bradley 和 Bryant（1983, 1985）的研究出現，有很多控制嚴謹的實驗指出，音素覺識教學在幫助兒童閱讀及閱讀習得方面，卓有成效（Ehri et al., 2001; National Reading Panel, 2000）。為了加深讀者對音素覺識教學的了解，我在此回顧一些最值得注意的研究。在 Lundberg、Frost 和 Peterson（1988）的研究中，研究者在六歲大孩子的教室中，每天提供音素覺識訓練（即押韻練習；將詞彙分成音節；以及音素辨別，包括將詞彙分解成音素及混合音素構成詞彙），時間長達八個月。控制組教學則沒有接受訓練。三年之後，相較於控制組的學生，實驗組的學生在閱讀及拼字上有較佳的表現。

Ball 和 Blachman（1988）的對象則是三組五歲大的孩子，第一組為實驗組，接受音素訓練；另有兩組控制組：語言活動控制組及無教學控制組。音素覺識訓練組的學生接受每天二十分鐘、一星期四天、總共七星期的教學。教學中，兒童要移動計數器來表徵詞彙的聲音、接觸字母名稱與其相對應的語音，並從事類似 Bradley 和 Bryant 研究中所使用的語音分類作業。語言活動組的學生接受詞彙課程、聽故事，並進行語意分類的活動。他們也接受和音素覺識組相同的字母名稱和語音教學。無教學控制組則未接受任何的教學。即使在沒教導詞彙閱讀（word reading）的情況下，音素覺識組在詞彙閱讀測驗的表現仍然勝過二個控制組。在接下來的幼稚園學生研究中，音素覺識組在認字和拼音上，再度有優於控制組的表現（Ball & Blachman, 1991; Blachman, 1991; Tangel & Blachman, 1992, 1995）。

Lie（1991）教導挪威一年級學生使用相關的聲韻結構去分析新的詞

彙。在二年級時，相較於沒有接受音韻訓練的控制組學生，此訓練提升了實驗組學生的閱讀及拼字。比起較強的學生，較弱的讀者從此訓練中獲益更多。

　　Cunningham（1990）試著用兩種方法來增進幼稚園及一年級孩子的音素覺識。第一種方式稱為「反覆技巧練習」，強調音素分割和音素混合。第二種方式，老師要和學生討論解碼和音素覺識之重要性，也討論如何將音素分割及音素混合的能力應用於閱讀中。第二種方式有很強的後設認知，提供孩子很多資訊，告訴他們何時、何處和為何要使用音素知識。雖然兩種教學方式均見成效，但後設認知教學在一年級階段比較有效；這與此書的一般觀點是一致的，即增加孩子對何時、何地使用認知技巧之認識，他應該更能有效地使用各種認知技巧。

　　我詳細報告這些以真實驗設計評量音素覺識訓練效果的研究，因為這些研究非常重要。一般而言，不管是用來測量音素覺識的特別方式或特別的對照情況（例如，無教學控制或有教學控制），音素覺識教學的確可以成功地提升音素覺識能力（Murray, 1995）。如剛才所詳述，如此的教學會有力且正向地影響後來的閱讀成就。

　　有些人是反對音素覺識教學的，我聽到他們反對的理由是，沒有證據指出音素覺識及提升閱讀之間有什麼因果關聯。此主張完全不對。在真實的實驗設計中，兒童被隨機分配到實驗組和控制組[2]，這種設計在邏輯上的確夠格指出音素覺識教學和後來閱讀成就的因果關係。除了以上討論過的因果研究，有興趣的讀者也可以看 Byrne 和 Fielding-Barnsley（1991, 1993, 1995; Byrne, Fielding-Barnsley, & Ashley, 2000）、O'Connor、Jenkins 和 Slocum（1995）、Vellutino 和 Scanlon（1987）、Williams（1980）以及 Wise 和 Olson（1995）的研究。當國家閱讀小組（National Reading Panel, 2000; 亦見 Adams, 2001; Ehri et al., 2001）考慮所有的相關資料時，四至六歲間音素覺識的發展對後來的閱讀成就有極大的好處，這個結論非常清楚，該小組也指出音素覺識教學對後來的閱讀成就有中度的影響。音素覺識的最明顯成效在於詞彙解碼的能力，但在理解上也有一些影響。如果孩子已具備

---

2 譯註：這個程序保證了各組兒童的特質在實驗之前完全相同。

高等的音素覺識能力，比起沒有達到這個層次的孩子，他們學習閱讀會更容易、更讓人安心。

不幸地，許多孩子並未接受音素覺識教學。因為全語言教室裡運用了許多詩歌，因此，有時會有人說，全語言幼稚園的孩子早就有足夠的音素覺識接觸。然而，詩歌的接觸和押韻覺識最有相關，但押韻的認識，只是音素覺識眾多成分中最容易學的一種。

另一個我聽說的反對理由是，音素覺識教學很無聊。到底無不無聊，我沒有看到正式的研究報告，但我已看過許多有音素覺識教學的教室，我看到孩子玩聲音玩得很開心。在我公開的演講中，我常常問那些提供音素覺識教學的幼稚園及一年級老師，他們的音素覺識教學到底是有趣的還是單調無聊的？即使我沒先透露自己的立場，這些老師們都一致地報告說，孩子喜歡。如果你需要證明音素覺識能有許多樂趣，可以去買 Daisy's Castle 或 DaisyQuest（Blue Wave 軟體公司，現在由 Pro-Ed catalog 經銷），這兩個電腦程式是讓孩子在幻想情境下發展音素覺識，而且真的有效果（Barker & Torgesen, 1995; Foster, Erickson, Foster, Brinkman, & Torgesen, 1994）。我的兒子 Tim 就喜歡得很。

然而，在許多例子中，我的預感是，老師之所以不去教音素覺識，主要是因為他們不知道該怎麼做。因為有很多老師問我，音素覺識到底是什麼？怎麼教？所以我會有這個預感。另外，也有愈來愈多的研究顯示，許多老師不了解音素覺識，同時也不知道怎麼去教音素覺識及其他初始的閱讀能力，有些老師甚至一點也沒有發現他們自己少了什麼、什麼該教，及如何教（Bos, Mather, Dickson, Podhajski & Chard, 2001; Cunningham, Perry, Stanovich, & Stanovich, 2004; Spear-Swerling & Brucker, 2003）。那就難怪了，老師對初始閱讀的認識，會造成教室裡的教法以及後續學生成就的差異，雖然研究中這樣的關係並不特別強烈（McCutchen et al., 2002a, 2002b; Moats & Foorman, 2003）。我們真的要好好增加老師關於音素覺識和其他初始閱讀能力的認識，告訴老師們如何提升學生這些方面的能力。老師若想要開始學習如何教導音素覺識的知識，我強力推薦 Adams、Foorman、Lundberg 和 Beeler（1997）的《幼兒的音素覺識》（*Phonemic Awareness in Young Children: A Classroom Curriculum*）。若需要證據本位的初始閱讀教

學綜論，我推薦 Honig、Diamond、Gutlohn 和 Mahler（2000）的《幼稚園到八年級閱讀教學資源手冊》（*Teaching Reading Sourcebook for Kindergarten through Eighth Grade*）。後者對於小學所有年級都有幫助，因為老師教導閱讀時所需要的知識在小學各年級間轉變得很快（Block, Oakar, & Hurt, 2002）。

最後提及一點來結束此部分，儘管有證據指出，音素覺識可以成功地在孤立的狀況下教學，但只教音素覺識也許是個錯誤。Schneider、Roth 和 Ennemoser（2000）研究一群德國幼稚園的孩子，他們因為聲韻能力弱，閱讀發展有較高的危險。接下來，這些孩子被分到三組進行不同的教學，「音素覺識教學＋字母語音訓練」、「只有音素覺識教學」和「只有字母語音訓練」。孩子一年級和二年級時，各組的差異不大，但有個一致的小差異是，綜合教學組成就較佳。Fuchs 等人（2001）也有類似的發現，兒童分組接受兩種教學，其中一組接受「音素覺識教學＋明示解碼訓練」，另一組接受「只有音素覺識」的教學，結果發現綜合法的效果較佳。我的直覺是，我們需要更多如此綜合法的教學研究，不只是因為結合音素覺識和自然發音教學法的成效可能較佳（見 Bus & van IJzendoorn, 1999），也是因為綜合法比較有可能在學校發生。雖然我已在期刊中看過很多只教音素覺識的研究，但我在學校裡看到的是，音素覺識教學通常隨著自然發音教學法出現。

## 閱讀和音素覺識：相生相應的關係

從學前時期開始（Burgess & Lonigan,1998），音素覺識發展會提升閱讀能力，閱讀也會增進音素覺識的能力（例如，Goswami, 2002a; Goswami & Bryant, 1990）。Wimmer、Landerl、Linortner 和 Hummer（1991）以及 Perfetti（1992; Perfetti, Beck, Bell, & Hughes, 1987）提出證據說明，音素覺識會因閱讀而增加，音素覺識又反過來影響後續閱讀能力的發展。又來了，閱讀愈多，富者愈富（亦見 Silven, Poskiparta, & Niemi, 2004）！

我已聽說了，有些全語言狂熱份子知道了音素覺識真的可以透過閱讀而增進，他們便宣稱音素覺識教學是不必要的。與全語言的哲學觀一致，他們認為只要讓孩子沉浸於閱讀中，音素覺識便會自然發展。當然，這裡

有個「雞生蛋，蛋生雞」的問題，若一個孩子初習閱讀時音素覺識較弱，他在學習解碼文字時就會遇到較多困難（在下章會有更多討論），因此會比其他孩子能力更低、更不能讀、從閱讀中的獲益會更少。再來是老話一句，「富者愈富」，初習閱讀時有高度音素覺識能力的孩子在學習閱讀時會比較確實，因此從閱讀機會中獲益更大。

然而，科學社群在破解「雞生蛋，蛋生雞」的迷思上已有很大的進展。在此並不適合作太詳細的介紹。總括來說，在某些分析中，音素覺識促進學習閱讀的傾向，高於學習閱讀促進音素覺識（Hulme et al., 2002; Nation, Allen, & Hulme, 2001; Wagner, Torgesen, & Rashotte, 1994; Wagner et al., 1997），但在其他分析中，它剛好是相反的（例如，Carroll, Snowling, Hulme, & Stevenson, 2003; Goswami, 2002a, 2002b）。當然，我也會記住不管閱讀是蛋還是雞，它對年幼的語言學習者、閱讀學習者都非常好。因此，當父母和孩子一起閱讀字母書時，孩子不僅學習字母與字彙，也改善音素覺識，反之亦然（Murray, Stahl, & Ivey, 1996）。與此書平衡教學的觀點一致，「和孩子共讀」及「教導孩子閱讀技巧」，這兩者是互補的活動，至少在一些研究中，音素覺識的發展和閱讀是相生相應的（例如，Badian, 2001; Neuhaus & Swank, 2002; Sprenger-Charolles, Siegel, Bechennec, & Serniclaes, 2003）。

## /音素覺識教學和全語言/

有另一組資料可以反駁音素覺識教學的批評。如果在全語言教室裡加進音素覺識的活動，好處立時可見。在澳洲幼稚園的研究中，Jillian M. Castle、Jacquelyn Riach 和 Tom Nicholson（1994）把接受全語言法的幼稚園生分為兩組，一組教音素覺識，一組不教。音素覺識教學組為期十星期，每星期有二節二十分鐘的課程。控制組則教以與音素覺識無關的技巧。他們執行了二個研究，一個聚焦於拼字能力的發展，另一個是閱讀以前未見過的字彙的能力發展。雖然效果不大，但音素覺識訓練組的拼字及假詞（pseudowords；即虛構字，例如 brane，這樣可以保證學生過去一定沒見過）閱讀能力確實都優於控制組。

雖然 Castle 等人（1994）已經用最縝密的設計，將音素覺識教學加入

全語言教室，但也有其他的研究把音素覺識教學加到教室中。Byrne 和 Fi-elding-Barnsley（1991, 1993, 1995; Byrne et al., 2000）把音素覺識教學（一星期一次，總共十二節課，每次半小時）加到四歲大學前幼兒的課程中，他們獲得了長期的效益。在 Blachman、Ball、Black 和 Tangel（1994）的研究中，一群幼稚園兒童雖已接受過相關的教學，但教學設計很不完整，兒童到了學年中期，平均只認識二個字母。然而，在研究者給予十一個星期有系統的音素覺識教學之後，孩子們拼字的品質真的明顯優於控制組參與者，實驗組的孩子更能正確地拼出字彙，即使沒有拼對，實驗組兒童的拼字也比較像字一點。

　　總之，如果兒童所接受的教學並未教導什麼閱讀技能，實施音素覺識教學也會讓學生有明顯的優勢。雖然音素覺識教學的正面效果在 Castle 等人（1994）的研究中並不大，但這個研究算是有關全語言的研究中最容易詮釋的，幾種不同的依變項都同樣指出音素覺識的教學效果。除此，Castle 和同僚（1994）研究中用的音素覺識教學，比起其他版本的音素覺識教學實施時間較短，這麼短的教學就可以有實驗效果，這個發現值得注意。By-rne 和 Fielding-Barnsley（1991）以及 Blachman 等人（1994）的研究中，音素覺識教學為時也不長，但它也產生了正面效果，這些結果進一步支持音素覺識強而有力的教學效果。

## /小結/

　　口語的詞彙是連續不斷的語音流，詞彙可以被拆解成較小的語音單位，語音單位也可以組合起來組成詞彙。但許多幼稚園和一年級的兒童缺乏這種覺識──音素覺識，這是一種後設語言（metalinguistic）的領悟，似乎是學習閱讀的必要條件。還好，音素覺識可經由教學而發展，並有助於後續閱讀能力的習得。這方面的研究相當活躍，最近甚至有研究教導學生去注意自己的構音（即口唇動作；Castiglioni-Spalten & Ehri, 2003），以改善音素覺識並學習閱讀。另外，也有研究評估幼稚園常見的指讀（也就是老師和小組閱讀時，用手指跟著指出字彙）會如何影響音素覺識和其他閱讀過程（Morris, Bloodgood, Lomax & Perney, 2003; Uhry, 2002）。當然，也有持續的研究以電腦來訓練兒童音素覺識之發展（例如，Cassady & Smith,

2003/2004）。

　　音素覺識和成功的閱讀之間的關聯已經引起關心讀寫能力發展者的注意，研究結果擴增我們對音素覺識及其發展的了解，所以現在我可以提供清楚的指導給現職幼稚園老師，告訴他們如何發展他們學生的音素覺識。幼稚園是音素覺識教學的好時機，因為音素覺識是學習解碼的先備條件，而學習解碼正是一年級閱讀教學的關鍵要務。

　　我時常聽到一個主張，若孩子花很多時間來聆聽多變化、充滿好玩語音（如押韻和頭韻）的書籍，音素覺識能力即可得到發展。的確，這樣的語言接觸可能真的可以促進幾分音素覺識（Fernandez-Fein & Baker, 1997; Goswami, 2001），值得一提的是，已經有人從這個理念出發，開出了一系列可用來增進音素覺識的書單（例如，Yopp, 1995）。幼稚園裡很多這樣的書可以提供許多有利於詞彙發展的刺激，也可以讓學生去思考各詞彙的語音。我也常聽到以下的主張，如果允許孩子在寫字時使用自創拼字（invent spellings[3]），會促成音素覺識的發展。事實上，當孩子自創拼字時，他們正努力思考字彙的構成語音，以及怎樣用字母呈現那些語音（Read, 1971; Richgels, 2001）。有許多研究觀察到自創拼字及音素覺識之間的關聯（Clarke, 1988; Ehri, 1989; Mann, Tobin, & Wilson, 1987; Treiman, 1985）。雖然我不認為文字遊戲（wordplay）及自創拼字就足以發展音素覺識，但我們還是鼓勵孩子埋頭於文字遊戲及嘗試寫字，理由是這樣的活動可以促進音素覺識。

　　當談到學前幼兒的教學時，有人說這個階段的學習效果都是短暫的，學完不久，效果就消失了。但這個說法對音素覺識的教學來說並不完全正確。音素覺識教學可以解釋小學低年級早期約 12% 的字彙認知表現；雖然在解釋小學低年級晚期及中年級的閱讀變異量時，解釋量變小，但是其效果仍然存在（Bus & van IJzendoorn, 1999）。隨著年紀增長，聲韻覺識重要性逐漸減弱，這也許反映出，聲韻覺識對低年級（即幼稚園期間和一年級）詞彙認知發展特別重要，對中高年級兒童，課程較強調高階閱讀成分（例

---

3 譯註：這是學前和幼稚園裡讀寫萌發常用的活動，老師鼓勵兒童以字母拼出他們想說的詞語，兒童會經常犯錯，例如，把 eyebrow 拼成 ibro，但老師並不加以指正，希望在嘗試錯誤中，兒童自行發現字母－語音間的關係。

如，理解）時，音素覺識就沒那麼重要了（de Jong & van der Leij, 1999）。

關於一般的學業成就，幼兒園的優勢並不會隨著年紀及學校年級增長而完全消滅。我對於這證明有極深印象，即高品質學前經驗對後來的閱讀成就有非常正面的影響，即使幼兒園畢業很多年後所量測的閱讀成就，也看得出這個趨勢（Barnett, 2001; Gorey, 2001）。如果學前的經驗這麼重要，為何我在本書中沒有多談一點早期幼兒教育？那是因為我對幼兒教育沒有研究，而且不像我在小學教育那樣，得到這麼多的有根有據的意見。但我在談論平衡式讀寫能力教學法（balanced literacy instruction）時，我一定會說，學前教育 4 對於讀寫能力的發展非常關鍵，如果空等到了幼稚園才想要給高危險群的孩子提供介入，那就犯了嚴重的錯誤。我們的確知道如何設計豐富的幼兒園讀寫環境，以促進孩子對文字、寫作以及字母和語音的了解（見 Yaden et al., 2000 的回顧）。學前時期若未提供豐富的萌發讀寫經驗，會使孩子在幼稚園時遠遠落後於他或她的同儕；豐富的萌發讀寫經驗，不管在家或在幼兒園，都會提供長期持久的好處。

# 結論與總結性迴響

1. 在整個二十世紀，心理學者已經看到學前階段以及幼兒早期社會關係的重要性。Bowlby（1969）和其他發展學者指出，孩子與成人，尤其是與母親，在早期發展中建立信任關係是非常重要的。如此的關係可以讓親子一同探索新事物，包含字母、詞彙及文章。

在嬰幼兒及學齡前時期的社會情感發展上，以及與照顧者和他人的認知導向互動之間的接觸面已經在近幾年積極被探索。荷蘭研究團隊（Bus & van IJzendoorn, 1995）的研究指出，母親與孩子若有安全的依附關係，萌發讀寫互動會更有成效。此發現已經引起極大關切且無疑地將會在荷蘭及其他地方引發更多的行動。此研究有個重要啟示，即目標過於侷限的讀寫活動對於孩子的讀寫發展不太可能是有效的策略。相反地，荷蘭的

---

4 譯註：台灣的「學前教育」和「幼稚園」幾乎是同義字；但在美國，幼稚園（kindergarten）是五至六歲的義務教育，進幼稚園就算是已經正式入學，五歲以前的教育才是學前教育（pre-school）。

資料顯示，要想盡一切辦法讓母親對孩子的需求有良好的反應，因為如此的回應才能在親子間形成安全的依附。還好研究者正在尋找方法來刺激父母，讓父母更能對孩子有自然的反應，這樣才能養成健康的親子依附關係。

安全依附對於認知發展很重要，因為智慧技能來自於與他人的互動，此觀點是 Lev S. Vygotsky 在半世紀前的前蘇聯倡導的，而且一直到最近才在西方世界被詳細地探討。Vygotsky 和其他俄國的研究者提出話語在思考上的重要性；這對於讀寫能力特別重要。

2. 第 2 章及第 3 章介紹關於閱讀中的聲韻歷程——亦即，話語乃字彙認知的中介歷程。Vygotsky 主張，問題解決能力之發展出現在兒童與他人的互動中。他與其他俄國研究者認為，幼兒和成人一起解決問題時的對話終將被內化。從這個觀點，成人及孩子應該多花點時間，藉著口語的互動解決孩子覺得困難的問題，包括閱讀書本的相關問題。

3. 在本章的好幾個地方談到，有幾個研究教導父母如何與他們的孩子互動，其目的在使親子互動更為健康有益。這些研究中，即使只有短短的介入，都會產生戲劇性的轉變。此研究清楚顯示，親子互動是具有可塑性的：本來不會適當回應孩子的父母，學習之後，就變得比較會回應。本書也將重複述說一個論點：成人與兒童之間的某些互動方式，會比其他方式更有可能促進孩子的認知發展。

例如，本章已強調過，有效親子互動的一個重要特點是，給予的輸入必須適合孩子的程度。在健康的互動中，成人不會要求太多或太少，而是正好能支持正在學習新能力的孩子。這種觀察與探討動機的文獻（motivation literature）經常談論的基調是一致的，即當目標不是如此遙遠，而是有機會達成時，人們最有動機去做去學，雖然真要達成還需要一些努力。也就是說，工作的難度剛好超出一個人的能力一點點，是非常能引發動機的；這會讓人努力去做，能力也隨之增長。這是研究人類動機的理論家所反覆述說的要點（例如，White, 1959）。我們第 11 章將會再度談到動機的議題。

4. 只有自然的親子互動，並不足以為孩子做好初始閱讀的準備，音素覺識的研究特別指出了這個說法。更積極地說，研究者已經知道有哪些方式

的成人－兒童互動可以有助於孩子的音素覺識發展。只讓孩子浸淫在閱讀和寫作裡是不夠的。經過仔細的研究，我們知道教學有助於兒童音素覺識的發展。

5. Whitehurst 和 Lonigan（1998, 2001）把「由外而內」（outside-in）的讀寫成分定位為來自文字之外、在學前透過非正式社會過程發展而來的能力。包括一般語言能力，如概念知識、表達概念的詞彙和句法學等。孩子從這樣的互動中學習故事結構。他們會對文字的常規有所了解，包括書是由左讀到右、從上讀到下的。相反的是「由內而外」（inside-out）的讀寫成分，它就是隱藏在文字裡的訊息，可以把字詞轉化成語音。這些包括字母名稱的認識，及字母－語音間的關聯性。這些能力比起「由外而內」的能力，似乎需要父母更明確的教導。擁有兼具「由外而內」及「由內而外」能力之幼兒園經驗，能為小學低年級閱讀教學作更好的準備（Whitehurst & Lonigan, 1998, 2001）。例如，能覺察到音素存在的孩子就已經準備好，馬上就可以學會如何念出字詞，學前經由許多互動而發展出良好語言理解的孩子，也會立即理解他們所閱讀的內容。

Frijters 等人（2000）提出一個很好的論證，說明了「由內而外」及「由外而內」經驗的重要性。他們測量幼稚園兒童的音素覺識，也測量每位幼兒的兒童故事書閱讀經驗。他們發現，音素覺識可以解釋字母名稱及字母－語音的知識，而故事書閱讀經驗則與字彙發展有關。由內而外及由外而內的能力，都會促進孩子在學校的讀寫發展，兩者都必要，而且功能互補。孩子必須學會如何閱讀字彙，並從字彙中獲取意義。

6. 令人驚訝的是，只有很少的研究把注意力放在科技對初期讀寫能力的影響上。有些偶爾一見的調查，是關於網際網路的影響（例如，Karchmer, 2001）及多樣化形式的電腦互動式媒體（例如，de Jong & Bus, 2002; Ricci & Beal, 2002）。相較於傳統的閱讀，這些科技所產生的差異相當小。像「芝麻街」的歷史成就（Ball & Bogatz, 1970; Bogatz & Ball, 1971; Fisch, 2004）已經後繼有人，對 *Between the Lions* 之類教育節目的評量指出，此節目有中度的成效，雖然結果不太一致，但已足以決定可以支持此節目，以支持初級讀寫能力的發展（例如，Linebarger, Kosanic, Greenwood, & Doku, 2004）。因為有愈來愈多宣稱能促進讀寫能力的電子產品出現，

這個領域需要許多研究者的投入。

7. 最後，我以文化和萌發讀寫能力的反思來結束本章。中產階級和勞工階級家庭的學前幼兒所擁有的語言經驗大相逕庭（Gee, 2001; Heath, 1983; Watson, 2001; Wells, 1981）。我們可以很容易地推論，在以英文為第一語言的中產階級美國家庭中，其語言和親子互動的內容會比較能跟本章所提的「由外而內」及「由內而外」能力相符合（Goldenberg, 2001; Goldenberg & Gallimore, 1995; Whitehurst & Lonigan, 1998），雖然很多低收入戶的孩子也會擁有高品質的萌發讀寫的經歷（Anderson & Stokes, 1984; Clark, 1983; Goldenberg & Gallimore, 1995; Goldenberg, Reese, & Gallimore, 1992; Heath, 1983; Paratore, Melzi, & Krol-Sinclair, 1999; Taylor & Dorsey-Gaines, 1988; Teale, 1986），但是，大多數低收入戶、英語為第二語言及少數族群的家庭仍然處於初級閱讀困難的危險中，因為這些孩子的家庭文化及學校文化之間存在很大的分歧（Delpit, 1995; Feagans & Haskins, 1986; Ogbu, 1982; Pellegrini, 2001; Steele, 1992; Vernon-Feagans, 1996; Vernon-Feagans, Hammer, Miccio, & Manlove, 2001）。

雖然我們知道有這個問題存在，但我們很少去談論怎樣以研究為基礎來解決它。我寫此書第一版時就有這個困擾，而且發現自從我第一次寫這個主題以來這個問題幾乎沒什麼進展時，我就更困擾了。已經有了什麼進展呢？——大家愈來愈清楚，這個議題沒有想像中的單純——例如，大家慢慢知道，在雙語孩子的世界中，第一和第二語言有許多可能的組合情形（Tabors & Snow, 2001; Vernon-Feagans et al., 2001）。比起幾年前，現在我們更能了解，重視閱讀的文化團體比較有可能和幼兒做書本和讀寫的互動，這也是北美／歐洲一般中產階級文化看重的（見 Bus, 2001），而且研究發現，大人看重閱讀的程度和孩子的口語及讀寫能力間有一致的關聯性（Sénéchal, LeFevre, Hudson, & Lawson, 1996; Snow, Barnes, Chandler, Goodman, & Hemphill, 1991）。一個又一個的研究指出孩子若在學校經歷閱讀的困難，他們的家庭通常缺少正向的萌發讀寫活動（例如，Baker、Serpell, & Sonnenschein, 1995; Hart & Risley, 1995; Laakso, Poikkeus, & Lyytinen, 1999）。當我出去演講時，大家都在問，那些語言背景和典型美國學生極為不同的兒童怎麼辦？這個問題的背後是，

現行的教育體制只把這些孩子丟到一般的教育體系，然後就以為可以得到良好的教育成效。這種作法和我們透過教學所了解的讀寫能力發展間隔著一大鴻溝。進入學校大門的孩子這麼多樣，我們需要對他們讀寫能力的發展做更多的了解。

講一點正面的事，幾年前有個研究清楚指出，弱勢的孩子可以從本書強調的平衡教學中獲益。Lesaux 和 Siegel（2003）研究的對象，是以英語為第二語言的加拿大孩子。他們接受的是平衡讀寫教學課程，在實驗教學之前，這些學生和以英語為母語的同儕在早期測驗分數上有很大的差異。這套課程強調在幼稚園時系統性地教導音素覺識，一年級時，則系統性地教自然發音法，這些能力都以系統而且明示的方式教學，但課程中也安排了全語言式的閱讀和寫作經驗，每天都有。到了二年級，這些以英語為第二語言的學生的閱讀能力和以英語為母語的學生一樣好，甚至在某些測驗上勝過以英語為母語的學生。簡言之，這個研究的結果強力支持本書的論點——證據本位的平衡教學取向是可行的。本書所強調的許多介入研究，研究對象都是高危險群體的兒童，這群孩子讓我有動機去發展一個平衡的混合教學方式並在各章中論述。雖然我希望可以看到更多的證據，但現有的證據已經夠令人興奮，而且應該引發更多研究者對不同兒童群體進行平衡讀寫教學的研究……甚至在他們一年級之前。Lesaux 和 Siegel（2003）從幼稚園開始介入，在二年級時就見到驚人的效果！我們需要在全國幼稚園和小學教室裡一再複製這樣的研究。

# 5 學習認字

本章將討論近來備受爭議的「初始閱讀教學」（beginning reading instruction），這個議題一向是初始閱讀有關議題的焦點（Chall, 1967）：在初始閱讀的過程中，我們應該如何教導孩子認字呢？曾拜讀過 Jeanne S. Chall 的經典作《學習閱讀：大辯論》（*Learning to Read: The Great Debate*, 1967）的讀者可能對本章內容有似曾相識的感覺，尤其是關於 Chall 提到的一些結論。在今天，有更多人支持 Chall 的主張，即強調解碼取向（code-emphasis approach；即自然發音法）的初始閱讀教學。自從 Chall 的著作於 1967 年問世之後，大量的相關研究相繼出現，尤其是在該著作加上許多支持性數據再版後（Chall, 1983；例如，第 2 章關於詞彙的文獻探討，指出優讀者會將詞彙朗讀出來；第 3 章則明白指出許多遭遇困難的閱讀初學者就是無法讀出詞彙）。當然，從 1967 年後有很多新的研究結果出現，但是我認為大部分的新發現都和 Chall（1967）的論點一致。

雖然如此，有許多相信全語言教學取向的老師一直在抗拒直接而系統化的解碼教學。我相信他們深受全語言論點（見第 1 章）的影響，認為認字的過程並不像 Chall 所說的那樣。而本章的宗旨是要跟教學社群介紹有實證研究支持的認字教學法。

本章首先說明從完全不能讀字到能夠流暢讀字的發展過程；接著，說明目前最得到研究支持的兩種閱讀教學法：一是教導學生看字讀音的技巧；另一則是類比識字法，即教導學生利用已知字詞來解讀相似字詞的方法

109

——也就是利用字詞中以前讀過且熟知的那部分來類比。我相信這兩種閱讀方法是能互相截長補短的，而有關的研究結果也正好對比出，強調語意－情境、忽略字形－字音線索的閱讀教學取向，如第 1 章所談到的全語言教學，是缺乏實證研究支持的。

# 認字能力的自然發展

認字的方法不只一種，有些很複雜（見 Ehri, 1991，該文提供許多本章將仔細討論的內容；亦見 Ehri & Snowling, 2004; Siegel, 2003）。一般來說，愈複雜的認字歷程，在兒童認字能力的發展過程中就愈晚發生。

## 圖形意義閱讀期

在美國，很多三歲幼兒能「讀出」麥當勞、漢堡王及 Dunkin' 甜甜圈的商標，這就是圖形意義閱讀（有時候也稱為視覺線索閱讀；例如，Ehri, 1991），它是靠著詞彙的視覺特徵，而不需要靠字母與語音的對應關係來認出該字。這時幼兒會以該字詞特別的視覺線索來連結該字。因此，只要「Apple」這個字伴隨著一顆色彩鮮豔的蘋果，不管它出現在電腦或電視上，他們都能立刻辨認出來；Jell-O 這個字就有個令人難忘的構形；STOP 只要是出現在紅色的六角形框框裡，兒童就能精準地讀出來；很多五歲的兒童能讀出寫在黃色大車子後面的 SCHOOL BUS；而儘管 Walt Disney 的簽名書寫潦草，要四、五歲幼兒認出它們，又有什麼困難呢？

德州大學的心理學家 Phillip B. Gough（Gough, Juel, & Griffith, 1992）曾將四個單字分別書寫於四張閃示卡上，拿給四至五歲的幼兒讀。其中一張閃示卡上有一個藍色的拇指印。幼兒須瀏覽卡片直到能讀出所有的字。有趣的事發生了，幼兒能否讀出原本寫在印有藍拇指的卡片上、但現在卻呈現寫在白紙上的那個字？答案是不行。如果只呈現拇指印，兒童能否念出該字？答案是可以。Gough 等人（1992）指出，這就是選擇性聯想，也就是圖形意義閱讀或視覺線索閱讀。不管它的名稱是什麼，其過程都相同，且一般學齡前幼兒多半如此做。

雖然圖形意義閱讀並不是真正的閱讀，但它有助於未來閱讀的發展。

Cronin、Farrell 和 Delaney（1995）便曾要兒童去讀情境中的圖形意義（例如，M 型商標的「麥當勞」、暫停符號上的「Stop」）。其中有些商標幼兒能讀得出來，有些則是幼兒讀不出來的，而後教幼兒讀這些字。一般來說，幼兒對這些字的學習，有伴隨情境出現的比沒有伴隨情境的要快。這個研究經過複雜的控制後，導出了一個結論：學習認讀在情境中的商標字，能讓幼兒在沒有情境伴隨時，也能認讀出這些商標字。

## 字母閱讀期

傳統的解碼教學強調利用「字母－語音關係」（letter-sound relations）念出字詞。此機制在幼兒認識所有字母－語音的對應關係（letter-sound correspondences）之前，就已被運用在讀和寫的學習中了（例如，Ehri & Wilce, 1985; Huba, 1984）。例如，學齡前幼兒會利用所知的字母－語音對應關係，嘗試去拼出熟悉的字詞。當讀者了解某些字母與語音的關係之後，便能進行 Ehri（1991）所謂的語音線索閱讀（phonetic cue reading），即只要看到字母就能「讀」。Ehri（1991）利用下面的例子來比較語音線索閱讀與圖形意義閱讀：

> 圖形意義閱讀者可能認得 yellow 這個字，因為它中間有「兩條槓」（Seymour & Elder, 1986）。相反地，語音線索閱讀者則可能曾看到 yellow 的 ll，並聽過它的發音，而在記憶中將兩者連接起來。（p.391）

然而，這種模式的閱讀當然有其不穩當之處。如果同一群字母被用在不同的字詞中，或是在新字中，那就可能會搞錯。舉例來說，幼兒誤認跟瞬認字有部分相同拼字的生字是屢見不鮮〔例如，將 pillow 念成 yellow；Ehri（1991）對 Seymour 和 Elder（1986）的研究資料所作的闡釋；Ehri & Wilce, 1987a, 1987b〕。當然，靠語音線索來閱讀的人，要學習一群有相同字母串的單字時（例如，pots、post、spot、stop），就會很困難（Gilbert, Spring, & Sassenrath, 1977）。

當兒童進入語音線索閱讀期後，便開始了解「字母的規則」（alphabetic

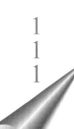

principle）──就是「那些又小又奇怪的二十六個符號都值得好好認識一下，它們每個都不一樣，因為[它們代表了]……平常說話的聲音」（Adams, 1990, p. 245）。因此，有些特定的解碼規則必須被學會，以便幼兒能用這些字母來閱讀。有些很簡單，只是一個簡短的訊息，例如，字母 b 不管出現在哪裡，發音都一樣，d、f、l、n、r、v 及 z 也是一樣；而有些字母則視其出現的位置會有不同的發音；最常見的例子就是「如果字尾有 e，母音就會是長音，反之則是短音」（譯註：如 cut 和 cute，及 cop 和 cope）。另一個例子是，出現在 e 及 i 前面的 c 與出現在 a、o、u 前的發音是不一樣的（例如，比較看看 celestial、city、cat、cot 及 cut 裡的 c 是否就發不同的音）。一般來說，兒童先學會一對一字音規則，然後才是條件性規則（即須視其他字母而決定該字的發音；例如，Venezky & Johnson, 1973）。雖然要學的內容很龐雜，但是小讀者終將學會所有的字母－語音對應規則（例如，Gough et al., 1992）。

> 只有少數的字母（b、d、f、l、n、r、v、z）能直接確定它們的發音，而其他十八個則在確定它的發音之前，要看其他至少一個字母的搭配；有時候則要看到四個字母（比較看看 chord 和 chor-e）。……英文裡……大部分的字母－語音對應都是要視上下文決定的。（Gough et al., 1992, p. 39）

除了要學習字母－語音對應關係，初學者還得學會怎麼利用它們來解讀字詞，並將單獨的字音拼湊成一個完整的字詞。這樣的過程必須經過一番努力才能完成。真的，一定要很多年、下很大的功夫才能非常流暢而不費力地來認字。

## /以瞬認字閱讀/

除了要讀那些不甚熟悉的名字（像是 Ehri）外，我懷疑有人在看本書時會將每個字朗讀出來。本書的每個字應該都是讀者「用眼睛一瞥就認得出來的字」〔即「瞬認詞彙」（sight vocabularies）〕。但是也許小時候的你需要將書中的每個字都大聲念出來。每成功地讀出一個字，就對這個字

的字母組型與字意的關係有多一次的記憶（Adams, 1990, Chap. 9; Ehri, 1980, 1984, 1987, 1992）。

因此，當兒童第一次遇到 frog 這個字並將它念出來的時候，這個動作便啟動了將每個相鄰字母連結起來的過程，也強化了整串字母間的連結（例如，fr- 與 -og 間的連結）。最後在記憶中，這組拼字就只成為一個單位 frog。不斷重複閱讀後，這個視覺刺激與其代表的概念在長期記憶中也逐漸被連結在一起，最後，只要看到 frog 這個字，馬上就能聯想到是一種綠色的、會跳來跳去的動物。大多數初學閱讀者的瞬認字字庫都能快速增加（第 6 章將談論更多關於這種自動化認字的發展）。

## /藉已知字詞來類比的閱讀/

最後，在不同字詞裡出現的字母串，會被視為一個整體（例如，重複出現的 i、n、g 就會變成一個單位 ing；Stanovich & West, 1989）。字首、字尾就是個明顯的例子，當然還有很多其他的組合，如字根字（例如，-take、mal-、ben-、do-）。當這類字母串出現時，兒童就不用再一對一地按字母解碼，而是直接叫出記憶中該字母串的發音。

當兒童一眼就能念出詞彙或字母串時，LaBerge 和 Samuels（1974; 亦見 Samuels, Schermer, & Reinking, 1992）稱此為自動化閱讀。自動化閱讀對讀者來說有極大的好處。根據自動化理論，讀懂一個詞彙有兩個必經的過程：⑴先對字進行解碼；⑵理解所解的碼。解碼與理解均需占用短期記憶的空間，短期記憶裡資源非常有限，一次只能容納 7 ± 2 的單位（最好的情況下），而解碼與理解的過程卻要在這麼小的空間裡競逐一席之地。

字母式的解碼需要耗費讀者極大的注意力。當你一大早走進一年級的班級裡，你會發現孩子們輪流朗讀時是如此全神貫注地努力念出每個詞彙。如果他們將所有的注意力都放在解碼這件事上，那麼能用於理解的則所剩無幾了。這樣的結果是，孩子可能會把每個字念出來，但是卻不知道剛剛念了什麼。解決之道是先解碼再理解，但這樣做也很不划算：解碼與理解是要一氣呵成的，字詞的聲韻表徵必須在短期記憶進行，同時短期記憶仍需騰出空間來處理緊接著要做的理解工作，無論何時，只要讀者要做這些事，短期記憶的空間就會很緊繃。

相反的，如果讀者能自動化閱讀以及自動化辨認字串（例如，字首、字尾、字根以及瞬認字的字母串，如-ake和-op），解碼不需要占用太多注意力，則讀者可以留下足夠的空間用以理解內容（例如，Baron, 1977）。久而久之，閱讀會愈來愈快速，愈來愈正確，也會更輕鬆自如（例如，Horn & Manis, 1987）。反過來說，逐字閱讀不但緩慢而費力，其正確率也比不上快速的自動化解碼。

當讀者認識了夠多字串時，他們就會發現相同的字串，發音也經常相同。因此，一旦幼兒知道 beak 怎麼發音，當他遇到 peak 這個字時，經常能用類比法發出正確的音（也就是說，這個字就像 beak，只是開頭變成 p！）。同樣的，當他遇到 bean、bead 及 beat 這些字時，他也會用類比的策略來念出這些字。Adams（1990, pp. 210-211）舉了一個例子，說明優讀者怎樣藉著找到ail、bail、tail、Gail、hail等字的韻母，而能快速地念出很少見的 kail。由於每遇到一次有-ail 的字，-ail 與長音 a 間的連結就加強，因此，當幼兒能連結-ail 跟長音 a 後，再次遇到kail 這個字，正確的發音就能不經思考地衝口而出了。

一般來說，類比法被視為比較高階的技巧，是成人或已經有一些閱讀經驗的兒童才會使用。這是澳洲的學者H. G. Marsh 和他的同事大力倡導的（例如，Marsh, Desberg, & Cooper, 1977; Marsh, Friedman, Desberg, & Saterdahl, 1981; Marsh, Friedman, Welch, & Desberg, 1981）。本章稍後會再談論這點（並延續到第 6 章），然而，在兒童被教會熟練地使用類比法解碼之前，他們自己可能早就這樣做了。

## /小結與評論/

無疑的，當孩子沉浸在語言與文字的世界裡頭時，多多少少會有一些自然發展的文字閱讀能力。以整體而不精細的視覺形式配對來進行的圖形意義閱讀，只是一個認識字母及字母串的過程的開始。幼兒自然地學會念出字音，並且靠瞬認字串的類比方式來解碼的過程，是一個系統而密集的學習過程，也是本章要推薦的教學過程。然而，當所有閱讀的學習都得要倚重孩子自行發現字母與聲音間的關聯、自行發展字串庫時，閱讀能力的發展會比直接教導孩子發音及類比法解碼的教學緩慢且不確定。這就是為

什麼研究閱讀的頂尖學者及教育家，花費那麼多時間在指導初學者學習解碼的原因（亦見 Lovett, Barron, & Benson, 2003; O'Connor & Bell, 2004）。

# 教學生讀出聲

許多兒童會被教導先學會語音與字母或字母串的連結，而後藉著拼排這些音來認讀新字彙。當幼兒讀出一個字音時，幼兒就認得那個字彙。當孩子念出「dog」（的音）時，他就知道這就是那個他聽了、也用了好幾年的「狗」字。換句話說，初學閱讀的人在對一個字彙作解碼的同時也理解了這字的意義。

顯然的，在使用「朗讀」（sounding-out）策略時，音素覺識是一個關鍵能力。如同第 4 章所說的，音素覺識是指「了解文字乃由聲音組成的」。如果沒有音素覺識，孩子不可能嘗試分析詞彙裡的每個字，然後努力把它念出來！也就是說，在教導孩子念出字彙前，必須先讓孩子了解字彙是由聲音所組成的。

事實上，有研究證據指出，解碼是由音素覺識能力決定的。一個常被引用的研究，就是 Tunmer、Herriman 和 Nesdale（1988）在澳洲所做的一個研究。他們觀察到許多在解碼上有明顯進步的一年級小朋友都有音素覺識能力，而且認識每個字母。Fox 和 Routh（1975）做了另一項研究，也提出一樣的主張。他們發現，四歲小朋友能從將字彙切割成組字字母、將字按音拼出以及進行音的拼排等的解碼教學裡，學會將字彙切割成個別音素。相反的，無法將詞彙切割成個別音素的小朋友就不能從解碼教學中得益。

當然，除了音素覺識外，要能念出字彙還需要更多的知識。而連結字與音的知識是學習解碼技能的先決條件。

## /字母—語音的關係/

談到字母，要教的東西可多了。近年來，很多幼兒在進入幼稚園就學時早已學過二十六個字母。這可能是因為電視節目「芝麻街」造成我們的社會有一種「學齡前就教導兒童認識字母」的特意教學旋風（例如，Anderson & Collins, 1988; Ball & Bogatz, 1970; Bogatz & Ball, 1971; Mielke, 2001;

Zill, 2001）。「芝麻街」對兒童讀寫能力發展的影響，甚至比家庭及其他刺激的影響更鉅（例如，Rice, Huston, Truglio, & Wright, 1990）。這個電視節目協助幼兒有個好的開始，而且影響深遠，就算是「芝麻街」的觀眾都長大成人了，其影響還是有跡可循（Huston, Anderson, Wright, Linebarger, & Schmitt, 2001; Wright, Huston, Scantlin, & Kotler, 2001）。

然而，要學習解碼，只知道字母的名稱是不夠的。要學會靠著聲音的拼合將印刷的字分解成單獨的聲音，需要先了解字與音間的關係。初學者不僅要學會母音的長音、短音，也要學這些母音跟子音的連結關係。也就是說，他們必須知道字母 g 在不同的字彙裡有不同的發音，也要知道其他的字母也是這樣。這種教學強調的是：有些字母，不管前後遇到的是哪些字母，它們的發音都不變（即 b、d、l、n、r、v 及 z），有些字母的發音則隨前後的字母而變化，例如 cut 跟 city 的 c，發音就不一樣。當然，當字尾有 e 的時候，大部分的母音就發長音，反之字尾沒有 e 時則發短音。除了學習每個字母的發音，好的自然發音教學也要教子音二合音（consonant digraphs；sh、ch、th 和 wh）及一般的結合音（例如，dr、bl、sk、sch 和 tw）。一般來說，當孩子開始學習解碼時，就應該教導他們各種子音及母音的發音了。英文裡到底有多少個音？一般認為是在四十三至四十六個之間。

當幼兒在學字母與發音間的關聯時，需同時處理很多事。最常被用來處理這個需要大量記憶的學習過程的方法是：長時間地反覆進行有實例的字母與語音連結的活動或遊戲〔P. M. Cunningham（1995）和 Fox（1996）提出了許多可以建立字母與語音連結概念的活動〕。當然，這些活動一般都是在能大量復習字母與語音連結的真實閱讀和寫作情境中進行。

其實，有些學者早就注意到幼兒在學字母與發音間關聯時的記憶需求問題。Ehri、Deffner 和 Wilce（1984）發明了一套記憶圖卡（見圖 5.1），來輔助字母－語音關係的學習。這套圖卡是用一個字彙的第一個字母的形狀，畫一個含有該字意思的圖，這樣幼兒看到該圖就會想到那個字的意義，並從圖中第一個字母的形狀拼出該字的其他字母。例如在圖 5.1 最上面那格，左邊的圖是像 h 的「左邊有高煙囪的房子」，右邊則上有小字 house、下有大字 h；第二格，左邊是 v 型的花瓶，右邊上有 vase、下有大字 v。至於第三格，本來有點難記，yak 是犛牛，但看到右邊圖中用 y 字形狀畫出

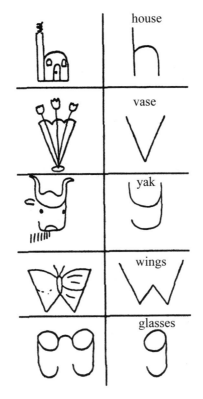

house

vase

yak

wings

glasses

圖 5.1　輔助學習字母－語音關係的記憶圖卡

資料來源：Ehri, Deffner, and Wilce (1984). Copyright 1984 by the American Psychological Association.

的犛牛頭部，就容易記了。第四格 wings，我第一次看時，花了幾秒鐘才看出蝴蝶翅膀所代表的 w，但我現在只要一看到蝴蝶翅膀，即使是真的蝴蝶，也會立刻就想到字母 w。第五格眼鏡，左邊圖是用兩個 g 畫成的眼鏡，右邊圖上寫 glasses，下寫 g，也一樣讓人印象深刻。

　　Ehri 和他同事（1984）的圖像化記憶術可用在很小的幼兒身上，這是大家早就知道的（Pressley, 1977）。他們以嚴謹的實驗，清楚證明圖卡記憶術真的能提升孩子學習字母－語音關係的學習。

　　很可惜地，他們並沒有大量販售他們的教材。因此，想要使用記憶圖卡教學法的老師們，就必須自己製作。我沒有親自試過，但常和有實際做過的老師們討論，他們認為只要有一點點想像力，就可以製作整套英文字母－語音關係的圖卡了。

學習字母－語音關係在提升孩童的智能有一些貢獻。舉例來說，Byrne 和 Fielding-Barnsley（1990, 1991）發現有字母－語音關係知識的幼兒，比沒有這方面知識的幼兒，較能用音素覺識來解碼不熟悉的字。縱使如此，要教導他們拼合字母的發音，還有很長一段路要走。

## 字母－語音對應關係

我想只要有老師指導孩子閱讀，就有老師教孩子如何將字彙分析成個別聲音，再將這些聲音拼合起來。這種教學方法的成效在二十一世紀初已被普遍認同，主要是因為二十世紀中葉，Jeanne S. Chall 對初始閱讀所做分析的傑出研究。

### Chall（1967, 1983）的分析與總結

Chall（1967, 1983）對初始閱讀教學法的有效性，進行詳細的原始資料分析和探討。其中一個重要結論是：使用有系統地教導字母－語音關係、拼合每個字母發音，並藉此來認字的「綜合式語音法」（synthetic phonics）（有時亦指有系統且明示的自然語音教學法）比其他方法都有效。有各種的研究發現支持綜合式語音法的教學確實比其他教學法有效。

- 從回顧 1912 年起的研究，Chall 發現使用綜合式語音法來教一年級學生認字與口頭閱讀，效果優於「眼看口說」法（look-say approaches；此教學法強調認字是以整個字彙來認，而不是經由以語音解碼字來認字）。從字彙與理解能力來看，以「眼看口說」法來認字的學生，在一年級時表現似乎較好，但到了二年級結束時，卻是綜合式語音法教學的學生有較好的表現。另外，「眼看口說」法的學生閱讀速度看起來比較快，但正確率卻不高。

- Chall亦發現，有些研究進行綜合式語音法和內含式的語音教學〔intrinsic phonics instruction；有時亦稱為分析或內隱式的語音法（analytic / implicit phonics）〕效果的比較。內含式的語音教學法會分析已知瞬認字的發音，然而這分析常在使用語意情境及圖片線索認字時進行（要特別注意的是，內含式語音教學被全語言論者認為是最貼近全語言教學論點的語音教學法）。雖然這些比較性的論點最早可追溯至 1926 年，事實上，綜

合式語音法和內含式語音教學到底哪一種比較有效，一直到 Chall（1967）做研究的前十年才被熱烈討論，主要是因為當時最流行的閱讀教科書是採內含式語音教學法〔這就是採用 Dick-and-Jane 讀本的教室裡所發生的情形：學生先認讀在情境中的全字（whole words），當他們學會了這個字以後，才將它分析成單音，這就是教學的一部分〕。

這些研究的結果很明確：用綜合式語音法的學生會有比較好的口語識別能力及拼字能力，而且這項優勢會延續到小學畢業後。此外，學習綜合式語音法的學生在參加標準拼字測驗時，也普遍獲得較高的成績。在標準化的理解測驗上也有相似的結果，雖然不是那麼明顯。

- 回顧至 1965 年的文獻資料，Chall（1967）發現綜合式語音法和其他教學法比較起來，適用範圍較廣，可用於低智能到高智能的學習者，似乎對低智能的學生特別有效。根據 Chall 的推測，內含式的語音教學牽涉太多新的知識，對於低智能的學生可能太過困難。
- 1965 至 1966 年間，美國教育總署（U.S. Office of Education）推動了一年級學生的比較研究，其中綜覽二十七篇關於各種教導一年級學生閱讀法的研究論文。這幾篇論文中，有一些結論指出，以解碼為基礎（code-based）的初始閱讀教學法比其他方式，尤其是像一些以意義為基礎（meaning-based）的眼看口說教學法及內含式的語音教學等，更能產生較好的成效（Chall, 1983; Guthrie & Tyler, 1975）。
- 藉著「接續計畫」（Follow Through）將「啟蒙方案」延伸至國小時，許多接續計畫裡採用的課程模式都被實施了，實施結果也很快地在正式研究報告中被提出。接續計畫裡有各樣課程，其中系統化的自然發音教學（就是在基礎教學裡進行直接自然發音教學），在初級標準測驗中的表現比其他教學法好（Abt Associates, 1977; Kennedy, 1978; Stallings, 1975）。Chall（1983）認為這就是個有力證據，支持家庭貧窮的低成就孩子，比較適合接受系統化的自然發音教學。
- 從 1967 年開始，一些關於自然發音教學法的實驗研究便已展開。一般而言，這些研究中主要的依變項是讀出沒有見過的生字的能力，結果指出，不管是教導字母－語音關係或拼合聲音的技巧都是有效的教法（Chall, 1983, Table I-1, p. 14）。

· 從 Chall 的《學習閱讀：大辯論》（1967）這本書的再版（1983）來看，有許多在班級裡進行的研究，比較系統的、直接的、綜合語音法的教學和不系統、不直接、不明示的教學。經過各種認字、朗讀、理解、字彙以及拼字的測驗，結果顯現還是直接的、綜合式語音法教學比較好（Chall, 1983, Table I-2, pp. 18-20）。

## Adams（1990）的分析與總結

　　另一本讚賞系統化自然發音教學法的重要著作，是 Marilyn Adams（1990）的《閱讀之初》（*Beginning to Read*）。她不只為新一代的讀者重新審視 Chall 的研究分析與結論，也重新探討該書中主張系統解碼教學的理論與實證資料。例如，Adams（1990, Chap. 11）便審視了自然發音教學如何在基礎課程中實施，以及實施的根據。

· Adams 的回顧主張，幼稚園與一年級學生需要經常被教導字母規則。她指出：「每個學生都需要了解，組成字母表的那二十六個小小的奇怪符號是值得逐一學習並區分彼此的，因為每個字都會在日常口語中發生」（p. 245）。

· Adams 也提出，學生應該去學習每個字母的物理特質。也就是說，他們必須學會每個字母與眾不同的特色（Gibson, Gibson, Pick, & Osser, 1962; Gibson & Levin, 1975）。如果這樣，他們就會學到 P 與 R 的不同（即 R 由左上至右下的一撇），也學到 P 與 B 及 R 與 B 的不同（即 B 的下半部有個向右鼓起來的胖肚子，而 P 跟 R 都沒有）。

· Adams 探討為什麼學生必須學習英文裡每個字母和幾種瞬認字母組合（見後面的表 5.1）的特定聲音，以及教導字母－語音相對應的各種不同順序（例如，先教短音再教長音，先教子音再教母音）。

· Adams 堅稱學生在學習拼合聲音時必須多作練習，因為讀出一個字同時包含分析字母－語音對應，和拼合這些對應關係來發出聲音。

· Adams 也探討了自然發音規則的教學案例：「當兩個母音並列時，第一個母音發長音，而第二個母音不發音」；「ee 通常發長音 e」；以及「ow 就發長音 o」。她提出了一個有力的例子，建議大家不要太依賴這些發音規則。第一，沒有一條規則是完全可靠的。第二，了解字母－語音對

應而後拼合發音的能力，不能被規則的學習所取代。

- Adams 強調初始閱讀教學必須閱讀有大量真實情境的書，因為這樣才能使學生明白，為什麼要學習解碼，也能有很多機會去應用所學的解碼技巧。在開始閱讀的這幾年裡，成功閱讀是建立在大量閱讀包含字母－語音連結與拼合的書——也就是說，大量閱讀強調解碼的文本（decodable text）[1]（Juel & Roper/Schneider, 1985）。

因此，Adams（1990）對初始閱讀教學應該要閱讀文本的認定，似乎與全語言的訴求一致。然而，Adams 的文本強調兒童已學過、有相當認識的「形素－音素對應」（graphemic-phonemic）元素。這種「閱讀強調解碼的文本」的想法，就跟全語言論者要孩子閱讀「真實生活中的」兒童文學（裡面常有很多孩子不熟悉的字音組合）的立場不一樣。事實上，全語言論者已經成功地把「強調解碼的書」從美國小學教室裡撤除。在全語言的全盛時期，即使是基礎的閱讀課程，強調解碼的文本出現的機會也比前幾年少得多，顯示很多基礎讀本的出版商也盡量在出版符合全語言訴求的教材（Hoffman et al., 1993）。而這些書跟 Adams 認為的優良閱讀教材相去甚遠。

簡而言之，Adams（1990）對支持初始閱讀採用系統化自然發音教學法和新式自然發音教學法的科學性證據，提出了有力的文獻探討。Adams 亦對精熟閱讀提出一些討論。她呈現許多精熟閱讀者閱讀時，在字母與詞彙層次上歷程處理的證據。

當 Adams（1990）進行這項工作時，她向讀者解釋為什麼全語言運動的基本理論得不到研究數據的支持。Frank Smith 和 Kenneth S. Goodman（Goodman, 1972; Smith, 1971, 1973, 2004; Smith & Goodman, 1971）首先提出一個假設，認為由文本中認字（即句子、段落、章節，及／或整份文本），涉及「語意－上下文」（semantic-contextual）訊息（也就是，從上下文來判讀一個難字）、「句法－上下文」訊息（也就是，從字在句子的

---

1 譯註：decodable text 或 decodable books，是特別設計讓兒童學會英文拼字規則的，例如，兒童在學了「at」的發音後，老師就給一本 *A fat cat sat on a mat* 的小書，雖然意義性不高，但有助於兒童學會這個拼字－發音的規則。

位置來認字），以及形－音對應線索（按字母呈現的順序來認字）等在使用上的協調。

根據 Smith 和 Goodman 的說法，閱讀者在閱讀時相當了解該語言、了解文字的意義，以及可能出現在特定文本中的詞彙；他們也了解很多句法上的限制，以及句中某些特定字詞所代表的語法角色。當讀者遇到不認識的字時，根據 Goodman（1967）的說法，讀者會使用一種「心理語言學上的猜謎遊戲」（psycholinguistic guessing game），藉組合上下文、語法以及形－音對應等線索，來猜測該字的意思。

Adams（1990）詳細指出，這個假設最大的問題，就是它跟數十年來有關熟練性閱讀的研究資料不一致。舉例來說，許多研究已經證實，熟練的讀者會將不認識的字念出來（例如，Barron, 1986; Patterson & Coltheart, 1987; Perfetti, Bell, & Delaney, 1988）。甚至，根據心理語言學猜謎遊戲的說法，眼球活動應該會顯示出有很多字是被跳過的。處理一串字母是要相當多時間的，而在非常快速的眼球運動中，幾乎不可能個別地處理每個字母，至少，在 Smith（1978, Chap. 2）寫書當時，所看到的眼球運動及字母層次處理歷程的相關文獻，讓他做出這是不可能的結論。

事實上，近二十年間眼球運動的分析研究清楚地指出，讀者在閱讀過程中讀到大部分的字，而字中的每個字母都有被個別地處理（McConkie, Zola, Blanchard, & Wolverton, 1982; Rayner, Inhoff, Morrison, Slowiaczek, & Bertera, 1981; 見本書第 2 章）。全語學者認為優讀者比較能利用文脈來猜字，但事實上，弱讀者比優讀者更依賴文脈，也因此常誤解字義（例如，Nicholson, 1991; Nicholson, Lillas, & Rzoska, 1988; Rayner & Pollatsek, 1989; Stanovich, 1980, 1986; Waterman & Lewandowski, 1993）。

雖然 Adams（1990）的書中主張優讀者原則上是靠著文字的線索來進行閱讀，全語言全盛時期的基礎讀本出版商及大眾，還是摒棄能夠幫助發展認字技巧的教材。證據已指出弱讀者才是依賴語意－情境及句法－情境線索來閱讀的人，而這多半是因為他們不善於利用形－音連結線索來解碼，但是出版商還是屈服於全語言擁護者的施壓，出版更多只需要靠著語意及句法線索就能猜出字義的簡單教材（Hoffman et al., 1993）。在 Adams（1990）之後，有更多研究支持這些對全語言假設的質疑。

### 近來的研究

　　從 Adams（1990）的著作開始，有更多支持綜合式語音法的研究出現，與 Kenneth S. Goodman、Constance Weaver 以及其他全語言課程專家的論點分庭抗禮。其中有四篇研究（Foorman, Francis, Novy, & Liberman, 1991; Lovett, Ransby, Hardwick, Johns, & Donaldson, 1989; Lovett et al., 1994; Nicholson, 1991），特別針對如何進行認字教學提出看法。

　　關於認字，Nicholson（1991）正面迎戰一些全語言最常引述的論點。Goodman（1965）做了一個研究，他先讓一至三年級的學生閱讀一些字彙，然後讓孩子閱讀有這些字彙的有意義文章。結果發現當學生閱讀的字彙不在有意義的文章中時（也就是把字一個一個列在紙張上），會比閱讀在文章中的字彙時犯更多的錯誤。當然，這個研究結果符合語意－情境及句法－情境線索（也就是當字彙是文章中的一部分）比沒有情境線索更能幫助閱讀的假設。這個發現於是不斷被拿來為全語言教學分析句法、形素－音素對應，尤其是語意線索的認字教學方法背書。

　　然而，Nicholson（1991）發現 Goodman（1965）的研究設計中有幾個致命的缺點。首先，沒有人注意到 Goodman（1965）實驗的對象是優讀者還是弱讀者；其次，實驗中，受試者總是先讀字彙單上的字，才讀文章中的字，這個順序可能造成因有事先練習的機會（也就是文章中的字是已經在字彙單上看過的）而使後者表現變好的效果。

　　於是 Nicholson（1991）的研究也讓學生閱讀字彙單和在文章情境中的字。但是，一部分學生先讀在字彙單上的字，另一部分則先讀在情境中的字彙。接著，他以學生的年級和閱讀能力（優、普通、弱）的關係做有系統的分析。結果與 Goodman（1965）的研究完全相反：

- 各年齡層的弱讀者和平均六至七歲的兒童，確實是在讀文章中的字時表現較好。
- 相反地，對六歲的優讀者或平均八歲的兒童而言，先閱讀字彙單上的字，對再閱讀有文章情境中的字時，有正面的效果，這個發現指出 Goodman（1965）的研究設計有問題，他的受試讀文章裡的字較有優勢，其實是因為先讀過字彙單上生字的效果。

・對七歲優讀者和八歲普通讀者而言，閱讀在文章情境中的字彙則沒有顯著的正面效果。但是對八歲的優讀者，先閱讀在情境中的字，則會在接著讀字彙單上的字時有較好的表現。

簡而言之，Nicholson（1991）的結論就是，年幼弱讀者在語意情境的閱讀表現較好，但能力較強、年齡較大的讀者在語意情境的閱讀則沒有特別好的表現。因此，教孩子多加利用語意情境的線索，就等於是教他們用弱讀者較不成熟的策略來閱讀。相反地，優讀者是能夠利用文字語音線索獨立進行閱讀的。

1980年代末期及1990年代初期，出現幾篇支持Chall（1967, 1983）及Adams（1990）論點的教學研究報告（例如，Foorman et al., 1991; Lovett et al., 1989; Lovett et al., 1994）。這些研究為Chall（1967）所勾勒出強調字母與語音的連結和拼讀的教學法，提供了支持的證據。

Foorman 等人（1991）觀察一群參與兩種不同課程一年級生的閱讀能力發展情形：一半的學生接受一套基礎讀本的教學，強調在有意義的上下文中讀出陌生的詞彙（以下稱新詞）；課程中特別強調有意義的前後文線索乃決定新詞意義的關鍵因素，分析字母以讀出詞彙的教學相對的少。另一半的學生所參加課程，則是強調字母－語音關係，把音素拼成全詞，以念出完整的詞彙。兩群學生的社經地位經過配對，都是某市區中低至中產階級的家庭。年終時，接受綜合式語音法教學的學生，其閱讀與拼字能力皆優於接受語意情境線索教學的學生。

Foorman、Francis、Fletcher和Schatschneider（1998）在最近的一篇研究中，補足了Foorman等人（1991）不足的地方，他們檢視了三種教學法，都是針對來自社經地位不利家庭的一、二年級學生實施的。其中一組學生接受了大量的綜合式語音法教學，並輔以大量強調解碼的文本（也就是為強調發音練習而設計的文本）練習閱讀。第二組亦接受綜合式語音法教學，但輔以閱讀較多真實的文章。第三組則接受強調閱讀真實文章的分析式語音法教學（analytic phonics）。一年後的學習成效，是第一組接受綜合式語音法教學且閱讀強調解碼文本的學生，有最好的詞彙識別能力。雖然其他方面（例如，理解）的學習也是以第一組的效果最好，但還是識字能力的

學習效果最為顯著。

　　Maureen W. Lovett 以及她的夥伴則將研究重點放在學習閱讀有嚴重困難的學生身上，這些學生的閱讀困難嚴重到必須被轉介到加拿大多倫多的病童醫院，即 Lovett 服務的單位，以得到進一步的診斷及處遇。Lovett 等人（1989）以人數極少的小組密集式解碼教學，教導兒童字母及語音的分析與拼合，成功地幫助這群九至十三歲的極弱讀者在解碼的能力上有所進步，學生在標準化閱讀理解測驗也進步了。Lovett 等人（1994）的另一個研究，再度成功教導這類學生利用聲韻的分析與拼合學習解碼，和控制組相較，教學實驗組的標準化閱讀測驗有明顯的進步。讓人特別印象深刻的是，這些研究把無關變項控制得相當好，實驗組及控制組的學生皆須參與不同的處遇，這種設計可以避免安慰劑效果[2]。當這些結果與其他研究（例如，Francis, Shaywitz, Stuebing, Shaywitz, & Fletcher, 1996; Shaywitz, Escobar, Shaywitz, Fletcher, & Makuch, 1992）整合起來時，就有足夠的證據顯示，許多在閱讀初期便落後的兒童與一般人無異，只是比較需要密集且系統化的解碼教學來學習如何閱讀。後來其他的研究者也陸續發表，密集且系統化的自然發音教學法確實能幫助閱讀困難的學生學習閱讀（例如，Alexander, Anderson, Heilman, Voeller, & Torgesen, 1991; Blachman et al., 2004; R. S. Johnston & Watson, 1997; Lesaux & Siegel, 2003; Manis, Custodio, & Szeszulski, 1993; Olson, Wise, Johnson, & Ring, 1997; Torgesen & Burgess, 1998; Torgesen, Wagner, & Rashotte, 1997; Torgesen et al., 1996, 1999; Vellutino et al., 1996），這讓我們對 Lovett 團隊的研究結果更有信心。

　　國家閱讀小組（National Reading Panel, 2000; Ehri, Nunes, Stahl, & Willows, 2001）有系統地回顧以往有關自然發音教學法的實驗數據，並綜合得出自然發音教學法的確對認字能力的發展有明顯且正面的效果，這效果對幼稚園至小學一年級以及閱讀困難的幼兒特別明顯。另外，該小組也指出，理解能力也會有進展，但不像認字那樣明顯。而且，他們最重要的發現是，各式各樣的自然發音教學法，其教學效果其實並沒有太大的不同，都會對

---

2 譯註：placebo effect 指的是實驗處理本身其實是無效的，但是參與者因為參與了研究，心理上有了期待，結果實驗結束後，參與者卻有了明顯的進步。Lovett 的研究中，控制組也必須參與某種教學實驗，所以即使有安慰劑效果，實驗、控制兩組都會有，因此就抵銷了。

學習者產生正面的影響（亦見 Stahl, Duffy-Hester, & Stahl, 1998）。此外，受到Chall（1967）的影響，美國有一股偏好綜合式語音法的潮流──但國家閱讀小組發現，綜合式語音法的效用跟其他方式相比，其實並沒有太大的差異。

因為我見過許多「不太純」的綜合式語音法，所以這是很重要的一點。有許多自然發音教學法的產品，宣稱研究證實它們的產品可以得到最好的教學效果，但國家閱讀小組全面性地整理各種研究證據，而不是只獨鍾某項計畫所提出的證據，這些宣稱就不攻自破了（有更多評論見 Stahl, 2001）。不同的自然發音教學方法打破了單一萬能模式的固有想法，而只要夠廣泛夠有系統，教導孩子使用自然發音法就還有許多變化的空間。

實證研究支持自然發音教學法的有效性之後，老師們給低年級孩子讀的圖書類型也跟著有了改變。真實的故事書讀得比較少了，取而代之的是可解碼的童書，書裡都是兒童已經學過的字母和語音組合（也就是用容易解碼並朗朗上口的句子像「Fat Pat sat on the mat and put the hat on the cat」來寫的書；Hoffman, Sailors, & Patterson, 2002）。雖然這個議題只有少數的研究探討，而且結果不完全一致，但已經造成兒童閱讀書單的改變（Jenkins, Peyton, Sanders, & Vadasy, 2004; Menon & Hiebert, 2005）！並不是所有自然發音法主張的教學方式都能廣泛得到實證研究的支持，但大家對自然發音法的接受度已經普遍地比十年前要高。

在本節的結尾，我要說明一下反對明示解碼教學（即綜合式語音法或有系統的自然發音法）的人的主張。他們認為，「好吧！或許有些閱讀困難的孩子的確需要它，但它對其他的學生來說並無助益。」要反駁這個主張有好幾種方法，但我還是選擇引用一篇Fielding-Barnsley（1997）的研究來說明。她的研究對象是三十二個要進入幼稚園並已為開始閱讀做好充分準備的幼兒。他們學前的經驗已使他們具備良好的音素覺識以及豐富的字母知識。這群幼兒的其中一半在剛入園時即被教導十個詞彙，不但強調要念出這些字，還特別加強這些字的某些部分（例如，pam 跟 am 兩字中相同的部分）。這十個字分別為：am、pam、sat、mat、splat、pal、lap、slam、lamp 和 tam。其他的幼兒則以全字法學習這些字（這個方法就是Dick-and-Jane 讀本的主要概念）。兩組的教學都持續約六星期，每天花幾

分鐘教這些字。

　　兩組學生的表現有戲劇性的差異，解碼教學遠勝於全字法的教學。首先，接受解碼教學的學生，無論在讀或寫這幾個學過的詞彙時，表現都比接受全字法教學的學生好。但是，如果讓他們閱讀有包含與這些字相同部分的生詞（novel words；例如at、pat、sam、tap）或假詞（例如，ap、lat、tal），甚至會有更驚人的差異，接受解碼教學的學生，表現大大超越了學習全字法教學的學生。解碼教學讓學生知道如何處理他們從沒看過的詞彙。

　　但是，目前有一些可靠的研究資料指出，強調詞彙層次閱讀能力的教學法，對於已經有良好底子的小學新鮮人來說可能不是最好的。例如，他們不如在幼稚園時那樣進步神速，可能是因為一年級教學及測驗的內容，他們已經都學過了（Leppänen, Niemi, Aunola, & Nurmi, 2004）。除此之外，美國至少有兩個研究指出，如果進入一年級就讀的學生有良好的詞彙層次能力，那讓他們參與強調閱讀圖書及其他統整活動（holistic activities）的課程，會比要他們參加只有明示解碼教學的課程，有更明顯的閱讀能力成長（明示解碼教學比較適合閱讀能力較差的學生；Connor, Morrison, & Katch, 2004; Juel & Minden-Cupp, 2000）。根據此類研究，廣泛的明示解碼教學對能力較弱的讀者而言是好的，但同樣的教學方法可能就不那麼適合已具備良好詞彙層次能力的新生。

## /小結/

　　近幾十年來，已有大量關於早期閱讀教學成效的研究出現，有強而有力的證據說明，在閱讀啟蒙時期教導字母、字母－語音關係，以及看字讀音（也就是將詞彙拆解成個別音素，再拼合起來）的成效是非常卓著的。相對於綜合式語音法這樣的有力證據，內含式語音教學（有時也指分析式語音法或全字法）或傾向以全語言方式來解碼的教學（即強調語意情境線索及句法情境線索分析的教學）就比較站不住腳了。的確，這些研究最讓人震撼的結論可能就是，教導孩子利用語意情境線索及句法情境線索，而不用形素－音素對應的線索進行閱讀，等於是在教孩子使用弱讀者的閱讀策略去讀書。

　　二十世紀裡，關於綜合式語音法的教學研究，已經成功地說明了哪些

才是對識字能力有效的教學法，所有的低年級老師及相關工作者皆須審慎思考以上研究所提出的事實。如同我所說的，最近有這麼多研究，都將心力放在為閱讀困難的學生的明示解碼教學（經常以密集的指導來進行）上，這讓我覺得相當可惜。好消息是，這種教學法也的確能幫助那些無法適應普通教室裡閱讀教學的學生。至於壞消息則是，一般人對於中上程度的學生學習綜合式語音法的情形仍然所知有限，而另一個壞消息是，如何在其他的讀寫教學元素中置入直接的自然發音教學法，仍然讓人摸不著頭緒。平心而論，也有許多認同全語言但沒有那麼極端的老師們，都致力於在統整式的讀寫活動及解碼教學中取得良好的平衡。他們不會進行任何脫離情境的自然發音教學。本章後半部及第 8 章，將探討更多如何在直接教學及全語言活動中取得平衡點的議題。

然而，為了對 Chall（1967, 1983）和 Adams（1990）不失公允，我必須強調，他們一直都是主張平衡教學法的。在他們的書中清楚地闡述，需要把綜合式語音法放在較大的閱讀課程的架構裡，並且要閱讀大量不同文體的文本。兩位專家的意思絕不是完全採用自然發音法或全語言（或任何其他教學法）。只有極端的全語言擁護者企圖登高一呼，才會出現這種過度簡化的二分法。如同第 8 章要強調的主題，已經有許多平衡兩者的教學法的呼聲出現了。我想我的朋友 Lesley M. Morrow，一個在羅格斯大學研究閱讀的教授，就是第一個提到平衡教學法的激進中間份子。不是因為近年來的爭論不休才導致現在的狀況，事實是，Chall 在三十年前就已經提出這個概念了。部分的激進中間派主張，應教導學生不但要能夠念出個別詞彙的發音，還要能進一步念出經常出現的字母組合，這是我們立刻要談到的。

## 以已知詞彙進行類比，讀出新詞

還記得第 2 章中關於熟練性閱讀的討論嗎？優讀者懂得利用詞彙的部分拼字來進行生字的解碼。而且，如同本章之前提到的，當兒童一而再、再而三地遇到常見的字根、字首或字尾，就會開始將這些拼字視為一個整體，不需要再逐字分析、藉著朗誦認出該字（例如，Calhoon & Leslie, 2002;

Ehri, 1992; Leslie & Calhoon, 1995）。的確，雖然閱讀新手只要對詞組（word chunk[3]）有少數幾次的接觸經驗，就足以把這個字母串視為詞組（Share, 1999），有時一次接觸就夠了（Share, 2004）。這個階段通常發生於一年級（Savage & Stuart, 1998; Sprenger-Charolles, Siegel, & Bonnet, 1998），所以到了中年級，優讀者跟弱讀者在詞組的運用表現上就能分出明顯的優劣了（例如，Bowey & Hansen, 1994; Bowey & Underwood, 1996; Leslie & Calhoon, 1995）：優讀者在讀字詞時，以詞組為分析單位的頻率，有可能多於以個別音素為分析單位的頻率（Booth, Perfetti, & MacWhinney, 1999; Scarborough, 1995），而這是弱讀者做不到的事，因為相較於優讀者，弱讀者缺乏對詞素的知識與覺識（Casalis, Colé, & Sopo, 2004; Nagy, Berninger, Abbott, Vaughan, & Vermeulen, 2003）。甚至還有證據顯示，幼稚園與一年級時對字根或字首認識多寡的差異，就能預測未來小學幾年的閱讀能力（Badian, 1993, 1994, 1995; Carlisle, 1994; A. E. Cunningham & Stanovich, 1993）。例如，初期在四種可能的拼字中（即 droq、drop、borq、brop）選出正確詞彙（例如，drop）的能力，便能夠預測未來幾年的閱讀理解能力（Badian, 1995）。

優讀者可以運用許多常見詞組來解碼，當兒童的閱讀能力漸增，也愈能運用詞組解碼，這個事實讓許多研究者主張，兒童初始閱讀時，就應該要強調一些常用詞組的教學。畢竟，在四歲前，兒童就能察覺多音節詞彙中有不同的音節了（Liberman, Shankweiler, Fisher, & Carter, 1974）。他們也能察覺詞彙的首音和韻腳（onset and rime，或譯首尾音，即韻腳，也就是一個母音其後跟著一個子音；例如，bat、cat、hat 中的 at）。他們也可以察覺 health、stealth 和 wealth 中的韻腳-ealth，以及字首音 h-、st-和 w-（Goswami, 1998）。除了察覺字首及韻腳，只要詞彙間有很明顯的押韻，五至六歲的兒童更能藉由類比法來解碼押韻的新詞。因此，如果一個五歲的兒童看到 beak 這個字，看到完整的拼字並聽到它的發音後，他或她通常就能解碼其他的詞彙像是 peak、weak 和 speak（Bowey, Vaughan, & Hansen,

---

3 譯註：chunk 原意是「連在一起的塊狀物」，在這裡，指的是幾個字母經常連在一起重複出現，讀者在幾次接觸後，就不再個別分析字母，把這個字母串視為一個單位，例如-ight。而語言學裡的詞素（morpheme），例如-tion、-ment、anti-、micro-等，也都是 word chunks。

1998; Goswami, 1986, 1988, 1999; Wang & Gaffney, 1998）。當第一年的閱讀教學結束後，兒童的閱讀能力便已經進步到可以利用類似的方式來使用這些韻腳中的部分組合了（例如，-eak 中的-ea；Goswami, 1993, 1998）。

## /詞彙家族的教學/

　　要怎麼教孩子利用詞彙的部分拼音進行解碼呢？有一個方法就是利用「詞彙家族」。觀察一群一年級的孩子練習寫下他們所能想到所有以-ade、-eeze 或-isk 結尾的詞彙，這可一點都不奇怪。許多班級的老師和學生們會在大海報紙上寫下這樣的一列清單，這列清單就會跟其他有類似的詞彙清單一樣，貼在教室裡展示。表 5.1 所列出的每一個常用字尾，在英文中至少有十個詞彙以上包含相同字尾。大部分的詞彙家族都以韻腳做結尾──只要再加一個開頭的子音，它們就會變成另一個詞彙。然而，其中有一些是以母音的聲音做結尾，例如-aw 或-ay。因此，與其說表 5.1 的詞彙家族是以韻腳為字尾，不如說是以表音詞組（phonograms）為字尾還比較正確（Fry, Kress, & Fountoukidis, 1993）。最常見的字尾也是學生可以最快學會的（Calhoon & Leslie, 2002; Leslie & Calhoon, 1995），因此，在教學中強調這些字尾，似乎相當說得通。

表 5.1　英文裡常見的詞彙家族

| -ab | -amp | -ear (short *e*) | -ick | -it | -ow (*know*) |
| -ace | -ank | -eat | -id | -ob | -ow (*cow*) |
| -ack | -ap | -ed | -ide | -ock | -ub |
| -ad | -ar | -ee | -ies | -od | -uck |
| -ade | -are | -eed | -ig | -og | -uff |
| -ag | -ark | -eek | -ight | -oke | -ug |
| -ail | -ash | -eep | -ile | -old | -um |
| -ain | -at | -eet | -ill | -one | -ump |
| -ake | -ate | -ell | -im | -ong | -ung |
| -ale | -ave | -end | -ime | -oop | -unk |
| -all | -aw | -ent | -in | -op | -ush |
| -am | -ay | -ess | -ine | -ope | -ust |
| -ame | -aze | -est | -ing | -ore | -ut |
| -an | -eak | -et | -ink | -orn | -y |
| -ane | -eal | -ew | -int | -ot | |
| -ang | -eam | -ice | -ip | -out | |

註：取材於 List 47 in Fry et al. (1993).

我在低年級的教室裡觀察到的詞彙家族教學，幾乎都在帶有強烈綜合式語音法色彩的教學情境中進行。這樣的教學非常有意義，因為優讀者的確都能自由拼合他們認識的聲音及部分詞彙（即字根、形聲字、字首及字尾）。舉例來說，如果稍微想一下，就能列出一大串以-ade 為字尾的字（bade、fade、jade、made、wade、blade、glade、grade、shade、spade、trade），並且將它們念出來，除了要對韻腳有相當的認識之外，還要對字首及字母的拼合有相當的概念。因此，這也難怪只有一些已經擁有語音解碼能力的兒童會利用這種類比法（Ehri & Robbins, 1992; Peterson & Haines, 1992）或他們所知道的字母－語音關係（Walton, 1995）來解碼。當兒童遇到一個跟他認識的字有相同韻腳的詞彙，就會用類比法，將這個字首的聲音與其後的韻腳拼合起來（Bruck & Treiman, 1992）。

## /用類比法解碼* /

我所見過最好的類比解碼教學計畫是由一所標竿學校（Benchmark School）發展的，這所學校的學生都是一些無法參與正規教學有閱讀困難的孩子。這個計畫是由該校的教學領袖 Irene W. Gaskins 和 Linnea C. Ehri 教授（紐約市立大學研究中心）、Patricia M. Cunningham 教授（維克森林大學）以及 Richard C. Anderson 教授（伊利諾大學）合作所創。他們將這個新的教學法命名為「詞彙身分證」（Word ID）計畫（R. W. Gaskins, Gaskins, Anderson, & Schommer, 1994; R. W. Gaskins, Gaskins, & Gaskins, 1991, 1992）。

這個計畫的中心，是與英文六個母音相關的一百二十個重要拼字組型，此外，也有兩種 g 音（例如，girl、giraffe）及兩種 c 音（例如，cat、city）的關鍵詞彙。永遠都發同一個音的拼字組型，就被視為一個整體來教。計畫中所有的關鍵字都整理在表 5.2。

因此，如果要對 dispatcher 這個字進行解碼，詞彙身分證的使用者就能針對每個音節找到一個可以對應的關鍵字。第一個音節 dis-，就可以用 this 這個字，因為在子音後都跟著一個母音 i。第二個音節 -patch-，可以利用關

---

\* 完整的詞彙身分證課程（Word ID program）可向標竿學校購買（2107 North Providence, Media, PA 19063）。

表 5.2　標竿學校的詞彙身分證／字彙發展課程：關鍵拼字組型

| a | e | i | o | u | y |
|---|---|---|---|---|---|
| grab | he | hi | go | club | my |
| place | speak | mice | boat | truck | baby |
| black | scream | kick | job | glue | gym |
| had | year | did | clock | bug | |
| made | treat | slide | frog | drum | |
| flag | red | knife | broke | jump | |
| snail | see | pig | old | fun | |
| rain | bleed | right | from | skunk | |
| make | queen | like | oh | up | |
| talk | sleep | smile | phone | us | |
| all | sweet | will | long | use | |
| am | tell | swim | zoo | but | |
| name | them | time | good | | |
| champ | ten | in | food | | |
| can | end | find | look | | |
| and | tent | vine | school | | |
| map | her | king | stop | | |
| car | yes | think | for | | |
| shark | nest | ship | more | | |
| smart | let | squirt | corn | | |
| smash | flew | this | nose | | |
| has | | wish | not | | |
| ask | | it | could | | |
| cat | | write | round | | |
| skate | | five | your | | |
| brave | | give | scout | | |
| saw | | | cow | | |
| day | | | glow | | |
| | | | down | | |
| | | | boy | | |

| g | | | g = i | |
|---|---|---|---|---|
| girl | grab | | gym | |
| go | dragon | | giraffe | |
| bug | glow | | | |

| c = k | | | c = s | |
|---|---|---|---|---|
| can | club | | city | excitement |
| corn | discover | | princess | centipede |

| | |
|---|---|
| an i mals | drag on |
| con test | ex cite ment |
| crea ture | pres i dent |
| choc o late | ques tion |
| dis cover | re port |
| thank ful | un happy |
| va ca tion | |

鍵字 cat，因為 -patch- 中的 a 也是跟在子音後面。最後一個音節 -er，就能利用 her 這個字。因此，一個正在學習英文的子音、二合字母及子音拼合的學生，就會認識其他母音，然後能將詞彙念出來。因此，學生就能念出 dispatcher，而不是 this-cat-her。

因為學生被要求在運用這個策略的時候將思考的過程說出來，這跟經常用來教導兒童的策略雷同（Meichenbaum, 1977），如果你到標竿學校，你看到一個小朋友正試著念出 dispatcher 來，你也許會聽到他這麼說：

> 看到這個字的時候，我看得出來它有三個母音，因此我知道這個字有三個字組。這個英文字裡出現的三個瞬認字組就可以被區分出來。第一個字組的拼字組型，或一個母音及緊隨其後的子音，就是 -is。我知道 this 擁有這個字組。第二個字組的拼字組型，或一個母音及緊隨其後的子音，就是 -at。我知道 cat 包含了這個字組。第三個字組的拼字組型，或一個母音及緊隨其後的子音，就是 -er，我知道 her 包含了這個字組。這個詞彙就是 dispatcher（改編自 R. W. Gaskins et al., 1995, p. 343）

同樣的，當標竿學生遇到像 caterpillar 這樣的詞彙，他們就能夠利用類比法，念出組成該字的 cat、her、will 和 car，以形成最接近的發音。

這個課程在標竿學校裡實施了好幾年，第一，進行各種練習，是為了要增進學生對關鍵詞彙拼字組型的了解。一次教五個新的關鍵詞彙，然後用五天的課程來精熟這幾個詞彙，包括練習用它們來解碼其他詞彙。等到學生已經完全精熟這五個詞彙，運用這幾個詞彙的課程仍然持續進行，而課程進行的時候，老師會示範如何用關鍵詞彙解碼。學生則復習在詞彙身分證課程中學習過的詞彙，並且練習解碼新詞彙——學習關鍵詞彙及解碼的課程中就已經經過大量的練習。我曾見過許多標竿學生使用詞彙身分證課程：中年級時，大部分學生已經可以輕鬆使用關鍵詞彙，對未曾見過的多音節詞彙進行解碼。

然而，更特別的是，標竿學校從一年級開始，詞彙身分證課程所教授的絕對不只是解碼。當孩子一學習關鍵詞彙，便知道它們的含義，並將這

些詞彙同時用於故事寫作課程。這些課程包含閱讀可預測的故事書（patterned books）。當兒童在標竿學校就讀時，每天都會聆聽及閱讀優良的讀物。標竿學校的教學策略絕對不是純粹的解碼教學；更確切的說，詞彙身分證課程深植於課程中，並幫助兒童能夠獨立進行寫作，以及閱讀真實的圖書。關於標竿學校的教學策略，第9章將有更詳盡的討論。

這個課程的發展及效果評估有一段引人入勝的歷史（見R. W. Gaskins et al., 1995）。Irene W. Gaskins針對該校學生特別的閱讀困難進行研究之後，就設計了這套課程的最初版本，並開始在該校的部分班級中實施。因為教學後兒童的解碼能力、拼字能力及詞彙量的發展確有進步，課程便擴大實施。然而，標竿學校中，並非所有的班級都全力實施該項計畫。正常班級實施情形的自然差異正好提供了重要的評量課程成效的資料。Richard C. Anderson和Marlene Schommer進一步根據實施的確實與否進行分析，發現了一個驚人的事實：老師花愈多時間在鼓勵並協助兒童在閱讀時使用詞彙身分證，這個班級的閱讀表現愈傑出。也就是說，僅僅提供詞彙身分證的課程並不夠，還必須要紮紮實實提供各種支持性的鷹架。在本書後續的章節中，我會提出許許多多的證據，告訴讀者最有效的閱讀教學就是這樣的鷹架（Wood, Bruner, & Ross, 1976）。在學生想運用在課程中學到的技巧來閱讀時，能夠適時提供協助，才是最成功的老師。

許多研究閱讀的學者認為，測試解碼能力最好的辦法就是假詞的閱讀——也就是能夠閱讀有著真實詞彙的結構，卻不是真實詞彙的字母組合。因為這些假詞是不存在的，所以讀者不可能經由過去的閱讀經驗認識這些詞彙，所以必須真正具備解碼技能才讀得出來。Anderson和Schommer發現，標竿學校的詞彙身分證課程實施得愈澈底，學生閱讀假詞的表現愈好。

標竿學校及其他學校的老師們不斷修正計畫，精益求精直到獲致最有效的教學方法。這個計畫也因為伊利諾大學的閱讀研究中心（Center for the Study of Reading, University of Illinois）為其錄製過程並發送錄影帶而聲名大噪。雖然I. W. Gaskins和她的夥伴們從未出版販賣該課程，但任何學區若想取得複本，都能向他們索取。已經有許多支持者產生了，不管我在美國何處演講，我總會被問到有關詞彙身分證課程的實施情形。

如此高的能見度，已經引起了一些閱讀教育研究者的注意，他們對類

比解碼法與綜合式語音法的成效比較，特別有興趣。Greaney、Tunmer 和 Chapman（1997）發現訓練學生使用類比法來解碼，確實有助於具有低年級閱讀障礙的讀者。雖然在短期內，語音法似乎比類比解碼的效果顯著（Bruck & Treiman, 1992; Wise, Olson, & Treiman, 1990），但是在其他的研究中，詞彙身分證及綜合式語音教學法增進初學者解碼能力的效果是差不多的（DeWitz, 1993; Lovett et al., 1994; Walton, Walton, & Felton, 2001）。Lovett 和同事（1994）的研究特別值得注意，因為他們研究的對象是有重大閱讀障礙的學生——就跟標竿學生一樣。在 Walton 等人（2001）的研究中，雖然教導一年級兒童利用類比法解碼，與教導他們以語音法念出詞彙，兩者效果幾無不同，但教導學生使用類比法仍有小小的的益處（例如，學習用類比法解碼能增進看字讀音的能力，但看字讀音的能力卻不能增進類比解碼能力）。

簡而言之，各研究對類比解碼的效果，結果是一致的：兒童能辦得到（亦見 Ehri & Robbins, 1992; Peterson & Haines, 1992）。即使是早期有閱讀障礙的學生，現在也能閱讀長而複雜的詞彙（例如，van Daal, Reitsma, & van der Leu, 1994）。事實上，Irene W. Gaskins（2000）更進一步改編出一個進階版的詞彙身分證教學課程，適用於五年級以上的學生，強調更長詞彙的解碼能力。這個計畫包含了大量詞彙特徵的直接教學，包括語調及瞬認字根。

到了類比解碼教學法討論的尾聲，我要強調標竿學校有一個非常完善的平衡讀寫教學計畫，學生在校閱讀許多精緻文學，並有寫作及理解策略的教學（見第 8 章）。鑑於這樣子平衡式的組合，Leslie 和 Allen（1999）提出了一份有趣的研究。他們規劃了一系列混合了類比解碼、多重解碼線索、瞬認字教學、理解力教學、延伸閱讀、閱讀分享以及讓父母參與的個別教學法。教學後，有閱讀障礙的讀者明顯地有所進步。根據現有的資料，同時包含類比解碼教學的平衡式讀寫教學法，是站得住腳的。

## ╱類比解碼教學法的重要性 ╱

如果小朋友可以經過綜合式語音法的教學而學會閱讀，有些小朋友則須經過類比法教學學習閱讀，那會不會有人兩種都需要學習呢？長久以來，

閱讀障礙矯治的臨床經驗，讓許多人相信，有些兒童在綜合式語音教學法上會有嚴重的困難，但卻可以在「全詞」或音節的層次學習。事實上，Irene W. Gaskins 發展詞彙身分證教學法的初步動機，就是發現有很多標竿學校的學生們無法適應綜合式語音教學法。另一方面，研究者也發現，有些兒童非常善於分解詞彙中的個別音素，並將它們重新拼合成詞彙，卻無法發展詞組及瞬認字的知識。這些兒童就比較適合綜合式語音教學法（Berninger, 1995）。

有證據支持這樣的結論。有些閱讀初學者比較依賴綜合式語音法的解碼，有些則比較依賴類比的解碼法（Berninger, Yates, & Lester, 1991; Freebody & Byrne, 1988）。也就是說，對某些弱讀者來說，以「全字」的方式學習認字，還比語詞的音素分析組成更容易一些（Wise, 1992）。另有一些讀者利用自然發音法的效果，則比強調類比的教學法更好（Levy, Bourassa, & Horn, 1999）。

從兒童的閱讀發展看來，非我即敵地只強調某一種教學方式（類比法或語音法）也許是錯誤的。優讀者不但會分析、拼合個別的語音，也會利用詞組進行閱讀（Berninger, 1994, Chap. 4; Ehri, 1992）。雖然背後的心理歷程還不是很清楚，但優讀者在念出詞彙時，能推理出詞組的規則，除此之外，在體驗了詞組每個部分的發音後，他們可以學到更多不同字母及字母串的發音（例如，Thompson, Cottrell, & Fletcher-Flinn, 1996）。

綜上所述，初始閱讀教學最有效的方法，就是在教導學生利用詞組（例如，字根或字首）解碼時，鼓勵他們分解並拼出每個語音。雖然我見過許多優秀的老師用這種方式教學，但我仍必須承認，目前為止，我們還不十分清楚該如何結合綜合式語音法及類比法的優點。Irene W. Gaskins、Ehri 和標竿學校的老師們已經在解碼教學中融合了綜合式語音法及類比法，這和實證研究的結果一致，即兒童使用類比式的解碼時，若能兼用語音線索，將有最佳的學習成效（Ehri, 1998）。

因此，當標竿學生在學習表 5.2 裡那些重要的詞彙時，老師也教導他們如何將這些詞彙分解成一個個單音。這些重要詞彙主要是能夠幫助學生了解英文裡常見的字母－語音關係及字母組合。學生會花很多時間拉長這些重要詞彙的發音，以聽清楚組成該詞彙的所有語音成分。他們學會要看

著文字的外形,以培養對字母串及詞組的敏感性。

簡而言之,詞彙身分證教學的發展漸趨成熟,課程中融入了朗讀、自然發音法及類比解碼的教學(I. W. Gaskins, Ehri, Cress, O'Hara, & Donnelly, 1997)。這和第8章所述的閱讀復甦方案(Reading Recovery®)做法類似,它也教導閱讀困難的兒童認識詞組及語音的分析、整合。

而我個人的直覺則與 Gaskins 和她標竿學校的同事一致,認為如果解碼教學能多一點彈性,對那些可能真的無法適應綜合式語音法或類比解碼法的兒童們,會有莫大的助益。因此,我希望未來的自然發音法教學能不只是不斷分析及綜合語詞的聲音,更能教導大塊詞組,不用每次都還要重新分析與拼合。藉由讓學生大量練習學習過的詞組(即常見的拼字組型,像是表音詞組、字首與字尾),他們便能漸漸自動化地識別這些詞彙。

Lovett 等人(2000)支持了我的直覺。該研究的實驗對象乃是六至十三歲患有重度閱讀障礙的讀者,接受了七十小時的課程。但有些人同時接受「語音法+詞彙身分證教學」,有些人只接受「詞彙身分證教學」。控制組則接受數學及其他課堂必備技巧的訓練課程。課程結束後,接受「語音法+詞彙身分證教學」的學生明顯有較好的識字能力。Walton 和 Walton(2002)最近複製了 Lovett 等人(2000)的研究,研究結果指出,結合「語音法」與「詞彙身分證」的教學,確實比單獨教導其中任何一種方法會讓兒童發展出更好的閱讀能力。這個研究再次支持了 Lovett 等人的結論。

無論是要讓閱讀困難的讀者學會語音法,或是學會詞彙身分證技巧,還有許多尚待努力的空間。如果閱讀方面的臨床專家所言不假——而根據現有事實,我打賭他們說得沒錯——不管讀者是無法語音分析與整合,或是無法單獨利用詞組進行類比解碼,有彈性的解碼教學對他們來說都至關重要。對前者來說,教學應該更強調詞組及運用類比法進行解碼。對於後者,則應減少詞彙家族及詞組,著重分析與整合的教學。簡而言之,解碼教學最重要的就是適應學生的個別差異,而不是一成不變地套用同一套教學方法。發展這種教學是很有挑戰性的,但我仍然懷疑這樣的努力還不足以成功改善初始閱讀教學。低年級的班級會牽涉到一連串不同的教學方法,也是下一節主要討論的內容。

# 一年級全語言教室裡的自然發音法

在第 1 章，我介紹過一篇 Dahl、Scharer、Lawson 和 Grogan（1999）的研究，觀察由俄亥俄州全語言老師學會所指定的八個一年級的全語言班級。我在此要再次討論該研究，重點是，全語言教室也會進行明示的認字技巧教學，而且經常進行——也就是說，認字技巧是能跟全語言結合起來的。

研究者花了一整年在教室裡進行許多觀察，尤其是讀寫活動方面，研究者特別著重於這些班級裡進行的自然發音教學。第一個發現，就是研究者觀察到了大量的自然發音教學。大聲朗讀時，老師會講解故事裡詞彙的字母－語音關係，學生也經常根據他們所知的字音特色，蒐集並分類擁有這些特色的詞彙（例如，相同的字首、韻腳等）。在導讀與共讀的過程中，老師會教導新詞的解碼技巧。當老師個別聆聽學生朗讀時，自然發音教學是很重要的一環。寫作的過程中，老師非常鼓勵學生將所寫的詞彙念出來。還有詞彙分析遊戲〔「我看到」（I Spy）遊戲中，學生必須在上下文中尋找特定詞彙〕及練習（例如，根據字音組型將詞彙卡片分類，以及根據聽到的詞彙討論它的拼字組型）。

第二個發現是，研究者觀察到許多發展語音及字母層次技能的教學，老師鼓勵音素覺識的活動（例如，老師希望學生能聽辨出詞彙裡的語音，用慢慢念的方式把目標詞彙裡的聲音拉長 4）。自然發音教學的內容很豐富，除了強調母音與子音，也有許多拼合聲音的練習，以及大量字根、字首、複合字、縮寫及同音異義字的教學。簡而言之，所有在自然發音教學法中看得到的內容，在 Dahl 等人（1999）的研究中都找得到。

第三個重要的發現是，這些教室的自然教學法非常明確地強調，要讓學生能靈活運用策略，在互動中鼓勵他們使用多種解碼的策略。老師會鼓勵學生利用字首的子音解碼，並在解碼的同時留意整個句子的意思。在閱

-------------------

4 譯註：例如，把 shark 的發音拉長，成為 shaaarrrk，好讓兒童能聽出這個詞裡/sh-/、/-ar-/、/-k/ 等語音。

讀與寫作的過程中，老師也很鼓勵學生能慢慢念出詞彙的每個聲音（即慢慢念出想要寫下的詞彙，然後將每個語音謄寫下來）。寫作時，老師會鼓勵學生重讀自己剛剛寫出的字，確定有把該字的每個聲音都寫出來，或尋找詞彙裡熟悉的拼字組型，以輔助解碼（例如，雙母音、c 或 g 的兩種規則發音）。老師有時候會讓學生注意自己發某些音時的嘴型，以引導他們察覺字母－語音關係。有時候老師會鼓勵學生一邊朗讀，一邊用手指指著每個字，以強調聲音與字母之間的連結。當遇到例外字時，老師也會特別指出來。除了這些技巧，老師也鼓勵學生利用教室裡可以取得的任何資源，來幫助自己解碼（例如，字彙牆、字典、其他學生）。

老師對於每個學生進步的情況都瞭如指掌，運用各種迷你課程同時達到教學與評量的雙重目的，所以教學能夠符合每位學生的需求。當老師估量出學生的不同需求後，他們便會針對分組的學生進行有特定目的的課程，全班都需要知道的知識，則在大團體的課程上說明。這個研究中的老師教書時，能清楚了解學生的需求究竟為何。

這些班級的學生在閱讀課中是否收穫良多？如文獻所載，根據幾種測驗詞彙知識的評量工具，答案當然是肯定的，讀者在閱讀的各個層次上都有豐碩的收穫。

我對 Dahl 等人（1999）研究中學生的進步情形印象深刻。我見過成功地混合技巧導向與全整讀寫經驗的教學，除此之外，這些班級的學生讀寫能力的進步確實讓人驚豔，甚至讓我有了寫出這本書以強調平衡教學的念頭。我也曾置身於奉全語言為圭臬、排斥技巧教學的班級中，這些老師非常少用到 Dahl 等人（1999）所提到的教學方法。儘管都是所謂的全語言老師，但他們之間還真是不同。我認為像 Dahl 等人（1999）所描述的全語言老師應稱為以平衡教學法為主的老師，而我強烈建議此書的讀者閱讀本章時能夠積極地思考，一位自認是全語言教學者的老師，該如何對一年級的學生進行平衡的閱讀教學。

為維護全語言教學者的聲譽，他們也針對 Dahl 等人的研究，以及一些想藉著幾篇說明如何在全語言教室裡進行自然發音教學法的重要文獻，在技巧與全語言教學間取得平衡點的老師們，提出相關回應。我籲請初始閱讀的教學者也能花點時間閱讀這些資料。這些研究包括 Moustafa（1997;

1998）；Dahl、Scharer、Lawson 和 Grogan（2001）；以及 Pinnell、Fountas、Giacobbe 和 Fountas（1998）。

# 總結性評論

　　閱讀的目標不是解碼，而是為了要理解文章所傳達的意義。然而，當讀者對認字還不熟練，理解度就低。解碼有障礙是弱讀者的共同特徵，也是他們理解力低落的最大禍因（例如，Ehrlich, Kurtz-Costes, & Loridant, 1993）。研究者有充分的理由這麼努力投入詞彙層次處理歷程的研究，以及努力找出什麼才是最有效的認字教學法。有些人主張初始閱讀教學不應讓太重視認字技巧發展，這些人一定是沒有看到這麼多的證據，才會這麼說。

　　只要是曾潛心研究過早期認字的學者，就至少會同意本章所強調的重要結論。從事科學性閱讀研究的學者們普遍有一個共識，教導兒童將詞彙念出聲及使用常見的詞組（例如，字根、字首與字尾）來認字，比只教他們記憶與意義有關的線索還來得合理有效。認字的教學方法中，鮮少有證據支持，用語意情境線索進行的心理語言學的大猜測遊戲（例如，Goodman, 1967），教學效果會優於分析與拼合語音成分的教學方式。

## /Vygotsky 學派對認字學習的觀點/

　　這裡我要談一下，怎樣用 Vygotsky 的術語來討論認字教學（見第 4 章）。當大人與兒童一起念出詞彙、認出詞組並解碼，他們可能就已經進入了內化的早期階段，兒童於焉開始學習如何利用口語來解碼新詞。Vygotsky 主要的理念之一，就是個體的心智會在與別人的互動中發展，大人與兒童一起解決問題時，會產生大量對話，而這就是互動。學習閱讀也一樣，會藉著與他人的互動發展，所以由大人藉那些與解碼有關的對話，產生鷹架的閱讀策略，便能被兒童悄悄內化（Lovett 及她的同事、Vellutino 及他的同事在標竿學校裡的教學，就充分顯示了 Vygotsky 所指的這種鷹架學習）。

　　根據 Vygotsky 及其他俄國研究者，內在語言，包括協調認字的內在對

話，在大人與兒童互動的對話中都有跡可循，像是大人教兒童幾種解決問題的策略那樣。當大人示範念出詞彙，然後協助第一次努力嘗試依樣畫葫蘆的兒童，內化過程就開始了，這顯然是個社會性的過程。如此一來，大人便向下一代傳承了一套人類為了閱讀文字所發明的有力工具。

## 挑戰：證據本位認字教學法的實施

本章所談到的研究結果，會不會在可見的將來付諸實行呢？希望如此，但未來仍有許多挑戰。其中一個最大的困難就是，許多低年級的老師可能對自然發音法或常見詞組認識不足，所以無法施行有效的綜合式語音法或類比解碼教學計畫（Stahl et al., 1998）。舉個例子，Scarborough、Ehri、Olson 和 Fowler（1998）觀察到準老師們無法準確地辨別詞彙中的音素，對於初始閱讀的特質亦欠完整的了解（Bos, Mather, Dickson, Podhajski, & Chard, 2001; Cunningham, Perry, Stanovich, & Stanovich, 2004; McCutchen et al., 2002a, 2002b; Moats & Foorman, 2003; Spear-Swerling & Brucker, 2003）。如果老師必須教導自然發音法，並幫助學生發展音素覺識，他們就必須非常了解何謂音素，何謂自然發音法。我所接觸的新手老師，有許多都讓我明顯感到，如果真要他們進行自然發音法或是其他系統化的認字教學，連他們自己都很惶恐。

當然，對於詞彙識別過程的知識會如此匱乏的其中一個原因，就是師資培育課程中，並沒有教導這些準老師們了解應該要知道的語言知識。當全字教學已獨占整個市場，就很少會有師培機構會開設綜合式語音法的課程了。如同第 1 章的敘述，隨著全語言的崛起，就突然截斷了老師學習自然發音教學法的管道。我已經數不清有多少老師告訴我，他們很想多教一些詞彙層次的技巧，像是看字發音或是類比解碼，只是他們不知道該如何著手。

即使老師願意教導詞彙層次的技巧，他們所能取得的教材也經常未能清楚說明如何運用以進行最有效的解碼教學。老實說，我看過很多自然發音的教學都非常糟糕（雖然絕對有例外）——頂多只是一堆學習單和技巧練習，老師很少能夠掌握有哪些能力是必須發展的。市面上有兩本比較普及的書，我特別推薦給想要精進自己的解碼教學的老師參考，很多老師也

告訴我，這兩本參考書的確能幫助了解認字及認字教學：一本是 Patricia M. Cunningham 的《兒童用的自然發音法：閱讀與寫作的詞彙》（*Phonics They Use: Words for Reading and Writing,* 1995），另一本是 Barbara J. Fox 的《認字策略：自然發音法的新觀點》（*Strategies for Word Identification: Phonics from a New Perspective,* 1996）。另外一些教學資源也提供了不少認字教學的資訊，包括 Darrell Morris（1999）；Francine R. Johnston、Marcia Invernizzi 和 Connie Juel（1998）；以及 Kathy Ganske（2000）。我不得不說，閱讀這些教戰手冊之後，老師都能如法炮製，並且提高教學成效（例如，Morris, Tyner, & Perney, 2000; Santa & Høien, 1999）。事實上，老師若按照像 Francine R. Johnston、Marcia Invernizzi 和 Connie Juel（1998）所建議的來扮演老師的角色，似乎都會在閱讀教學方面收穫良多（Broaddus & Bloodgood, 1999）。

老師若採用一個高品質的完整課程，老師本身也能學到許多有關閱讀的知識。我之所以要強調這一點，是因為像這樣的課程在全語言的全盛時期經常飽受批評。它最棒的地方是還附上了一本包羅萬象的老師手冊，包含如何教導各種閱讀的方法，以及為什麼要這樣教學的說明。我必須承認的其中一點是，1980 年代後期，在我還沒讀過一個完整的課程之前，我對於閱讀教學可沒有這麼了解。今天來看同一個課程，效果只有更好，其中還有幾種課程在現在這麼競爭的市場上依然保有一席之地，因為它的老師手冊都有著最新的資訊。如果你任教的地區就是採用這種課程，我強烈建議你張開雙臂接納它，並傾其所能地學習實施這個課程，並花時間閱讀手冊裡的說明。這一切都會很值得。每當我再次閱讀這些資料，我還是獲益良多。

## /今日的全語言/

1990 年代中期至後期，當研究的證據愈來愈支持本章所述的教學法時，全語言對系統化自然發音教學法的反對聲浪似乎愈來愈強。認字教學法的反對者認為：如果我們教導兒童系統化地學習認字，脫離了真實的文章閱讀，那麼某些全語言的好處就在不知不覺中流失了。如他們所說，有些全語言的提倡者確實提供了一些如何在體驗真實文章的前提下教導自然

發音法的建議，依據兒童的需求決定教學內容，而不是在閱讀真實文章之前就教了一堆沒有前因後果的閱讀技巧（例如，Church, 1996; Goodman, 1993; Routman, 1996）。這些作者確實指出了一條明路——至少對部分老師是如此——通往自然發音法與全整讀寫之學習經驗共存且互補的寬廣殿堂。有些特別優秀的低年級老師，就像 Dahl 等人（1999）所述，能在「系統化的技巧教學」與「浸淫在真實文本讀寫」兩端間取得平衡，關於如何在技巧教學與全語言中取得平衡點的資料逐年遽增，而我建議想要繼續從事全語言老師的讀者們，多尋找這方面的資料並從中學習。有些一年級生擁有優秀的初級閱讀能力，我亦強烈建議所有的老師，有愈來愈多證據顯示，平衡式的教學法會比一味地強調解碼更能幫助這批優秀學生在閱讀方面的成長（Connor et al., 2004; Juel & Minden-Cupp, 2000）。大部分的一年級班級，可能都有比較適合明示解碼教學的學生，也有比較適合高品質全語言教學的學生。

事實上，最近 Connor 等人（2004）所發現的證據對這項結論非常有利。他們發現，如果剛入學的兒童解碼能力低落，只要經過大量明示解碼教學的訓練，閱讀能力就會有大幅的進步；反之，如果入學時的解碼能力已經很強，即便是接受明示解碼的教學，對他們的閱讀能力似乎也沒什麼影響。缺乏足夠詞彙知識的小學新鮮人接受較多的明示解碼教學，解碼能力的進步也較大，但若能同時接受慢慢增加的全整閱讀與寫作教學，學生也會受益匪淺。擁有豐富詞彙知識的小學新鮮人，在該年當中接受全整教學法，則會進步最多。簡而言之，學生需要明示解碼教學的程度因人而異——能力較弱的讀者需要較多，而能力較強的學生則比較適合全整閱讀與寫作教學。

我要為一些全語言的熱衷者補充說明，他們擔憂沒有上下文、系統化的自然發音法，會只顧到低層次的識字能力（也就是非高層次的理解與創作能力），因為這種教學法就是特別針對那些成績落後、包括文化弱勢的學生所設計的（Allington, 1991; Au, 2001; Fitzgerald, 1995）。許多人很擔心系統化的自然發音教學法會成為初始閱讀教育的主流，因為的確有許多低年級的班級在早晨詞彙層次的技巧練習後，已經沒有太多的時間進行其他教學了！沒有人讀完這個章節後還會覺得這樣的教學法很好。本書強調的

是平衡的讀寫教學法，包含重要的閱讀技巧教學，以及重要的全整讀寫經驗，而對於部分兒童（亦即優秀的初學者），教學內容則要偏向全整式的教學，而不只是基本的認字技能。

## /優良自然發音教學法的本質/

不同的自然發音教學法間僅有的些微差異（Ehri et al., 2001; National Reading Panel, 2000; Stahl et al., 1998），不代表我們不知道哪些元素才能建構出最優良的自然發音教學法。回顧自然發音教學法的相關文獻後，Stahl 等人（1998）對優良自然發音教學法應該具備的要素，整理出滿有道理的結論：

- 好的自然發音教學法，應能發展兒童對字母系統的認識，了解每個詞彙中的字母都有其獨特的發音。
- 好的自然發音教學法，應能發展兒童的聲韻（音素）覺識。
- 好的自然發音教學法，應能打好兒童認識的字母基礎——也就是能夠自動化地辨識每個字母的外形（例如，不會將 p 與 q 搞混）。
- 好的自然發音教學法不應強調規則（因為經常出現例外——例如，「兩個母音在一起時，發第一個母音的音」只有 45% 適用；Clymer, 1963），也不應依賴學習單、權威式的教學或讓教學索然無味。
- 好的自然發音教學法，需要大量地閱讀詞彙練習——包括個別詞彙的閱讀與置於上下文中詞彙的閱讀。也需要在寫作中用到目標詞彙。
- 好的自然發音教學法能達到認字自動化。熟練性的閱讀不只是念出詞彙，而是能夠毫不費力地認出詞彙。
- 好的自然發音教學法只是閱讀教學的一部分。

## /超越綜合式語音法以及低年級認字的研究/

然而，以上提出發展識字能力的一堆方法中，還有個問題，就是這些方法大部分都是根據綜合式語音法，而且所有的研究都只針對低年級讀者。幸好，自國家閱讀小組（National Reading Panel, 2000）的報告出版後，各

式其他自然發音教學法以及針對各種年齡層的研究紛紛出爐，尤其是這些研究採用的都是真實的實驗設計，這正是國家閱讀小組認可、最嚴謹的研究方法。

以一種識字啟蒙教學為例——Orton-Gillingham 教學法——它是一種強調讓學生把注意力放在語音上的多重感官教學法——由 Joshi、Dahlgren 和 Boulware-Gooden（2002）針對一年級高危險群的學生進行評鑑。學生於一年級時接受 Orton-Gillingham 教學法，而控制組的學生則接受一般的基礎讀本教學。學年結束後，接受 Orton-Gillingham 教學法的學生閱讀能力勝出。我們需要更多真實的實驗來測試 Orton-Gillingham 教學法以及其他更寬廣的技巧教學，像是 Lindamood-Bell 等教學法的成效，特別是這些教學法受到許多第一線老師的廣泛使用。我們需要了解這些教學法對其設定教學對象——閱讀困難的學生——會造成什麼影響。也需要知道在普通教育中，對於程度參差的讀者有什麼潛在的好處。

部分特殊的認字練習也受到評估，例如，McCandliss、Beck、Sandak 和 Perfetti（2003）曾研究一群有閱讀障礙的一年級小學生。這些學生參與的是一套為期二十堂、每堂課五十分鐘的詞彙建構活動（Word Building）的介入性課程（另有未介入性的控制組）。這套課程最精采的是，它的主要活動是只抽換一個字母的發音練習。例如，sat 將最後的字母換掉後，會變成 sap；sap 把第一個字母換掉後，會變成 tap；把中間的字母換掉後，tap 會變成 top；在字首增加字母 s 可以變成 stop。當讀到的句子含有詞彙建構活動課程所教的詞彙時，還輔以閃示卡訓練，師生還會對該句的意思進行討論。這套介入性課程成效良好，學生的閱讀能力進步神速，甚至有些對於文章段落的理解能力也得到提升。像這樣的特殊教學所在多有，都應該以實驗進行成效評量，因為許多自然發音法的教學都規劃了這類課程。

不只小學生，研究者還利用字根字首以及詞彙裡每個字母發音的不同，來研究強調發音的認字教學法（很類似 Lovett 所作的教學研究）。這種教學已幫助學習有困難的青少年讀者改善閱讀能力，尤其是詞彙閱讀能力（Bhattacharya & Ehri, 2004; Penney, 2002）。

簡而言之，仍有許多關於初始閱讀的研究正持續進行，而且還有許多的努力空間。認字應該會是未來研究的重要領域，我會建議對認字有興趣

的科學家們努力思考，在現今廣泛運用的介入性課程中，有哪些是還沒有經過實驗研究的？答案會是還有很多，也提供了更多嶄新的科學探索機會。

# 結論與總結性迴響

1. Ehri（例如，1991）提出學習認字的一般發展階段，學齡前兒童在他們學會字母閱讀前，甚至在兒童認識所有的字母－語音關係之前，就已經能夠進行圖像式閱讀了。將詞彙念出來的經驗能幫助學生將常遇到的幾個特殊字轉化為瞬認字，而不再需要一個個字母地解碼。經常出現在詞彙裡的字母組合，包括字根、形聲字、字首以及字尾，都會漸漸被視為一個單位，下次又在新的詞彙中遇到時，就不用靠著發聲來認字了。因此，讀者便經常能利用已知的詞彙，類比解碼新的詞彙（例如，兒童如果知道 beak 這個字，就能念出 peak）。

2. 有系統的自然發音教學法受到廣泛的支持，Chall（1967）的著作就是第一波證據的重點摘要，自出版後，支持證據也不斷地累積。Chall 最中意的綜合式語音教學法結合了字母－語音關係的學習，及拼合每個字母的發音，以念出整個詞彙。較不具系統性的自然發音教學，如分析式語音法（只在兒童需要時才教），相形之下，兒童學習的成功率就稍微不如綜合式語音法了。

3. 除了著重於解碼與個別單音的拼合，還可以教導學生使用類比法解碼。這需要讓學生學習大量的字根，而後才能利用類比法來閱讀。無論是傳統的「詞彙家族」，或是標竿學校的詞彙身分證課程，都是類比解碼的例子。

4. 優讀者會利用分析和拼合個別的語音成分，以及類比等方法來解碼，因此，要如何教會閱讀初學者能夠同時使用這兩種方法來閱讀，就引起了廣泛的討論。有一種可能的情況是，有些人比較適合前者，而有些人則適合後者。有效的解碼教學法應該有足夠的彈性，容許學生選擇自己喜歡的方法。

5. 有大量及成長中的豐富資料支持教師使用系統化的自然發音教學法或類比解碼法；相對的，沒有幾篇文獻支持學生優先運用語意及句法情境線

索來學習認字。也就是說，全語言派偏愛的教學法，支持的實證研究屈指可數。

6. 更積極一點地說，有一些全語言的老師會在教學情境中融入大量的認字教學，對班級識字能力的提升亦有文獻支持。

7. 即使如此，如何進行解碼教學仍是現在極為熱門的研究領域，無論如何，這個領域都需要更多研究者的關注。例如，有一項重要假設值得研究者重視。有一種很有效的解碼教學，就是讓學生先觀察字母層次的聲韻線索，再將個別字母聲音及字根進行拼合，最後利用語意及句法情境的線索檢查解碼是否正確。在後面幾章會說明，這樣的教法就是平衡讀寫教學法的一部分。它讓技巧教學、認字教學及全語言的語意情境法都能有所發揮（Gough et al., 1992）。

8. 本章中所強調的任何字母、聲音以及詞彙層次的教學，都不應該被解釋成單靠這套就足以培養優秀的讀者。更確切地說，認字只是眾多因素中的一環，而接下來的幾章還有許多關於認字及其他閱讀過程的研究。

# 6 流暢性

（與 Lauren Fingeret *合著）

流暢的閱讀指的是在詞彙層次有正確快速的閱讀，並帶有適當的抑揚頓挫（prosody）（Stahl, 2004）。然而我們要強調，在我們的觀念裡，最重要的閱讀功能是理解。閱讀再怎麼準確、快速，抑揚頓挫清楚，若不能導致文章的理解，就不是夠好的閱讀，雖說在某些例子中，詞彙層次的流暢性對於讀者獲得理解而言可能是必要的。

　　流暢性的測量常涉及要求閱讀者在一段時間內讀一個段落，而且通常要放聲讀，也許時間是一分鐘。流暢的讀者讀得快，而且很少念錯。當我們施測時，常會注意到讀者並沒有停下來去想他們正在讀什麼。事實上，他們所展現的唯一活動，就是快速、精確地詞彙閱讀，雖然抑揚頓挫在流暢性的測量上通常沒有計分，但是如果閱讀的語音能帶著良好的表情（也就是韻律），我們會覺得更好。

　　如此強調流暢閱讀困擾著我們，因為我們知道以優秀理解者的許多研究為基礎，最佳閱讀者不會一根腸子到底地閱讀文本，他們在閱讀時很能深思（Pressley & Afflerbach, 1995）。優秀的理解者會概覽、瀏覽全文，他們把自己的先備知識和作者的構想作聯繫。他們能察覺自己懂或不懂，並在需要重新閱讀時開始重讀。他們會在心中建構影像來反映文本內容。優讀者能作總結、能詮釋，且在否決或欣然接受作者的想法時，常會帶有強

---

* Lauren Fingeret, MA. 是密西根州東蘭辛市密西根州立大學師資培育系的博士生。

烈的情感。事實上，如此深思熟慮的閱讀，可能相當緩慢。

　　本章的作者之一（M. P.）曾閱讀一首詩，閱讀詞彙時並沒有任何問題，但每字每行都會停頓下來思考，並重讀及重新思考作者的意旨。詩只有三百個字，但花了五分鐘去讀。雖然讀者沒有流暢性的問題，但是成人每分鐘只讀六十個字，在大多數流暢性測驗上都會被掛上紅旗。雖然如此，詞彙層次的流暢性，操作定義是準確快速地閱讀，卻是必要的，夠流暢，讀者才可以選擇慢下來，並啟動上述的理解策略（亦即詞彙層次的閱讀夠流暢，讀者才會有足夠的認知空間，去選擇並執行理解策略）。閱讀教育的目標不該只是訓練出能在詞彙層次快速閱讀的讀者，而是能對文章有建設性的回應、能建構意義並對文本作出一連串反應的讀者，因為閱讀牽涉到最佳讀者所用的理解策略（Pressley & Afflerbach, 1995）以及不斷地讓文章與先備知識產生關聯（Anderson & Pearson, 1984）。和本章所談的流暢性閱讀比較起來，這樣的閱讀較慢，但緩慢乃是因為讀者正在進行思考，從我們的觀點來說，真正流暢的讀者可以努力思考他們正在閱讀的東西。

　　我們知道我們的觀點在學界裡是少數見解，而且必須結合其他資料來思考閱讀的流暢性。因此，在本章中，當我們試圖了解流暢閱讀的本質、如何提升閱讀流暢性，以及流暢閱讀性是否對所有讀者是真實的、必要的、合適的時候，我們會討論研究者團隊應放在心上的理論、研究及教室實務。然而，最後我們將會回頭強調理解，因為它才是閱讀最重要的一件事。

# 混亂的理論、研究和教學實務

　　我們要在這裡先提出警告。下列所述是我們心中所認為的流暢性——在個別理論、研究和教學實務上，都是一片雨雪交加式的混亂。此研究應該是每個關心閱讀流暢發展的人都會在意的，有時你可能會覺得在惡劣的天氣中迷途，一旦這場雨雪結束，也就是此章節的結束部分，我們將會檢視整個景觀，在一片狼藉中收拾拼湊各樣的碎片，並試著開始清出一條小徑。這小徑是我們竭盡心智之後推出的，我們會建議現場的老師，怎樣對一般學生和閱讀有困難的學生做些什麼，也會提供想法給研究者，到底再來流暢性的研究往哪裡走、該怎麼做。

我們要從史上第一篇閱讀流暢性的科學文章進入這場雨雪了，那是 David LaBerge 在 1973 年秋天明尼蘇達大學研究生的新生週時，交給本章第一作者的一則預先印好的紙本。無疑地，這篇文章在閱讀流暢議題上是最具影響力的理論觀點，並持續被每一篇有關流暢性的學術報告引用，它出版的時候，正是學界對閱讀的觀點大改變的年代，這篇文章是這場轉變的一個主因。

## /LaBerge 和 Samuels（1974）/

LaBerge 和 Samuels（1974）是在 George Miller（1956）的洞見產生的時期而出現，George Miller 認為，人類意識中的注意容量是有限的，這個事實不只是實驗室裡的觀察，甚至對人類所有意識中的生活都有重大的意義。對人類注意力有興趣的學者，特別了解人們在任一時刻所能注意的事物都是有限的（Kahnemann, 1973），像閱讀這樣複雜的活動，必須在如此有限注意力的限制下完成。亦即，從字母、字詞的訊息去認字、獲取詞彙的意義、念出詞彙、一直到完成理解，全部的過程都必須利用有限的注意容量完成。在此限制中，要完成詞彙理解的方式只有一個，就是任務的某些部分必須完全自動化。根據 LaBerge 和 Samuels（1974），成熟的讀者能自動化地辨識字母和整個詞彙〔也就是瞬認字，指完全自動化、不需再解碼的熟識字〕，甚至能把念出來的字立刻和其意義結合，而不用花費額外的注意力。

不夠熟練的讀者在閱讀上則會花費許多額外的容量。對於還不會閱讀的幼兒來說，所有的注意容量可能都耗用在字母的逐一識別上。即使幼兒已經認得字母，而且可以有自動化的形音連結，混合這些字音以形成語詞可能仍會耗用過多的容量，結果，這孩子可能讀完一個句子的所有字詞卻仍然不知句子的意思。從努力不懈到不費吹灰之力、不犯錯、自動化的表現，這些階段性的轉變都仰賴執行任務時的練習。從這個觀點，精熟確能生巧，閱讀的正確性和速度增加之後，注意力容量的需求就隨之減少。與當時的主流學習研究的結果一致，LaBerge 和 Samuels（1974）認為分散式練習（每天、每星期都練習，用各式各樣不同內容的任務來練習）比集中式大量練習（短期時間內，在某種特別形式內容中作很多練習）的效果還

好。在LaBerge和Samuels（1974）的分析出現時，強調刺激－反應連結的行為主義已經擅場了幾十年，LaBerge和Samuels領會出練習時所得的回饋可幫助學習，亦即正確回應可加強刺激與反應連結（例如，字母與它的語音之間，字根的視覺刺激與它的正確發音之間），而負向的回饋則會消弱誤入歧途的反應。因為練習，幼兒逐漸把字母的多樣字形特徵轉變為一個個整體的字母來識別；而由個別字母組成的字根，在一年級時會轉變成以整個字根來識別；一年級時，念出字根還要經過一番努力，但在二年級時，相同的字根，一瞥即能識別；字詞的意義，本來要念出來後才能獲得（也就是幼兒要念出「船」之後，「船」的意思才會在心中浮現），最後只要看到字詞，甚至不需要有意識的發音過程，字詞的意義已經在心中出現。總之，經由學習閱讀，耗神費時及不正確的歷程會被省時輕鬆而且更正確的過程取代。原來無法識別個別字母的學前幼兒，在日積月累的工夫之後，將成為全整字詞、甚至更長內容的流暢性讀者。

總而言之，LaBerge和Samuels（1974）的作品很聰明地統整了當時的理論觀點，導致了一系列的實驗，他們在文章中精要的總結，支持了他們的理論架構。現在閱讀這一篇文章，只有一個相當奇怪的認知成分和一個可能的關切。那時有許多人在做字母的視覺分析和知覺學習的研究，那是1970年代閱讀心理學最引人注意的議題（Gibson & Levin, 1975），LaBerge和Samuels的文章反映了當時的研究焦點，納入了視知覺學習的說法。但就在同時，有另一些研究者正在進行一系列的研究，目的在評估視覺和口語的角色，到底何者導致閱讀障礙。Frank Vellutino（1979）總結了各方證據，說明閱讀障礙為視覺障礙導致的說法是錯的。閱讀障礙主要是語言上的障礙導致，Vellutino的書出版之後，他的觀點已經成為主流，人們開始明白，我們必須先了解語言心理學，特別是詞彙層次，才能了解閱讀，包含障礙的閱讀和精熟的閱讀。在下一節，我們會轉移注意力到這個重要的觀念，了解它之後，才能了解當今許多關於流暢性的想法。

然而，我們轉移注意力之前，不得不提及另一個與LaBerge和Samuels有關的可能問題，它在之前介紹時已提到過，而我們將在本章最後用較長的篇幅再回來討論。閱讀的目的是理解，而流暢性之所以被重視，至多只因為它是達成目標的途徑。當LaBerge和Samuels發展他們的「自動資訊

處理理論」，或稱「自動化理論」，他們特別看重口語閱讀的速度（和正確性），但這也許和毫不費力的自然閱讀有所不同，也可能導致老師過度強調口語閱讀速度的教學與評量，甚至對理解力有潛在的損害。例如，當我們在年幼讀者身上實行口語閱讀評量，我們會注意到他們盡可能快速地閱讀，而幾乎沒有注意到細節。這在年幼讀者身上很常見，讓人覺得閱讀速度似乎成為早期閱讀教學的一個潛在目標，然而這樣做卻可能忽略了閱讀理解的加強。有個看法是，要讓孩子學習快速閱讀，讓孩子可以聽見，他們就可以了解自己所讀的內容，當我們跳開這種閱讀的簡單觀點（例如，Gough & Tunmer, 1986），我們才可以開始質疑，究竟在教學與評量上，應該多強調閱讀速度這個目標嗎？反而，我們想知道，是否多教一點理解策略，甚至在年幼時期，可以幫助孩子減少盡快讀完文章的現象。此問題不應與某些孩子有處理速度困難的問題扯在一起，本章稍後我們會再作說明。

## /閱讀和口語歷程有關——特別是詞彙的聲韻處理/

你已讀過 Jean Chall 和 Marilyn Adams 在閱讀發展上的貢獻，它主要是強調音素覺識和自然發音法（見第 5 章）。雖然有全語言運動，Chall 和 Adams 以自然發音法為基礎的教學法，仍在閱讀教學上再度成為主流，特別是當美國兒童健康與人類發展研究院（National Institute of Child Health and Human Development, NICHD）對此研究有興趣，且開始提供大力資助時。在 NICHD 的關注之後，接下來幾年累積了許多實質的研究，提供起步困難的初始閱讀兒童幾年密集、系統、綜合的自然發音教學法。

這樣的教學的確增加了孩子的詞彙辨識能力（亦即正確性）。但兒童的閱讀流暢性並不因此而改善（見 Torgesen, 2004 的回顧；亦見 Torgesen, Rashotte, & Alexander, 2001）。比起一般讀者，這些學生在小學晚期的閱讀速度仍然很慢。然而，更精確的說，閱讀高危險群、但尚未確定為閱讀失敗的幼兒，在幼稚園和一年級時接受系統化的自然發音教學，結果是這些學生在小學晚期的閱讀幾乎和同儕一樣流暢（亦即快速；Torgesen, 2004）。在此似乎有兩個重要的啟示。這些資料並未指出：對於大部分的閱讀者，在幼稚園和一年級的的聲韻本位教學會影響閱讀流暢性的發展。也就是說，對於真正有問題的初始閱讀者，自然發音法的教學並不足以確保孩子能流

暢地閱讀。根據這些研究，NICHD已經斷定，要發展流暢性，除了自然發音法之外，還需要其他成分的教學。這在國家閱讀小組（National Reading Panel, 2000）報告中流暢性的部分，有清楚的說明，我們稍後會再討論。但我們先要說明，NICHD贊助的研究已經提供一些有力的暗示，說明為什麼大部分有困難的讀者閱讀時無法流暢。

## /大腦照影研究/

NICHD一直是大腦研究的主要贊助者，讓研究者可以了解正常和閱讀障礙兒童及成人閱讀者的大腦功能。現今已有大腦照影技術，可檢測人類閱讀時的大腦裡或多或少的活動區域（見 Shaywitz & Shaywitz, 2004 的回顧，這是本節的基礎；亦見 Goswami, 2004 對過去十五年語言和理解力領域神經照影的研究綜覽，見 Gernsbacher & Kaschak, 2003）。

有個重要發現是，閱讀時，比起閱讀障礙兒童，研究者可以更穩定地在正常的成熟讀者觀察到左腦三個區域的激發（Shaywitz et. al., 2002）。特別活躍的區域在頂葉－顳葉區，這區域的健全運作與詞彙聲韻分析的能力（也就是音讀詞彙）有關。在正常閱讀時，第二個非常活躍的區域在枕葉－顳葉區，它靠近大腦背面及皮質底部。此區域的健全運作在「詞彙的全形辨識」上相當重要，亦即它和瞬認字有關，而不是音讀詞彙。第三個區域是布洛卡區（Borca's area），它靠近大腦前面，功能是口語詞彙的分析。在優讀者的大腦裡，這三個區域協調得很好，所以閱讀者對熟悉的詞彙能達到自動的辨識，無須發聲，也能快速正確閱讀不常見的詞彙。

優讀者語言處理時，可能並非天生就有特別活躍的大腦左側區域。例如，Turkelbaum、Gareau、Flowers、Zeffiro 和 Eden（2003）以橫斷發展研究指出，當孩子學習閱讀的時候，這些大腦區域的活動會隨著年齡而增加。非常有趣的是，大腦右側區域的活動也隨著發展而減少。大腦對詞彙的反應可能隨著人們的閱讀學習而改變，此假說值得更多的研究去檢驗，也確實有許多研究正在進行中。

一般來說，有讀寫障礙者左腦的運作是與眾不同的。特別是頂葉－顳葉部位似乎是受損的。通常讀寫障礙者的布洛卡區（和一些其他區域）會比較活躍，可能是這些區域會以某種方式補償頂葉－顳葉區域的功能缺失，

但由於這些區域本來就不適合這樣的工作，所以比起正常讀者，詞彙辨識又慢又不正確。但有些成人小時候有讀寫障礙，卻能在長大後某程度地補償過來（Shaywitz et al., 2003）。他們對瞬認字的辨識相當好。有趣的是，這些有補償作用的成人，比起不會識別瞬認字的讀寫障礙成人，在枕葉—顳葉區有比較清楚的活動。亦即，小時有識字困難、長大後成功補償的成人，他們的大腦在負責「詞彙的全形辨識」的區域，比起負責發聲詞彙的區域來說，有更清楚的活動。因為比起其他閱讀者（包括正常讀者），這些受補償的閱讀者，其枕葉—顳葉區和「負責短期記憶的大腦區域」之間也似乎有更多的連結，所以很有可能是它們已經某程度地記憶了這些瞬認字。相對的，正常讀者在頂葉—顳葉和枕葉—顳葉區域之間有較強的連結，即正常人在瞬認字的流暢閱讀也許是藉由重複念出詞彙而產生，而不是機械式的背誦。正常讀者第一次見到新詞時會發聲念出，若一再重複遇到該字，就會轉成瞬認字處理。有一些證據說明，年幼讀者的頂葉—顳葉區的活躍運作先於枕葉—顳葉的活躍運作，看來擅長發聲念出詞彙的初始讀者會開始發展瞬認詞彙。

再來看看那些小時候讀寫障礙，成人時似乎補償成功的情況。他們的閱讀仍然不流暢，因為他們難以念出不熟悉的詞彙。他們仍無法音讀詞彙，大腦照影資料（brain imagery data）也證實，他們的頂葉—顳葉區運作不盡理想（見 Shaywitz et al., 2003，這迷人研究的原始資料，可能對閱讀教育有重要啟示），根據 Shaywitz 等人的觀察，流暢閱讀取決於能自動化辨識高頻詞彙，及能技巧精熟地音讀低頻詞彙，這結果與其他近期的分析報告一致（Compton, Appleton, & Hosp, 2004）。

簡單的說，近代大腦研究指出，有些人的大腦可能有些變異，因此使他們無法成為流暢的閱讀者。即使他們背下了許多瞬認字，而且一看到它們就能識別，但是少用詞彙仍然會擾亂他們的閱讀。許多讀寫障礙的孩子長大後成為有讀寫障礙的成人，因為他們沒有發展什麼補償能力，這使他們連最常見的詞彙辨識也有困難。根據 Shaywitz 等人（2003）的觀察，這可能和一般智力有關，已學會補償的成人，其智力超過常模平均值一些，而無法背誦瞬認字的成人，其智能則在常模平均值之下。還有，學會補償的成年讀者，其閱讀理解分數與毫無損害的正常成人不相上下，但優於那

些無補償作用的讀寫障礙成人。這暗示著，雖然背誦常見詞彙仍然無法讓學會補償的讀者和一般正常成人閱讀者一樣得以流暢地閱讀，但它也確實能改善閱讀理解力。然而，這說法應該被視為一個假說，而不是只根據一個研究就信以為真，但這是一個非常重要的假說，應該列為未來研究優先的課題。

不意外地，從事大腦照影研究的 NICHD 科學家，對聲韻本位的閱讀介入有興趣——特別是在這些介入之後，與正常閱讀有關的大腦區域是否因而產生變化。Shaywitz 等人（2004）報告一則有趣的初步研究，支持了這個可能性。聲韻本位的介入方式是 NICHD 和最近聯邦立法〔例如，不放棄任何一個孩子（No Child Left Behind）；以下稱NCLB〕所推薦的，事實上，這種介入方式刺激了與熟練閱讀相關大腦區域的發展。也就是說，他們想要知道，「有接受」和「沒有接受」聲韻本位補救教學的學生，在與熟練閱讀相關的左腦區域中，是否有更多的活化。該研究的實驗組及控制組受試兒童，在小學一或二年級結束時的詞彙辨識及解碼標準化測驗中，百分等級都在 25 以下。聲韻本位介入組的學生，接受一學年系統化的自然發音教學，包括強調解碼書籍的閱讀，以及當解碼能力增加時，市售普及讀物（trade books）的補充閱讀。控制組兒童在小學二或三年級就接受一般學校的閱讀課程，各學校間的課程不盡相同，但是都沒有把重心放在聲韻技巧上。經過介入之後，聲韻介入組的學生比起控制組有更好的閱讀表現、有更佳的詞彙辨識能力，而且閱讀速度有稍微快一點，理解力也較好。但是，有聲韻介入的學生，其閱讀能力仍然遠落於同齡的正常讀者之後。

科學家以閱讀時的大腦照影做為前測和後測。最驚訝的結果是，介入時期結束之前，接受聲韻介入的學生和正常的同齡同儕一樣，有相似的大腦照影。特別是與音讀詞彙有關的大腦區域中有著正常的激發。那些接受一般閱讀教學的閱讀障礙者，在與熟練閱讀相關的大腦區域裡，激發的情形則較不明顯。研究者在介入期結束一年之後，再度蒐集參與者的大腦照影資料。令人振奮地，現在於枕葉—顳葉區域中有更多的活動，該區域與字詞的全形識別有關。聲韻本位的介入，其成效遠超過教導學生如何音讀詞彙，這個說法在本研究中獲得支持，雖然我們還需要更多的研究。特別是在低年級時，釐清聲韻本位介入的長期成效，不管是行為資料（也就是

正確念出詞彙、流暢性和理解力）還是大腦功能，結果都將頗具指導作用。不過大腦照影資料在這兒僅供參考，對流暢性而言，尤其不很確定。

　　當然，隨著討論的進行，本書將會清楚顯示，我們需要更多關於流暢性及教學介入的研究，回顧國家閱讀小組（National Reading Panel, 2000）報告書中的結果就會很清楚，我們馬上就會提到。首先，我們將簡短地回顧一些證據：兒童間處理歷程速度的差異可能源自於生物學上的差異，這個假說是否為真，關係到流暢性是否可透過經驗而得到發展。

## 訊息處理的速度

　　有很多證據顯示，許多弱讀者在音讀字詞時是緩慢的。他們會正確解碼，但也很緩慢（例如， Bowers & Swanson, 1991; Hogaboam & Perfetti, 1978; Lovett, 1984; Vukovic, Wilson, & Nash, 2004; Wolf & Bowers, 1999; Wolf, Bowers, & Biddle, 2000; Wolf, Pfeil, Lotz, & Biddle, 1994）。例如，最近在美國堪薩斯大學有個團隊正在研究一個可能性，即在閱讀障礙的學生中有個重要獨特的差異，就是他們在處理一般語文資料時比其他孩子較為緩慢。事實上，他們現在的研究已經找出支持此可能性的證據，他們分析二年級及四年級學生的資料，發現語文材料的處理速度可以在聲韻處理的變項之外，預測閱讀成就的變異量（Catts, Gillispie, Leonard, Kail, & Miller, 2002；亦見 Denckla, 1972; Denckla & Rudel, 1976; Levy, Bourassa, & Horn, 1999; McBride-Chang & Kail, 2002; Scarborough, 2001; Vukovic et al., 2004）。

　　回顧LaBerge和Samuels（1974）的模型，處理速度愈快，所需的認知容量需求愈少。因為處理速度是一種相當穩定的個人特質，而且與多種智力成績有關（Baker, Vernon, & Ho, 1991; Jensen, 1987, 1993），我們就有個理由去問，是否降低閱讀流暢性的緩慢思考，可以藉由經驗的加強予以克服？雖然有可能這一切都是基因決定的個別差異，根本無從克服。這也許能解釋為何童年時期有閱讀障礙，就可以預言成年時期也有閱讀失敗（Jensen, 1987），而且也說明為何語文處理緩慢的孩子及後來有閱讀困難的孩子，早在他們開始閱讀之前就能被偵測出來（例如，McDougall, Hulme, Ellis, & Monk, 1994; Torgesen & Davis, 1996; Vellutino, Scanlon, & Spearing, 1995）。

## 國家閱讀小組 (National Reading Panel, 2000)

　　前面我們已檢視過國家閱讀小組的報告，以及他們在音素覺識和自然發音法領域的發現，也知道這些領域特別受到國家閱讀小組和 NICHD 的厚愛與支助（National Reading Panel, 2000）。但是，關於流暢性呢？國家閱讀小組發現一個清楚可靠的結論，閱讀流暢性可以透過重複性口語閱讀（oral reading）而得到提升。亦即，閱讀的正確性和閱讀速度都可以增加。然而，做此結論的程序真的如 Stahl（2004）所描述的是個「大雜燴」。重複讀幾遍、有沒有成人在旁協助、有沒有成人的補習，或是孩子跟著錄音帶閱讀，各個研究的作法都不一樣。然而，國家閱讀小組沒有試圖從這些增加流暢性的介入選項中，根據它們相對的效果區分出高下來。

　　Kuhn 和 Stahl（2003）再次檢視國家閱讀小組報告中所蒐集的研究，並把選擇研究的評準放寬，這樣一來，不只是實驗或準實驗研究包含在他們的分析中，許多能提供量化資訊的研究也包含在他們的後設分析中。他們的研究指出了以下幾個重點：

1. 對於增加流暢性，成人的協助相當重要，因為相較於有成人協助的重複性閱讀，單純的重複性閱讀似乎沒有什麼正向的成效。

2. 「重複閱讀相同的文章」與「花同樣時間閱讀不同文章」，這兩種介入方式所帶來的「流暢性」或「其他閱讀變項」都沒有差異（Homan, Klesius, & Hite, 1993; Mathes & Fuchs, 1993; Rashotte & Torgesen, 1985; von Bon, Boksebeld, Font Freide, & van den Hurk, 1991）。

3. 重複性閱讀期間的協助，會促進流暢性及理解力。

4. 有更多的證據贊成讓閱讀者在經歷流暢性教學時，面對一些具挑戰性的文章，而不只是念簡單的文章。

5. 雖然大部分流暢性教學的研究都在一對一的指導下進行，但是小組教學模式值得更仔細的評估（Rasinski, Padak, Linek, & Sturtevant, 1994; Stahl, Huebach, & Cramond, 1997）。

6. 總之，至今所看到的流暢性教學研究告訴我們，流暢性教學無法使弱讀者趕上一般成就的讀者。

有效的讀寫教學：平衡取向教學

*Reading Instruction That Works: The Case for Balanced Teaching*

簡言之，研究支持在師長指導、回饋下的重複性閱讀，有助於音素覺識、自然發展與流暢的教學。隨著相關研究的陸續出現，可以提升閱讀和流暢性的作法，可能超過國家閱讀小組的結論。總之，關於增進弱讀者流暢性和閱讀能力的教學議題，看來都滿合理的。

## /發展瞬認字和詞彙知識/

因為在最常見的流暢性閱讀中，重點都在詞彙層次的閱讀，對我們來說頗有道理，因為所有的閱讀教育都必須考慮到學生該學些什麼詞彙。回顧 LaBerge 和 Samuels（1974）的說法，讀者自動地解碼詞彙且自動地了解詞彙的意思（也就是一旦讀到某詞彙，讀者立刻知道它的意思），這都是必要的。但是，想一想英語中數百萬的詞彙——完整的《牛津英語字典》（*Oxford English Dictionary*; Simpson & Weiner, 1989），整整二十鉅冊——這樣的自動化怎麼可能發生？但它的確發生，因為讀者不需認識字典中所有的詞彙。

首先來看一下歷史上赫赫有名的流暢性介入。Edward W. Dolch（1939, 1945; 1941, 1951, 1960）相信，應該讓最常出現在文章中的詞彙變成孩子的瞬認字，也就是孩子應該能完全自動化辨識的字。經由這個研究，他找到二百二十個詞彙，這些詞彙可以占兒童閱讀文章詞彙的 50% 至 75% 左右，包括功能詞（例如，the、a）、連接詞、代名詞、介詞和一般動詞。他也找出九十五個經常出現在孩子閱讀文本中的名詞。這兩種單字，都是一千個最常見詞彙中的一部分。

Dolch 的閱讀觀點及閱讀教學遠超前於他的時代（見 Pressley, 2005）——這裡我們只報告和我們的討論最相關的內容。雖然他相信許多瞬認字可在不具前後文的情境下學習，但是 Dolch 也發展了許多故事，使學生能在文本中遇見這些特別挑選的詞彙。對於閱讀有困難的讀者，Dolch 覺得學生應該朗讀這些故事，而且得到老師的實質回應，這些回應包含如何音讀詞彙（也就是故事所包含的相關詞彙是可藉由自然發音法教導的詞彙，那是 Dolch 所相信的一種明示教學）。Dolch 強調閱讀故事並不是閱讀詞彙而已，而是從文本中取得意義，而且經常是學生從先備知識中所形成的個人化意義。Dolch 的教學法強調動機，他的著作裡到處是提升動機的教學實

務，現在都得到許多研究的支持（見 Pintrich & Schunk, 2002）。他主張文本必須具有一定程度的挑戰性，並相信教學時要提供許多讚美，在遊戲中練習閱讀，而且主張學生們彼此合作，而不是強調學生們之間的競爭。

Dolch 出生在實驗研究不盛行、而且大家也不了解可以用實驗評量課程的時代，Campbell 和 Stanley（1966）著名的實驗專書，出現在 Dolch 的著名教科書最後一版之後的好幾年。因此，Dolch 的教學想法從未得到廣泛的檢驗。到目前為止，有些學者以密集、短期的方式進行無前後文的瞬認字教學，並檢驗這樣的教學是否可增進後來的閱讀。雖然研究結果並不一致（Fleisher, Jenkins, & Pany, 1979; Levy, Abello, & Lysynchuk, 1997），但是 Dolch 實際上所建議的是長期的瞬認字教學，以及閱讀包含這些瞬認字的真實故事，這樣的教學並不困難，特別是二百二十個最常見的詞彙和九十五個最常見的名詞。根據 Dolch，這樣的識字及閱讀教學，應該出現在強調平衡閱讀教學的課程中，每天都要這麼教。

從最近的研究看來，Dolch 要求學生必須學會一些核心的瞬認字的主張確有道理。現在，我們比較知道，幼稚園到十二年級的學生需要知道哪些詞彙，也就是兒童及青少年需要學習的基本單字。

Biemiller 和 Slonim（2001）在這方面提供了最新、最有用的資料，他們確定了每個年級 80%的兒童所了解的詞彙（即大部分孩子知道這些詞彙的意思）。他們分析的單位為字根（例如，fish 是一個字根，fishing、fishy 和 fished 都是從這個字根延伸出來的）。二年級結束之前，孩子會認識五千個字根。之後，學生一年增加約一千個詞彙，一直到十二年級，詞彙達約一萬五千個。簡言之，Biemiller 和 Slonim（2001）已確定孩子在每個年級需要了解的詞彙。這當然比 Dolch 的一千個詞彙還要多，但因為他們的詞彙表中有許多詞彙在英文中或孩子所讀的文本中，出現頻率並不特別高，所以老師可以進一步選出哪些詞彙應該是優先發展的瞬認字。

眾所皆知地，閱讀並不只是解碼詞彙。即使是最簡單的閱讀觀點（simplest view of reading; 例如，Gough & Tunmer, 1986），也假定閱讀牽涉了對詞彙的解碼，然後藉由傾聽個人對詞彙的解釋而完成理解。因此，閱讀理解能力被認為是認字能力和聽覺理解能力的結合。在一個重要的研究中，Catts、Hogan、Adlof 和 Barth（2003）研究一群學生的認字、聽覺

理解和閱讀理解能力，這群二、四及八年級的學生的閱讀能力參差，結果發現二年級的詞彙辨識比四年級的更能預測閱讀理解；而且四年級的詞彙辨識又比八年級的更能預測閱讀理解。八年級的詞彙辨識對閱讀理解的解釋量，小到可以忽略。研究者也測試每個年段中最弱的讀者，年齡愈小的學生，詞彙辨識的困難會和閱讀困難的相關愈清楚。而隨著年齡的增加，學生聽覺理解的困難會和閱讀困難有愈來愈明顯的相關。從這些資料看來，我們應該更關心年幼學生的詞彙辨識，但是對弱讀者而言，詞彙辨識的問題到了八年級仍然非常明顯。然而，在全部的年級中，閱讀理解反映了詞彙辨識和聽覺理解能力兩者間的平衡。這些分析很清楚地說明閱讀技能的平衡發展需求，這和過去十年間的研究訊息是一致的，亦即，在有效的閱讀教學中，許多要素的平衡是必要的。

　　另一個重要的假說是，發展詞彙辨識能力到流暢的程度，應該會增加閱讀理解能力，不過，讀者學習新詞彙到自動化的程度，是不是能增加閱讀理解呢？雖然研究結果並不一致（例如，Fleisher et al., 1979; Samuels, Dahl, & Archwamety, 1974; Yuill & Oakhill, 1988, 1991）。然而，Tan 和 Nicholson（1997）提出特別重要的證據，支持詞彙辨識流暢性可改善閱讀理解的假說。

　　Tan 和 Nicholson（1997）研究裡的參與者是七至十歲的弱讀者。參與者必須練習辨識目標詞彙，直到他們能毫不猶豫地讀出每個詞彙。當詞彙辨識的流暢性沒有問題之後，研究者也有一些關於目標詞彙的意義的訓練。相反地，研究者只和控制組的學生討論詞彙的意思，而不強調詞彙辨識的流暢性。實際上，控制組學生在訓練期間並沒有見過這些詞彙，只有聽過它們。

　　訓練之後，Tan 和 Nicholson（1997）研究中的全部參與者都閱讀一段包含所指定詞彙的文章，讀完後，跟著回答十二個閱讀理解問題。問題有兩類：表面文字題及推論理解題。最重要的結果是，雖然控制組對目標詞彙的理解較佳，但實驗組的參與者比控制組答對更多推論理解的問題。Breznitz（1997a, 1997b）提供另一些證據，說明更快速自動化解碼能增進閱讀理解能力，也許是自動化之後，短期記憶空間釋放出來，因而得到了較佳的理解。

## 韻律[1]

　　雖然流暢閱讀的特徵是快、正確和韻律性，但很少有研究者注意到流暢性閱讀中的韻律（prosody）。一方面來說，閱讀的韻律可能是流暢閱讀及熟練閱讀的副產品，只要解碼自動化的程度夠，注意力的容量被釋放出來運用在理解上，此時韻律自然就會產生（Gough & Tunmer, 1986; Kuhn & Stahl, 2003）。另一方面來說，也有可能是閱讀時的抑揚頓挫增進了閱讀能力——例如，閱讀理解——不管從哪方面看，就像其他可以增進文本理解的各樣能力，它都應該被教導給讀者。然而，到目前為止，雖然重複閱讀有助於讀者閱讀時出現抑揚頓挫，但是其他方式（例如，老師所做的韻律示範）對韻律閱讀一直都沒有什麼影響（見 Young, Bowers, & MacKinnon, 1996）。

　　Schwanenflugel、Hamilton、Kuhn、Wisenbaker 和 Stahl（2004）以二、三年級學生為研究對象，研究閱讀流暢性和韻律的議題。他們發現，詞彙的自動化解碼和韻律及理解有強烈相關。但不論把韻律當成了解所讀內容的前因或後果，韻律和理解間的相關並不高（和其他的研究結果一致，只有很小的正相關；例如，Kitzen, 2001）。根據這些資料，最可能的假設是，對許多孩子而言，韻律式閱讀是在詞彙流暢後的副產品（亦見 Bear, 1992），但不管是因還是果，都與閱讀理解沒有很大的關聯。

## 流暢性的評量

　　評量閱讀流暢性的方式中，最常見的是「規定的時間內可以讀幾個字」。雖然也有好幾種方法可以測量韻律（Schwanenflugel et al., 2004），但是很少有人去注意它。在過去幾年，有一套知名評量「基礎早期讀寫技能的動力指標」（Dynamic Indicators of Basic Early Literacy Skills, DIBELS；見 dibels.uoregon.edu）已在低年級廣泛使用，現在已推展至中高年級。我們終於多了一個工具，可以用來測量精確閱讀的速度（即一分鐘可閱讀多少該年齡層文本的詞彙）。該測驗是近期發展的，因此還沒有足夠的心理

-------------------------

1 譯註：指的是口語的表情，如輕重音及抑揚頓挫。本書依前後文，也譯成抑揚頓挫。

測驗評量去充分了解此測驗（Rathvon, 2004）。即使如此，這個測量已被廣泛使用，因為評估基礎閱讀評量的聯邦政府資訊透明站（idea.uoregon. edu/assessment）將它視為一個極佳的評量工具。

在寫本章時，密西根州立大學的 Katherine Hilden、Rebecca Shankland、Holly Lang 和 Michael Pressley 正在分析三年級的 DIBELS 的資料。此研究有個非常重要的發現，如之前已提到的，孩子閱讀時常常有很好的速度及正確性，可是他們幾乎回想不出來他們已閱讀過的文章內容，這樣問題就大了。如果無法提升閱讀理解，應該不會有人對快速閱讀感興趣。然而，很多學校注重 DIBELS 測驗，包括接受聯邦政府的閱讀教學經費的很多地區，因此，這個測驗的效度有再度被檢驗的必要。可是我們強調，我們不贊成只獎勵快速閱讀，卻不理會閱讀理解的作法。

## 理解策略的教學

教以理解策略之後，弱讀者的閱讀能力將會有較大的進步。Brown、Pressley、Van Meter 和 Schuder（1996）以及 Anderson（1992）的研究在這方面是特別有力的證據。Brown 等人（1996）的研究，以一學年教導二年級弱讀者一些閱讀理解的策略，學年結束時，兒童在閱讀成就上得到長足的進步。Anderson（1992）提供六年級至九年級弱讀者類似的教學，兒童在閱讀成就上也得到類似的明顯進步。這兩個研究所使用的各種評量方式都得到正向的成效。這兩個研究中的許多孩子，在詞彙層次絕不能算是流暢的閱讀者，但理解策略的使用似乎可以補償流暢性的不足。

當然，學習使用理解策略也有額外的好處。如果學生閱讀優良讀物，理解策略使他們從閱讀中得到更好的學習，世界知識隨之增加，而藉由如此豐富的世界知識，他們更能夠理解未來相關題材的讀物（Anderson & Pearson, 1984）。所以，藉由教導理解策略讓學生閱讀好書，對讀寫能力發展是很有幫助的，即使學生的閱讀不如其同班同學一樣流暢。

## 平衡式閱讀教學比較好

本書第 8 章描述了有效能的小學老師，看看他們到底做了什麼來促進學生的讀寫能力。流暢性的主要取向在於鼓勵廣泛閱讀，使弱讀者比其他

學生更有機會在個別的情況與成人共讀，以得到成人的支持及回饋。一般而言，在這些教室裡，老師找到一些方式提供額外的支持給最需要幫助的學生，結果在這些班級裡的每個學生都有進步。這些教室的一個重要特色是學生有極強的動機，老師們使用超過四十種不同的方式加強學生的學習動機，而且從未出現可能降低學生動機的教法（Pressley et al., 2003）。

讓我們來做一下習題，本書強調的重點是閱讀介入文獻中不斷出現的平衡教學，請回顧本章，到底平衡教學被提出多少次？即使沒有回頭看，你也知道答案是「還真不少！」

## /小結/

關於流暢性閱讀的教導以及未來的流暢性研究，從這些混亂相關理論、研究及實務，我們可以做什麼結論？首先，對於一些閱讀者來說，以自然發音法明白地教導詞彙辨識，可以奠定看字讀音的能力，它也是達成流暢閱讀的進階石。對許多這樣的孩子而言，此種教學也許會影響幾個大腦的中心，然而對另一些孩子而言，自然發音教學法可能無法成功，或者只能培養出緩慢的詞彙解碼能力。當詞彙教學失敗時，理解力幾乎一定受損。不能閱讀文字，你就別想從文本中取得超過詞彙層次以上的意義。對於解碼緩慢者而言，看字讀音已經占掉大量的認知容量，剩下的認知資源就不足以完成更高層次的理解，這與 LaBerge 和 Samuels（1974）的概念一致，他們認為，在支援閱讀的認知系統中，容量有限的短期記憶是一個可能的瓶頸。

小時有讀寫障礙，但成年後補償過來的讀者，似乎是藉著對高頻詞彙的反覆學習，練到能立即認出這些詞彙才辦到的。這些補償性閱讀者讓我們思考，對某些閱讀者來說，除了自然發音法以外，是不是還需要別的東西？這些成功補償者到底補償了什麼？如果不是完全流暢的閱讀，這些在看字讀音遭遇重大困難的學生，也許能夠以不必分析的方式學習瞬認字，以克服閱讀困難。事實上，這樣的想法早已存在，最明顯的是 Dolch 的研究。很不幸的，Dolch 的方法一直還沒有好的實驗確認其效果。我們應該把這方面的閱讀教學研究列為高度優先，研究的對象特別應該是那些盡了很大的努力學習如何音讀詞彙，但仍無法掌握自然發音法的學生。除了主

張要對 Dolch 的提議多做研究，我們偏愛的是 Dolch 在著作裡詳細介紹的廣泛及平衡教學。我們要講的流暢性教學，絕不只是用閃示卡訓練兒童，而是在教學中提供學生許多機會練習閱讀，Dolch 列出的常用詞彙也應該放在有意義且前後關聯的文章中來學習。這樣的教學會讓學生有許多機會去練習文章的口語閱讀，並有得自老師的指導和回饋。如果我們假設有些在流暢性上有困難的讀者可從全字教學中獲益，這個研究可能超越原來的 Dolch 詞彙，因為現在我們更清楚各年級學生應該習得哪些詞彙，將各年級學生應習詞彙中的高頻詞找出來，對於初始閱讀困難的兒童，將是很好的瞬認字學習目標。

　　閱讀流暢性的相關研究中，做「解碼速度」與「解碼正確性」的，比做「閱讀韻律」的多得多。由於韻律和閱讀理解間的相關很低，看起來，韻律的教學不應是教學中優先的元素。但因為閱讀時的抑揚頓挫乃熟練性閱讀的品質保證，所以閱讀時沒有抑揚頓挫的閱讀者，我們應該要稍微注意他們的韻律。若想在韻律方面的研究有進展，我們需要更多關於提升韻律的教學研究，做這個題材的研究，實在是太少了。

　　我們還是認為，像流暢性這樣的能力，最好能藉由平衡教學法來發展。Pressley 和夥伴已有許多研究指出，對學生來說，這樣的教學最有效果，特別是對弱讀者。過度地將焦點集中在少數幾個能力上（例如，聲韻解碼教學、在詞彙層次快速及正確地解碼等），在他們所研究過的最佳小學教室裡，是從來不曾見過的。

　　「不放棄任何一個孩子」法案把焦點過度放在幼稚園到三年級之間，其實沒有什麼合理性。還有這麼多成人閱讀有困難，從這個事實，你就知道不是只有小學生才需要閱讀教學。更確實地說，小學過後我們若仍持續提供額外的教學，高危險群人口的學業也會隨之成長（Campbell & Ramey, 1994）。對於讀寫發展緩慢的人口來說，流暢性及和任何高層次讀寫能力的技巧的發展，是沒有什麼捷徑的。

　　另外，只將焦點放在閱讀障礙學生身上，也沒有什麼道理。這樣誤入歧途的偏見導致文獻不去談如何發展一般能力及較佳能力讀者的閱讀，流暢性的教學就更不用說了。更令人驚訝的是，對於智力較低的讀者，文獻中居然沒人研究他們閱讀流暢性的教學（注意：大部分關於學習障礙的研

究文獻，所關心的兒童都是具有一般智力、但在某一學科有嚴重學習困難者，如閱讀困難）。要讓閱讀流暢性或一般閱讀的研究得到更進一步的進展，我們需要去注意各種不同能力、不同需求的學習者。

回到我們開始的地方，閱讀的主要目標是理解。如果理解力無法提升，讀得又快又正確也沒有什麼用。未來流暢性的研究無論如何都應該要做閱讀理解的評量。過去我們已經有許多流暢性的研究——這些研究的動機大多不出 LaBerge 和 Samuels（1974）三十年前對流暢性和閱讀理解之間的假設，但是許多研究的深度不足，有些甚至連閱讀理解都沒有去測量。我們需要更多關於流暢性及相關的研究，特別是流暢性加上閱讀理解的研究。

最後，每位閱讀實務工作者（practitioner）應該在星期一的早晨做什麼呢？撰寫本章時，Pressley、Gaskins、Solic 和 Collins（2005）正在進行標竿學校的研究，那是世界上第一間為了閱讀障礙的學生成立的學校，強調證據本位的教學。學生都經歷過一年或二年的閱讀失敗後才會進入該校，入學四至十年學生離校時，大部分都有能力閱讀了，雖然還是有許多學生不能以快速且正確的方式流暢地閱讀文章中所有的詞彙。這是怎麼辦到的？是的，學校用了系統性的解碼教學、許多重複性的閱讀，並有老師的回饋，以及許多瞬認字的教學。學生所接收的綜合教學內容取決於他或她對教學的反應。因為學校密切觀察記錄兒童在校的學習情況，這樣客製化（customization）的教學才有可能發生。此外，學校的教學目標抓得很好，即學生應該理解他們所閱讀的文本，而且應該在高層次的讀寫任務（如作文）中把所讀的運用出來。學校裡還有許多理解策略及寫作策略的教學。在中學結束之前，學校裡許多學生即使無法很快地音讀每一個詞彙，但他們在閱讀時已經能用許多理解策略及寫作策略。這就證明了，學生不一定要又快又正確地念出每個詞彙，這種強調流暢的閱讀方式並不是絕對必要的。即使有許多孩子沒有辦法學會詞彙層次的流暢閱讀，但若先教以理解策略，繼之以高層次讀寫能力的教學，他們仍有希望在閱讀文章時學到很多，成為一個有讀寫能力的人。當然，他們理解愈多，所發展的先備知識就愈多，這可讓他們在未來更能了解與主題相關的文本。因此，閱讀實務工作者應該在星期一的早晨做什麼呢？答案是：平衡式教學，你要平衡使用所有可促成熟練閱讀的成分進行教學。

# 結論與總結性迴響

1. 流暢性的研究與實務仍然有理論上的混亂，還沒有清楚整合的圖像足以說明流暢性是什麼，以及如何在教室裡把它教出來。

2. LaBerge 和 Samuels 在 1974 年的著名文章裡，解釋了自動化歷程對初始讀者的重要性。在未成熟讀者能夠毫不費力地認字及解碼之前，他們認知資源中的一大部分都耗在詞彙辨識上；當詞彙辨識完全自動化之後，他們的注意力才能釋放出來，用在閱讀理解上。

3. 對於高危險群的讀者而言，系統化的自然發音教學有助於促進閱讀的流暢性。但是，它不該被視為萬靈藥，並不是對所有的困難讀者都有幫助。

4. 最近大腦照影研究領域一直非常活躍，而且也已經產出一些有潛力的重要發現。正常的成熟讀者閱讀時，使用大腦左半部的三個區域：頂葉─顳葉區、枕葉─顳葉區和布洛卡區。相反地，讀寫障礙者經常在這些左腦區域展現損害的跡象。

5. 對於一些讀者而言，語文處理的的緩慢速度會減弱閱讀的流暢性。此歷程也會有礙解碼速度，雖說語文處理緩慢並非聲韻能力所致。

6. 藉由不斷重複的閱讀和老師的回饋，流暢性可以在教室得到發展。在有效能的國小教室裡（Pressley et al., 2003），流暢性的主要教學方法是給予弱讀者足夠的閱讀機會，同時老師要提供許多的回饋及支持。

7. 發展弱讀者的瞬認字及詞彙知識，可能是未來研究與教學實務的重點。一位閱讀教學的先知 Edward Dolch，曾發展一個教學系統，把瞬認字教學融入在全整式的閱讀課程中，其教學效果應該要透過實驗研究作進一步的探討。此外，因為 Biemiller 和 Slonim（2001）的研究，我們現在更清楚地知道，幾歲的孩子應該要學會哪些詞彙。

8. 韻律性閱讀最有可能只是閱讀流暢性的副產品，而不是流暢性的原因，也不是優質理解能力的結果。我們只能說，對閱讀者而言，抑揚頓挫的閱讀的確比較好。

9. 關於如何評估流暢性及它與理解力的關係，正逐漸有新的問題冒出來。

10. 理解力才是閱讀教學的主要目標，流暢性只是達成結果的方法。如此一

來，即使學生的閱讀並不流暢，閱讀理解策略的教導也可以幫助他們在理解力上有所收穫（Anderson, 1992; Brown, Pressley, Van Meter, & Schuder, 1996）。

# 7 詞彙量

（與 Laurel Disney\*和 Kendra Anderson\*\*合著）

本章將討論兒童如何自然地習得詞彙，以及兒童如果不是自然習得，他們又如何學習詞彙？自 2001 年「不放棄任何一個孩子」法案（2002）中「閱讀優先」政策通過以來，教師們就將詞彙教學和音素覺識、自然發音法、流暢性及理解策略視為具有研究實證效果的五個重要閱讀教學要素。因此，雖然本書先前版本並沒有特別有關詞彙的章節，但我們認為有義務在這次修訂版中對這個主題有所著墨。當初沒有收錄這個主題的主要原因，是在閱讀教學的研究中屢屢指出，詞彙教學對閱讀的影響並不大。不過，我們卻也可以從先前詞彙的相關研究文獻中發現：當讀者具有較大的詞彙量時，他的閱讀理解也較佳（Cunningham & Stanovich, 1997; Davis, 1944, 1968; Singer, 1965; Spearitt, 1972; Thurstone, 1946）。不過請你注意上述這個頗受爭議的說法，它並不等同於「只要增加詞彙量，就能大幅度地改善閱讀理解的能力」。因為，詞彙量與理解力兩者的關聯性中間可能存在著第三個變數——可能是智商的作用。

---

\* Laurel Disney, MS. 是密西根州東蘭辛市密西根州立大學師資培育系的博士生及密西根職業與技術機構的閱讀診所主任。

\*\* Kendra Anderson, EdS. 是密西根波提及公立學校的學校心理師。

# 詞彙的自然學習

很多人在成年之前，就已經學會一萬五千個以上的詞根（root words）（亦即許多具有共同詞根的詞彙，例如 children、child-like、childish 等詞都有著共同的詞根 child；Biemiller & Slonim, 2001）。由於學校裡一年只會教幾百個詞，那人們怎麼會具有如此豐富的詞彙呢？對於這個問題唯一可能的解釋，就是大多數的詞彙都是人們從日常生活中學會的，也就是透過與他人的溝通、聽收音機、看電視以及閱讀等各種活動中，不經意地習得這些詞彙。過去二十五年來，有許多關於在各種情境中自然習得詞彙的研究與統計，而這些研究也都受到廣泛的理解與重視（McGregor, 2004）。

## 家庭中的會話

近年來在眾多詞彙習得的相關性研究中，最負盛名的莫過於 Hart 和 Risley（1995）的《不同背景美國幼兒日常生活經驗的重大差別》（*Meaningful Differences in the Everyday Experiences of Young American Children*）一書。作者在長達兩年的時間中，觀察了四十二個分別來自於高、中、低等各種社經地位階層的家庭，而每一位研究對象都是從六至九個月大時便開始進行觀察。這個研究最有趣的發現，就是每個兒童在家庭裡接觸到的語言，會隨著家庭社經地位的不同，而在語言的質與量兩種層次上有著顯著的差別。愈不富裕的家庭，兒童所受到的語言刺激愈少、語言複雜度愈低，而且所接收到的語言訊息愈負面（和高社經地位家庭的兒童相較，低社經地位家庭的兒童會聽到較多被禁止的語言）。因此，嬰幼兒詞彙量的發展與早期語言刺激的質和量有顯著的關係。同樣是三歲的兒童，高社經地位家庭的兒童的詞彙量會比中、低社經地位家庭的兒童來得多。例如，即便是詞彙量最少的高社經地位兒童，他們所認識的詞彙也遠比詞彙量最多的低社經地位兒童還來得多。此外，六年後，當兒童九歲時，兩者中誰的閱讀能力又會比較好呢？同樣也是三歲時和父母具有語言互動進而獲得較多語言刺激的兒童，而且這樣的模式也能有效預測日後的閱讀成就（能解釋59%的變異量）。

這份研究中還提到了幼年時語言刺激的質和量，對其日後的語言發展存有高度的相關，特別是與詞彙量間的關聯性（亦見 Huttenlocher, Vasilyeva, Cymerman, & Levine, 2001; Naigles & Hoff-Ginsberg, 1998; Pearson, Fernandez, Lewedeg, & Oller, 1997）。因此，有一個合理的假設，就是早期的語言互動對於詞彙量發展，乃至於日後的閱讀發展均至關重要。從二至三歲起，兒童會將他們聽到的詞彙納入自己的語言，而且隨著聽到的次數和時間的增加，兒童愈可能學會這個詞彙（Schwartz & Terrell, 1983）。上述這種重複接觸詞彙的情形，只有當兒童身邊有語言成熟的成人對他不斷進行大量而豐富的交談時才會發生。雖然只是一份相關性的研究報告，不過它卻鼓勵父母多在他們的孩子身邊說話。然而，本章稍後會再探討一些文獻，說明在實驗控制語言豐富程度的情形下，兒童的詞彙量亦隨之豐富，並且論及無意中塑造的語言經驗和接觸與日後詞彙量發展之間的關聯性。

## /快速對應/

兒童生來就已具備學習語言的能力（例如，Chomsky, 1957）。此一說法最有力的證據，就是他們具有對所聽到詞彙意義進行「快速對應」（fast mapping）的能力。

Carey 和 Bartlett（1978）曾經請幾位學齡前兒童做一項作業——「請幫我拿那個鉻色的盤子過來，不是藍色的喔！是鉻色的」——兒童面前則有兩個盤子，一個是藍色的，一個是橄欖色的。經過一週的測驗，六週後，有些兒童已經知道鉻色是一種顏色（也就是給兒童一些詞彙，令其找出顏色的詞彙來，而鉻就會被指認出來），甚至還有些兒童知道它就是指橄欖色。這些兒童只經過一次偶發的學習機會，就已經學會某些詞彙的意義了。此外，當學齡前兒童經由快速對應學會新詞，他們也就將這個詞類化（generalize）了。舉例來說，他們會認識類似的東西，而它們之間僅有些微的差異（例如，大小；Behrend, Scofield, & Kleinknecht, 2001; Kleinknecht, Behrend, & Scofield, 1999; Waxman & Booth, 2000）。但是最驚人的發現是，其實兩歲的幼兒有時也能進行詞彙意義的快速對應（Heibeck & Markman, 1987; Markson, 1999）。甚至還有證據顯示，偶然發生的快速對應對於詞彙學習竟然和直接教導兒童詞彙意義的學習效果不相上下（Jaswal & Markman,

2003）。雖然前人早就提過，即使是不經意的學習機會，也會對兒童的詞彙習得產生影響（例如，Brown, 1957）。而 Carey 和 Bartlett（1978）卻比先前的研究更強調這個現象。雖然研究者尚未完全清楚了解快速對應的機制（P. Bloom, 2000, Chap. 2），但是快速對應的現象已經指出不經意學習在詞彙發展的機制中扮演著重要的角色。所以，豐富的詞彙環境不僅能夠提供許多快速對應的發生機會，亦能給予幼童多次練習詞彙的機會。

## /兒童會注意有名稱的物體/

Lois Bloom 和她的同事曾說明當幼童與成人相處互動時，兒童多半都是談話內容的決定者。照顧者大都會傾向於稱呼或談論幼童當前所注意的物體，而幼童也總會讓照顧者清楚地知道，在四周圍的環境中，目前最吸引他們注意的東西是什麼，也就是說，他們總會讓大人知道他們想聊什麼。另一方面，照顧者談論的內容也影響著兒童的詞彙學習（Bloom, Margulis, Tinker, & Fujita, 1996; Bloom & Tinker, 2001）。想進一步了解有關兒童不經意的詞彙學習，可見 L. Bloom（2000）。

## /修習高品質課程的兒童/

雖然在學齡前階段，在情境中學習詞彙的確受到相當的重視，不過詞彙學習卻是在整個童年中持續進行（Biemiller & Slonim, 2001）。能夠促進兒童學習詞彙的方法之一，就是透過高品質的課程。Carlisle、Fleming 和 Gudbrandsen（2000）曾經設計出一個高品質的科學學習單元，雖然詞彙並不是該單元的學習重點，但卻也是參與該單元課程的學生額外的學習成果。

事實上，Carlisle 等人（2000）發現除了該單元的學習目標外，兒童還意外習得了一些詞彙（由於實驗中有控制組可以相互比較，所以一個月後，他們發現兒童關於該科學單元方面的詞彙也超越了控制組）。雖然如此，在單元教學結束後，兒童對上述詞彙的了解還是不足，仍有許多學習的空間。

而 Carlisle 等人（2000）也提出了許多有趣的評估，例如，在學習該單元前，擁有較多相關背景知識和詞彙的學生，能不經意地學到更多詞彙，反之則較少。在課程進行時，學生不經意學到的詞彙數量不僅取決於接觸

單字的情形，也與學生對於此主題的先備知識有關。

更廣泛一點說，在過去十年間，Pressley 和同事觀察許多國小高、低教學效能的班級特性（例如，Bogner, Raphael, & Pressley, 2002; Dolezal, Welsh, Pressley, & Vincent, 2003; Morrow, Tracey, Woo, & Pressley, 1999; Pressley, Allington, Wharton-McDonald, Block, & Morrow, 2001; Pressley, Dolezal, et al., 2003; Pressley, Roehrig, et al., 2003; Pressley, Wharton-McDonald, Allington, et al., 2001; Pressley, Wharton-McDonald, & Mistretta, 1998; Pressley, Wharton-McDonald, Raphael, Bogner, & Roehrig, 2001; Wharton-McDonald, Pressley, & Hampston, 1998; 見本書第 8 章）。當本書接近完稿時，Pressley 的研究團隊亦已將此研究擴展至中學階段。他們發現優秀教師在教導詞彙時，是會視情況和機會而選擇的。當有一個學生不認識、但卻很重要的詞彙出現時，對優秀的教師來說，這就是一個絕佳的好時機。研究小組也發現，優秀教師不會直接告訴學生這個字多重要，而是不斷使用到這個字，並且提供很多機會讓學生在情境中不自覺地學會它。高品質課程就會設計許多機會，幫助學生發展其詞彙量。

## 保守派對情境中不經意習得詞彙的看法

當 Sternberg（1987）提出大部分的詞彙都是由情境中習得的看法後，也有資料說明情境的詞彙學習事實上沒有那麼可靠。例如，眾所皆知，當學習者閱讀文本時經常無法猜出不認識詞彙的正確意思（例如，Daalen-Kapteijns & Elshout-Mohr, 1981; McKeown, 1985; Nicholson & Whyte, 1992; Schartz & Baldwin, 1986）。即便如此，Sternberg（1987）的言論還是引起許多關於幼童在情境中習得詞彙的討論。Swanburn 和 de Glopper（1999）審閱了這些文獻並加以整理，認為讀者的確能從情境中學得詞彙，只是效果不彰。他們粗估，文本中所遇到的新詞大約只有 15%左右會在某種程度上被吸收。或許讀者並不知道該字完整或精確的意思，但至少知道個大概，就像學齡前兒童進行快速對應時，對只聽過一、兩次的新詞，雖然認識但卻不甚透澈一樣（Carey & Bartlett, 1978）。據推估有 15%的兒童需要在情境中遇到該字七次左右才有可能學會。

更消極一點來說，有愈來愈多的研究嘗試對讀者在情境中（也就是在

句子、段落、一段敘述中）遇到生字時，推測意義的情況進行闡釋，結果發現他們常猜錯了這些新詞的意思（見 Fukkink & de Glopper, 1998 的回顧）。為什麼會這樣呢？有時候是因為讀者缺乏賴以推測文本中新詞意義的相關背景知識。此外，上下文所隱含對生字意義的線索數量的多寡，也常影響人們推測與使用該詞彙（見 Nist & Olejnik, 1995 的經驗分析）。可惜的是，我們迄今還不知道如何清楚判斷怎樣的上下文能夠提供讀者足夠的訊息來推測新詞的意思，而哪些上下文卻不能。

簡言之，放棄從上下文中學習詞彙看起來是不太明智的行為。幸好，有很多方法可以刻意引導學生不自覺地學習詞彙，而這也是本章所強調的重點。

# 詞彙該怎麼教？

有很多種方法可以進行詞彙教學，有些相當簡單，有些則比較複雜。大致說來，我們會由淺入深地討論，從比較簡單到比較完整的教學方法。若想特別深入探討，可見 Baumann 和 Kame'enui（2004）。

## 定義式的教法

Pany、Jenkins 和 Schreck（1982）的研究對象是一群國小四、五年級被認定為學習障礙的學生，及因低家庭社經背景，而被認為可能是學習障礙高危險群的四年級學生。此研究的受測者須在學到詞彙後將意思記起來，幾分鐘後再接受測驗。研究中有回憶測驗、從相似的幾個字辨別出同義字（選擇題形式），以及依據上下文的語境選擇詞彙正確用法的測驗。

在這個研究中最重要的自變項為「呈現詞彙的方式」。在「從上下文中推測意義」的實驗情境中，待推測意義的目標詞彙出現在兩個句子的上下文中；在「給予意義」的實驗情境中，學生會讀到包含該詞彙的句子，然後施測者告訴學生該詞的意義，並提供另一個包含該詞彙的例句；而在「練習意義」的實驗情境中，施測者拿出一個和目標詞彙意義相同的同義詞，讓學生練習該詞彙兩次。最後，還有一個控制組，該組的受測者只能讀到詞彙本身——並不提供其意義。正因如此，才能就控制組的表現歸納

出一個重要的結論。研究結果指出，呈現一個詞彙的定義能夠幫助學生學習，但「給予意義」與「練習意義」卻能帶出更好的表現。

然而，另一項重要的發現是，從上下文推測意義的實驗組，其表現與控制組相去不遠，這與本章第一節的結論不謀而合：從上下文無法不經意學會詞彙，儘管Pany等人（1982）曾提到推測字義應該是很容易的（也就是第一個句子包含目標詞彙，第二個句子立刻以同義字說明）。雖然兒童有時會從上下文中學會詞彙的意義，就像他們做快速對應時一樣，但是這種學習不是很穩定，也遠不如Pany等人（1982）在研究中直接給予意義的效果來得大。

自從Pany等人（1982）的研究問世以來，還有許多有關詞彙意義的研究陸續出爐，這些研究大多是對比有無詞彙意義說明的學習效果。當提供詞彙意義說明時，通常會對詞彙學習有著莫大的助益（Brabham & Lynch-Brown, 2002; Brett, Rothlein, & Hurley, 1996; Elley, 1989; Penno, Wilkinson, & Moore, 2002）。雖然如此，提供學生詞彙意義也不能保證他們就能完全地理解該詞彙的定義。

因此，只要有字典，老師們就會讓學生自行去查詢詞彙意義，幫助他們學習。但是，Miller和Gildea（1987）的研究卻粉碎了認為只要實際練習就可以增進學生對詞彙了解這種一廂情願的想法。他們讓五、六年級的兒童在字典裡查詢不認識新詞的意義，接著請學生寫出包含新詞的句子。不過，這些兒童卻寫出了很多令研究者認為不大合適的句子，例如下列句子（Miller & Gildea, 1987, p. 98）：

Me and my parents *correlate*, because without them, I wouldn't be here.
〔我和我爸媽有統計上的相關（有血緣上的關係），因為沒有他們，就沒有我。〕

I was *meticulous* about falling off the cliff.
〔我拘泥（小心翼翼）地不要掉到懸崖下去。〕

The *redress* for getting well when you're sick is to stay in bed.
〔生病了，要好起來的救濟方式（妙方）就是多休息。〕

I *relegated* my pen pal's letter to her house.

〔我把我筆友的信移交（轉寄）到她家。〕

The news is very *tenet*.

〔這個新聞非常原則。〕

除此之外，既有釋義又有例句的方法其實幫助也不大。就用 usurp（權力的奪取）做例子吧！它大概的意思是 take，如果伴隨的例句是「The king's brother tried to usurp the throne」，那麼兒童以 usurp 再造的句子還是會犯錯。下面是幾個兒童寫的句子，如果把 usurp 換作 take 或其他相近字就都說得通[1]：

The blue chair was *usurped* from the room.

〔這個藍椅子從這個房間被篡奪（拿走）了。〕

Don't try to *usurp* the tape from the store.

〔不要從店裡篡奪（偷走）膠帶。〕

The thief tried to *usurp* the money from the safe.

〔小偷試圖從保險箱篡奪（偷走）錢。〕

的確，如同 Pany 等人（1982）研究的受測者能獲得新詞意義的解釋般，Miller 和 Gildea（1987）的受測者也能從詞義的解釋中進行學習。但在基本面看來，Miller 和 Gildea（1987）只提供單獨的字義解釋，或加上有上下文的詞彙教學範例，這種教學策略執行上相當困難。

字典的解釋常常有好有壞（有些很清楚、完整，而有些就比較含糊、不完整），所以，我們需要一個有系統的研究，針對字典闡釋詞義品質的優劣如何影響閱讀學習效果來進行分析（見 Scott & Nagy, 1997）。現在該是我們找出能導致最佳學習效果之字典的時候了。

## 教導學生在文本中遇到新詞時，先對上下文進行分析

從上下文中學習的相關研究探討至此，學生們都是靠自己的努力學習

---

1 譯註：這種錯誤在中文措詞裡也常見，例如，稱讚一個人有卓越貢獻，卻說成：「他對社會的貢獻罄竹難書。」

詞彙的。然而，我們可以教學生藉由上下文對新詞彙進行分析。

Sternberg（1987）和他的研究夥伴認為，教師可以教導學生用兩種上下文的線索，幫助他們進行詞彙的學習。一種是外在的上下文線索（external context clues，也就是依據新詞彙周圍的意義線索），另一種是內在的上下文線索（internal context clues）——前綴（prefixes）、後綴（suffixes）與詞幹（stems）（Sternberg & Powell, 1983; Sternberg, Powell, & Kaye, 1983）。Sternberg 提出的利用上下文分析來進行詞彙學習的觀點，吸引了許多研究者對此進行探究。

1998 年，Kuhn 和 Stahl（1998）分析了十四個教導學生利用外在的上下文語意線索的研究，歸納出一個明確的結論，相較於沒有接受任何指導的控制組學生，那些接受外在上下文語意線索的學生，確實比較能夠發現新詞彙的意義（亦見 Fukkink & de Glopper, 1998；他們利用後設分析的方法來探究那些教導學生上下文線索的研究，包括對學生推測詞彙意義的能力有一定影響的教學法）。亦即，Kuhn 和 Stahl（1998）的發現是一個重要且有趣的反論。在四個研究中，控制組的受測者是在沒有接受指導的情況下，簡單練習推測文本中詞彙的意思，但控制組學生的表現卻和接受特殊的上下文分析策略的受測者差不多。鼓勵學生揣測文句中詞彙的意義，並給予練習機會的教學效果，和給予詳盡利用上下文的策略（亦即，各種給予詳細不同的上下文語意線索的教學）的教學效果相當類似。

那麼內在的上下文線索的分析，其效果又是如何呢？目前有關內在線索分析有清楚闡述的研究資料不但少，而且不可靠（見 Baumann, Kame'enui, & Ash, 2003 的回顧）。同時，Levin、Carney 和 Pressley（1988）發現，如果對大學生進行詞彙成分的教學（也就是前綴、後綴及詞幹的意義），他們可以據此推測新詞的意思。這項研究結果指出內在線索的效果是相當明顯且廣泛的，雖然該研究只是明顯地讓才剛教過的知識現學現賣。Graves 和 Hammond（1980）也發表了一篇類似的研究，對象是七年級的學生，研究證明這個年齡的學生可以將已學過關於詞綴的知識，類推到文本裡包含這些詞綴的新詞。Wysocki 和 Jenkins（1987）發現，四年級、六年級跟八年級的學生都能夠將詞綴的知識類推至其他詞彙，雖然只有在學生對於猜對或猜錯沒有壓力的時候，效果才特別顯著。簡言之，至少有一些證據顯

示，不管兒童或是成人，教導他們詞素（也就是語言中最小的意義單位——前綴、後綴及詞幹）對於其推測詞彙意義是有幫助的。雖然如此，我們還沒有看到一份研究能夠證明其效果明顯，或是可以明顯看出，學生能將先前學過的知識運用於推測詞彙的意義上。因此，我們需要更多有關教導學生利用內在的上下文線索來推測詞彙意義的研究，以充足的證據支持這類教學確實能夠促進詞彙的學習。

相較於前述的文獻，最近有一份關於內在上下文分析的研究相當吸引我們的注意，Baumann 和他的同事（Baumann et al., 2002; Baumann, Edwards, Boland, Olejnik, & Kame'enui, 2003）研究了教導五年級學生分析詞素（即內在的線索）以及上下文語意線索（即外在的線索）的效果。其中一項研究經過為期兩個月的教學，而另一項則有十二堂五十分鐘的教學課程。其中一組實驗組有最強的企圖心，學生被教導同時進行詞素分析和上下文語意分析的方法。詞素分析教學著重在教導學生利用詞根、前綴和後綴來學習在閱讀過程中所遇到的新詞彙，在這個課程裡包括了十五個特定的前綴和五個特定的後綴；而上下文語意分析的教學則強調仔細閱讀新詞彙前後的句子，以決定該詞彙的意思，教師並同時說明能幫助了解詞彙意義的線索、同義字或反義字的訊息。如果新詞彙是很常見的概念，也佐以其他的例句說明。而受測者也會被教導幫助了解新詞彙意義的線索，通常存在於周圍幾個句子之中。

一般來說，這個實驗課程是經過完善規劃的，包括了反覆練習實際運用詞素和上下文語意的教學策略，並提供參與者一個能夠覺察該於何時何地、如何運用這些策略的機會。他們明確地告訴這些五年級的參與學生，按照下面幾點方法去做：

當你遇到一個你不知道是什麼意思的詞彙時，請利用：
1. 上下文線索：閱讀該詞彙前後的句子，看看有沒有能幫助理解的線索。
2. 詞綴線索：看看你能不能將該字分成你認識的詞幹、前綴或後綴。
3. 上下文線索：再讀一次該詞彙前後的句子，看看你是否已經能

猜出它的意思了。（Edwards, Font, Baumann, & Boland, 2004, p. 170）

上述的研究結果具有一些重要的影響。研究指出教導詞素與上下文語意策略的方法能夠幫助學生在文本的閱讀過程中學習新的詞彙（亦見 Tomesen & Aarnoutse, 1998）。此外，亦有證據顯示，雖然教導學生這些策略的效果相當有限，不過五年級學生已經可以將他們學到猜測詞彙意義的技巧運用在閱讀新文本中。但是，目前還是沒有足夠證據可以證明教導這些技巧能有效提高閱讀理解能力。因為，嚴格說來，教導促進詞彙習得的方法不等同於促進閱讀理解能力。

## 重複複習目標詞彙和意義

Pany 等人（1982）的研究發現，如果光練習並不能使詞彙意義的學習臻於完美，至少它的效果還是比僅提供一次詞彙的意義來得好。1980 年代中期研究者更確立了增加詞彙接觸頻率能強化詞彙學習的論點（Stahl & Fairbanks, 1986），此外，重複呈現詞彙的教學也被證實比單一呈現的效果更好（例如，Leung, 1992; Penno et al., 2002; Senechal, 1997），且重複呈現的時間均勻分布更佳（例如，分成幾天來呈現，比全部集中在同一天的效果好；Childers & Tomasello, 2002）。亦即，如同 Thorndike（1911）所言，反覆學習——增加和詞彙接觸的次數——對於學習詞彙意義來說是有效的。

## 和兒童談論他們有興趣的東西

Valdez-Menchaca 和 Whitehurst（1988）曾對第二語言的學習進行探究，他們的研究對象是一群正在學習西班牙文、但以英語為母語的兒童。實驗組兒童只要對某個玩具感興趣，大人立刻說出那個玩具的西班牙語名稱。控制組兒童也會聽到玩具的西班牙語名稱，但不是在兒童對玩具表達興趣時給予的。雖然這兩組的兒童都學會這些西班牙語名稱所代表的意思，不過實驗組兒童日後比較常使用這些學來的詞彙。詞彙習得就如同其他各種的學習般，兒童的興趣很重要，當教學內容符合他們的興趣時，他們的學習就很有效率（Hidi, 1990）。

## /和兒童共讀/

父母和教師陪伴兒童一起閱讀可以增加他們的詞彙量。父母和兒童對於書本內容的互動愈頻繁，兒童語言的發展也就愈好（例如，Ninio, 1980; Payne, Whitehurst, & Angell, 1994; 相關文獻探討見 Bus, Van IJzendoorn, & Pelligrini, 1995; Scarborough & Dobrich, 1994）。更特別的是，有許多設計精良的實驗結果說明了，父母和師長若能讓學齡前或國小兒童透過繪本彼此互動，更可以刺激語言的發展，當然也包括詞彙量的增加（例如，Arnold, Lonigan, Whitehurst, & Epstein, 1994; Brabham & Lynch-Brown, 2002; Dickinson & Smith, 1994; Leung, 1992; Lonigan & Whitehurst, 1998; Robbins & Ehri, 1994; Senechal & Cornell, 1993; Valdez-Menchaca & Whitehurst, 1992; Whitehurst et al., 1988, 1999; Whitehurst, Arnold et al., 1994; Whitehurst, Epstein et al., 1994; Zevenbergen, Whitehurst, & Zevenbergen, 2003）。簡言之，親子一起共讀優良的書籍，能夠促進兒童語言能力，也包括學童詞彙的發展（更多相關的討論見本書第 4 章）。

## /鼓勵兒童多看教育性的電視節目/

幼童都會看電視，他們會收看「芝麻街」或其他教育性的電視節目〔像是美國公共廣播社（PBS）或其他類似的電視節目〕，或者也可以看卡通、連續劇及其他商業性的電視節目。這些節目有助於兒童詞彙量的發展，尤其如果兒童多收看教育性的電視節目，而非娛樂性節目，則他們的詞彙量就會比同齡兒童大得多。此外，第二個好處是，如果兒童在學齡前喜歡收看教育性節目，則他們日後選擇收看優良節目的可能性也比較大（Wright et al., 2001）。

## /提供豐富的詞彙教學/

Beck、Perfetti 和 McKeown（1982）以及 McKeown、Beck、Omanson 和 Perfetti（1983）用一個學期的時間，教導一群小學生認識一百個新的詞彙。Beck 和同事稱他們的教學法為「豐富教學法」（見 Beck, McKeown, & Omanson, 1987; McKeown & Beck, 2004; 亦見 Dole, Sloan, & Trathen,

1995），這種教學法利用許多方法讓學習者使用並思考目標詞彙。例如，判斷在上下文間是否及何時正確地使用詞彙，或是要求學生去分辨幾個意義相近詞彙的細微差異，而在接受教學的幾個月中，學生有多次的機會遇到這些學過的詞彙。McKeown、Beck、Omanson 和 Pople（1985）的研究發現，學生如果在教學中接觸詞彙的次數愈頻繁，則學習成效就愈佳。此外，Beck 和 McKeown 的教學還經常要求學生說出當他們遇到這些詞彙時，他們的內心在想什麼。簡而言之，Beck 和 McKeown 強調一種能夠刺激學生進一步思考的詞彙教學法。Carlo 等人（2004）也曾提出類似的詞彙教學法，並宣稱這個方法能夠讓以英語為第二語言的學習者的程度和母語者不相上下。

Beck 和 McKeown 及研究夥伴的重要研究支持了這種豐富詞彙教學能夠幫助學生理解包含這些學過詞彙的文本，雖說它對理解的影響程度卻不大（相關文獻回顧見 Stahl & Fairbanks, 1986; Wixson, 1986）。但這些研究成果足以讓樂觀者欣然接受（亦見 Kame'enui, Carnine, & Freschli, 1982）——至少當文本包含教過的詞彙時，理解就會得到改善；或是讓悲觀者嫌它不足——教導這些詞彙後，學生在標準化閱讀理解測驗的表現並無明顯進步。而自從 Beck 的研究結果問世後的二十多年來，幾乎也沒有研究可以改變這兩個極端的看法。

拜 Beck 和 McKeown 研究所賜，我們倒可以採取一個可行的策略，也就是教導學生在文章中可能遇到的詞彙。但學校課程在一年之中僅能教幾百個詞彙，所以到底該教哪些詞彙便成為一個問題？Beck、McKeown 和 Kucan（2002）提出了一個有趣的假設，兒童應該要被教導他們可能會遇到的詞彙，但是老師所能教的卻有限。首先，不要費心去教學生他們在生活中早已認識的詞彙，也不要傷神去教非常低頻的詞彙，因為那可能只是特定領域的專業用語〔例如，isotope（同位素），當然，除非你在教化學〕。老師應該要教的是那些經常出現在各種領域、而且是多數學生所不知道的詞彙（例如，小學階段可以教像巧合、荒謬的、勤勉的、幸運的等詞彙）。Beck 等人（2002）稱這些詞彙為第二級詞彙，簡單高頻的詞彙稱為第一級詞彙，而低頻詞彙為第三級。然而，就我們所知，Beck 等人（2002）提出的只是個還未經過驗證的假設，不過這個假設對我們來說相當值得驗證。

請見 Biemiller 和 Slonim 於 2001 年的研究，亦有相關討論，他們曾訂出一萬五千個中學畢業以前應該學習的基礎詞彙，並規劃出整個K-12階段應該學習的參考資料，以利未來更明確地訂定各個年級應進行哪些詞彙的教學。

# 結論與總結性迴響

1. 本章反覆強調多使用詞彙豐富的語言以強化兒童詞彙發展的觀點，以閱讀故事書及正式的詞彙教學和兒童進行互動，就能夠幫助兒童思考如何以各種方式認識新的詞彙。要讓教室裡充滿富含詞彙的言談，在正式的課程與非正式的互動間都要如此。兒童經驗中的言談與詞彙至關重要。

2. 如果你贊成 Biemiller 和 Slonim（2001）所說，中學畢業前必須學完一萬五千個基本詞彙，而且其中大半都是在自然情況下學習，相信這樣的詞彙教學將不難進行。假設兒童都是在豐富的語言環境裡學習的情況下（也就是可以經由對話和交談不自覺地學習大量基礎詞彙），我們估計僅僅大約有五千個基礎詞彙（最多不會超過一萬個）需要正式的教學。五千個詞彙平均下來，一天大約只要教二至四個，這對大部分的老師來說並不難做到。教師們應該留意到短期即將教導學生學習的新詞彙，並保證學生都能學會這些日常生活出現率很高的詞彙。Biemiller和Slonim（2001）及 Beck 等人（2002）都明確地指出這重要的研究結果。

3. 當我們投入更多心力在詞彙教學前，我們還必須注意，迄今為止的相關研究雖然顯示詞彙的習得對閱讀有一定的影響（例如，增加閱讀理解），但這個影響的程度是相當有限的。當學生所閱讀的文章裡包含已經學過的詞彙時，將有助於他們理解文章；但是其他的影響則是微乎其微，甚至無法明顯察覺——至少在本章所提到的幾篇研究都主張此一觀點。

   當然還有另外一個可能性促成上述研究結果，也就是迄今為止，我們都沒有真正深入了解詞彙量影響學生讀寫能力的各種可能性，而僅是不斷以閱讀理解作為詞彙學習成效的指標。舉例來說，詞彙學習對於學生寫作和言談能力的表現可能有著更廣泛的影響，因此，詞彙習得可能也會影響除了文本閱讀理解以外的其他理解能力——例如，理解別人或電視評論的言談。簡而言之，我們懷疑研究者已經全面地考量詞彙習得對提

升讀寫能力的好處。在更多證據證實詞彙量對讀寫能力有適度的影響前，我們依然樂觀地相信，未來還是會有人證明，詞彙教學確實是一項相當值得的教育投資。我們會主張學生在閱讀時應多留意那些不熟悉的詞彙，並嘗試推測它們的意思。根據上述研究的發現，我們知道學生一定能夠學著這樣做，而現在我們也必須嘗試著去找出當學生在面對新詞彙、努力猜想它的意思時，他們究竟發生了哪些變化——尤其是當學生有許多次機會能夠領略豐富文本和言談的詞彙使用之美的時候。

# 8 低年級專家老師的 讀寫教學：平衡教學法

（與 Ruth Wharton-McDonald*和 Jennifer Mistretta Hampston**合著）

在1990 年代早期，我們花很多時間思考為什麼有這麼多孩子早在小學一年級就會有閱讀的困難。雖然在先前章節所提到諸多研究中，並不是全部研究的結果都在 1990 年代時就已經完成，但是早在那個時代就已經有足夠的研究結果，讓我們了解「音素覺識」和「解碼技能」兩者都是早期閱讀的重要關鍵。那個時候我們也了解，有許多老師堅信全語言，他們相信是詞彙以上的層次在影響閱讀能力。我們到過許多低年級教室，看到許多老師營造出充滿文學及寫作氣息的全語言環境，就知道這套教學確有其吸引力。但是，我們也看到某些教室強調詞彙層次能力的教學，卻也讓孩子們處於一個豐富的文學和語言環境。我們看到這些班級，就知道 1990 年代學會閱讀是相當普遍的事。不過，很不幸地，我們同樣也在某些教室中看到閱讀困難的學生。於是，我們決定要去找出成功的教室和不成功的教室之間究竟有哪些差別，我們相信這些知識有助於了解哪些東西是基礎語言課程裡應該具備的。

　　許多認知取向的研究者試圖了解各行各業的專家們如何面對他們的工作，例如，研究放射線專家如何解讀 X 光照片，以及航空駕駛員是如何處理飛航的緊急事件等（Chi, Glaser, & Farr, 1988; Ericsson & Smith, 1991; Hoffmann,1992）。上述這些研究的特點就是比較專家和生手的差異。這方面

* Ruth Wharton-McDonald 博士為新罕布什爾州德爾罕市新罕布什爾大學教育系的副教授及副主任。
** Jennifer Mistretta Hampston 博士為俄亥俄州楊斯鎮州立大學心理系的助理教授。

的文獻在 1992 年夏天激發出本書作者（M. P.）一個重要的想法，那時他正博覽群籍，試著了解小學階段的閱讀教學是什麼樣子。

那時，他所讀的書大多是被全語言社群視為最基礎的書籍，這些書本也提供許多教育上的建議。然而對實際教學情況來說，書上大部分的建議和實際教學之間還是有段距離，因此，教育學者們陸續寫了一些書，以彌補兩者的落差。雖然本書作者 M. P. 從事專家和生手的研究，但他曾向課程與教學領域的教授詢問有關如何進行早期閱讀教學，但是，這個做法就如同向航空公司的行政人員和工程師詢問如何駕駛飛機。在這個例子中，這樣的策略雖然會得到許多關於飛機駕駛艙的資訊，但卻可能有很多訊息是錯誤的，且許多細節也會因此被忽略。優良的飛行員擁有許多情境的知識：他們在飛行的過程，何時應該下哪種決定；他們也會隨著飛行經驗的累積，更清楚了解在何時使用哪些特殊策略是有用的，以及哪個時候應該嘗試其他的方式。相較之下，航空的行政人員和航空工程師卻無法擁有這些資訊，因為這些能力必須要透過多年實際飛行經驗才能具備。

M. P. 認為寫全語言相關書籍的教育學者明白很多教學理論，他們的著作確實也會對老師的教學產生影響，不過他們卻缺乏第一線的教學經驗。他們並不是無時無刻都在教導學生，因此，他們無法體會課程理論與實際教學的結合是如何進行的，而這種觀點只能透過長期待在教室中才能體會。

從上述的思索和經歷出發，我們認為要了解有效的早期閱讀教學，最好的辦法就是進行研究，並且與優良的幼稚園和國小老師進行互動。我們從 1992 年開始進行類似的工作，目的就是為了發展出一套早期閱讀教學的有效準則，以提升學生學會閱讀的可能性。

## 對傑出低年級閱讀老師的調查研究

為了尋找傑出的國小閱讀教學典範，Pressly 以及他的夥伴 Joan Rankin 和 Linda Yokoi（1996）在相當短的時間裡，嘗試蒐集許多大量資料。為此，他們找了一群小學語文老師的督導，請他們推薦一些特別優秀的低年級老師，即能夠有效提升學童讀寫成就的幼稚園和國小一、二年級的老師。找到了這些特定的老師後，研究者以信件進一步聯繫，並用一份開放式問

卷請他們簡要描述十項自己教學時的重要元素。當整理完所有老師的回答之後，他們發現內容涉及超過四百種獨特的方式和要點。在這研究中，明顯看出低年級的教室真是非常忙碌的地方！

但是 Pressley 等人（1996）並沒因此而打住，他們對於開放式問卷中所回應的每一個教學要素都發展出相對應的量表，並將所有的問題放在問卷的量表中。以下是該問卷上的幾個問題：

- 你有使用大書（big books）嗎？（請以「不曾」至「一天數次」的等級來回答。）
- 故事結束後，你會問學生「理解方面的問題」嗎？（請以「完全沒有」至「全部的故事都有」的等級來回答。）
- 你給學生閱讀的書本中有百分之多少屬於兒童文學名著？……有百分之多少的書是為特定的閱讀層次寫的？……有百分之多少是為了練習拼音寫的？……有百分之多少是富有趣味、低字彙量的？
- 下列額外的活動，哪些是你經常、偶爾，或不曾使用的？附有文字的藝術／工藝活動、烹飪、戲劇或偶戲、繪畫或插圖、運動活動、校外教學、遊戲？
- 家庭／父母有參與你的閱讀教學嗎？他們參與的是優讀者、一般讀者還是弱讀者的閱讀教學？

然後，問卷會再次寄給曾回答開放式問題的老師，而且大部分老師會再次填答。老師也會描述他們的教室，並且指出他們教室牽涉了許多複雜的教學成分。

## /讀寫環境/

實際上，所有老師都說他們至少在某程度上認同全語言與語言經驗法的教學。他們嘗試去塑造教室的讀寫環境，包括班級的圖書館、學生作品的展示，和故事與童詩的展示。他們將其教室描述成豐富的口說故事、閱讀故事及重讀故事的環境。而且很典型的是，老師都利用學習中心或角落

來發展聽力、閱讀和寫作。

　　在老師所報告的每日閱讀及寫作練習中，很少出現孤立的技能練習，例如，要小朋友寫學習單或習作。不僅如此，老師也說明他們會確認學生尚未精熟的能力——包括自然發音法，字母辨認和拼字——並讓學生在其他閱讀和寫作的情境中不斷地重複練習他們不會的技能。

　　老師說明他們會示範讀寫技能與策略，以及對於讀寫能力的正面態度。他們會關心每位學生的讀寫成就、掌握學生的需求，並在學生有需要時給予額外課程和重複的教學。所以，閱讀和寫作都是以學生的需求為基礎進行個別指導的。

　　此外，老師也報告了許多發生在這些教室裡的不同閱讀形式，包括：學生與老師一同閱讀、領讀、齊讀、分享閱讀（shared reading）、學生與他人一同朗讀、每日默讀、重複閱讀書籍及故事書，及回家的閱讀作業（例如，老師指派回家的閱讀書本，並要求父母必須聆聽孩子的閱讀）。班級裡也閱讀不同類型的書籍，包括優良兒童文學作品、大書、圖示童詩及故事、圖畫書，以及可預測的結構性書籍。閱讀活動也常包含所讀作品的作者研究（author studies），例如，閱讀優秀的兒童作家及插畫家的一系列作品。此外，老師也報告，以下材料的閱讀是有限的，如基礎讀本、其他依閱讀能力分級的讀物、章回書籍和說明文題材的書籍。

　　老師們把讀寫能力教學整合在其他課程的教學活動中。針對這個部分，老師們提到許多讀寫課程的延伸活動，包括藝術和工藝、插圖活動及遊戲……。簡言之，這些專家老師結合教室中的正式課程和較不正式的活動，整天都在進行學生讀寫能力的發展。

## /閱讀教學/

　　老師們也指出許多閱讀技能發展方法，不僅包括全語言主張的具有教學需要以及強調意義的情境式教學，也包括使用去情境（decontextualized）的活動（例如，遊戲、拼字測驗）。老師們的閱讀教學也包含發展學生一些特定的能力，以及閱讀必備的技能（例如，聽覺和視覺區辨的能力；專注和傾聽的技能）、印刷品概念（例如，詞彙的概念，一本書封面、封底、作者、書名、章節等概念）、字母辨認、字母規則（即字母表徵詞彙的語

音)、字母和語音的連結、標點符號、解碼策略(使用情境和圖片線索,及使用字母－語音的知識來念出詞彙)、瞬認字和詞彙、拼字、文本構成要素(例如,因果關係、中心思想、特色分析)、理解策略(特別是預測和想像)和批判思考技能(包括腦力激盪、分類及回憶文章細節)。

## /寫作/

老師們對全語言是認同的,與此信念一致的是,他們在教室裡進行了許多有關寫作的活動。老師讓學生寫故事、寫日記。圖片、無字圖畫書和聽故事都可以引發寫作活動。另外也有分享式寫作活動,包括全班對老師口述故事讓老師抄寫在黑板上。老師們說,他們鼓勵學生在家寫作。

老師們也教導學生寫作的過程,包括計畫、寫草稿及校正。一旦文章修改完成,學生的作品也常在教室裡展示,或是透過電腦分享給全班。

老師有種種方法透過寫作來和閱讀連結。其中一個重要的方法是讓學生朗讀他們的作品給全班同學和老師聽。

## /學生能力不同,但都要學相同的技能/

老師們都強調他們會讓不同能力的學生從事相同的課程內容和活動。而且,老師們也都宣稱他們會對較弱的兒童提供更明示和更多的預讀、字母層次和詞彙層次能力的教學。亦即,不同於全語言的哲學,老師們似乎相信,如果只有沉浸於讀寫環境的教室裡,弱讀兒童依然無法發展出讀寫所需要的技能。所以,比起一般讀者,老師對於弱讀者的閱讀和寫作提供了更多的指導。在另一個後續的問卷研究中(Rankin-Erickson & Pressley, 2000),低年級的特殊教育者也說明他們提供許多直接教學,以支持閱讀及寫作技能的發展。亦即,在上述二個不同研究中,低年級的教育工作者都宣稱明示的教學方法對於弱讀者來說是非常好的,不過,即便如此,他們覺得所有閱讀者都應該學習相同的讀寫技能,並且擁有閱讀經典文學作品和書寫文章的經驗。

## /動機/

老師們相當重視學生從事讀寫的動機。一般而言,老師對動機的觀點

和標準的全語言的看法相當一致。他們會降低學生嘗試讀寫活動的風險，刺激學生的讀寫動機，培養學生的興奮心情，鼓勵學生相信自己可以成為閱讀者及寫作者。

## 不同年級間的教學轉變

由於調查包含了幼稚園、小學一、二年級的老師，所以他們提供我們一個管道，可以觀察到不同年級在早期的讀寫教學的轉變。如我們所料，老師說明有些教學作為會隨著年級增加而減少，而有些教學作為則會隨著從幼稚園升級至二年級而增加。

### 隨著年級遞減的教學活動

隨著年級增加，老師們在教室愈來愈少用到各種標語和名稱標籤，也愈來愈少使用學習角，其次，字母辨識訓練及字母歌曲吟唱也明顯減少。當然，教學重點也慢慢不再集中於字母原則、字母－語音的連結，和簡單的印刷品概念（例如，字母的概念、印刷品的閱讀方向）。而隨著年級的提升，老師也不再重讀故事、進行大書的分享閱讀，以及閱讀圖畫故事和童詩。此外，圖片、分級讀物的頻率和共同寫作的活動也漸漸減少（例如，學生口述故事，寫下來給老師），親師會也變少了。

### 隨著年級遞增的教學活動

一般而言，隨著年級增加，輪讀及學生獨自朗讀的練習愈來愈多。其次，也有更多的默讀，例如，章回書籍。而且，年級愈高，基礎讀本的使用也更為常見。

與全語言看法一致，老師說學生更會利用句法線索來解碼。另一方面，老師也會增加自然發音法、念讀語音和有關解碼的拼字分析。瞬認字、拼字練習、拼字測驗和詞彙教學也會增加。此外，閱讀理解策略的教學也會隨著年級增加，包括教導學生活用先備知識、閱讀時發現問題、找出主旨和摘要。另外，批判思考能力的教學也會增加，包括組織和確認因果關係。而且也會有更多的故事寫作，和閱讀後的心得或摘要寫作。再者，在寫作上也更強調標點符號；對於寫作的過程也更為重視，例如，下筆前的構思、文句校正及發表。個人寫作檔案的使用也隨著年級增加而有明顯的增加。

## 進展監控與績效責任

老師們說明他們會更全面地注意學生的學習進展，包括閱讀理解的確認（例如，閱讀後詢問學生問題、讓學生覆述已聽過或讀過的故事、學生覆述故事片段）、製作寫作檔案和閱讀檔案。老師也報告道，他們與家長有定期的會議，頻繁地與家長溝通也是他們的責任之一。

## 小結

在這群被督導們視為最有效能的老師們，報告了自己在校的生活，他們的教室裡滿是各種閱讀及寫作活動。最重要的，就本書的主張而言，這些優良老師提供給學生的都是很棒的平衡教學。這與許多教育學者和理論家的推薦相當一致（例如，Adams, 1990; Cazden, 1992; Delpit, 1986, 1988; Duffy, 1991; Fisher & Hiebert, 1990; McCaslin, 1989; Pressley, 1994; Stahl, McKenna, & Pagnucco, 1994）。參與這個研究的老師們敘述他們的教室結合了全語言與明示教學的迷人特點。例如，雖然他們強調要讓學生沉浸於讀寫的經驗中，但他們還是以示範、說明和反覆解釋進行廣泛且明示的教學，解碼相關技能的教學尤其如此（例如，標點符號使用時機、理解策略）。他們常常針對學習閱讀及寫作有困難的學生，進行字母層次、解碼技能以及基礎寫作技能的明示教學。

這份調查資料值得信賴的原因有很多。第一，老師們所提供的見解相當一致。另一個則是這些資料看來有條有理，和合理的期待相符（Harris & Sipay, 1990）。因為，那些聲稱完全採用全語言的老師們，很少承認他們進行了那些純粹全語言學者所不認可的教學活動，例如，脫離情境的解碼教學。而且，照理來說，在幼稚園及二年級間，該隨年級減少的活動，老師們都報告那些活動減少了（例如，字母層次的技能）；反過來，該隨年級增加的活動，也果然隨著年級增加了（例如，拼字）。

即便這樣的自陳資料比起專研課程的教授們坐在電腦前打出來的文章更貼近實際的教學，但它們畢竟只是自陳資料，不是真正的教學。因此，我們對這份調查研究裡的國小一年級教學進行了實況的觀察研究。這份調查報告是個好的開始，畢竟下文所列舉的現場觀察結果，沒有一項和這些

有效能老師的報告是牴觸的。

# 小學一年級的傑出教學

在二十世紀裡的最後二十五年裡出現了許多對有效能的小學所進行的研究（Edmonds, 1979; Firestone, 1991），特別是那些「極端值」的、在惡劣環境下表現傑出的學校（例如，在低社會經濟區中有高學業成就的學校）。經由這些學校的分析，我們得到一致的結論，這些學校都具有下列特色（Firestone, 1991）：

1. 它們有堅強的行政領導。
2. 它們對於孩子都有很高的期待。
3. 它們不靠嚴厲的手段，卻擁有安全和有秩序的環境。
4. 最重要的是學生可以習得基礎學力，而且樂於從其他活動轉移資源去鼓勵學生的基本學業能力之發展。
5. 仔細地監控學生的學業進展情形。

早期閱讀成就改善中心（Center for the Improvement of Early Reading Achievement；總部在密西根大學和密西根州立大學）的學者進行了有效能學校的研究，他們的目的就是確認到底是小學的哪些特點對刺激學生的讀寫能力發展特別有效。Taylor、Pearson、Clark 和 Walpole（2000）研究全美十四所學校，每所學校都有高比例學生家境貧困。在這些學校的幼稚園至小學三年級裡，每個年級有二位老師曾被觀察，而且其班級的成就也被詳細地分析。研究者也蒐集學生學期初與學期末詞彙層次的測量（詞彙辨識正確性及流暢性）和閱讀理解測驗。

研究者依據學年間學生讀寫能力進步的程度進一步將這些學校分成高效能、中效能和低效能三組。最有效能的學校有較多的小組教學、更多的老師指導（亦即鷹架）、自然發音法教學（但強調在真實閱讀過程中的應用）、更高層次的提問（亦即需要推理和整合的問題）、更多親師合作和更多的獨立閱讀。有效能的學校在閱讀技巧教學和全語言式的教學（即完整文本的閱讀、作文寫作）取得較好的平衡，學生的參與和投入（即學生

花費更多的時間來從事閱讀及寫作）也比較好。

## /教室層級的分析/

Michael S. Knapp 和同事（1995）對美國三個州的一百四十個小學教室研究它們的教學和學業成就，而這些班級都提供了貧窮學生的日常生活協助。他們發現在強調意義表達（meaning-making）的教室裡，學生的閱讀成就是最令人驚豔的，而且在這樣的教室有很多閱讀的機會。

閱讀和寫作是整合性的活動（例如，學生寫下他們所閱讀到的東西）。師生會常常討論他們正閱讀的故事和書本。他們著重於文本中深層的意思，而不是表面字義，而且老師會在閱讀和寫作文本中教導學生學習各種個別的技能。可惜的是，那些被觀察的教室裡，只有 30% 進行以意義為導向的閱讀教學。很不幸地，那些強調閱讀出意義來的老師，卻不一定會把這個方法用在寫作和數學課程中。這意味著閱讀意義的教學似乎被視為是一種專門導向或能力的教學，而不是一般課程都在強調意義。所以，那些採取意義教學的老師在某種程度上有點冒險，因為他們所任教學校的學區都是以閱讀技巧與能力當作學生在閱讀成就上的證明。但是他們在平衡讀寫能力的教學上的冒險是有回報的——學生獲得了更高學業成就。

## /紐約州北部傑出的小學一年級教學之研究/

在前述的調查結束後，我們發現，想了解小學一年級有效能的教學，最好的辦法就是找幾所小學，進到現場去看（Wharton-McDonald, Pressley, & Hampston, 1998; Wharton-McDonald et al.,1997）。我們首先面臨的挑戰就是怎樣找到這些傑出的小一老師！為了找到他們，我們詢問了紐約阿爾巴尼地區的語言教學督學，請督學們提名，誰是最有效能的一年級老師。為了決定什麼是獨一無二的傑出教學，我們也請求督學提名了一些典型的「一般老師」。督學們以教學觀察、學生讀寫成就指標（例如，閱讀成就測驗、寫作作品）和家長回饋做為推薦的根據。1994 年的秋天，我們開始觀察十位老師，其中五位是督學認為的「傑出老師」，而另外五位則被認為是「普通老師」（因為研究過程中，有一位基於個人因素而退出，所以最後只有九人完成最後的研究）。

雖然我們尊重督學的判斷，但是在研究期間內，我們也決定自己找出哪位老師具有特別的成就。因此，當觀察進行時，我們特別注意一些可能的成就指標。最後，共有三類訊息被認定為有效能教學的評量指標：

1. 每十至十五分鐘，觀察者會以目光巡視整個教室，並計算有多少比例的學生正專心地從事學業的活動。教室隨著這個特點而變化：有些教室即使老師沒有在班上，教室一樣具有一致的高度專注力；反之，有些教室的專注程度則會有所變動。

2. 學生的閱讀程度是由他們學年末所讀的書本難度等級來決定。到學年結束時，各班級的閱讀能力有相當大的差異，優秀的班級中，多數學生都能經常性地閱讀符合該年級或更高年級難度的書籍；相對的，較弱的班級中，許多學生都還在閱讀前一個年級或一年級期中難度的書。

3. 研究者以學童所寫的故事和短文來評定他們的寫作能力。在優秀的教室裡，典型的期末作文長達數頁，這樣的作品可以反映出各種寫作技能、好的拼字和適當的標點符號。這些班級的作文文章連貫性頗佳，寫了好幾頁都仍能鎖定主題。在另一種極端的教室裡，學生的期末作文通常少於一頁，只有二至三個句子，文章主題的發展和寫作的技巧都不太容易讓人留下深刻的印象。

我們對每位老師至少有十次觀察和二次深度訪談，研究者一致認為這些老師可以分為三類。其中有三個班級的學生，他們非常專注，閱讀程度也符合或超越所屬年級，而且寫作的作品相當通順、有深度。而另外的三個班級則處於另一個極端，學生的專注力很低，閱讀和寫作成就的表現相當平常。剩下的三個班級則介於兩者之間。

研究者建立了每位老師的教學模型。然後，他們比較這九位老師的教學模型，以了解究竟有哪些教室與教學的特質能夠區分這三位傑出的老師和其他六位老師。

### 各班級間的共同點

事實上，這九個班級有許多共通點，以下是至少七個班都被觀察到的特徵：

- 它們是正向積極的場所，由有愛心的老師帶領。
- 班級裡有點競爭。
- 它們都有班級常規，而且學生總是知道他們現在應該做什麼事情。
- 它們有多樣的教學形式——全班和小組教學、合作學習和獨立作業。
- 老師們混合了直接明示的教學（即解碼、標點符號、字母大寫、拼字）以及全語言形式的活動。有時候技巧的教學會伴隨著作業單，並且搭配全語言的練習方式，例如，廣泛使用課外書籍、老師示範對閱讀的熱愛及寫作的過程。
- 所有老師都認為父母參與孩子的讀寫發展是很重要的。

　　簡言之，我們所觀察的教室中，每個教室用的都是平衡教學，包含了解碼技能教學和全語言學習活動，這正是本書最重要的主張。

### 三位傑出老師的獨到之處

　　如同先前提到，這三個優秀班級中學生的專注力程度一致高於其他六間教室，有許多教學方面的原因造成學生專注程度的差異：

- 這三位最好的老師擅長班級經營。事實上，他們是如此優秀以至於班級經營甚少引人注意。在最好的班級裡，學生忙碌而快樂，根本沒有任何偏差行為。在這些教室發生的最壞情形就是學生不專注，不過老師會很快地、正向地、靜悄悄地把孩子的注意力引回當前的作業。
- 這三位頂尖的老師也是人力資源的熟練管理者。所以，支援老師們總是被適當地安插在這些教室裡，並忙碌地提供教學以幫助學生學習。然而大部分的一般老師常常沒有好好利用支援老師——例如，支援老師會花很多時間做沒有必要的周邊工作，而由班級老師獨自引導全班的課程。
- 最好的班級裡有高度密集的教學——孩子總是有學習活動要做，相較於步調輕鬆的教室，傑出班級每天早晨的時間似乎都被塞滿了。
- 教學活動是環環相扣的。閱讀素材和作文題目有關，而且讀寫教學和學科內容教學結為一體。例如，其中一位傑出老師整合了他的食物營養課程，那是該州小學一年級自然課的必修部分，並且搭配閱讀，例如 Judith Barrett（1978）的 *Cloudy with a Chance of Meatballs*，那是一本引導學生

書寫菜單的兒童讀物。

- 一般的班級中，教學活動經常與學業無關，但在最好的班級裡，它們的教學活動總是富含學業性質。例如，在一個典型的「一般老師」的教室裡，有許多抄寫的活動。另有些教室，許多讀寫教學的時間都在分享討論，但討論的內容居然和孩子正在閱讀的書及其他學科無關。

- 一般而言，傑出教室比起典型的普通教室，它們的教學活動和教學目標的內容更豐富，並且持續地在進行。

- 傑出老師的教室總是充滿學生願意去學、可以學會的訊息，這些老師有決心讓他們的學生可以發展成閱讀者和寫作者。相反地，典型的老師則比較相信，學生沒有進步是因為他們讀寫的準備度不足所致。

- 在傑出的教室中，每個學生都會因為自己的成就得到增強；而這三位卓越老師都特別關注弱讀學生的學習進展。

- 在這三個傑出老師的班級中，全語言教學（強調閱讀文學作品、寫作）與「明示的技巧教學」有很好的平衡。在這些教室中，閱讀、寫作和閱讀技巧的教學被密切地整合；雖然部分課程會著重某項能力，但是這三個班級均在課程的情境中帶進讀寫技巧的教學。老師不斷提醒孩子們這些技巧要怎樣用在閱讀及寫作上。此外，課程也安排讓孩子閱讀與寫作時有許多使用這些技巧的機會。其中一位傑出老師這麼描述初始閱讀教學：「讓孩子在全語言的融入教學與……語音（解碼教學）解碼技能之間達到良好的平衡……如果無法達到平衡，就像試著把圓塞進方框裡一般，這樣是行不通的。如果不使用多元的教學策略，那麼你就無法照顧到每位學生。」相對於這三位老師在前段班實施的統整的平衡式教學，其他老師則傾向於採用重口味的解碼本位或重口味的全語言教學，或嘗試以不搭調的方式結合兩種教學法；因此，在表現中等的班級裡，有一位深受全語言影響的老師，其課程雖然安排了強調基礎解碼技巧的拼字課程，而且每週學生也會學習拼出詞彙家族及衍生詞，並且練習詞彙，但是當他們在日記上寫故事或作文時，老師卻沒有要求學生在寫作文時正確拼出詞彙。

在幾個較典型的教室裡，老師們都盡可能使他們的教學法與全語言

教學能夠一致，其中也包括降低技巧教學的重要性，但是這樣的成效卻不如那三個優良班級；學生常感到索然無味，而且期末閱讀和寫作成就也沒有顯著的進步。另外，我們也觀察另外二間強調技巧本位的班級，它們也有教學成效低落的問題；學生也常常感到厭倦，而期末寫作與閱讀成就也與那三個傑出班級相差甚遠。

- 其中一個理由是，前段班的學生們在忙碌、充實和快樂學習外，當他們需要幫助時，都能及時獲得協助。無論是全班教學或一對一互動，這三位傑出老師都會主動替學生搭建學習的鷹架（Wood, Bruner, & Ross, 1976）；而當學生對學習感到躊躇時，他們會提供一些線索和即時鼓勵；其次，當學生嘗試閱讀較困難的文本、擬草稿或是訂正文章時，老師們也會提供協助。上述這些類型的幫助可促使學生運用已經學過的技巧。舉例來說，在情人節前一天，有位老師設法在美術課時融入一些關於形狀和音素覺識的機會教育：

老　師：當我想到情人節，就讓我聯想到一些事，而且我還會把這些事寫下來。所以我會把這些事寫在什麼形狀的紙上呢？（學生們很安靜）是方形？圓形？長方形？三角形？或是其他的形狀呢？

學生 1：一個心形。

老　師：有誰會拼「heart」這個單字？

學生 2：H-E-A-R-T。

老　師：好棒喔！如果我想用我的聲音去拼 heart 這個字，我能從哪裡開始？

學生 3：H。

老　師：那它從哪裡結束？

學生 4：T。

老　師：所以你們現在知道 heart 這個字裡有哪些字母了。

- 因為隨時都有這樣的機會教育，傑出老師們在審視學生的技能發展時會

觀察學生閱讀與寫作所有能力的發展,他們認為閱讀教學就是長期地建構出如何閱讀及寫作的知識來。同時,這些老師並不那麼贊同發展性的教育模型,所以就某些技巧而言,他們並不使用學習單給學生練習。

- 在優良的班級中,老師提供給孩子教學和幫助時,並不會使孩子們養成依賴老師的習慣;相反地,卻能普遍地培養學生自我管理的能力。這些學生經常獨立作業,或與其他孩子協同工作。卓越的老師會培養學生在沒有成人的幫助下,也能習得許多的知識。而且,不論老師是否特意去監督他們,他們依舊能專心致力於學習。

- 優秀的老師十分明白教學及教學背後的目的,所以,那種缺乏準備的讀寫教學不會出現在他們的教室裡。這和其他的老師剛好相反,其他的老師會在從事小組教學時,安排一般較常被使用的活動來使學生有事可忙。相較之下,讓學生有事可忙,絕不是傑出老師安排活動的目的。

觀察員發現,排除傑出班級的共通性(表 8.1 有摘要)後,包括這三位傑出老師所帶領的班級在內,研究中的每個班級都有不同的特色;因此,很難透過任何一位傑出老師的教學工作與成效,就讓我們明白什麼是傑出教學。不過,我們還是認為透過詳細地審視一位傑出老師的教學,能使我們更加了解一年級傑出班級錯綜複雜的特性。

### 表 8.1　卓越老師的特質

- 精熟的教室經營
- 高密度的教學與活動
- 充分整合閱讀、寫作與其他教學
- 全語言教學與明示的技能教學達到良好的平衡
- 對學生的學習抱持高度期待
- 廣泛使用鷹架來幫助學生學習
- 對於學生自律的表現給予持續性的鼓勵

資料來源:Wharton-McDonald, Pressley, and Hampston (1998).

## /安迪的教學/

Wharton-McDonald 等人（1998）曾經觀察其中一位叫安迪的傑出老師，他是一位中年男子，常穿運動衫和牛仔褲，很少穿著正式服裝；他任教學校的校長形容他是「一隻大泰迪熊」，雖然他並不是一隻真的泰迪熊，不過這是對他最貼切的描述。他了解孩子們的優點與需求，相較於發展學生的長處，他更能夠處理學生的需求。安迪的教室是個十分迷人的世界。有學生甚至還說：「我真希望我住在這裡。」安迪從不批評學生，以下是班級秩序失控時，最常聽見的對話：「我聽到積極的討論，但可不可以輕柔一點呢？」他總會積極介入使學生回到目前進行的作業或正確的行為上。因此當他發現學生分心時，安迪老師會說：「肯尼，你為何不和馬克一起閱讀你的短文呢？」然後，肯尼便會熱衷地與馬克一起閱讀，且馬克會在錯誤處給予肯尼提醒或回饋（為了保護學生的隱私，以上所有學生均為假名）。

當有其他訪客進入教室時，教室一切活動仍照常進行。安迪有效並快速地與他們應對，同時也絕不疏忽教學過程中的每一個步驟；相較之下，一般的老師會比較願意關切來訪客人，而安迪老師卻更關注學生，所以，他常忽略訪客。這是三位傑出老師的共通點；有趣的是，即使他們認真與訪客應對，學生們仍舊專注在作業上。相較於研究中其他教室的學生，一旦老師沒注意他們，他們經常會出現分心的情況。

在安迪班級中，不論學生們在進行全班、分組活動或獨立作業時，總是能做出最佳的安排；學生一進教室，就會開始閱讀與寫作，而且絕大部分的時間都會花在實際的閱讀與寫作上，而花在講述自己所寫的故事等的活動時間相對非常地少。我們觀察到這個研究中其他教室的美術活動，大多會運用耗時且還難以掌控的素材與技法，例如，黏貼與臨摹側面像。而這些難以掌控的課程和素材絕對不會出現在安迪的教室裡；簡言之，在學生自身的自律能力與老師所建立的教學環境下，安迪課堂時間得到妥善的運用，所以學生們不會被像拿取漿糊這種低層次的問題而導致分心。

為何安迪的學生可以如此的自律呢？因為安迪本身就非常鼓勵自律，他經常讚美會自己做決定並且負責任的學生；這些讚美像是「在我告訴你

們怎麼做之前，有些小朋友已經會照字母順序來排出詞彙，這很棒喔！」每個小組的桌上都有一箱易讀的圖書，學生可以自己決定選擇閱讀哪一本書，學生會自己從「閱讀從基礎做起」方案的圖書區選擇與當前課程有關的書籍。安迪也教學生要將知識「讀進你的腦袋」，他鼓勵學生們謹慎查看閱讀的內容是否合理，如果不合理，就重讀一次不合理的部分。雖然，文法是老師批閱與監看學生寫作的重要部分，但在寫作之前，安迪仍會鼓勵學生多多注意他們的寫作技巧；而他的教室裡會有一張檢視表，學生就不必等老師審閱，他們就可以自己檢查並訂正文章，藉此，學生們也能練習多樣化的簡易思考技能——比較、對照和摘要。這些技能會在其他的活動情境反覆發生，例如，老師會鼓勵學生們進行計畫，這是一種重要的思考技能，當作是基礎課程的期末作業。

雖然學生們擅長獨立作業，不過他們也會互相檢查作業，並且幫助他人解決困難的作業，因此，在教室中也需要合作學習；安迪會安排較弱讀者和較優讀者在同一組。孩子們會一起執行重要的活動，彼此相互幫助，如同安迪時常協助他們一樣。

而當學生有困難時，安迪會廣泛地提供學習鷹架，並且針對特定學生的問題，加入許多合適的小單元；安迪也會在提供學生輔助學習鷹架的考量下，給予學生能力範圍內的任務，所以安迪真的是一個有經驗的指導者，學生進行小組討論時，他總能洞察出學生了解什麼，並且提供有益的線索，協助他們懂得難以理解的概念。例如，當組員難以區分鴨和雞的產地時，安迪會沉思並大聲地說：「我想會不會跟水有關呢？」而當學生在自己的座位上獨自學習時，安迪會確認每位學生的學習情形，並提供他們需要的協助。例如，學生在寫作上遇到拼字的困難時，安迪便會提示學生去思考詞彙的發音，然後出現如下的解釋，「史恩，當我們拼其他單字時，我們也會這樣地使用字母嗎？請你動腦想一下！」然後史恩就會再嘗試去拼出正確的單字。

安迪在進行教學的初期會找出最可能有困難的學生，而且他絕不會放棄這群較弱的學生。安迪會用他的方法讓他們持續參與班上的活動，同時也讓學生感覺受到老師的尊重。例如，輪到學生必須朗讀自己的短文時，安迪會安排程度稍差的學生坐在他旁邊的桌子，好讓他可以輔導他們閱讀。

那張桌子會有數張椅子，而這些椅子只專屬於受到他邀請的學生。班上的同學認為能坐在安迪旁邊實在是非常愉快和特別，因此，學生不會因為這樣與老師互動而感到羞愧。

在安迪班上，閱讀優良的文學作品十分重要，因為學生的寫作通常涉及對優質圖書的回應。所以，如果有人要製作傑出文學閱讀歷程的影帶，那可以在安迪的教室中完成。廣泛閱讀專業童書和著名兒童文學作家的討論（例如，每月作家），這些活動都與全語言的教學觀一致，另外，在安迪班上學生也會看《閱讀週報》（*Weekly Reader*），並以多種閱讀的形式進行，從全體大聲朗讀、搭檔閱讀到默讀都有。

安迪會針對學生已閱讀的內容進行大量的討論，並且向學生提出許多問題。安迪不只藉此來評估學生從閱讀所得到的知識，同時還會進行討論。在這些討論中，學生會提出許多的看法，而安迪後續也會陸續地發問，以進一步澄清學生的概念，而這些後續的問題會對學生先前的答案進行確認，這些後續的問題傳達出他對於學生閱讀心得和想法的重視。的確，安迪經常對學生的想法進行衍生的闡述和確認，不過，在這個過程中，學生的發言和想法總是受到該有的尊重。

安迪秉持全語言教學的觀點，因此，課堂裡有許多連結閱讀與寫作的活動（例如，以自己的文字寫出剛聽到的故事），而且這種寫作教學也包含了故事大意的結構，例如，強調開頭、本文、結尾及標題。這種牽涉到寫作與修改的課程活動與和老師討論具有一樣的功能。此外，學生彼此之間也會對所讀的內容，以四個步驟進行回應：閱讀、思考、告訴對方、寫下。

然而，除了抱持著和全語言教學觀一致的教學信念外，安迪的教學內容也是有系統的課程。當基礎讀本所寫下的故事與課程主題有關時，安迪就會大量使用這種故事，從教室中的許多作為看來，安迪並沒有完完全全地採用全語言的哲學，在安迪的教室中，解碼技能的教學和閱讀經典的文學作品與學生作品完美地結合在一起。在正式的課程中，安迪都會安排一些延伸自然發音法的小單元，以介紹簡單的發音規則（例如，結尾的 e，會使在它前面的母音念成字母的音名）。這種解碼規則的方法常被使用在拼字教學裡，尤其是具有特殊發音規則的單字。閱讀故事時，安迪通常會

針對具有某些特性的詞彙進行討論（例如，討論有短音 o 的詞彙）。而在小組活動時，也會常有詞彙分析的活動，例如，從大字中找出小字來。安迪也會使用習作以配合教學課程，因為他相信學生可從練習和實作中進步。

當學生進行需要明示解碼技能的活動時，安迪會故意引發學生的思考；以下是進行字母排序教學活動時發生的師生互動和對話：

安迪：為什麼你把 whale 放在 woman 前面？

湯米：它們兩個都是以 w 開始的詞彙，所以，我看第二個字母，h 在 o 前面，因此 whale 放在 woman 前面。

安迪：沒錯！你們這組已經學會如何運用第二個字母來進行詞彙排序，很棒喔！……這個字是個怪字，因為字裡的一個字母可能會有兩種不同的發音。

艾迪：huge（正確地發音）。

安迪：為什麼舉 huge 這個例子？

艾迪：因為 g 可以發硬 g 或軟 g。

安迪：相當正確！有時 g 可以發硬的 g，而有時卻是發軟的 g，這就是為什麼這個詞彙需要多一點練習。

安迪也常與學生談論他們正在閱讀書本的內容、這些內容與當前課程的內容是否有關，並且討論如何運用基本閱讀技巧；安迪的教室裡一整天都會進行這樣的對話。

安迪在教學時也會特別留意學生的詞彙發展。他與許多全語言教學法的擁護老師一樣，安迪會與學生討論他們在書中看到的新詞彙。此外，安迪也會把很多瞬認字張貼在教室裡做為討論的補充活動，課程中也有瞬認字的練習活動，資源教師會對較弱的學生提供更明示及廣泛的指導。

此外，課程之間也有緊密的結合。例如，隨著春天的來臨而出現栽種的主題，而主題也將呈現於閱讀、寫作及班級的科學活動中，並且讓學生自己會從「閱讀從基礎起」的班級書庫中選取相關的閱讀書籍。學生在栽種單元結束之後，繼續閱讀有關植物的書籍。這樣的整合教學活動也被運用在其他主題上，包括小雞孵化的主題，就是讓學生開始了解性教育課程

的基礎。當學生閱讀到關於小雞的內容，討論讓十二隻小雞孵化的生物學原理時，這時文學、科學以及生活價值觀便緊密地結合在一起，學生會用自己的方式寫下孵化過程，而且全班也會準備一則新聞故事，來慶祝 100%的成功孵化率。假設學生縝密地計畫並監控蛋的孵化過程——這將如同閱讀者與作者仔細檢查以確保文章正確無誤——那麼成功孵化小雞將是意料中的事情。像這樣的安排，安迪使自己的每個教學單元之間都有密切關聯，並且創造出讓學生興奮的教室環境。而那些剛分享完小雞孵化的過程並自己寫下報告的學生們，他們對自己的表現感到非常驕傲，也令我們印象深刻。

安迪透過家庭作業來建立家庭與學校間密切的聯繫，他鼓勵學生將較具挑戰性的圖書帶回家，當成家庭作業，並在晚上時與父母一同閱讀。如果學生說明親子會一起完成家庭作業時，安迪會特別提起並給予公開表揚；此外，在放長假之前，安迪會寄一包家庭作業，附上「給家長的一封信」，來鼓勵父母在假期中一同與孩子完成作業，包括寫日記等。

雖然安迪擅長因應學生的不同程度來調整教學內容，不過他那精采而豐富的教學並非一蹴可及，安迪可是在事前做了詳細的規劃，才使得教學環境如此多彩多姿。

這樣的付出是有收穫的，在期末前每位學生要能完成至少包含三個句子的寫作作業，不過，安迪班上的大部分學生都可以寫滿整整一頁，有的甚至更多；大部分學生的作品，其構想與課程主題之間銜接得很好，學生的字體工整，也能正確地使用大寫與標點符號。從學生的寫作中，反映出他們能了解「行」及「頁」的寫作體例，雖然學生偶爾會有一些自創的拼字，但很多詞彙都寫對了。

到了六月時，除了一位學生之外，其餘的學生都已經在閱讀一年級期末課程的教材。此時，大部分的學生也已經輕鬆自在地閱讀完所有一年級的基礎讀本，另外，也有一些學生開始在閱讀二年級的課外書籍，以及中級的二年級基礎讀本。

當我們在 Wharton-McDonald 等人（1998）的研究中看到安迪與其他典型老師的教學後，我們真的覺得當安迪的學生很幸運！他的學生們所經歷的一切學習，相較於其他班級的學生，我們發現兩者實在相差太多了。當

時我們為了不偏離研究的主題，並且找到想要的研究班級，我們向語文課程督學強調，我們不要任何落後的班級，我們感興趣的是擁有一年紮實教育的傑出班級。我們也向督學強調，那些可以在學區之內自在地做教學演示的班級就是我們研究想要找的典型班級。不過，把安迪的班級和本研究樣本的多數班級所發生的情況對照一下，我們或許低估了大多數一年級學生經歷過的教學品質差距，因為美國的多數一年級學生並沒有辦法像安迪的學生一樣，可以學習到這麼多。

## /全國性的後續追蹤/

　　Wharton-McDonald等人（1998）研究的缺點，是這個研究只在紐約州北部進行，這樣的研究結果可以放諸全國皆準嗎？Pressley、Allington、Wharton-McDonald、Block 和 Morrow（2001；亦見 Pressley, Wharton-McDonald et al., 2001）對這個問題感到相當有興趣，他們觀察紐約州北部的一年級教學情況，並和紐澤西州的都市、達拉斯－沃爾斯堡、威斯康辛州的麥迪遜與北加州的鄉村地區做比較。他們採用Wharton-McDonald等人（1998）的研究所提供的評準來找到「優秀的教室」與「典型的教室」。雖然需要花長時間來整合這些結果，但是Pressley、Allington等人（2001）和 Pressley、Wharton-McDonald 等人（2001）的報告中，都發現有效能與無效能的一年級老師有非常大的不同。Pressley、Allington等人（2001）發現在有效能的班級中，每一個小時的教學都含括更多的解碼技能的教學，當詞彙的認知教學愈豐富，教學策略也愈多樣（即自然發音法、辨認詞彙成分、關注整個詞彙、使用圖片提示、運用含有語意內容的資訊、套用句法線索的提示）。有效能的老師會運用許多有效的理解策略（例如，預測、想像、摘要、找尋故事的某一部分），並且會廣泛地提供鷹架，他們也會給學生非常多的教學指導。其次，在有效能的班級裡，老師也比較強調寫作歷程，包含計畫、打草稿與修正；同時有效能的老師比較會要求學生注意寫作的格式規範，例如，字母大寫與標點符號的使用，及正確拼出常用的詞彙；他們也會指派給學生一些具有教學性質的作業（包含大量寫作與少量的美術作業；相對地，一般典型班級則是會指派大量美術作業和少量的寫作）。此外，在有效能班級裡處處可見學生的寫作作品或共同創作的

大書，而且他們還大方地展示出來呢！

凡是看過Pressley、Allington等人（2001）這個個案研究的人，都會對有效能的一年級閱讀教學產生深刻的印象，其特色包括大量教授閱讀技能、大量閱讀兒童經典文學作品、學生大量地練習寫作、提供符合學生現有能力的作業與廣泛鼓勵學生自律，以及不同學習領域之間的緊密連結。此外，有效能的班級是個迷人且以學生為中心的世界；這些積極、具說服力的老師們每天認真地經營教學，且課堂裡有充足的合作學習，所以，孩子們都非常喜愛在這樣的班級裡學習。

## /評論/

Pressley 等人（1996）的調查研究（此章節稍前部分有提及）在投稿時，曾受到審查委員的評述，其中一個批評是，文中引述的教學實務的清單實在太長，長到不足以採信；然而 Wharton-McDonald 等人（1998）與Pressley、Allington等人（2001）的觀察研究卻證實，絕大部分該調查研究所指出的教學演示的確出現在最好的一年級教師、一流讀寫教學老師的班級中，這些班級絕對是傑出且有效能的班級。檢視教學的方式之一，就是透過教學過程中呈現的各樣元素，這是該調查研究的焦點，也是本節主要的內容。在這個部分我們獲得最具啟發性的收穫就是：傑出教室的老師較一般典型教室的老師更關切班級內的每位學生。

每位就讀一年級的孩子，都有不同的學習準備度。相較於起點行為較落後的同學，有些孩子已經擁有豐富的讀寫經驗，因此，他們能順利地發展語言與溝通能力；有些孩子已經具備高階的音素覺識能力，他們不僅能熟練地發出詞彙的聲音，甚至還會玩 Pig Latin[1] 這種聲韻置換遊戲；有些學生則僅具備基礎的音素覺識能力，對詞彙的押韻有初步理解；有些孩子則尚未有音素覺識能力。所以，一年級的教學要素必須兼顧所有孩子的需求，實在不是件簡單的事。

教導一年級的關鍵技巧就是──老師得敏銳地察覺每位學生的個別需

---

1 譯註：Pig Latin 是英語的一種置換首音或尾音的遊戲，遊戲的人必須把最前面的子音，調到後面，並且加上一個-ay的字尾，例如「banana」就會被唸成「anana-bay」，能玩這種遊戲的人，就具備了良好的聲韻覺識能力。

求，這樣老師才能有效掌握學生的學習情形，且適時地提供學習鷹架；鷹架的提供有不同的形式，有時是依學生的程度給予不同的任務要求，例如，我們發現，卓越的老師會鼓勵優秀的學生多寫幾頁作文，但一轉頭，老師只提醒落後的學生可以多寫幾個句子。更多時候，鷹架的提供只是提醒學生如何應用他們正在學習的技能來幫助自己面對特殊的情況。藉著為弱勢學生提供頻繁及大量的鷹架，老師可以讓不同需求與不同程度的學生一起學習相同的課程。因此，最好的老師會使鷹架成為教學的中心，以不斷幫助學生們的學習。

相反地，在其他典型的普通班級裡，鷹架教學並不那麼明顯或頻繁。這些教室中，老師比較重視教學的課程內容，而學生的需求似乎沒那麼重要，例如，有些極度認同全語言的老師在正式訪談或是他們上課時，都不斷告訴我們諸多全語言教學的觀點。在許多方面，他們相信自己致力於全語言教學時，可以讓學生更愛好閱讀和寫作。而我們也觀察到在典型的教室裡，老師通常會較注意來訪人士，老師常會將注意力轉移到那些出現在教室門口或進入教室的來訪人士；相反地，優秀老師會簡短地與來訪人士交談，並且幾乎不會中斷他們的教學過程；所以，我們觀察的優良班級絕對以學生為中心，且其上課內容兼具解碼技能與全語言的教學。

自這本書的第一版出版以來，我們常被問到，平衡教學是否適合文化不利的學生。問這問題的人通常心有定見，或強調解碼技能教學（例如，Delpit, 1986, 1995），或強調全語言教學（Hudelson, 1993）的教育理論。這樣的問題常會伴隨著具體的提醒，說明學校的教學和文化不利學生的語言、文化風俗及偏好等有諸多不適配之處（Cazden, 1988; Cazden, John, & Hymes, 1972; Edwards & Davis, 1997; Heath, 1983; McCarthey, 1997; Ogbu, 1999; Philips, 1983; Snow, 1983; Valdés, 1996; Vernon-Feagans, 1996; Vogt, Jordan, & Tharp, 1987），不適配指的是主流文化的老師與少數族群的學生之間的不適配（例如，Bloome, Harris, & Ludlum, 1991）。問這些問題的人經常認為，文化調整（cultural accommodation）可以提升學習成就，並且提出文化適應在讀寫教學重要性的知名案例做為例證〔例如，在夏威夷的「卡美哈美哈學校」（Kamehameha Early Education Program, KEEP）；Au & Mason, 1981/82〕。但是，這些提問的老師卻不知道，「文化調整能提升

有效的讀寫教學：平衡取向教學

Reading Instruction That Works:
The Case for Balanced Teaching

2
0
6

文化不利孩子的成就」的說法，沒有得到幾個研究的支持（Goldenberg, 2001）。

　　現在我們如果要回答關於少數文化族群、貧窮家庭與其他高危險群的小孩是否適合平衡教學之類的問題，我們就會參考 Dorothy S. Strickland（2001）的著作，她總結道，高危險群的非裔美籍孩子初入學時就需要接受持續的高品質教學，班上要有大量的教育活動。此外，學校要和家長建立良好的合作關係，讓家長成為教育孩子的夥伴。Strickland 也建議，孩子必須使用符合目前能力的教材與作業；她呼籲老師要廣泛採用適合的技能教學。傑出的老師會謹慎地監督學生，並確保他／她的學生可在學習中保持進步（Wilkinson, 1998）。Strickland 也提到全語言式教學的重要性，簡言之，Strickland 提出高危險群的少數族群學生因為教學而獲益的實例，她所提的教學，和本章節強調的「平衡式的讀寫能力教學」異曲同工。閱讀她給的建議時，我們回想起在我們的研究中，有多少最優秀的平衡式讀寫教學老師教過高危險群的孩子？平衡式讀寫教學對於文化不利學生來說，是種很好的教學模式，當然也對所有在課業上受挫的學生有幫助。如果想知道平衡式讀寫教學可以有多大的成效，可以參考最近 D'Angiulli、Siegel 和 Maggi（2004）的研究，他們指出平衡式讀寫教學讓幼稚園至小五低社經家庭背景的閱讀困難學生，以及英語為第二外語的學生獲得助益（亦見 Lesaux & Siegel, 2003）。

　　當我們呼籲需要較多監督與個別化指導的平衡教學時，我們知道不論是在這國家（Kozol, 1992）或是其他地方（Wilkinson, 1998），縱使監督與個別化指導的教學會發生，但是文化不利與處於高危險的孩子，還是常常沒有機會體驗平衡式的讀寫教學。當我們了解許多高危險群學生之後，我們常會發現學校文化與家庭文化間的不適配情況，而老師需要投注大量心力才可能了解這類的問題及調整自己的教學，不過，最令人沮喪的是，最需要幫助的學生往往是獲得最少教育資源的一群人。幸好，在我們的研究中發現，在缺乏教育資源的地區，仍有一些能幫助孩子學習的優秀老師，即使環境不利，依舊能使學生有效地投入學習。

　　結束本節的討論之前，我們還是要不斷強調，我們研究中發現最棒的班級裡，都有「看重學業活動」的特色，這就是本節的重點。平衡式的教

學或許與這個特色有點關係，但是我們將之歸因於優秀老師的教學管理技能。以全班為對象進行教學時，傑出老師妥善規劃全部的課程，並準備教材，上課時隨時可取用；相反地，在典型的一般教室裡，我們經常看到老師並沒有做好準備，上課時到處找東西。也許兩者最大的差別在於，傑出教室裡的學生會被要求進行較多學業活動，而非其他的事務。舉例來說，在我們的研究中，所有的教室裡，寫作一定配合著美術活動進行，然而在一般教室裡，美術活動卻比寫作得付出更多的時間與努力：學生花費許多時間拿漿糊，並對剪出奇形怪狀的色紙而感到苦惱（例如，一個能用拇指施力的杯子，或是剪出喬治華盛頓的側面像）。這些複雜的教學活動都不會在傑出教室的美術活動中出現，因為傑出老師總是強調學生的時間最好都花在寫作。我們也強調，在優秀班級裡，學生會寫出他們讀過的內容，而且他們會進一步閱讀，以發展他們的寫作主題，這些主題通常與他們所學的課程內容有關。也就是之前出現的觀念會與之後出現的觀念有所關聯。在我的同事和我所執行的研究觀察中，有一點非常重要，那就是優秀的班級裡都會有跨領域課程的連結。

然而，必須要注意的是，即使在最好的班級裡還是會出現有嚴重學習困難的學生。隨著學生年級的增加，學生也不能自行發展出良好的閱讀能力，這也意味著，我們需要進一步提供孩子們特別的教學介入方式。

# 閱讀復甦方案

許多小一學生在學習閱讀上極為困難，他們可能有長期學業困難的風險。針對這樣的孩子，紐西蘭教育學者 Marie M. Clay 在 1985 年發展了一種重要的課程——閱讀復甦（Reading Recovery®）——每天提供給孩子一對一的教學，每天有三十至四十分鐘的課，為期十至二十週，課程的目的在於幫助學習有困難的學生趕上同儕的進度。這個課程最初的假設是，學生可能因為所學的技巧範圍太少，以至於他們在文字處理上受阻，而無法靈活應用所習得的策略。例如，學生會想要念出文本中的每一個詞彙（見本章稍早前的討論），但事實上，還有許多的策略可幫助學生辨識出文章中的字詞來，只是學生不知道而已。

閱讀復甦主要就是在教學生各種 Clay（1985; 亦見 Pinnell, 1989）所定義的策略，包括以下幾點：

· 從左至右閱讀。
· 使用疾速返回下一行左邊的視線掃描，而非緩慢從右邊讀至左邊。
· 自我檢驗正在閱讀的內容是否有道理。
· 在建構意義的過程中使用交叉檢覈，如以下的例子：

> 讀者可能使用某一種資訊去預測一個詞彙，但也會使用另一個來源的資訊覆覈剛才預測的正確與否。例如，看到《比利的山羊》（*Billy Goats Gruff*）一書中有幅過橋的插圖，一位年幼的讀者可能預測這單字是「水」。然而，檢查時，他可能注意到這個字是「溪」，而這與剛才的預測並不一致。這項交叉檢覈可能因此引出學生的自我修正，或是在孩子察覺矛盾時，引出另一個想法。（Pinnell, 1989, p. 166）

· 從圖片、語言架構和文字的視覺線索中，尋找文字的意義。
· 當意義不明時，反覆重讀文章。
· 積極進行自我修正，而非等著老師修正錯誤。

有關閱讀復甦所強調的策略，可以引述以下的文字說明：

> 老師和孩子的注意力必須落在策略或操作的方式上——從文本中獲取訊息乃兒童自發的心智活動。如果老師只是關注教學內容而非策略；例如，只著重於字母—語音的一致性或瞬認字的學習，而不是注重如何以文本內容來檢閱詞彙是否合理，這會威脅到學習閱讀的速度。雖然孩子學會了字母—語音的規則與拼音，但在閱讀或是寫作有意義文本的課程裡，閱讀復甦的老師會稱讚孩子，是因為他們使用策略，而不是因為他們學習到這些內容。（Clay & Cazden, 1990, p. 208）

每堂閱讀復甦的課程，都有如下共同的的架構：

1. 首先，孩子會重新閱讀至少二本以上短的而且熟悉的書。

2. 接著，孩子閱讀一本前一天介紹的書；同時，老師會追蹤他們閱讀時所犯的錯誤（這樣做可以蒐集兒童的學習的起點能力；目的是讓孩子能在進行此步驟後的幾天，在步驟 1 的閱讀上都能達到 90%正確率）。

3. 孩子用白板上的塑膠字母作字母辨識練習（一旦孩子學會字母，此步驟可省略，或由其他的解碼或詞彙教學取代）。

4. 讓孩子進行寫作，或是寫出一則故事。

5. 老師將故事分割成片段後，孩子再把故事重組起來。

6. 老師介紹一本新書，並讓兒童閱讀。

　　閱讀復甦課程進行時，老師非常注意孩子的學習情況，以確保整個教學聚焦在孩子的特殊需求上。甚至在教學開始前，老師就已經廣泛觀察及評估孩子的閱讀程度（Marks et al., 1994）。關於新書的閱讀和寫作所形成的交互作用，老師提供充分的鷹架，隨時提供學生必要的暗示及協助（Clay & Cazden, 1990）。例如，寫作時，老師會特別讀出單字的聲音與講述拼字的形式，並鼓勵學生仔細聆聽即將要寫下的詞彙，並請孩子把生詞多寫幾次，以助於記憶，老師也會稱讚兒童的進展等。而與 Clay（1991）的見解相符的是，閱讀教學應發展內在控制（也就是讓孩子把習得的策略內化）。等孩子能獨立作業之後，老師逐漸撤除所提供的協助（Wong et al., 1994），但隨著先前文本讀寫的成功經驗與較具挑戰性的任務出現，老師便會提供額外的支持。我們發現 Clay（1991）把閱讀教學當作是內在控制的發展，這樣的概念相當吸引人，因為這與 Vygotosky（1978）提出的認知過程的內化相當類似。

　　我們也認同 Clay 的主張，她重視詞彙的視覺處理與詞彙的發音成分。Clay（1991）強調要教孩子們去注意、分析詞彙可發音的部分，但她也強調解碼，解碼的結果尚須配合其他資訊做交叉檢覈（也就是句法與語意情境線索），進而判斷詞彙解碼是否合理。如上所示，Clay 主張妥善使用及運用多種線索的想法十分吸引人，但是，這仍需要有研究去仔細評估她對詞彙辨識的看法。

　　此外，閱讀復甦也有很多自然發音法的教學（Stahl, 2001）。閱讀復甦

的學生在寫作時會試著念出詞彙，而老師也會確認學生完稿作品的拼字是否正確；閱讀復甦常用一個著名的教學法——艾肯寧方格（Elkonin boxes; Elkonin, 1973），即用幾個方格來代表詞彙中的每一個音，孩子到後來可以學會把語音相對應的字母填進格子裡。例如，要教孩子拼出cat，老師會先要孩子根據這個字的發音，畫出三個方格，最後會將代表的音——字母c、a和t分別填進方格裡。

　　閱讀復甦方案的老師會教導學生利用塑膠字母去組合和拆解一個詞彙；因此 cat 這個字被拆成 c 與 at，接著變化成 bat、fat、mat 及 rat（也就是學生在字首加上一個子音到 at 這字串，以製造上述的詞彙）。閱讀復甦最重要的部分就是使用「字母層次」與「聲音層次」的線索來念出詞彙。而寫作的重要部分是「拉長（stretch out）」兒童對詞彙的發音，並運用字母去表徵拉長的語音成分而進一步寫出這個詞彙；我們看到老師們用這個方法來教導孩子寫出字來時，感覺相當興奮，其他了解箇中奧妙的觀察者也有同樣的感覺（例如，Adams, 1990），在這樣的方法中，孩子真的在詞彙的寫作與閱讀上學了很多。我們希望有人能在不久之後針對閱讀復甦活動對孩子閱讀與寫作的益處進行分析，因為那是了解閱讀復甦成效的必要研究。

## 為何教育工作者熱衷於閱讀復甦？

　　有關閱讀復甦的成效評估，最為出名的研究在紐西蘭與美國俄亥俄州兩地進行，出版研究報告者都是閱讀復甦的擁護者（見 Forbes & Briggs, 2003; Pinnell, 1989; Swartz & Klein, 1997）。研究報告宣稱，參加閱讀復甦方案課程的學生大都能趕上同儕的進度；最令人印象深刻的是，原本落後的學生，在接受這個方案二、三年之後，他們的閱讀能力幾乎已與一般學生沒有差異。

　　事實上，要從各種研究中整理出閱讀復甦方案的成效還真不容易，因為這些研究用的研究設計和測量工具實在良莠不齊。D'Agostino 和 Murphy（2004）曾經對大量現存資料進行了後設分析，這是到目前為止我們看到最好的分析，他們指出，閱讀復甦確實有正面的成效。這個研究是由閱讀復甦的圈外人做的，我們認為這是閱讀復甦方案成效的最佳佐證——雖然以標準化測驗評估成效時，其成效不如使用「為閱讀復甦量身設計的測

驗」。但整體來說，這個回顧文章提供了紮實的理由，讓我們相信許多學習困難的孩子可因閱讀復甦方案而提升其早期的閱讀成就。

俄亥俄州的團隊非常積極地培訓閱讀復甦老師，並且派他們回到原任教學區去倡導閱讀復甦方案的相關教學方法。這些受過訓的老師也會說服其所屬的學區大力培養新的閱讀復甦老師，以及使用閱讀復甦教學法。截至目前為止，這一群獻身於閱讀復甦的專家老師已經在某種程度上落實了閱讀復甦方案。

## /閱讀復甦令人憂心之處/

閱讀復甦最大的批評是成本太高，因其強調的「一對一教學」會占去兒童三分之一至二分之一學年的時間。而一位閱讀復甦老師的負荷最多同時可以教四名學生，換算下來，一位老師一年只能教十二名學生。而每位接受閱讀復甦的學生一年會額外花掉三千至四千美元的費用，當然，這筆錢並不包含在正規教育的費用之中。當有其他比較省錢的補救方式出現時，閱讀復甦遭受的質疑就更強了。例如，由父母進行的個別指導似乎也能鼓勵遭遇困難的學生自發性的閱讀（例如，Mudre & McCormick, 1989）。有許多研究指出，大學生志工也可以有效地指導初始閱讀的兒童（Baker, Gersten, & Keating, 2000; Elbaum, Vaughn, Hughes, & Moody, 2000; Fitzgerald, 2001; Invernizzi, Juel, & Rosemary, 1997; Leslie & Allen, 1999; Wasik, 1998）。而一些培訓閱讀志工的研究者，更進一步提供教學手冊給志工，上面詳載如何有效地實行初始閱讀教學，而我們也強烈推薦這個資源（Johnston, Invernizzi, & Juel, 1998; Morris, 1999; Morrow & Woo, 2000）。

如果閱讀復甦課程的成效能如倡導者所述，能持續而且維持一段時間——那麼大部分參與閱讀復甦方案的學生都能達到一定的水準，而且即使離開此一補救方案，他們之後的學業也會維持在同儕水準，那麼政府花在推行閱讀復甦方案的教育成本將會更值得。不過，如我們先前所提及，有些閱讀研究學者發現，早期閱讀復甦方案的長期成效可能不如倡導者的預期（Chapman, Tunmer, & Prochnow, 2001; Hiebert, 1994; Shanahan & Barr, 1995）。坦白說，如果閱讀復甦方案成效真的那麼好，我們才真會嚇一跳。當閱讀困難的高危險群幼童在接受教學介入後，其成效最明顯的時段，就

是介入剛結束時〔例如，三歲高危險孩童的認知訓練成果（Brooks-Gunn et al., 1995）；啟蒙方案對 IQ 的提升效果（Cicarelli, Evans, & Schiller, 1969）〕。一般而言，要讓學業有困難的孩子保持在同儕水準，最好的方法就是提供他們長期且一致的補救教學（例如，Campbell & Ramey, 1994）。閱讀的介入有點像持續的藥物治療，因為智能上的困難是長期的問題，絕非三兩天可以治癒。到目前為止，仍舊沒有快速又簡單的方法可以預防學業的困難。

最後，閱讀復甦的倡導者聲稱，閱讀復甦是改善閱讀困難的最佳方法，要挑戰這種說法其實滿簡單。因為在早期的閱讀階段，有許多其他的一對一閱讀指導方法也能產生驚人的效果（見Shanahan & Barr, 1995; Slavin, Karweit, & Wasik, 1994; Wasik & Slavin, 1993）。最令人折服的研究是由 Lovett 與她的夥伴（Lovett, Ransby, Hardwick, Johns, & Donaldson, 1989; Lovett et al., 1994；見本書第 5 章）以及 Vellutino 等人（1996；見本書第 3 章）所進行的研究。尤其，若閱讀復甦方案中包含更多明示的解碼教學，那麼閱讀復甦方案的成效會更為顯著。舉例來說，Iversen 和 Tunmer（1993）主張，相較於目前學生所接受的閱讀復甦方案課程，課程中如果能包含更多聲韻學及解碼的明示教學，將使學生更快速地進步。而這個研究另外一個附帶的發現是，當學生擁有較佳的聲韻處理能力時，他們愈能透過閱讀復甦方案與後續的閱讀教學獲得更好的學業成就（Chapman et al., 2001）。

其他一對一教學法也能產生類似閱讀復甦的效益，除此，有愈來愈多的研究指出，「小組閱讀指導」也有不錯的效果，而且費用遠比一對一教學便宜（例如，Hiebert, Colt, Catto, & Gury, 1992），例如，在標竿學校已發展的詞彙身分證課程（Gaskins, Gaskins, Anderson, & Schommer, 1995; Gaskins, Gaskins, & Gaskins, 1991, 1992；見本書第 5 章）。

閱讀復甦方案的課程著重於字母－語音層次的線索，這並不令人意外；但是認同全語言教學法的人卻不贊同閱讀復甦方案，因為他們認為閱讀復甦方案的課程範疇只占讀寫能力發展的一小部分而已（例如，Barnes, 1996; Dudley-Marling & Murphy, 1997）。但擁護閱讀復甦的老師們則回應道，閱讀復甦方案對於閱讀困難的小學生來說扮演一個非常重要的角色，而且這個課程只占一部分的學習時間，同時這也只是平衡式教學法的部分內容

（Browne, Fitts, McLaughlin, McNamara, & Williams, 1996）。我們覺得，閱讀復甦方案的效益較有說服力，攻擊它比較注重閱讀基本技能、多花幾分鐘做高度結構化的教學，而沒有照顧到較抽象目標（例如，強調讓孩子對所閱讀的內容做詮釋，並讚許那些帶給班級許多文化經驗的孩子），這樣的說法沒什麼道理。批評閱讀復甦方案課程結構的人，常忽略其最驚人的特點：參與閱讀復甦方案的學生在課程中可是開心得不得了，這是我們親眼見到的。雖然這個結果對於某些全語言的倡導者來說也許很難接受，因為他們認為只有讓孩子們沉浸於文學、非結構、隨興的寫作中，才能夠獲得成功和喜樂。但上閱讀復甦的課似乎真的是學生快樂的泉源。我們的觀點和許多了解閱讀復甦的研究者是一致的（Browne et al., 1996）。

　　總結來說，當孩童初始閱讀出現困難時，一對一教學的閱讀指導是有用的，不管這種指導是閱讀復甦方案，或特別強調解碼學習的教學。沒有什麼仙丹妙藥可以治療所有學習閱讀的疑難雜症，閱讀復甦方案也不行。但是，研究支持閱讀復甦方案的確可以在早期的補救教學上派上用場。此外，閱讀復甦也刺激了其他替代性方案的出現。比起十年前，我們現在更了解初始閱讀教學及教學方式的資訊。閱讀研究的貢獻已經在美國的學校內被使用，而不只是個別指導才會有效果。

　　雖然如此，培養一位閱讀復甦方案的老師，對一個學區來說仍舊是一項很大的投資，而且必須花費一年的培訓時間，這對學區來說相當冒險，因為有時支援補救教學的經費會耗盡，而當經費耗盡時，參與閱讀復甦方案的培訓老師就得回到學校教書。Roehrig、Pressley 和 Sloup（2001）花了兩年時間觀察十位接受閱讀復甦方案訓練的初階老師。受過進階訓練與擁有相關教學經歷的老師在教學過程中會使用在教學演練中學到的閱讀復甦策略，且他們的教學模式很像本章稍早討論過的模範老師。這些老師的讀寫能力教學就是組合了各種閱讀方法的平衡式教學法。老師常用直接教學法，例如以迷你課程的方式進行，也用了全語言的真實閱讀情境與寫作活動。老師能敏銳察覺每位學生的能力，且同時配合自我管理發展的鷹架協助。碧琪（Karyn Beach）是 Roehrig 等人（2001）的研究中被觀察的一名老師，我們拜訪碧琪老師的班級，發現閱讀復甦原則與平衡式讀寫能力教學兩者並存於這個有效能的班級裡。

## /碧琪老師的教學/

碧琪服務的學校有較多低社經的學童。而她所教導的一年級新生，有些語言能力還不足六歲，也有許多學生沒有做好就學的心理準備，還會拒絕老師、拒絕參與學校的活動。

碧琪老師的班級給大家的印象是：一個學生高度專注與擁有密集教學的課堂環境。她提供了許多直接教學，也會提供大量的鷹架幫助學生使用已經學過的技能。更重要的一點是，碧琪老師在教學中組合許多閱讀復甦方案的技巧。因此，堅信閱讀復甦方案的她，會使學生習慣於將詞彙分解成一小部分，而學生會反覆閱讀書本內容以達精熟程度，並寫下他們的閱讀心得。

然而，她在教學過程中最重要的特徵是，學生能融入於優秀兒童文學作品的世界中，而且解碼技能的教學也不會因注重文學而被偏廢。碧琪老師特別擅長在課程中加入優秀的兒童文學作品，因為她認為優秀兒童文學作品是閱讀教學裡最重要的因素之一。所以班級的孩子常聽到並閱讀一些故事，例如，《石頭湯》（*Stone Soup*）、《薑餅男孩》（*The Gingerbread Boy*）與《甘尼狼》（*Gunnywolf*）。

碧琪老師認為，學生能進行上述活動，乃因老師積極鼓勵學生進行自我管理。她在帶新班級的第一年花很多時間在建立學生自我管理的規範，她讓學生知道老師對他們有很大的期待。碧琪老師確實能讓學生知道，當他／她完成作業時自己還可以做哪些活動，並且特別確保他們知道班級裡接下來應有的課程。其次，當學生能表現自律時，我們觀察到碧琪老師會給予學生許多正面的回饋。舉例來說，以前當學生在課堂中顯得昏昏欲睡時，碧琪老師會對他們說「我喜歡你們在家裡多睡一點，你們要這樣做喔！」此外，碧琪老師會持續提醒學生反覆練習，並請學生重讀來確認錯誤糾正是否有效。而當他們能這麼做時，碧琪老師會給予鼓勵以增強他們的行為（「我喜歡你重讀這些內容，因為好的讀者會先找出自己的錯誤，並且藉著重讀來改正這些錯誤」）。學生也常被提醒，在他們做出回應之前要先使自己的想法和內容變得更有條理。碧琪老師對於如何鼓勵學生回答相當有辦法，並且要求學生們能表現得更為完美。所以，當學生因為不

敢冒險而有點猶豫時，她總是會對學生說：「犯錯沒什麼大不了的，放手去做吧！」如果學生受挫，碧琪老師也會立刻判斷他／她是否可以做到，而給學生不同的回應與支持（「我只會花時間在正確的事情上，否則我不會請你來黑板這邊」）。碧琪老師也不斷地鼓勵學生「去得到」。不過，她也會傳達一個訊息，「試著去得到」比「真正得到」更重要（「我並不期望你做到完美，但我希望你盡力去做」）。當學生自律時，他們常被誇讚（「你做了一個正確的決定」）。而且，她會增強學生的行為以使他們更為專心。無疑地，在她的班級中大量地執行了學生自我管理和自我控制。一般而言，學生會因此而知道他們「要什麼」並且「如何去做」。尤其更明顯的是雖然碧琪老師負責班級裡大部分的直接教學，也會提供鷹架協助給需要的個別學生，但是當學生寫作業時，老師不需要特別去留意他們，因為學生有很多時間是獨立完成作業的。

碧琪老師班上的學生有成功的機會。碧琪老師相當熟練地給予學生們一些帶有挑戰性、但不至於超過能力範圍的任務。而她也確認學生們是否正在閱讀具有挑戰性、但不至於過於困難的書籍。對於那些特別需要支援的學生，碧琪老師會安排教師助理與他們一同學習，而且教師助理有時也會提供鷹架協助這些困難的學生。碧琪老師不僅擅長於監督學生進行學校課業，並且時常給予學生最適切的支援。

### 每日時間表

碧琪老師的班級在上學後能很快地就定位，而且全班學生都能在自己座位上開始寫作業。每天早晨，全班會花十五分鐘練習詞彙技能。所以，某一天的練習可能就會是採用包含長音e與多種拼字形式的練習（亦即e、ee、ea、ei）。學生們輪流在黑板上寫出一個包含其中任何長音e的詞彙。這活動就是要帶出學習單作業——長音 e 的拼字練習，而目標詞彙都和班上正在進行的主題——健康食品——有關。在全班的課程結束後，老師立刻輪流和各個小組討論，還沒有輪到的小組就坐在位置上寫自己的學習單。第二天早晨的教學進度，全班課程聚焦在 y 的練習，學生就會再次依循這個方法寫出許多包含 y 音的詞彙。

由二至五位學生所組成的各個小組會與碧琪老師進行十五至二十分鐘

的討論。小組中的成員會輪流地閱讀故事。當學生輪讀時,碧琪老師會提示學生使用正在學習的詞彙分析技巧來分析陌生的詞彙。例如,當學生不會念unhappy這個字時,碧琪老師會提示 un 這個學過的字組。學生輪流閱讀時,碧琪老師會提示所有的學生,其他人閱讀時,他們要認真地看著詞彙,有時她會問與班級當前課程有關的問題(例如,「這個詞彙是長音的e!這個詞裡的哪些字母念做長音的 e 呢?」)。

此外,碧琪老師會利用一些問題來確認學生是否了解故事的內容,學生回答問題的情況會讓老師順道教導理解策略的使用(例如,「如果你想不起來,那就要回頭重讀一次」)。此外,她也會進行與所閱讀故事相關的寫作活動,例如,在學習單上列出問題,對於每個問題,學生都要用一個句子來回答。學生們會在小組討論中提出他們寫的答案,而碧琪老師也會在那個時候提供修改的建議。寫作會用到更多的詞彙分析,老師會提示學生們念出他們想寫的詞彙,所以當學生想寫 cut 時,老師會鼓勵他們拉長中間的音,以確認這個詞彙裡的母音為何。

語文課程常延續到下課之後。例如,教室有一面符合閱讀復甦原則的詞彙牆,課堂中也會進行與詞彙牆有關的教學活動。我們觀察到碧琪老師在課堂中利用詞彙牆給予學生們提示,並且讓學生利用詞彙牆在作業中寫下合適的詞彙(例如,「與 took 押同韻並以 l 開頭的詞」)。不久後,這個練習活動會與班級教室中的課程緊密結合。例如,班級電腦區就會播放聽讀合一的兒童故事;而班級拼字區則是提供許多字母組合,讓學生盡情地練習相關詞彙。簡言之,在午餐前,碧琪老師的班級整個上午都持續進行與讀寫能力有關的教學活動。

午餐後,會有十五分鐘的 DEAR 時間(即 Drop Everything and Read;直譯為放下手邊一切,開始讀書),由老師或學生朗讀故事給全班同學聽。這段時間,老師仍然保持主動,隨時把課程中的材料帶進討論。所以,如果有位在台上朗讀的學生遇到不認識的詞,他能試著解碼並且利用故事中的插圖確認那個字詞,碧琪老師就會把這樣的過程指出來,並加以表揚。

每天都會有一整段的時間用來上數學課或從事相關活動,時間有時排在早上,有時在下午。自然課則都排在下午,課堂的活動經常和讀寫活動融合在一起。例如,主題與自然科學有關時,碧琪老師也常會為大家閱讀,

並進行相關的討論。

## 閱讀的各種形式

　　碧琪老師常會為學生閱讀許多故事，並且和學生討論書籍作者與插畫家。她在課程中加入作者研究的部分，例如，四月時，班上有個佩特哈金森（Pat Hutchins）的書箱，裡頭有很多哈金森的書，大部分是碧琪老師和同學們讀過的。學生去圖書館時，圖書館員也常為學生們閱讀書籍，並進行作者與插圖家的討論。館員讀完書之後，學生就可以選書、讀書，也可以把書借回家。最讓我們驚訝的是，相較於其他班級，碧琪老師班上的學生在圖書館裡實際閱讀時，非常專注投入。碧琪老師在教室裡設了一個聽故事角，裡面有不少的有聲書，以供學生經常性地去聽故事。角落的設置讓兒童可以在聽故事時跟著讀，學生都知道他們該這麼做。

　　碧琪老師班上的學生有大量的閱讀機會。在小組閱讀時，學生會輪流朗讀，把一個故事念過好幾次；學生也被鼓勵結伴閱讀；另外，老師常會讓全班同學坐在地毯上，請一位同學閱讀給大家聽；有些同學在放學之後會留下來和義工共讀；參與閱讀復甦方案的孩子則是會在閱讀復甦方案的課程安排下進行閱讀，而且，他們會將在學校閱讀的書帶回家與父母共讀。這與普通班級的課程活動相似，他們也會把班級閱讀小組讀過的書本帶回家與父母一同閱讀。

　　雖然教室裡有很多課外書籍，但是碧琪老師也使用基礎讀本，讓兒童閱讀課本中的經典文選。碧琪老師相當聰明地結合這些課外讀物和基礎讀本，例如，讓學生比較基礎讀本中讀過的《甘尼狼》與他們讀過的同名課外書籍有何差別。我們觀察到碧琪老師一本基礎讀本中，只挑出一課〈公主和豌豆〉（The Princess and the Pea）來讓學生讀，並且讓學生把故事表演出來，教學的效果好極了。

　　此外，班級裡有許多閱讀的機會，碧琪老師相當用心在班級中設計許多機會，從早上讀日曆（月、日、星期等）、讀數學文字題、讀任何出現的議題及文字。有時是學生個別閱讀，有時是同學們一起朗讀，重點是在班級中隨時隨地都有閱讀的活動，且碧琪老師絕不放棄任何讓學生練習閱讀的機會。

## 寫作

碧琪老師的班級有許多寫作的活動。最明顯的例子就是，他們被要求寫下所念過的故事，而且老師要求學生至少要用一個完整的句子作答，但是，我們觀察到有好幾位學生都寫下好幾個句子。他們也從事不同類型的寫作，像配合課程主題的寫作。碧琪老師總是要求學生在寫作前要先計畫。此外，學生在與老師討論自己的作品後，也會對文章進行多次的修改。

碧琪老師相當堅持要培養學生良好的寫作技巧與正確的拼字能力。學生們在課堂中會得到許多有關文章寫作格式的指導，並且持續不斷地複習使用所學過的寫作知能。碧琪老師提供的這些鷹架常以暗示的形式呈現〔像是：「嗯……每個句子的開頭都要……（寫大寫字母）？」或「你覺得我們會在單字的中間寫大寫嗎？」〕。如果學生真的把學到的寫作技巧用出來了，碧琪老師正增強的鼓勵會更為明顯，例如：「很棒，你有記得在句末寫上句點唷！」此外，她也持續地鼓勵學生們注意寫作時正確拼字的重要性。碧琪老師在學生認得一個單字後，她就會鼓勵學生把單字拼讀出來。有時她也會提示學生從教室後方的詞彙牆上找尋他們需要使用的詞彙。當然，她也鼓勵學生使用字典，也強調字體工整的重要性。碧琪老師要求學生寫作時的筆跡要工整之外，也包括寫作時要適當地在詞彙間留下空格。

碧琪老師將寫作的重點放在高層次的寫作過程（也就是構思、起草與修改句子）和寫作技巧的教學上。而這真的會讓學生們的寫作表現相當不同。而且她也以學生們能適當地使用慣用語、正確拼出詞彙及字體工整為寫作教學的目標。所以，我們看到不少她的學生能夠寫出句意連貫的文章。這完全是因為她在寫作上給予學生許多鷹架協助與正增強，因此，她在寫作教學的付出和努力也得到了學生們等值的回饋表現。碧琪老師說，她「本來預期學生們在今年底，就能夠寫出用三個句子寫出有前言、鋪陳與結尾的故事。」但是，根據我們持續觀察此班的寫作課，有許多學生們早在五月中就達成碧琪老師所設的目標了。

## 教導讀寫技巧

碧琪老師的班級教導各種讀寫技巧，所有一年級學生語文課程中該有的各種讀寫技巧，她上課時全部都有教。在我們觀察的早期（一月份），

我們發現她會重頭教某些字母怎麼寫，提醒兒童他們已經學過的字母知識。碧琪老師也會提醒字母與語音關係的重要性，並且討論這些字母與聲音關聯的規則。例如，她會提醒學生早自習所學習過的母音，然後也讓學生們解釋字母 y 為什麼有時是母音，而有時卻不是母音。

或許碧琪老師最突出的教學技能就是給予學生們解碼策略的提示，她用的方法和閱讀復甦方案一致。碧琪老師給予學生暗示，利用如字根、字首和字尾等上課常用的字組，讓學生用手指出代表字首與字尾的字母串。她也會在班上安排許多關於字首與字尾的討論（例如，當文本中出現過去式動詞時，她會在課程中討論 -ed）。碧琪老師一直都鼓勵學生要注意組成每一個詞彙的字母串（亦即一再出現的字母組合，例如，bl-、st-）。

碧琪老師教室的小組閱讀活動經常用到許多塑膠字母，利用塑膠字母來告知學生詞彙中每一個小的組成成分，各個小成分如何組成完整的詞彙。她也會利用特定的組字字元（orthographs；例如，-an、-at、-en、-ow），讓學生們說出所有包含該字元的詞來。我們發現班上學生用字母板拼出詞彙的活動（例如，有一課要學生產生結尾為-op 的詞彙），有時也會讓這樣的活動和學生的家庭作業連結起來。此外，碧琪老師也會有許多關於字首、字中及字尾發音的隨機教學。

碧琪老師總是盡其所能地教導學生進行詞彙分析，要孩子們注意組成詞彙語音及字根。當學生為了拼出聽到的單字而試圖拉長發音時，她會持續不斷地提醒學生注意詞彙，並且教導學生輕輕敲打以算出音節的數量。而且她也常常鼓勵學生開口念出詞彙的聲音。

碧琪老師的詞彙教學成效超越了解碼技能及拼字教學。閱讀復甦方案課程中最重要的一部分即是建立瞬認字，她的方法就是從基礎讀本中挑選詞彙，並將出現頻率最高的詞彙展示在詞彙牆上。每月第三週的拼字測驗裡，老師都會拿部分的高頻詞來考學生。當然，這些詞彙會如同學生沒學過的詞彙一樣，會在課堂中花很多時間討論其意義，是的，除了強調解碼外，意義也是碧琪老師非常強調的（例如，遇到有意義的字母串時，如字首或字尾時，老師就會討論一下它的意思）。碧琪老師在做語彙討論時，其廣度和深度讓我們頗為訝異。例如，在閱讀關於營養的主題時，老師討論到好幾個文本中出現的詞彙（例如，蛋白質、澱粉、鈣、牙齒與維他

有效的讀寫教學：平衡取向教學

Reading Instruction That Works:
The Case for Balanced Teaching

命）。在碧琪老師進行拼字教學時，學生會寫下詞彙並在小組成員面前大聲拼出來，他們事後也會使用這些詞彙來寫出句子。亦即，碧琪老師利用解碼技能與拼字教學來讓學生大量地發展詞彙，並且徹底地與各種活動交織結合在一起。

　　詞彙層次之上，還有許多技能的教學。如先前所討論過的，老師用部分的寫作時間來教導讀寫技能。此外，閱讀時，碧琪老師也給了許多的訊息，告訴學生這篇文章是怎麼寫的，她讀書給學生聽時，經常會與學生討論故事的各個組成成分。

　　簡言之，碧琪老師的班上有豐富的技巧教學。閱讀和寫作能力教學被統整在一起，一整天都是如此。所有的讀寫技巧會不斷被使用在較高層次的讀寫目標上——如閱讀真實故事或書籍，寫出句子、故事等等。

## 機會教學

　　只要學生有需求，碧琪老師不但會抓住所有機會，也會巧妙地製造機會，再三地對學生進行教學。因此，如果故事裡出現的某一個詞彙包含著學生學過的字根，她便會提供機會教育，問學生這個詞彙是否包含他們認識的字串。碧琪老師班上的詞彙教學非常豐富，因為她很清楚學生閱讀時，哪些字是生字，而且她會抓住機會進行新詞的機會教育。碧琪老師會安排好早晨的功課表，讓學生每天都練習數學、拼字及閱讀。每當有學生讀錯了，碧琪老師就會提醒每位學生把文章讀懂是很重要的事，讀起來若覺得不合理，就可以重新再讀一次。然而，我們要強調的是，這只是隨機閱讀教學的範例之一，在碧琪老師的班上每天隨時都會有這樣的機會教育；我們對於她每日能將小組討論化為教學而感到佩服。

## 不同課程間的連結

　　碧琪老師就像許多小學老師一樣，採用主題式教學，主題的長度從一至六週不等，但大部分都在一、二週左右。碧琪老師班上正在進行的主題，可以很容易地從閱讀過的書籍、海報以及學生的報告中挑選出來。碧琪老師也會根據主題進行跨課程的統整。例如，以企鵝為主題時，老師會引出關於企鵝的閱讀與寫作的活動，在地理課就會教企鵝生活的區域。其次，碧琪老師也會發展出關於企鵝的數學練習單元，讓學生學到如何測量各種

企鵝的身高，及針對不同的企鵝進行量化的比較。我們也在其他領域觀察到幾個相似的整合情況，例如，關於馬丁路德‧金恩（Martin Luther King）與貓熊的主題。這類的主題可以發展成為藝術活動，所以這跟美術課程是連結的。由於這些主題會持續數天或數週，因此，不同課程之間的連結也會因此持續一段時間。此外，學生也至少要用一句話寫下他們在閱讀小組所讀過書籍的心得。當學生在聽力教室或使用電腦聽故事時，學生能取得所有故事的書面文本，所以他們的閱讀與寫作活動就會更緊密地連結。電腦也讓各種跨領域課程活動更容易進行，閱讀與寫作可以經常連結在一起，自然和社會科內容也都照顧得到。

碧琪老師讓學生可以在好幾種不同的情境下，一再遇見他們正在學的新詞；例如，當課本出現新詞時，老師就會在詞彙牆上插旗子，標出這些詞來。而班級的「遊戲角」裡有許多包含詞彙的遊戲（例如，盡可能使用penguin裡的字母來產生最多的詞彙）。字母層次與詞彙層次的教學之後，立刻就會有學習單的練習。甚至詞彙層次的學習也能和數學進行連結，例如，讓學生算算看他們在五分鐘內寫下了幾個詞彙。而且許多與主題單元有關的詞彙也會在小組會議時閱讀及討論。

最重要的知識與技能總會在課堂中重複出現。因為課程內容與技能在不同情境及各種文本中反覆出現，所以學生可以有過度學習的機會，但是這樣的重複並不會讓學生感到無聊，學生也不會輕易察覺課程內容在重複出現。碧琪老師如此地重複，還有一個好處，就是讓學生有更多成功的機會，學生比較知道問題的答案是什麼。

碧琪老師與教師助理及特教老師協同合作，以確保教學內容能配合正在進行中的課程，並且讓最有需要幫助的學生不至於接受到零碎片段的教學。而且，碧琪老師也會透過家庭作業以及與家長溝通的管道，使得老師能了解孩子在家的學習情況，而家長也能得知孩子在學校的課業進展。碧琪老師會每週一次讓學生們把在校閱讀的書本帶回家，使學生們能在家進行額外的閱讀練習，也藉此告知班上家長，他們孩子最近的閱讀進展與需求。此外，她也會寄管教的訊息給家長，以增加親師間的連結，家長知道學校在做什麼，在家庭裡，學習才會持續下去。在碧琪老師的班級，學校和家庭、老師和家長間的連結無所不在。

### 鷹架協助

　　碧琪老師和教師助理都能及時地察覺學生在完成作業的過程是否遭遇困難，若是，則提供鷹架式的介入，以幫助學生繼續學習，並且減少挫折感。碧琪老師會問很多問題，例如，學生在小組朗讀時，老師會問一些簡單的問題，以測試學生的理解。對高危險的學生，她會問更多的問題，對可以獨立閱讀的兒童，就放手讓他們自己讀，但也隨時監控，真有需要，她也會立刻提供協助。教師助理提供的鷹架和碧琪老師的做法殊途同歸，教師助理通常派給最需要幫助的學生，但也會偶爾介入其他學生的學習。

### 小結

　　碧琪老師的教學是緊湊而一貫的。排在每天最早時段的幾個教學，當天稍晚的都會有複習的機會；主題式單元主要藉著寫作與閱讀來進行，但也會出現在社會課、自然課與藝術課上。碧琪老師很重視詞彙層次教學，她會將詞彙層次的概念散布在教學活動的各種練習中，而且實施得非常成功；因此，她總是利用每一個機會讓學生思考較困難的詞組裡的詞彙，或聽音去猜詞彙的語音對應了哪些字母。她和學生都會注意，是否在閱讀文本的過程中有遇到「詞彙牆」出現的詞彙。此外，學生們總是對碧琪老師安排的學習活動感到興趣。而且學生們似乎也能將碧琪老師設計的各種解碼技能內化成自己的能力。例如，我們用一些標準化閱讀測驗對學生施測，我們驚訝地發現他們竟然能夠立即念出高難度的詞彙，並對於自己的作答感到很有自信。

　　碧琪老師根據她對閱讀復甦方案的認識所設計出來的課程中，有豐富的解碼技巧教學，但她當然不會因此犧牲掉閱讀經典文學與寫作的時間。我們總是期待能去觀察她的教室，我們利用上課前的時間與她聊天，並在放學後留下來和她一起討論。無疑地，我們面對的是一位極能自我省察的老師，一位對自己的課程和學生不斷檢討的好老師。儘管她如此優秀，但碧琪老師從不自覺她教得很好，反而無時無刻思考著要如何做才會更好。事實上，這種想法讓她有動機去參與閱讀復甦方案的培訓，然後將這些方法運用在自己的班上。碧琪老師的例子也顯示，閱讀復甦方案培育師資的投資是相當值得的。

# 總結性迴響

本章所用的研究方法會受到一種批評——其他研究者在觀察一位可能的傑出老師時（例如，Wendler, Samuels, & Moore, 1989），他們經常無法觀察到這些老師的教室究竟和其他一般班級有哪些不同。為什麼我們的研究卻得到截然不同的結論呢？我們認為最主要的原因在於我們對把傑出教師的標準訂得很高。我們研究中的老師真的是傑出老師。而在這些班級裡，我們把學生的「成就」清楚地定義為「學業投入」，這樣的投入，在學年結束前，就可以轉化成讀寫上的優越表現。

## 平衡教學是眾所周知的想法

本書主張的「極端中間主義」，其實只有和極端全語言及自然發音教學法比較時，才有那麼點極端的味道。在我們之前，已經有許多學者（例如，Adams, 1990; Cazden, 1992; Chall, 1967, 1983; Delpit, 1986; Duffy, 1991; Fisher & Hiebert, 1990; McCaslin, 1989）也提出類似主張，他們認為合理的初始閱讀課程，就是在解碼技能發展與真實閱讀及寫作中取得平衡的一種課程。我們研究的獨特貢獻則是，我們發現公認的好老師，其讀寫教學的方式就是平衡教學法。近幾年每次見到我們所崇敬的學者們在國小班級發現了相似的結論（例如，Juel 和 Minden-Cupp 在 2000 年針對一年級教室的成效分析），我們總是十分振奮。

我們知道這個研究有可能會受到兩陣營極端支持者的批評。我們第一次在專業的研討會上提出 Wharton-McDonald 等人（1998）的資料時，結果一位有名的全語言教授氣沖沖地離開現場，之後我們接到報告，說那位先生已經把我們的研究結果視為「危險」的報告。反過來，有次在某州的公立學校委員會中，有幾位提倡解碼優先的聽眾議論紛紛，因為我們的結論裡並沒有強調語音法優先的意思。無疑地，以本章節的資料作為基礎，我們發現 1990 年代兩大極端陣營有關閱讀大辯論的主張都錯了。因為優秀的國小讀寫教學，其內涵遠遠超過兩陣營所主張的教學。

當我們正在執行本章所報告的研究時，作者（M. P.）正在編輯一本平

衡式國小讀寫教學（McIntyre & Pressley, 1996）的書。在書裡，國小語言領域教學的專家根據他們研究過的老師，表明他們對平衡教學的見解。在所有的案例裡，他們的課堂都有著解碼技能教學與全語言教學。須特別注意的是，有些章節會很強調有系統的解碼技能〔類似 Chall（1967, 1983）所定義的綜合式語音教學法（synthetic phonics）〕，而其他則強調以需求為基礎的教學〔類似 Chall（1967, 1983）所定義的內隱式或分析語音教學法（implicit phonics or analytic phonics）〕。因而，Pressley（1996）當時的結論是，有效的平衡式讀寫教學究竟具備什麼本質，這議題仍然懸而未決。

　　這個結論是個推託之詞嗎？我們並不這麼認為。我們可以看看 Chall（1967, 1983）的分析，她清楚地指出每間教室裡提供的綜合式語音法及分析式語音法都有很大的差異。有些教室裡，分析式語音法的成效非常好。在 Wharton-McDonald 等人（1998）研究中所觀察的三位傑出老師中，有一位就是採用這個方法。因為這位老師教字母和語音關聯的材料，都取自課堂中強調的文學與寫作教學活動，所以她用的看來比較像是分析式語音法。我們不相信有天才型的分析式語音法的老師，他們能持續不斷地監督學生，並依照學生需求，一天進行好幾次的解碼技能教學。分析式語音法的班級間有這麼大的差異，意味著分析式語音教學法在班級中有時是行不通的。此外，我們看過一些極端強調技能教學的班級，學生投入的情況非常差，我們就知道單單運用綜合式語音法無法使學生有好的閱讀成就。根據這些資料，我們相信在解碼方面能達到高成就的關鍵就是擴展技能範圍（國小階段解碼能力特別重要），以及提供鷹架，協助孩子應用這些技能。一般而言，綜合式語音法的成效會比分析式語音法稍微好些。因此，如果你還沒有變成一位極端的分析式語音法的老師，綜合式語音法似乎是比較有道理的選擇。為什麼我們會這麼有信心呢？因為我們曾檢視各種為平衡式教學而設計的語音法套裝教材，我們發現綜合式語音法是最好的課程。

　　不論自然發音教學法有多麼優秀，我們想強調的是，單有自然發音教學法並不足以教出讀寫能力優秀的學生。某些全語言的教學成分能夠刺激讀寫發展，這是單靠解碼教學辦不到的，像詞彙發展、寫作能力與對寫作及閱讀的正面態度等（例如，Freppon, 1991; Graham & Harris, 1994; Morrow, 1990, 1991, 1992; Morrow, O'Connor, & Smith, 1990; Neuman & Roskos, 1990,

1992; Robbins & Ehri, 1994）。因此，根據不同的實證研究文獻，對低年級的讀寫教育來說，選用兼具豐富解碼技能與全語言教學的平衡教學法，是相當合理的一件事情。

## /科技進展促成家庭與學校的合作/

我們也注意到，大部分我們所觀察的國小班級，老師們都會試圖和家長有所接觸，以促成兒童在家的活動能和學校課程互補有無。我們發現，傑出老師們在與家長保持良好的溝通與互動上，也有傑出的表現。有愈來愈多的證據指出，增加家庭中的讀寫活動的確可以提升兒童的讀寫能力。Morrow 和 Young（1997）曾進行一個實驗，他們鼓勵實驗組的家庭，在家進行與學校課程相關的活動，讓孩子們在家裡多讀故事書與雜誌、親子共同寫日記，並透過家庭環境中的語彙發展詞彙能力。研究結果顯示，相較於控制組，實驗組那些低社經的非洲裔與拉丁美洲裔的孩子表現出更優良的讀寫能力。Jordan、Snow 和 Porche（2001）也評估過一個類似的計畫，同樣地，他們觀察到孩子們的語言能力有了實質的進展。此外，研究也發現，父母可以學會怎樣和孩子進行建設性互動，以提升讀寫能力（見 Goldenberg, 2001 的回顧）。

而隨著大眾傳播媒體的增加，現在的家庭擁有更多刺激孩子讀寫能力的機會。例如，所有電視機都有字幕顯示功能，所以孩子們可以藉由看電視來改善閱讀及詞彙發展（Koolstra, van der Voort, & van der Kamp, 1997; Koskinen, Wilson, Gambrell, & Neuman, 1993）。其次，有聲書及其他電子書的增加，也讓孩子們有許多機會在家聽故事或邊聽邊讀（Koskinen et al., 1995）。而且，隨著電腦的普及，孩子們能在電腦上閱讀許多電子文本。孩子與電子文本可能發生的互動型態有無窮的可能，例如能念出文字的文章、可即時回應與發表意見的文章，以及易於剪貼、編輯的文章等（Reinking, 1994）。而電腦產品價格的平民化，也讓學校與家庭的讀寫能力活動可以彼此連結和擴展。

## /早期介入的長期成效/

許多教育決策者都會面臨一個很重要的問題——不論採用閱讀復甦或

是其他的閱讀方案，早期閱讀介入的投資長期來看是否值得？Hiebert 和 Taylor（2000）回顧相關文獻後，得到了令人信服的結論。他們發現這樣的教學介入真能幫助許多學生，而且在介入教學結束之後，成效依舊能持續數年。不過，早期閱讀介入雖然可以幫助閱讀困難的學生，但這並不表示孩子們的閱讀問題已經解決了。這些參與閱讀介入方案的學生還是常常落後同年齡的孩子，且在往後的年級，他們仍然必須費力地學習閱讀。對閱讀困難的孩子們來說，並沒有萬靈丹或快速的解決方法，他們最需要的還是長期的教學介入，下一章裡我們將詳細講述閱讀理解能力的教學。為什麼要講閱讀理解的教學？因為許多國小高年級及中學的孩子，仍然難以明白自己所讀的東西（Palincsar & Brown, 1984）。

## 師資教育

最後，為了要了解生手老師必須具備何種教學能力，我們已經系統地觀察了多位傑出老師。雖然我們的思考未臻完善，但我們看到了一些不容忽視的現象。我們認為國小老師的師資培育課程應該要採平衡取向，必須採用全語言的哲學及方法，但是也必須涵蓋傳統的解碼技能教學。反過來，因為單以自然發音法來培訓職前老師們是不夠的，我們必須再提供給職前老師能支援其教學的語言學知識。年輕的老師們必須認識英語的語音系統及兒童語言發展，包括文法發展的描述與解釋。他們還需要具備認知發展的背景知識及認知與教學的關係，因為這些專業學門對現行國小讀寫教學影響甚大。例如，認知發展學家及心理學家已清楚說明音素覺識的本質，及其在閱讀發展的重要性（見第 4 章）；又如，歷程性寫作（process writing）主要受到訊息處理論的影響，並將作文細分出計畫、起草與修正等部分（Pressley with McCormick, 1995a; 及 1995b, Chap. 15；亦見本書第 10 章）；除了全語言專家的諄諄勸勉，建議老師要在班級上使用優良文學的作品之外，現場老師也的確需要對現有的兒童文學作品有廣泛的認識與相關的背景知識。

而在全語言教學裡有什麼是該摒除的呢？首先，我們應該去除全語言論者反對解碼技能教學的負面態度，以及那些對解碼技能教學與去情境化、孤立技能練習的爭論。因為這些反對的論點不但站不住腳，而且還有許多

的反證。例如，有些研究證明綜合語音法是有成效的；而且有許多證據支持「優秀老師能平衡全語言及解碼技能教學」，我們反而沒有看到「全語言教學和解碼技能教學無法並存」的證據。第二，全語言主張的各種心理語言學假設都應該丟掉。例如，他們認為閱讀發展和口語發展非常相近，這種說法沒有得到任何研究的支持，所以也應該被淘汰，受過讀寫發展訓練的學者，沒有人會相信讀寫能力和口語能力是相同的。學習閱讀與寫作是「在意識中刻意學習」的過程，而口語的發展卻絕不可能是刻意的，只要沉浸在說話的人群裡，口語能力就會自然習得，讀寫能力卻不可能如此習得。第三，應該丟掉全語言論者政治性的言論。如果保守份子偏好國小課程裡的技能教學，他們絕不孤單，我們認為這是對的。

最近數十年間，各大專院校有股風潮，要把「初等教育」的主修廢掉，而讓學生主修其他的人文、科學領域，只把教育學分當成考教師證的附屬課程。是因為傳統的初等教育主修開了許多方法學的課，而那些課都被學術界認定為不那麼迫切需要。我們認為，現在是再度思考讓初等教育成為主修的時候了，而且必須強調概念知識，因為這能讓一位國小老師知道什麼才是優秀的國小課程。我們可以想像一套完整的國小課程，其範疇應包含認知與人際發展、認知與教學、教育心理學（特別是與班級經營和評量有關的部分）、語言學和兒童文學。此外，我們也想涵蓋基礎算術、社會科研究與自然科學等重要課程。回顧相關領域的文獻（見 Pressley with McCormick, 1995a, 1995b）之後，我們可以有信心地說，在概念領域上，國小老師還有許多可以學習的空間。

這個理想課程的壓軸課程，應該是安排師資生到教學卓越教師的班級實習。大致說來，過去的教學實習安排，只要班導師有意願，大學就送實習老師過去，大學並沒有特意去選出優秀的老師。但比較好的辦法，應該是從相關的研究結果中整理出一些選擇的標準，我們才可以藉以區辨出卓越的老師，讓他們可以培養下一代的師資，帶他們進入教學的專業。

不過，一個反對上述方式的可能理由是，目前並沒有足夠的優秀國小老師可以傳授經驗給每一位實習老師。我們在這裡提出一個聽來有點弔詭的解套方法——「別訓練那麼多老師」。現行的師培系統極端浪費時間及人力，因為我們培育的六位師資中，只有一位真正成為老師（Goodlad,

1994）。與其訓練這麼多準老師，我們倒不如在「選擇誰該成為老師」上做努力。其中，一個可能的方法就是如同運動團隊挑選具天分的運動員一般，只有先在業餘球隊有不錯表現的人，才會有機會被選進職業隊。我們必須想想看，在年輕人被收入教育學院之前，有什麼方法可以讓年輕人展現其教學上的資質？或許我們可以從申請入學學生過去的保姆、家教或營隊管理員等相關資歷，看出他們教學的潛能來。不過，究竟要怎樣早期看出教學的潛能，並據以決定學生是否適合進入師資培育機構，值得進一步的研究。

最後，當傑出國小老師大量傳授他們優秀的教學技巧時，就能夠有效提升國小基礎教育。不過，我們也懷疑，是否有某些個人特質的差異，會影響一個人會不會成為優秀的國小老師。這些特質可能包含精力充沛以及對孩子的高度責任感等。但是，優良的教學絕不只是這些好的特質而已，老師還需要對語言本質有廣泛的認識、需要知道閱讀與寫作的現代化觀念，並且對兒童文學與國小其他領域的教材內容有足夠的了解。這些知識應該在師培學程裡教，如果真的這麼教，職前老師在結束師資教育時，就會知道教學主要就是在協助學生建構對閱讀與寫作的了解。而且，優秀的低年級老師也能了解他／她所教學的課程，只是一個知識建構的起點，例如，在學生擁有學習讀寫的核心能力之前（例如，認字能力），老師還需要提供大量的鷹架協助孩子們的學習。

# 結論

1. 傑出的國小讀寫老師（以培養學生讀寫能力成就的成效來定義）必須平衡呈現全語言教學的元素（例如，沉浸在真實文學與寫作經歷）與系統化解碼技能的教學。優秀的國小讀寫教育牽涉了許多元素之間的複雜關係，其中包括具前後文情境的讀寫技巧和不具前後文情境的讀寫技巧。
2. 傑出的國小讀寫教學可吸引學生全神投入。例如，每十或十五分鐘時，計算看看有多少百分比的學生可以專注在學業活動上（從事相關閱讀、寫作或相關的活動上）。在有教學效能的教室裡，多數學生大部分的學習時間都非常投入。

3. 對於初始閱讀的學生們來說，明示的技能教學確實能帶來好的開始，但是卻也僅止於此而已。當孩子嘗試去使用且適應他們學得的知識時（例如，字母－語音的連結），他們的理解程度就會更深化。在真實的閱讀與寫作中應用這些技能，將會提供學生豐富的建構經驗。因此，與其選擇極端反對技能教學的全語言，或另一極端的技能優先教學法，平衡全語言和技能的教學方法會更為合理。

4. 本書主張平衡取向的讀寫教學法，這個想法和閱讀研究領域許多研究導向學者的看法是一致的。

5. 有閱讀困難的國小一年級學生，可以從像閱讀復甦方案的課程中得到幫助。即便如此，這些藉由大量指導而使閱讀能力進步的學生如果想在學校中持續進步，他們可能還需要更多的協助。閱讀復甦方案培訓出來的老師，可以用培訓中的學習改善自己班級中的教學，所以這方案提供的是可類化到其他情境的教學專業發展，不只是狹隘的讀寫指導技能。

# 理解教學的必要

（與 Ruth Wharton-McDonald 合著）

有些讀者可能會認為，這是一本談國小讀寫教學的書，但是到現在，怎麼都還沒有談到三年級以後的讀寫教學呢？最主要的原因是，近年來，有很多學者對讀寫方面的研究感興趣，特別是在萌芽階段的閱讀議題，這使得學前及國小低年級的讀寫研究大量問世。但是，小學中高年級的教學應該如何進行，也確實是值得思考的，尤其是目前我們的閱讀理解教學還有很大的進步空間，而閱讀理解正是中高年級最主要的教學目標呢。在這章結束之前，希望大家都能同意，閱讀最後的目標就是「理解」，但這個目標不應該到中高年級才放入教學中，雖然事實上也常如此。因此，本章一開始，先讓我們來看看小學高年級教些什麼。

## 四、五年級的讀寫教學

在 1995 至 1996 年，我和幾位研究夥伴（Pressley, Wharton-McDonald, Hampston, & Echevarria, 1998）開始對四、五年級的讀寫教學感興趣，因為這兩個年級是小學教育的尾聲[1]。我們對四、五年級進行的教學觀察研究，和第 8 章提到的一年級研究一樣豐富。我們觀察了位於紐約州北部的十個班級，觀察持續一整年，這十個班級，每一班都是當地學區推薦為教學優

--------------------------------------

1 譯註：美國大多數學校的學制，小學是幼稚園（K）到五年級，中學從六年級開始。

良的班級。除了教學觀察外,我們還對每位老師進行兩次深度訪談,希望能藉此了解老師的教學想法。

## /背景/

　　基於以下兩個經驗,我們預期會在高年級的課堂看到相當複雜的教學法:

1. 在一年級的研究,我們已經看到,讀寫的教學成分是很複雜的,因此,在小學最後幾年的教學應該也不會太單純。
2. 過去,我們也曾經對五年級的老師做過調查,這些老師都是國內公認讀寫教育做得有聲有色的老師(Pressley, Yokoi, Rankin, Wharton-McDonald, & Hampston, 1997)。調查方法跟低年級的一樣:先讓老師填答開放式問卷,請他們回答他們在教室裡所用的教學元素(elements)。然後,再請老師們填寫一份量化的問卷,說明其所提及的元素在教學中出現的頻率。

　　與低年級的調查結果類似,這些優秀的五年級老師表示,他們的教學整合了多元的元素,包括全語言法與技能教學。這些元素有:

- 以廣泛閱讀作為語文教學的最核心。
- 多元的分組型態(例如,不分組教學、小組教學、合作學習、個別閱讀)。
- 進行不同層次的讀寫教學,包括低階的詞彙教學,和高層次的技能和歷程學習(例如,理解能力、批判性思考)。
- 發展學生的背景知識。
- 規律的寫作教導,包含低層次的寫作技巧,及高層次的組織技巧(例如,計畫、起草、修正等過程)。
- 廣泛的讀寫能力評量,且運用多元的評量方式。
- 將學科領域的教學和讀寫教學整合。
- 致力於引發學生的閱讀和寫作動機。

　　就像低年級的研究結果一樣,調查資料告訴我們許多高年級的教學情

況，但卻不足以提供深度的了解。不過，透過這個過程，我們培養了足夠的敏感度，知道在中高年級的班級的觀察中應該觀察些什麼。

## 觀察研究的結果

和調查研究比較起來，觀察研究告訴我們更多更複雜的現象。整體上來看，我們觀察到有些跨班級普遍發生的教學實務，但我們也看到各班各有特色。接下來，我們除了要談這些發現外，也會談到一些重要且令人出乎意料的發現。

### 班級間的共同點

我們觀察的十個班級中，至少有八至十個班級出現一些類似的教學作法。這些作法在前面提及的以五年級優秀老師為對象的調查研究中也都有提到，所以我們猜想，以下談到的方法可能滿普遍地出現在美國四至五年級的課堂中：

- 老師以問題主導討論，並根據學生的反應做評量。
- 從文學作品出發的閱讀教學。
- 採直接教學法教導特定技巧。
- 安排與學生一對一指導的時間（one-to-one miniconferences）。
- 閱讀市售普及讀物——尤其是小說。
- 讓學生有機會自由選擇閱讀材料。
- 老師朗讀。
- 在教學過程中強調閱讀理解的重要性。
- 老師能夠引發學生的背景知識。
- 進行強調閱讀理解的練習活動。
- 有獨立的閱讀時間。
- 每週至少進行一次讀寫整合的寫作活動。
- 寫作的教學步驟扣緊寫作的流程（也就是計畫、起草、修正長篇文章）。
- 整合讀寫和學科的學習（例如，閱讀社會科主題的文章將有助於相關主題的寫作）。
- 在寫作的作業單中放入寫作內容或技巧的提示（例如，在學習單中提醒

學生故事的成分）。

- 教導寫作的技巧。
- 用電腦完成最後的草稿。
- 學習單（老師自製或市售成品）。
- 與書籍有關的方案教學。
- 拼字練習及測驗。
- 以明示的方法進行詞彙教學。
- 家庭作業。

綜合來看，從這一次的四、五年級的教室觀察研究，以及過去對五年級優秀老師的調查研究，我們發現多數老師的教學採平衡式的教學方法，融合全語言法和技巧取向的教學。但是，多數的教室雖有這樣的共通點，不過從觀察研究中，我們仍然看到班級間有個別差異，而且四或五年級班級間的差異比低年級的還大，以下就讓我們來看看班級間的差異何在。

### 班級間的差異

在進行這個研究時，我們很快就發現每個班級是不一樣的，所以我們也特別留意每種差異的細節。最後，我們歸納出五種差異的類別，分別是：班級經營、閱讀、寫作、詞彙技巧及學生的學習參與。

每位老師都有獨特的班級經營策略。例如，有些老師的班級經營策略每天都差不多，有些老師則常常變化，每天或每週不同；有些老師很會用古典行為主義的技巧，有些則幾乎不用；分組的方式也很多元，從全班教學、一對一教學，到介於中間的分組教學都有；另外，老師如何監控學生的進展及如何因應學生的需求，這是非常重要的面向，我們發現有些老師非常了解他們的學生，總是能提供符合學生需求及能力的作業，有些老師就會忽略這部分。還有，有的班級看重外在的學業標準（例如，各州的學力測驗），有的卻較關切學生本身的進步。除此，有的班級教學活動非常緊湊，有的則較為鬆散。家庭作業的分派也很多元，從技巧的練習到真實的閱讀和寫作都有。

在閱讀方面，我們觀察到學生都讀了很多小說，但每個班級的閱讀量及閱讀種類（例如，教學是不是涵蓋各類的文章類型？）都不太一樣。老

師整合閱讀與學科領域課程的方式也很多元，從精心規劃，以主題或單元的方式做整合的，到較隨興的，只是將閱讀和社會或科學概念的評述做連結的都有。

在寫作方面，每個教室寫作的比重很不一樣，有的教室，寫作是整個讀寫教學的主角，有的教室，寫作則只占一小部分，我們發現多數的班級都在寫敘述文的文章。寫作的過程，雖然每個班級都有計畫、起草稿與修正的歷程，但每個班級執行這些步驟的方式不同，有的明示這些歷程，刻意地使用和回顧這些步驟，有的則沒有特別明示出來。每個班級對於閱讀技巧的教學重點差異也很大，有的非常強調教材使用的修辭技巧，有的則只有教學習單出現的技巧。

不同的班級對字彙能力的看重程度也各有差異，各個班級的字彙教學的分量不同（例如，有些班級用市售字彙表做為教學和測驗的材料；有些則強調討論閱讀時遇到的生字），但是，拼字的教學與測驗是每一個班級都在做的，但各班級字彙的來源不同（例如，市售的字表、閱讀時遇到的生字），習作練習的量以及「拼字和詞彙教學的連結程度」也各有不同，有的班級拼字和詞彙教學是完全獨立的兩回事，有的班級閱讀的新詞就是他們學習拼字的材料。

在不同的班級，學生的學習參與度也有不小的差異，學生參與度通常指的是有多少學生參與學習活動。我們觀察到，有些班級學生的參與度很高，有些班級則不太穩定。

## 不同的核心重點

我們發現，每個班級都會有特別強調的核心重點，班級裡的課程和教學活動就繞著這個核心來組織和進行。每個班級選擇的核心重點多少都有些差異，雖說各班級有著自己的獨特性，但藉著教學主題把「閱讀讀物」和「寫作」做整合，是班級裡最常看到的核心重點。表 9.1 整理出各種作法。

表 9.1　Pressley 等人（1998）研究中提到的，四至五年級每個班級的核心重點

1. 進行和課程主題有關的閱讀和寫作；讀書心得分享；鼓勵自我調節（self-regulation），包括在小組分享讀書心得時，互相敦促指導。
2. 讓學生發表和課程主題有關的小說閱讀心得；強調自我管理的寫作、閱讀和研究的歷程寫作教學。
3. 閱讀與主題相關的一般圖書，並藉閱讀引發寫作；特別強調歷程寫作及自我調節之閱讀、寫作與行為。
4. 閱讀課本，以老師提問為主導的課本文選討論；孤立的技巧教學；安靜的課間習作。
5. 非常強調閱讀的內容，包括時事；非常重視詞彙以及真實知識的習得；歷程寫作；直接的技巧教學；以老師發問為主導的全班討論，以及個別的課間習作。
6. 合作探索；以主題為導向的教學、閱讀大量的一般圖書；和現行主題或閱讀無關的技巧教學。
7. 閱讀－寫作－內容整合，進行許多和全班正在閱讀的圖書相關的活動；以老師發問為主導的延伸討論。
8. 閱讀一般圖書；透過學習單進行技巧教學。
9. 歷程寫作；閱讀一般圖書；閱讀－寫作－內容教學的連結。
10. 老師說故事；學生閱讀一般圖書；歷程與技巧寫作教學；閱讀－寫作－內容教學的確實連結。

## 遺漏的教學

　　我們發現有些班級的某些教學令人費解。例如，雖然這二十年來有大量研究問世，它們建議老師如何增進學生的理解力（Almasi, 2003; Blachowicz & Ogle, 2001; Gersten, Fuchs, Williams, & Baker, 2001; Pearson & Fielding, 1991），但我們觀察到的卻是，直接的理解教學甚少出現。的確，這個情形和 Durkin（1978/79）在二十餘年前所提出的研究很像，當時他發現學校裡有很多閱讀理解的測驗，卻幾乎沒有這方面的教學（若你不是很了解 Durkin 的研究，請繼續閱讀本章的下一節）。

　　然而，事實上，現行的閱讀理解教學卻正是二十年來理解歷程的研究所促成的結果。現在，讓學生總結所讀內容之後簡短回答問題、指出文章中模糊的論點、根據文章提出問題，或猜測接下來會出現什麼，這些都已

經是當今教室裡常見的教學活動。也就是說，學生們被要求回答的這些問題，是由熟練性理解的認知過程中衍生而來（也就是摘要、疑問監控、自問自答、根據先備知識預測）。然而，卻少有事實顯示，老師有教學生在閱讀時進行自我調節的理解過程。也有些班級並未教導學生過去二十年研究中證實有效的主動理解過程——例如，學生閱讀一個故事時，老師要求學生不經思索也不經提示地寫下任何他們聯想到的畫面，並期待他們能在閱讀時有摘取大意的理解策略。更廣泛地說，學生被期待能夠在進行閱讀時展現出相當的策略性閱讀能力，但實際上老師沒有教導這些策略，也沒有說明怎麼運用這些策略，或是這些策略有什麼好處。

令人驚訝的還有，自我調節的教學是那麼的少。學生沒有被教導如何成為一個能自我調節的學習者，老師們似乎覺得只要給予足夠的作業（例如，學習單）讓學生練習，在閱讀時像有策略的讀者一樣地思考（也就是要求他們報告在閱讀時想到的問題、圖像或是摘要），這些行為就自然會發生。當然，這也就是說，我們知道沒有證據顯示那樣的教學能夠引導學生學會主動而且能自我調節的閱讀理解策略。

### 小結

Pressley等人（1998）觀察十個四、五年級的班級，彼此間有著極大的不同。一般而言，這些老師各自以不同核心的教學，帶領班級發展不同方面的讀寫能力。但是無論這些班級的教學有多大的不同，還是可以找到一些共通點。其中一個重要的共通點就是結合了文學讀物、寫作經驗以及技巧教學，而這和本書發展的平衡模式相符合。

說它不失平衡，可不是說我們認為我們所觀察到的教學法就非常完美。明確地說，因為閱讀理解技巧的發展應該成為高年級課程中重要的活動，這個信念是廣為人知的（例如，Chall, 1983; Harris & Sipay, 1990），因此，只有少數的班級明確鼓勵自我調節的行為，而且班級裡缺乏理解過程的教學，這些發現讓人頗感訝異。

# 現代閱讀理解教學的基礎

1990 年，Marilyn J. Adams 在《開始閱讀》（*Beginning to Read*）一書中，詳細探討初始讀者必須學會的字母層次及詞彙層次的處理能力，從那時起，閱讀研究者和教育者們就開始專心致志研究兒童解碼能力的習得過程了。其中一個原因是，在 1990 年代，美國初始閱讀教育的主流——全語言教學（例如，Weaver, 1994），已被質疑不能幫助學生發展解碼能力（Smith, 1994）。即使如此，無論全語言或是閱讀技巧教學的學者，大家都有個共識，即閱讀教學最重要的目標在於幫助讀者了解文意。另一個他們重視認字的原因，是因為有些研究人員及教育家相信，在閱讀理解過程中若發生困難，瓶頸出在解碼。當然，若兒童完全不會解碼，那就甭談理解了。即使能解碼，但解碼很吃力，則解碼和理解兩個歷程將競相使用有限的注意力容量〔也就是短期記憶的 7 ± 2 個意元集組（chunks）；Miller, 1956〕，而且所需花費的心力相當，那麼，原本可用於理解文意的記憶容量，就被浪費在無效率的解碼上了。只有增加解碼自動化的程度，才能釋出足夠的認知容量，讓讀者能夠用於理解閱讀到的文字（LaBerge & Samuels, 1974）。根據 LaBerge 和 Samuels 的模型，如果解碼是自動化的，那麼讀者就多多少少照顧到詞彙層次的理解了（見第 6 章關於流暢性的說明）。雖然我們同意，詞彙層次的理解需要靠自動化解碼來達成，但比詞彙層次還高的理解教學還是非常地需要。

最近二十年來，有大量關於如何幫助小學生增加閱讀理解能力的研究問世，我們選擇性討論如下，其中大部分都在教導學生如何運用理解策略。在下一節中，我們探討為何研究人員會認為理解策略教學能夠促進理解力的發展。理解策略的教學不是從真空裡生出來的，而是許多研究成果的反映（亦見 Pressley & Hilden, 2006）。

## 理解教學的需求意識抬頭

在一個劃時代的研究中，Dolores Durkin（1978/79）喚醒了閱讀教育界對於理解教學的重視。她觀察了三至六年級的學生，檢視他們的閱讀與社

會科教學，但幾乎找不到理解教學的影子。這些老師不教學生如何理解，但他們卻測驗學生的理解能力，要求學生回答剛剛讀過的材料所衍生的問題。Durkin 的研究激發許多研究人員去研究閱讀理解的過程，並尋找增加學生閱讀理解的方法。

## 讀書技巧的教學

1970 年代，增加閱讀理解力最普遍的方式就是所謂的讀書技巧教學（study skills instruction）。這樣的教學總歸來說就是策略的教學，像是利用關於該主題的背景知識、重讀段落中難懂的句子、將文章內容視覺化及重點摘錄等（Forrest-Pressley & Gilles, 1983）。其中，最有系統亦最著名的方法就是SQ3R（Robinson, 1946），即瀏覽全文（survey）、利用章節的標題自我提問（question）、閱讀（reading）、背誦（reciting）及回顧（reviewing）。所有這類讀書技巧教學最大的問題，就是幾乎沒有證據證實它們確實有效（例如，Tierney, Readence, & Dishner, 1980）。也就是說，並沒有令人信服的證據顯示，大費周章地執行 SQ3R 一定值回票價（Johns & McNamara, 1980）。雖然研究讀書技巧的學者，研究和發展沒有做得很好，後來教學的成效不明顯，但讀書技巧的研究卻讓人們開始覺得，教學生各種策略也許是增進閱讀理解的一種可行方式。

## 激發特定策略教學研究的意義表徵理論

1970 年代末期與 1980 年代初期出現許多新的理論，說明了意義在心靈中的表徵形式，以及意義的心理表徵如何決定一串複雜構想的理解。根據這些不同的表徵理論，學者推出了許多假設，試圖了解有效理解策略教學的本質。

舉例來說，科羅拉多大學的 Walter Kintsch 和他的同事 T. A. van Dijk（1978; 亦見 van Dijk & Kintsch, 1983）便發展出一套理論，說明熟練的讀者如何建構文章中主要構想的表徵〔他們用巨集命題（macropropositions）這個專有名詞稱之〕。他們的理論引起許多研究，探討如何教導學生進行大意摘取，以助於文章內容的記憶，也因此提供了不少的證據，指出小學生確實可以學會大意摘取的能力（例如，Doctorow, Wittrock, & Marks, 1978;

Taylor, 1982）。

一位加拿大的認知心理學家 Allan Paivio（例如，1971, 1986; Clark & Paivio, 1991）提出，知識是個複雜的網路，由文字與圖像組成。這個說法讓學者開始研究，如何引導兒童建構內心的圖像，藉由圖像及文字的雙重編碼來增加對文章內容的記憶（Levin, 1973; Pressley, 1976）。一般來說，當兒童學會建構能夠代表文章內容的圖像時，比起一般同齡的孩子，記憶力（例如，以答案簡短的問題來測試）及理解力（例如，以必須根據文意來推斷答案的問題來測試）都有較佳表現（Pressley, 1977）。

許多理論學者認為，故事的結構都大同小異：有個開頭：包含時間、地點、角色；一個誘發事件：要去達成某些目標或造成什麼問題的事件；解決：一連串達成目標或克服困難的嘗試；結果：終於達成目標或解決問題；以及迴響：即人物對於問題終獲解決的反應（例如，Mandler, 1984; Stein & Glenn, 1979）。兒童，尤其是弱讀兒童，可以學會故事結構的元素，以增加他們的理解力及對故事的記憶（例如，Short & Ryan, 1984）。

無庸置疑，1970 年代末期和 1980 年代初期，閱讀界最重要的表徵理論就是基模論（schema theory），它是由閱讀研究中心（Center for the Study of Reading）的 Richard Anderson 和 David Pearson（1984）發展出來的。基模（schema）可以整合許多經常同時發生的觀念，並將這些觀念組成次序分明的表徵。舉例來說，船隻的擲瓶儀式就有其目的——給予船隻祝福。它包含在哪裡舉行（乾燥的船塢上）、由誰舉行（一位名人）、何時舉行（船隻首航前）、儀式進行的方式（打破一瓶由繩索懸吊著的香檳酒）等等。基模的啟動與否會強烈影響著讀者對於文章的理解、推理、注意力資源分配以及記憶。因此，提倡基模論的學者宣稱，老師應善用各種方法，鼓勵學生在閱讀時多多運用他們的背景知識，在閱讀前先推測故事內容，尋找故事中與背景知識相關的部分，並自問和故事內容相關的問題（Anderson & Pearson, 1984）。

簡單說來，1970 年代和 1980 年代初期幾位代表性的理論學家認為，如果孩子無法理解或記住文章內容，可能是因為他們並未建構起文章中所傳達的完整概念。解決的辦法是透過教學，鼓勵學生建構起較完整的概念，運用各種閱讀前、閱讀中及閱讀後的策略促進心智的表徵（Levin & Pressley,

1981），如摘取大意、建構圖像、故事結構表徵及因不同事例而異的基模，以獲取文章裡的構想。

## /專家的放聲閱讀研究/

如同第 2 章討論的內容，1970 年代及 1980 年代有許多研究開始探討閱讀時的口語現象。這些放聲思考的研究顯示，技巧熟練的讀者在閱讀時會運用一些認知策略，包括理論學家所建議的策略——摘要、建構圖像、了解故事中的文法以及和基模相關的背景知識（Pressley & Afflerbach, 1995）。這些研究顯示，教導學生運用理解策略，就是教導他們像最熟練的讀者一樣來閱讀。

## /後設認知理論的出現/

後設認知理論在 1970 年代出現。後設認知，就是對認知的認知（Flavell, 1977）。它在管理認知上扮演很重要的角色：「知道自己在摘取大意後就可以記住更多的內容」，這就是很重要的後設認知——關於大意摘取的條件知識（Paris, Lipson, & Wixson, 1983）。這樣的知識可以告訴學生，當遇到一段需要牢記的文章時，應該要怎麼做。也就是說，後設認知加強個人長期使用正確策略的可能性（相關探討見 Pressley, Borkowski, & O'Sullivan, 1984, 1985）。

Flavell（1977）以及 Flavell 和 Wellman（1977）的研究說明了後設認知在各種不同的任務情況下是如何管理認知的。在那段期間裡，研究讓人們相信，有許多策略絕對是教得會也學得會的（Pressley, Heisel, McCormick, & Nakamura, 1982）。唯有當策略教學經過後設認知取向的潤飾之後，學生才會長期使用這些被教導的策略（例如，在教學中明白指出特定學習策略的好處；例如，Borkowski, Levers, & Gruenenfelder, 1976; Cavanaugh & Borkowski, 1979; Kennedy & Miller, 1976）。最早的分析和實驗結果發現，後設認知理論在高效能思考中，是不可或缺的重要策略。

## /Vygotsky：認知能力內化的發展說/

Lev S. Vygotsky（1978）對於認知發展的理論，於 1970 年代末期與

1980 年代初期開始受到重視。請回想第 4 章及第 8 章，我們曾提到，Vygotsky 認為成人與兒童的互動，對發展兒童各種認知任務的近側發展區非常重要，這些任務都是兒童必須依靠大人協助才可能能完成的工作。Vygotsky 的觀點讓許多發展取向（developmentally oriented）的研究人員及教育家，轉而開始從事各種認知技能的教學，這些都是兒童無法自行發展而必須依靠成人協助的認知技能——例如，閱讀理解策略。發展論者也發現，認知能力的發展果然和 Vygotsky（1962）提出的理論如出一轍，當兒童一旦從別人那兒學會了某些技能，使用過這些技能後，就會內化成自我指導的內在語言。

　　另一個重要的發展論者就是 Donald Meichenbaum（例如，1977），他發現成人該如何和兒童互動，以促進他們習得和運用剛學會的認知能力。和 Vygotsky（1962）一樣，Meichenbaum 相信自我語言（self-speech）從成人和兒童對話時就開始了，而成人的角色一開始時主導性非常強，但隨著兒童逐漸內化這些指導性的對話，成人的角色會逐漸褪除。到了 1970 年代中期，美國有許多研究指出，自我指導的語言在兒童自我調節的發展上，扮演著舉足輕重的角色（例如，Kohlberg, Yaeger, & Hjertholm, 1968; Patterson & Mischel, 1976; Wozniak, 1972）。

　　因此，1960 年代末期及 1970 年代初期，Meichenbaum 假設，如果能同時教導兒童運用自我語言，引導他們使用正在學習的認知能力，他們便能夠學會各種認知能力（例如，Meichenbaum & Goodman, 1969）。Bommarito 和 Meichenbaum 的一份研究（Meichenbaum & Asarnow, 1979）可以清楚說明 Meichenbaum 所說的方法。他們教導一批能夠解碼、但無法理解閱讀內容的中學生學習理解策略，該項教學從一位成人示範的自我對話開始：在故事中尋找主旨、注意故事中重要事件的順序、了解故事裡角色的感受，以及為什麼會有這種感受。

　　學生看到大人在閱讀，並聽到以下自我對話：嗯，我知道在閱讀前和閱讀中要注意三件很重要的事。第一，問問自己，故事的主旨是什麼，它在說什麼。第二，閱讀時要了解重要的細節，尤其是主要事件的發生順序。第三，要了解角色的感受和原因。

所以，就三件事：抓主旨、注意事件順序、了解角色的想法和原
因……。當我閱讀時，偶爾得停一停。我要想想我正在做什麼，
並且聆聽自己內心的聲音，我說得對嗎？記住，不要怕犯錯，再
試試看就好了。保持冷靜，放輕鬆。當你成功時要以自己為榮，
好好享受（Meichenbaum & Asarnow, 1979, pp. 17-18）。

六堂訓練課程結束時，閱讀的主控權已逐漸交由學生自己掌控，他們
也會暗暗地自我對話起來。這種自我對話的教學法是否會影響閱讀理解的
能力？會的。根據標準化理解力前後測的結果發現，這些會自我對話的學
生，進步得比控制組的學生多。也就是說，研究人員得到了一個結論，成
人能利用認知過程的鷹架教學，促進兒童的認知發展。

## /讀者反應理論/

到目前為止，我們已經看了許多 1970 年代末期和 1980 年代初期出現
的認知心理學研究，它們都支持理解策略的教學。大多數閱讀教育界人士
對認知心理學不以為然，為了讓閱讀教育者接受閱讀理解教學的想法，就
必須從閱讀教育者擁抱的傳統著力。這個著力點是一種非常重要的語言人
文觀點，也主張教導閱讀理解策略。

一位語言教育家 Louise M. Rosenblatt（1938）曾提出一個新的理論，
認為每個讀者對同一份文本的理解可能都不一樣。跟 Vygotsky 一樣，大家
重新在 1978 年出版的《讀者、文本與詩作》（*The Reader, the Text, the
Poem*）中發現了 Rosenblatt 的主張。該書對讀者反應理論的定義對語言教
育界產生了巨大的影響。它讓主動閱讀及詮釋性閱讀的教導有了合理性。

根據讀者反應理論，閱讀同一份文本時，因為讀者不同的觀念和背景
知識，對於文本的闡釋和理解就會因人而異，而文本也以不同的方式對讀
者產生不同的影響（例如，Beach & Hynds, 1991; Rosenblatt, 1978）。讀者
有時會對故事中的角色產生不同的印象，並經常投射自己的個人與文化經
驗到故事的情節中。對文本的反應之一，就是讀者會對故事中的事件產生
自我解釋，通常會形成栩栩如生的圖像。簡言之，語言學家和教育家認為，
讀者的反應就是心理學家所認為的理解過程。自 1970 年代晚期，讀者的反

應始為語言教學學界接受，而這代表認知心理學家和語言教學專家在幫助學生閱讀時更為積極的目標上有了共識。

## /交互式教學/

1970 年代末期和 1980 年代初期，正是研究小學理解策略教學的鼎盛時期，而這些五花八門的各種研究元素在伊利諾大學的閱讀研究中心統統找得到。該中心是 Dolores Durkin 的心智源頭，他的研究帶動了理解策略教學的需求，亦曾有大量重要的研究工作在這裡進行著。該中心有幾個年輕的學者，一起整理了一份讀書技巧研究的摘述（Tierney et al., 1980）。它囊括了許多關於個體理解策略的重要研究工作，包括摘要的節錄（A. L. Brown & Day, 1983）、圖像的產生（R. C. Anderson & Hidde, 1971），以及背景知識的應用（R. C. Anderson & Pearson, 1984）等等。讀者反應理論使伊利諾大學聲名大噪，美國國家英語老師協會（National Council of Teachers of English）也在此設立總部，而像 Alan Purves 這樣的學者更是經常與中心的團隊互動頻繁。

然而，集各家論述於大成的學者則是 Annemarie S. Palincsar 和 Ann L. Brown。他們最具代表性的研究，就是交互式教學理論（1984），它對理解策略教學有著莫大的影響。

交互式教學（reciprocal teaching; Palincsar & Brown, 1984）意指利用閱讀小組來進行理解策略的教學。學生在閱讀時，應預測接下來的內容，自問關於文章內容的問題，尋找問題的答案，並對內容進行摘要。老師首先解釋並示範這些策略，但很快就將活動的主權交給小組，讓學生輪流帶領小組閱讀。

在交互式教學中，會有一個學生擔任組長，負責控管小組的預測、發問、摘要等閱讀過程，組長亦須徵求組員們提出需要釋疑的問題，針對問題給予澄清，或再邀請組員們討論回答。小組以合作的方式互動，而老師只在需要的時候提供簡單的協助。也就是說，老師提供的鷹架只足以幫助小組自行發展，但不會遏止學生活潑的自主閱讀與理解。

A. L. Brown 和 Palincsar（1989）摘錄了一個討論交互式教學的經典段落：

組長用一個與主要內容有關的問題啟動小組的討論，最後以總結摘要結束討論。如果組員有意見不一致的時候，全組就要重讀一次，並討論問題的備選答案，直到大家達成共識為止。總結摘要提供了讓小組自己控管進度的方式，並記下有哪些地方達成共識或未達共識。最重要的是，最後進行的重點摘要能夠幫助學生知道到哪裡可以做為一個段落，想要澄清任何理解上的問題時，也能因此促成討論的整合。還有，最後組長還會要大家預測接下來的內容。老師從頭到尾都會根據討論以及組員回應的狀況進行引導與回饋。（p. 413）

根據學習與發展的認知觀點，交互式教學好處多多（A. L. Brown & Palincsar, 1989）。首先，學生能夠看到多種不同的認知處理模式。老師示範並解釋。小組每天聚在一起，練習一些閱讀時的理解策略，因此，小組成員們就能不斷示範文本中論證的技巧。至於內容知識學習，學生們由老師引導，利用各種不同的說明及推理來促進學習——也就是說，預測及推理都是提出疑問、問題推敲及總結摘要的必備元素。這些討論讓大家都有機會發表意見，也需要學生判斷並舉證支持自己的想法。這些討論幫助學生能夠回顧及批判他們所學會的策略，連討論的內容都能兼顧。因此，交互式教學提供學生學習全新內容，以及如何處理這些內容的機會。

交互式教學最重要的假設是，藉著學生的參與，學生最後能內化運用分組練習時的四種策略。也就是說，本來在小組內進行的策略運用，到後來每個學生也都能獨自運用。這和 Vygotsky 的觀點一致，個體的認知發展源自於參與社群的活動。

但交互式教學也有缺點（Hacker & Tenent, 2002; Marks et al., 1993）。許多交互式教學的課程中都缺少了能夠澄清疑問的問題，從這裡可以看得很清楚，這樣的教學討論字面問題的比重太高，學生對自己理解的監控比重太低。因為交互式教學強調老師的教導要逐漸抽離，這使課程中經常有長時間的停頓，當學生摸索不出個道理時，老師常常不知道該不該介入對話提供協助。雖然以四種理解策略（Rosenshine & Meister, 1994）的直接教

學進行之交互式教學看似相當成功，但標準化理解力測驗的結果顯示，交互式教學並沒有特別突出的成效，平均的效果值只有 0.3 個標準差。至於當代的理解策略教學，則比交互式教學加入了更多直接的說明，下一節將有更明確的討論。

## /小結/

　　1980 年代中期乃理解策略直接教學擅場的年代，從策略的說明與示範開始，學生隨之進行練習，而老師只在需要的時候提供協助，直到這些策略被學生內化為止。有證據顯示，優讀者在閱讀時會使用認知策略——尤其是文本表徵的策略、積極地解讀文本，以及大量的後設認知，讓他們對自己的學習行為以及為什麼進行這樣的行為有著高度的洞察。Vygotsky 的理論和交互式教學都讓內化的概念為大眾所熟悉，也促成後來特別針對理解策略所提出的內化研究。

# 理解策略的直接說明
# 以及交流式理解力教學

　　1984 年，密西根州立大學的研究員 Laura R. Roehler 和 Gerald G. Duffy 提出一個重要的教學模式，主張老師先說明要教學的內容。這種模式的中心概念稱為心智示範（mental modeling），老師先告訴學生某特定策略到底是怎麼回事，然後再用放聲思考來應用策略（Duffy & Roehler, 1989）。舉例來說，老師欲介紹學生認識 Roehler 和 Duffy（1984）心理圖像（mental imagery）的理解策略，老師會先告訴學生，好的讀者在閱讀時，會在腦中建構和故事情節一致的畫面。然後，老師講一個故事給學生聽，偶爾停下來描述他或她現在想到的畫面。接著，讓學生自己試試看，由老師在旁邊監控，在必要時提供額外的解釋與示範。當學生愈來愈能自如地使用這個策略時，老師的回饋與指導就愈來愈少。在學生練習過程中，是否提供訊息端看學生遇到的困難，以及不能達成理解的原因，有時候也需要加強教學及後續的示範。老師會回應學生特定的需求，有時候會再針對細節詳加解說，直到學生了解為止。也就是說，教學與 Duffy 和 Roehler 的策略一

樣，都是按部就班的。

Duffy 等人（1987）提出一個設計極佳的研究，檢驗直接說明策略教學（direct-explanation strategy instruction）在三年級閱讀教學上的成效。實驗中隨機分出十組弱讀者，進行直接說明的教學，而另外十組為控制組，接受一般的教學。Duffy 等人（1987）教導三年級的老師直接向兒童說明這些策略、技巧及過程，將它們融入三年級一整學年的閱讀教學當中。老師要先學會如何解釋這些策略、技巧與過程，然後心智示範給學生看。接著讓學生在指導下練習，一開始先讓他們表現運用策略的過程，讓老師便於監控。學生愈來愈熟練後，老師便減少協助。老師也會幫學生回顧何時、何處可以運用學生剛學的策略，藉著這樣的回顧，鼓勵學生將這些策略轉換到不同場合使用。當學生遇到某些情境最適宜運用剛學的策略時，老師就會暗示學生可以使用哪些策略，不管這些情形在什麼時間發生（也就是鷹架教學可能會延續一整天）。老師會不斷提示、指導，直到學生會自動運用這些策略為止。

一學年結束後，兩組學生接受一份閱讀成就測驗，結果顯示，接受直接說明教學的學生在這份標準化測驗中的表現，比控制組的學生好得多。這個結果對閱讀教育界投下了一顆震撼彈。隨後 Duffy 等人（1987）所提出的直接說明教學，馬上被許多教育家用於自己的理解策略教學中，而且延續至今，成為閱讀技巧教學包括理解技巧教學的重要典範（Duffy, 2003）。

## /交流式理解策略教學的描述性研究/

Pressley 的研究團隊探訪了許多施行理解策略教學，以及 Roehler 和 Duffy（1984）教學模式的地方。因為我們所研究的教學法不只是直接說明法，還有很多其他的成分，所以需要另外取一個名字來包含所有的教學元素。其中，我們特別想要為這個策略取一個能夠表達師生互動、教學相長的名稱，因此從三個不同觀點來看，「交流式策略教學」（transactional strategies instruction）這個名稱好像還不錯。讓我們來討論這三個觀點。

回想 Rosenblatt（1978）的讀者反應理論，意義不會單獨存在於文本中，也不會單獨出現在讀者的腦海中，讀者必須根據文本，再透過他們自

己的背景知識與經驗建構而來。這種意義建構，Rosenblatt 稱其為交流（transactional）歷程，在我們現在要描述的教學法中，這是很受重視的一環，學生也被鼓勵要對文本運用預測、圖像及摘要等方式來產生個人化的詮釋以及理解。

然而，選用「交流」這個詞也很符合第二個觀點。大部分的理解策略教學都發生於師生共同閱讀的小組中，師生們在閱讀過程中運用各種理解策略。發展心理學的文獻（例如，Bell, 1968）提到，交流這個詞，是指「兒童行動多少會左右成人行為」的一種互動關係。和這種說法相同的是，這裡所描述的老師的行為，也大大受到學生反應的影響。老師對學生的解讀及遇到的困難做出回應：學生如果做出了一個很好的總結摘要，老師就可能要他詳細說明一下這個摘要；如果學生做的摘要連老師都看不懂，老師可能就會要他重新閱讀，或是重新思考文本的內容。交流式策略教學的內容，大部分取決於學生對老師以及對其他同學的反應。討論文本的行為非常有意義，因為當兒童和同儕及老師在討論時，對於文本的理解都會大大增加（Applebee, Langer, Nystrand, & Gamoran, 2003; Van den Branden, 2000）。

下面說明的策略教學，就是第三個觀點。組織心理學家（例如，Hutchins, 1991）曾特別觀察，小組解決問題的方法，和個人解決問題的方法不太一樣：小組總是能得出一些個人沒辦法想到的解釋，這種小組討論對於我們剛剛看過的理解策略教學至為重要。小組會將學到的策略當作是解讀文本的工具，對文本產生讓人另眼相看的解釋。

整體說來，我們觀察到的交流式班級策略教學有三個特點：

1. 組員在閱讀時運用各種策略以決定文章的意義。
2. 每一個組員的反應乃取決於其他組員的行為、想法與說話。
3. 當師生共同利用策略達到閱讀理解的目的時，所產生的文意就是所有組員的智慧結晶。

從以上三個觀點來看，策略教學都具有「交流」的本質，最主要是因為老師能在學生學習及練習策略時給予聰明的協助。也就是說，只有策略的直接說明以及老師的示範是不夠的，當學生在小組裡練習這些策略時，

老師必須夠敏感，能提供鷹架，策略教學才會發生作用。

## 標竿學校的研究

　　Pressley 第一個理解策略教學的研究是在賓州 Media 市的標竿學校完成的，該校是為能力優秀、但在入學後兩年內發生嚴重閱讀困難的低年級學生設置的，雖然標竿學生很有可能長期處於成績不良的情況當中，大部分需要四至七年的時間才能回到正軌，但是，實際上所有標竿學校的畢業生都順利念完了高中，很多還上了大學。因為標竿學校教導學生利用各種認知策略達成閱讀及其他讀寫任務的目標，所以這所學校應該是一個可以檢驗策略教學有效性的絕佳場所：在這裡，閱讀策略的教學從小學一路延續到中學，學生們也不斷被鼓勵在不同的課程使用這些策略。

　　我們的研究之一是對該校老師的訪談（Pressley, Gaskins, Cunicelli et al., 1991）。三十一位標竿學校的老師接受了一百五十道關於教學的問題，每個問題都必須有一個客觀的答案〔例如，用李克特量表（Likert scale）來回答〕，但老師如果有任何想分享的想法，也能以文字表達。這些問題是根據對學校的整體觀察歸納而來，希望能抓到學校中理解策略教學最重要的教學論點。長達五個小時面對面的訪談，讓老師們能有非常充裕的時間，根據自己豐富的經驗詳細解釋，說明他們所信賴的策略，以及為什麼信賴它。

　　綜合三十一位老師所述，我們發現有不少相同之處，分別如下：

- 標竿老師都將直接說明及示範視為有效策略教學中非常重要的一環。在標竿學校的觀察也指出，這些策略說明的教學方式不但出現在小組和大組教學中，也是在一對一個別指導及加強教學的一部分。老師們說，他們在課程一開始就進行的說明和示範，比課程後段所做的要更為完整。有些老師、尤其是資深的老師堅信，在介紹策略過後，說明及示範還得持續一段長時間才行。
- 老師們認為，策略的使用一定要經過大量的練習，而且當學生練習時，若有需要，老師要提供延伸的指導與回饋。即便如此，老師們也承認，要診斷出學生所遭遇到的問題還是不容易，要解決這些問題更是一大挑戰。學生較不可能馬上就學會各種策略：唯有經過大量練習，以不同的

策略應付各種不同狀況的學習困難才能學會。

- 老師們表示，策略及如何應用策略的教學都不斷在課程中發生，就和我們在標竿學校中觀察的情形一樣。老師們都鼓勵學生在各種不同的情境中使用策略。

- 老師們認為，告訴學生何時、何處能夠運用他們正在學習的策略，以及使用策略會有什麼好處，是很重要的。

- 老師們認為，將剛剛學會的策略轉而應用到不同的作業或內容，絕對不可能幫助學生達到自動化的程度；老師需要教學生何時可以使用策略，並提供在各種不同情況下應用策略的練習。

- 老師們強調，一次最好只教少數幾個策略，不但如此，標竿學校還要經年累月地深入教導這些策略。因為老師們認為，學生會在學習的階段中發展自己的策略資料庫——策略教學可不是一蹴可幾的。

- 雖然策略教學是認知導向的，老師們仍然認為，直接增強學生努力嘗試，以及利用策略來完成困難作業的成功經驗，還是有其重要性。回饋對學生來說也非常重要，尤其是當學生成功時，給予正向的回饋尤其重要，它能成為繼續學習的動力。老師們心知肚明，這些學生在學校是長期成績不良的一群，也相信學生的成功需要被肯定才能消除過去失敗的陰影（關於動機，見第 11 章，尤其是標竿學校的部分）。

- 標竿老師相信，他們應該幫助學生養成自省的習慣，並善於規劃。策略教學就是能達到這種理想目標的一種方式。

Pressley、Gaskins、Cunicelli 等人（1991）將訪問標竿老師的這些問題，拿給在策略教學領域名聞全國的九位代表學者，他們都是非常優秀的研究者，在自己的學校有很多策略教學的長期實務經驗。令人驚訝的是，標竿老師和這些學者的回應竟非常相似。學者們大量的策略教學經驗似乎讓他們有了和標竿老師們一樣的想法。

另外兩個研究提供了更多關於標竿老師如何進行教學的細節。一個是某標竿班級在 1990 年第二學期的教學個案研究（Pressley, Gaskins, Wile, Cunicelli, & Sheridan, 1991）。這個班級老師教導的焦點策略是「以語意地圖抓取文章大意」，大意裡包括了文本裡的因果關係、事件的時間順序、能

相互對照的資訊，以及簡單的敘述。這些策略和課程內容的教學是合而為一的，焦點策略的教學散見在閱讀、寫作及社會科課程裡，師生在這些場合中互動，以繪出各種表徵知識的地圖。例如，當學生進行社會科的寫作功課，他們就會畫出相關的語意地圖（semantic maps）來，社會科的作業經常需要以語意地圖來表徵學習的內容。

和前面那個老師訪談的研究老師一樣，在教學的早期，語意地圖策略的說明與示範會比較全面而仔細。但幾個月之後，只要老師說出一個方向（例如，「幫忙畫一個語意地圖，以說明文章裡講了什麼」），學生就會動手畫出一篇文章的語意地圖。如果學生需要，老師才提供協助，大都也只是給予一個大概的提示，要怎麼用語意地圖來呈現文本裡的特殊結構。

老師開始教導語意地圖時，其他的閱讀策略並未停止，不僅如此，老師還將語意地圖與其他策略結合，進行示範與說明。例如，上課時老師經常提醒同學們使用啟動先備知識、預測、澄清及總結摘要等策略，主要是用這些策略產生新的訊息，以做為語意地圖策略的材料。

我們在標竿學校有個很重要的省悟，老師教導各種認知策略以鼓勵學生對文本進行詮釋（interpretations），也就是我們所謂的個人深層見解的建構。舉例來說，在 Pressley、Gaskins、Wile 等人（1991）的個案研究中，被觀察的老師們都這麼告訴學生，沒有兩個語意地圖會一模一樣，但每個學生畫的圖應該都能反映出文本的內容。

Gaskins、Anderson、Pressley、Cunicelli 和 Satlow（1993）曾對標竿學校中六個老師的策略教學課程進行研究，他們分析這些班級的對話後發現，詮釋性的活動占了很大的比重。Gaskins 等人幫每位老師各分析三堂課：一堂是老師介紹重要新策略的第一堂課，再來是比第一堂晚一些的課程，最後一堂再比第二堂晚一些。這些班級上課時的對話內容，和一般傳統班級迥然不同：一般的班級總是不斷重複相同的模式，老師問問題，學生回答，然後老師再評量他們的回答——也就是「IRE」循環所說的：老師起頭（initiation），學生回應（response），老師再評量（evaluation；見 Cazden, 1988; Mehan, 1979）。但標竿學校的班級可不是如此。取而代之的，是老師不斷和學生進行詮釋性的對話，在 88% 的時間中，師生不斷進行著 Gaskins 等人（1993）所稱的過程－內容循環（process-content cycles）：老師

以課程內容為工具，去刺激策略的討論與應用。當學生在討論時發表意見，標竿學校的老師並不會去評量學生的反應是好是壞，而是鼓勵學生再詳細說明——並鼓勵學生進一步利用策略處理內容。這樣的目標就是要鼓勵學生經由策略的處理來理解內容。因此，老師可能會要學生對某段落進行摘述，學生完成後，老師可能再問學生，他或她閱讀時，有沒有想到什麼畫面，或者鼓勵學生從自己的先備知識出發，把剛才的摘述活化起來（例如，「你認為大家都會叫 Bob Cratchet[2] 在聖誕夜出去工作嗎？」；「你的父母也會在聖誕夜工作嗎？」）。

Gaskins 等人（1993）的研究有一項非常重要的發現，就是在很多課程中都會發生一些教學事件：

- 老師確實教導學生如何實行各種策略。
- 老師會示範焦點策略（有時候也使用其他策略）。
- 學生練習策略時，老師在旁指導，並在必要時提供協助。
- 每一課的焦點策略以及當天主要的課程內容，會在課程一開始就說清楚。
- 老師會說明焦點策略多麼重要；有時候老師還會說一些故事，說明自己曾經如何在學習上借助這些策略。
- 老師會告訴學生何時、何地可以運用策略。

總而言之，當標竿老師接受訪談、被觀察，或課程裡的對話被澈底分析時，就很容易看出老師是如何說明及示範策略，然後學生是如何在老師引導與協助下練習，老師又如何小心監控學生使用策略的情形，並在必要時提供幫助。然而，小學原本的課程內容並不會被策略教學喧賓奪主；相反的，學生在學習基礎的課程時，還能應用到這些策略。

### 馬里蘭某學區的理解策略教學

事實證明，標竿學校可不是唯一一間強調策略教學的學校。我們也仔細研究了馬里蘭州某一學區所發展、推行的理解策略教學。該學區的理解教學是以優質的文本為出發點，並經常以閱讀小組的方式上課，小組人數

---

2 譯註：Bob Cratchet 為狄更斯（Charles Dickens）於 1843 年的著作《小氣財神》（*A Christmas Carol*）的主角。

少到每個人都有機會交換對文章的詮釋、對內容的想像及摘要等想法。一、二年級時，老師開始介紹策略，課程經常聚焦在各種不同的策略上。舉例來說，老師用了好幾個禮拜讓學生預測、預測、不斷預測，然後是好幾個禮拜的心理圖像策略，不斷構築心理圖像。當學生對某些策略已經很熟悉後，課程就轉而強調各種策略的搭配使用。雖然這就需要老師長年累月持續地督促推動。最後，學習策略的第三年，學生就能以小組為單位，自行施展策略——這時老師點撥和提醒的次數就遠遠低於前兩年了。El-Dinary、Pressley 和 Schuder（1992; 亦見 Pressley, El-Dinary et al., 1992）將他們在馬里蘭州所觀察到的理解教學，摘要如下：

- 學生被教導如何實行課程裡所強調的策略。通常以學生比較熟悉的方式，重新解釋策略的使用過程，亦即用新的方式來說明策略。
- 老師示範已經教過的理解策略。
- 學生練習策略時，老師會在旁引導，並在需要時提供協助。而提示的形式，通常都是以建議別的策略或是能夠延伸詮釋的可能方式的提問形式進行。
- 老師會讓學生知道為什麼焦點策略（有時也包括非焦點策略）那麼重要。老師經常會說一些曾經如何借助策略的故事。
- 學生經常要示範和解釋他們如何使用理解策略。
- 老師會告訴學生何時、何地可以使用理解策略，並且持續告訴學生使用之後會有什麼好處。
- 一些比較深奧的歷程性詞彙（例如，「預測」、「澄清」、「有效預測」和「摘要」）使用率頻繁。
- 策略使用很有彈性，老師會強調，即使對相同的內容，每位學生也可以以不同的方式運用各種不同的策略。
- 老師們強調，學生的思維歷程是很重要的。

當然，這些行為在標竿學校也都找得到。如 Roehler 和 Duffy（1984）所評論，標竿學校和馬里蘭這所學校進行策略教學時，都利用了大量直接說明與心智示範，兩校的師生也都大量放聲說出他們的思考過程（也就是心智示範）。他們公開自己對文本解讀的想法，而且通常是在愉快的分組

環境中分享。兩校的教學都強調各種策略的搭配使用，學生也練習如何搭配使用策略長達數年之久。

### 總結性評論

在兩所學校中，知道理解策略這回事的老師們，都根據自己多年的經驗，搜尋文獻中最理想的策略及方法。而讓他們印象最深刻的，就是 Gerald G. Duffy、Laura R. Roehler 和他們的同事（例如，Duffy et al., 1987; Duffy, Roehler, & Herrmann, 1988）對於策略過程直接說明的相關論述。Duffy 和 Roehler 對直接說明，包括心智示範及之後學生練習時如何引導的觀點，成為班級策略教學相關領域至今最具影響力的論述。

向學生解釋各種策略、示範如何使用策略，以及在學生練習如何應用策略時提供協助，老師們似乎較能認同這些方法。只要老師投入其中，以上所描述的交流式策略教學便得以發展。教育家認為，這樣的做法的確會影響學生的成就，雖然之前的一些基礎應用理論和研究已經提供了成就發展所需的動力及引導。

## 檢驗交流式策略教學的成效

有三個研究以嚴謹的研究設計檢驗交流式策略教學的成效，它們的研究結果皆指出，交流式策略教學能夠提升閱讀理解，從二年級開始一直到中學都如此。

## R. Brown、Pressley、Van Meter 和 Schuder（1996）

R. Brown 等人（1996）的研究乃為期一年的準實驗研究，探討二年級交流式策略教學對閱讀成就的成效。一共有五個二年級班級接受這次的交流式策略教學，而其他班級則由語文老師來教，但不使用任何策略教學。每個班級中都有一組被確認為低成就的學生，R. Brown 等人（1996）則謹慎觀察這些學生的閱讀成就變化。

秋季時，策略教學與控制組的班級中，低成就生在閱讀理解及假詞解碼能力（word attack skills）標準測驗的表現並無明顯不同。但春季時，落差就出現了，接受交流式策略教學法的學生表現較好。此外，接受策略教學的學生在策略使用及解讀能力的測驗中表現也較佳（亦即接受策略教學

的學生，能夠對文本做出較多不同且豐富的解釋）。

　　R. Brown 和同事（1996）的研究中，接受交流式策略教學的學生和控制組學生最顯著的不同，是經由策略的學習，他們能夠從每日的課程學到較多的內容。我們也要強調，不是說控制組學生在課程結束後都沒有進步，而是接受交流式策略教學法的學生，進步的情形更為顯著。

## Cathy Collins（1991）

　　Cathy Collins（1991）用一個學期（一週三天）的理解策略課程，改善了五、六年級學生的理解力。她教學生預測故事接下來的發展、遇到無法確定的地方要尋求解答、在文本出現爭議時尋求模式（patterns）與原則、分析文本處理時的決策、解決問題（包括逆向推論及心理圖像）、摘要、改寫文本（包括重整部分內容），以及和組員談論對文本不同的解釋。在介入之前，雖然接受策略教學的實驗組學生，在標準化理解測驗的表現和控制組的學生並無明顯差異，但實驗組的後測成績高於控制組三個標準差，實驗的效果非常顯著。

## Valerie Anderson（1992）

　　Valerie Anderson（1992; 亦見 V. Anderson & Roit, 1993）以一個為期三個月的實驗研究，探討交流式策略教學對六至十一年級閱讀障礙學生的教學成效。實驗組有九組，以小組方式教導交流式策略，另有七組為控制組。雖然策略教學組與控制組學生經過學習，在標準化理解測驗的表現都有提升，但策略教學組的表現進步更為顯著，這個結果支持了策略教學確能增進閱讀理解能力。V. Anderson（1992）也蒐集了多種的質性資料，支持了策略教學對提升文章意義了解的效果。例如，策略教學能夠提升學生多方面的閱讀意願，如願意嘗試了解困難的材料、和同學合作找出文本意義，還有對文本提出回應與延伸思考。

### 總結性評論

　　要進行像交流式教學法這種長期的研究是非常困難的，因為需要研究人員長時間在好幾個班級裡仔細完成各種測驗。然而，如同決策者關心的議題，最好的標準就是教育的介入是否讓學生在標準化測驗中得到更好的

成績。令人驚訝的是，在這些驗證過程當中，發現一學期到一學年的交流式策略不只對標準化測驗結果產生明顯的影響，而且，即使用其他測量方式也會得到相同的結果。一樣引人注目的，不只交流式策略教學的發起人，也有很多人在尋找能夠讓學生在閱讀全新文本內容時能改善理解力的有效方法，但結果不一定如最早那些研究那樣受到矚目（例如，Klingner, Vaughn, Arguelles, Hughes, & Leftwich, 2004; Klingner, Vaughn, & Schumm, 1998; Mason, 2004）。

因為我們花了那麼多時間研究交流式策略教學，我們可以毫不猶豫的說，交流式策略教學的班級連日常生活都和其他的班級不一樣。最明顯的差異是，交流式策略教學法的班級經常會上演非常精采的對話，就是學生在討論閱讀的過程中運用正在學習的策略。在這些對話中，他們會預測故事等一下會發生什麼事，他們討論覺得困惑的地方，以及解決這些疑惑的方法。兒童們發表文本的摘要，也了解每個人的詮釋可能都有所不同。這些學生開始會期待不同的意見出現，因為他們知道文本的意義是因為兩項要素而產生，一項是文本的內容，一項是讀者閱讀前先知道了什麼。

在典型的、沒有進行策略教學的班級裡，大部分的對話都是老師的問題和學生的回答（例如，Mehan, 1979）。但這在實施交流式策略教學的班級裡是看不到的。取而代之的，是學生不用老師多加暗示，就能談論文本的內容。老師絕對不會這麼提醒學生：「現在可以來預測了。」或是「有沒有人可以幫這段故事想個好問題呢？」更確切一點地說，如果老師一定要提示，他或她只會提醒學生要積極，要學生為自己決定要如何去理解文本。提示常常會像這樣：「你在這裡會怎麼做呢？」或是「你對這個段落的看法是什麼？」老師提醒學生要思考，學習根據背景知識及故事情節的發展來推測、建構心理圖像、產生問題並找出答案、疑惑時尋求澄清，以及建立摘要和解讀文本傳達的概念。有大量的證據顯示，能有機會參與這種學生為主的對話，能有效地提升學生的學習動機，讓他們能夠想到許多關於文本的問題，以及很多能夠結合文本內容的方法（例如，Almasi & Gambrell, 1994）。這種關於文本內容的討論——也就是說，關於文本意義的協商——有極大潛力，可增加每個小組成員的理解力（Van den Branden, 2000）。

交流式策略教學也和自我調節的發展有關，幫助學生靠著自己，能夠運用優讀者使用的理解策略。你可以翻回第 2 章，回顧一下優讀者理解的歷程。這些歷程是——預測、提問、構圖、澄清以及摘要——也正是交流式策略教學法的老師所教的那幾個策略。特別熟練的讀者會自行發展出這些閱讀策略，因此交流式策略教學法的老師不會再引導學生使用什麼特殊的策略。更確切一點地說，交流式策略教學法的老師會不斷傳達訊息給學生，閱讀時應該保持積極，選擇他們自己的行動及策略。如果一定要解釋自我調節是什麼，那就是保持活躍的認知，而交流式策略教學法不過是教導學生要保持積極的而不是消極的閱讀，並在遇到有挑戰性的文本時，能為自己決定要用什麼樣的策略。

在結束這段交流式策略教學的討論之前，我們覺得一定要對其前身，即之前所提及的交互式教學法再多做一些探討。當老師想要進行交互式教學時，他們通常都會很戲劇化地改造它——讓它看起來很像交流式策略教學法（Hacker & Tenent, 2002; Marks et al., 1993），這也許是因為有一本關於如何在班級中彈性運用交互式教學的文獻可供參考（Oczkus, 2003）。因此，進行交流式策略教學法的方式之一，就是以交互式教學的預測、澄清、提問及摘要開始，以學生為教學中心，以能夠更彈性運用這些策略為目標。簡言之，交互式教學似乎可以用來發展交流式教學法。

關於策略教學是如何刺激認知活動，我們不能不承認，即使用最不靈光的分析策略分析問卷資料的國家資料庫，還是能發現認知策略教學法和兒童的閱讀頻率之間有很明顯的關聯性（Guthrie, Schafer, Wang, & Afflerbach, 1993）。更有趣的是，Guthrie 等人（1993）的報告指出，為什麼教導理解策略後，兒童閱讀量會增加，部分原因是因為理解策略教學會引發更多關於所讀內容的對話。在小學課程中，有一籮筐的理由來進行理解策略教學，我們猜想，說不定還有更多證據能夠證明經過這樣的教學後，學生的閱讀能力會更好、讀得更多，談起他們閱讀的內容時，也更能夠侃侃而談。

# 平衡式理解教學優於理解策略教學

　　因為很多理解力教學都和策略有關，所以本章也就一直著重在談論理解策略的教學。當然，理解策略固然非常重要，平衡式的理解教學卻更重要，它並不是從中高年級才開始，而是更早就要起步。沒錯，如同本章所述，中高年級是需要更多的理解教學，但這並不是說理解教學在低年級就不必教。

## 解碼與流暢性和閱讀理解

　　有一些人假設，兒童只要能順利地解碼，就能夠理解文本中的訊息（Gough & Tunmer, 1986）。就這個觀點來說，詞彙層次的解碼在理解過程中是一個很重要的瓶頸：如果讀者不能將某個字解碼，就無法理解它的意思（例如，Adams, 1990; Metsala & Ehri, 1998）。當然，這麼說有部分的真實性。完全無法閱讀字詞對理解力的確有很大的殺傷力！事實上，只要解碼不夠流暢（第 6 章），就會折損讀者的理解力，因為認字和理解都是在短期記憶（也就是意識）這個有限的空間裡進行（Miller, 1956）。因此，認字及更高層次的理解工作，就在閱讀的過程中競逐有限的短期記憶空間。讀者花愈多力氣解碼，可用於理解該字及其他資訊的短期記憶空間就愈少（LaBerge & Samuels, 1974）。一般說來，小學時解碼過程發展得愈好，對詞彙及文本的理解能力就愈強（Gough & Tunmer, 1986; Rupley, Willson, & Nichols, 1998; Shankweiler et al., 1999）。

　　當老師幫助學生發展認字流暢性時，就是在幫助學生改善理解力。本書中還談到，很多認字教學過程本身就是平衡式讀寫教學的一部分，也明確點出了閱讀有困難的讀者能夠透過直接解碼教學來學習認字。如同第 6 章提到的，有個重要的研究議題，就是探討閱讀困難者能不能學會流暢地認字。本書提到的認字研究，大部分都將目標設在認字正確性而不是流暢性。沒錯，閱讀障礙者經過學習，是能夠將字念出來，但卻也相當費力。吃力地念出文字，讀者一定無法流暢閱讀，也不能達成高度的理解。很多低年級的老師都遇過能夠逐字、逐句、逐段朗讀，但念完後卻完全不知所

云的學生。這些兒童就是能夠正確解碼的讀者。但理解所需的遠不只此，它還需要認字的流暢性。

此外，優讀者可不只是理解閱讀的內容，他們還知道有哪些地方是不懂的——也就是說，他們能夠監控自己理解的情形。能夠監控理解力是至關重要的，因為當優讀者發現自己還沒搞懂文意，就會督促自己重讀一次，試著讀懂它。最近有一項重要的發現，當一個一年級學生的解碼能力進步時，監控理解力的能力也進步了（Kinnunen, Vaurus, & Niemi, 1998）。熟練的解碼能夠帶動熟練的閱讀。

## /利用語意情境線索理解詞意/

本書稍早談過，在學習認字早期就依賴語意情境線索（例如，圖片、整個文本的大意）是個錯誤的策略。優讀者是靠著組成詞彙的字母和字母串來認字的！然而，當讀者認出詞彙後，再利用圖片及語意情境線索來決定該詞彙的意義就很重要。如同大多數的語言，英語中大部分的詞彙都有多重意義，而要知道某個字是哪個意思的唯一方法，就是靠上下文的線索（Gough, 1983, 1984; Isakson & Miller, 1976）。因此，當一個優讀者讀到「I'll stamp at the post office」時，就會想到一個畫面，有一個人將一張郵票貼在信上，而不是一個人在跺腳[3]。而當優讀者再看到這個句子「I'll stamp at the pep rally[4]」時，想到的畫面又不同了。上下文可以決定特定詞彙所代表的意思。這就是為什麼許多希望能改善初學者閱讀能力的教學法，像是閱讀復甦方案，都會教導學生注意自己念出來的詞彙在上下文中是否具有意義（Clay, 1991）。平衡式理解力教學法中有一個重要的元素，就是教導學生注意語意情境線索，以幫助他們了解自己讀到了什麼，包括拿捏作者遣詞用字的用意。

## /詞彙/

雖然讀者的詞彙量與其理解能力之間有相當明顯且直接的關聯，但是

---

3 譯註：stamp 有跺腳的意思。
4 譯註：pep rally 是運動賽會前的遊行。

到底要不要直接教導詞彙，仍引起了一些爭論（例如，R. C. Anderson & Freebody, 1981; Becker, 1977; Blachowicz & Fisher, 2000; Nagy, Anderson, & Herman, 1987）。反對直接教導詞彙的主要論點是，詞彙教學牽涉的面向太廣，優讀者認識的詞彙超過十萬個，而老師根本不可能教到那麼多詞彙（Nagy & Anderson, 1984）。然而，想想看我們在第 7 章談過的，在中學畢業以前，一個學生至少要認識一萬五千個詞根，肯定是比十萬個詞彙容易處理得多了（亦即，剩下的八萬五千個詞彙，是從這一萬五千個詞根衍生出來的；例如，Biemiller & Slonim, 2001; d'Anna, Zechmeister, & Hall, 1991）。另一個考量是，因為兒童通常沒辦法完全了解一個詞在字典裡的形式定義（見第 7 章），絕大部分的詞只能透過豐富的語言情境習得（Miller & Gilden, 1987）。

那些認為應該進行詞彙直接教學的人則認為，人類有很大的潛力在偶然的情況下習得詞彙（也就是在交談及閱讀中遇到的詞彙；Nagy & Scott, 2000; Sternberg, 1987；見本書第 7 章）。然而，對這種偶然的學習寄予太大的希望好像也太冒險。當讀者在文章裡遇到一個新詞彙，他們通常都猜不出該詞的意義（Miller & Gildea, 1987；仍見本書第 7 章）。舉例來說，Harmon（1998）曾觀察四年級的學生，發現他們幾乎每次從上下文猜測詞義的時候都會猜錯。就算是程度最好的學生，從上下文來學習詞彙也是個緩慢而不穩定的過程（Schwanenflugel, Stahl, & McFalls, 1997）。這是因為要從上下文來推測詞義，需要對該語言有廣泛的認識、對文本所描述的情形有所了解，以及能夠適時運用策略（Harmon, 1998; Nagy & Scott, 2000）。同時，還需要一些背景知識，因為對於特定主題很熟悉的兒童，推測的結果會比其他不熟悉該主題的兒童準確得多（Carlisle, Fleming, & Gudbrandsen, 2000）。富者愈富的現象又再次發生！

然而，教導兒童詞彙最主要的原因是，進行詞彙教學後，學生的理解力確實增加了，至少能夠讀懂有包含這些詞彙的段落（例如，Beck, Perfetti, & McKeown, 1982; McKeown, Beck, Omanson, & Perfetti, 1983; McKeown, Beck, Omanson, & Pople, 1985）。因此，我們在本書中強調，一個理解力發展計畫應該包含教導學生一些必學的詞彙。但是，適切的詞彙量不是全部，它只是一個年輕讀者必備的技能之一而已。

# /世界知識/

　　1970 年代末期至 1980 年代初期，伊利諾大學閱讀研究中心的研究小組率先研究背景知識對於閱讀理解力的重要性（例如，R. C. Anderson & Pearson, 1984）。他們發現，讀者在閱讀前對於文本主題了解的程度，深深地影響他們吸收訊息量的多寡。該研究有一項重要的假設，認為拓展學生的世界知識（world knowledge）有助於他們的閱讀理解。擁護這項假設最知名的一位學者是 E. D. Hirsch, Jr.（1987），他進一步指出，要學會讀寫的人，必須擁有一套核心知識。一旦擁有這些核心知識，他們就能產生驚人的閱讀效果。舉例來說，甘迺迪總統（President John F. Kennedy）為什麼能夠每分鐘閱讀二千字關於外國政策的文件，而且又能夠全部消化？有一個說法是因為他很了解外國的政策。我們曾在自己的教育心理學課程裡做過多次驗證，把一本全新、還在膠膜裡的教育心理學教科書帶到教室裡去，讓學生打開書的包裝，然後在學生進行其他活動時，我們就在十五分鐘內閱讀完——其實是瀏覽完——整本書。然後，把書交給其中幾位學生，並憑藉著記憶說出此書的摘要。有時候，我們還會請學生隨便考我們幾題。通常他們的問題我們都會答對。我們為什麼能夠如此快速地理解這麼多的訊息呢？那是因為我們本來就已經非常了解教育心理學這個領域了。

　　Hirsch 和他的同事還根據他們的核心知識理論，發展了一整套小學課程，詳細列出每個年級應該學會的知識。雖然對該課程的成效評量，設計不如我們期待地那麼完整，分析也未如預期仔細，但初步評量的結果發現，只要是試用這套理論的學校，學生語文表現都有所進步（Datnow, Borman, & Stringfield, 2000）。當然，如果我們回到伊利諾大學閱讀研究中心的理論及研究資料，就知道發展核心知識確實能增強理解力。從這個觀點來看，老師應該盡所有可能確保學生能廣泛閱讀，也該讓學生閱讀充滿有意義資訊的各種材料。

　　除了擁有世界知識之外，學生還需要學會在閱讀新的文章時，使用他們所擁有的知識，使文本變得有意義。近年來，閱讀研究者最重要的發現之一，就是熟練的思考者除非必要，否則通常不會隨便進行猜測（McKoon & Ratcliff, 1992）。也就是說，當優讀者在閱讀文章時，通常只會在必須依

靠猜測才能讀懂文意的狀況下，才會以背景知識為基礎進行猜測。然而，近二十年來的另一個重大發現是，如果鼓勵讀者根據自己的先備知識，談談他們對閱讀主題的了解，他們對該文本的理解及記憶力就會有驚人的改善。

有一種讓讀者將世界知識和閱讀內容連結起來的方法，就是教他們在閱讀時不斷問「為什麼」。也就是說，一份以事實敘述為主的文本，能利用讓學生自問「為什麼」的方法來加深印象。Wood、Pressley 和 Winne（1990，實驗2）提供了一個清楚的證據，四至八年級的兒童能藉由自問和文本敘述相關的「為什麼」來幫助閱讀。Wood等人（1990，實驗2）的研究，要求兒童學習不同種動物的科學知識。每種動物都有一段文章讓學生閱讀，這些文章說明牠們窩巢的特徵、飲食習慣、睡眠習慣、特殊偏好及天敵。有些學生被指導說要自我提問，為什麼文章描述的情形會是如此（例如，關於臭鼬，「為什麼臭鼬要吃玉米？」；「為什麼貓頭鷹要獵捕臭鼬？」；「為什麼臭鼬要在凌晨三點到天亮前這段時間外出？」），並在閱讀時根據自己的背景知識嘗試回答這些「為什麼」。這些學生要比正常閱讀的控制組學生，能記住更多文章的內容。

「為什麼」的問題能對學習產生極大的助益，若能運用在中小學的課程中，會讓學生在閱讀敘述事實為主的文章時，有更好的學習（Pressley, Wood, et al., 1992）。因為自我提問能夠引導讀者回想起自己的背景知識，使讀者對文章中的知識更加敏銳，記憶力及理解力因此更好（Martin & Pressley, 1991）。我們認為，教導學生習慣找出文本內新知識的源由非常值得。

雖然連結一個人的背景知識和文本能夠增強理解力，但有時卻也有可能會有負向的結果。事實上，弱讀者理解力降低的其中一個原因，就是背景知識確實和現在閱讀的文本連結了，但卻牛頭不對馬嘴，以至於產生沒有根據又不重要的猜測（例如，Williams, 1993, 2002）。

Williams 和她的同事（見 Williams, 2002, 2003）設計了一種教學法，鼓勵學習障礙的讀者將相關的背景知識與閱讀內容關聯起來，這個研究已經有了一些初步資料。這些學生要上一系列的課，老師教他們，要抓住文章中的要點才能有真正的理解。每一堂課都有一個討論，內容和待會兒要

閱讀的文本有關，老師會在這時候和學生天南地北地討論要閱讀的故事主題，以及這個主題對了解故事的重要性。然後，老師和學生就開始朗讀這個故事。一邊讀，老師一邊問問題，以引導學生了解故事的主旨，這些問題都需要學生運用他們的背景知識——例如，猜猜看接下來會發生什麼？你根據什麼這樣猜呢？故事讀完後，就有一個五道問題的討論，每道問題都需要整理剛剛讀過的故事內容：誰是主角？他或她做了什麼？發生了什麼事？這樣做是好是壞？為什麼是好或是壞？學生學習用標準格式來說明故事主題：「（主角）應該（不應該）＿＿＿＿＿。」例如，「Goldilocks 不應該隨便把熊的家當成自己的家。」然後，老師讓學生思考故事的主題是什麼時候開始出現，並回答這些問題：「主題發生在誰身上？」「什麼時候發生的？」事實上，有學習障礙的學生在接受這些訓練後，會比較能夠接受這種大方向的思考，使用適當的背景知識來理解他們閱讀的內容，也有證據指出，這種訓練有助於二、三年級的低成就學生（Wilder & Williams, 2001; Williams et al., 2002）。

總體而言，無論如何都應該要鼓勵學生透過閱讀及其他經驗來發展有價值的世界知識（例如，有些電視節目介紹很多有文化素養的人才知道的資訊，有些則沒有）。現在的系列讀本通常包括故事及說明文，都經過精挑細選，有很多內容都值得兒童閱讀。相反的，老式的「Dick-and-Jane」課本有一個重大的缺點，就是學生無法從故事裡獲得以後可以用來理解其他文章和所遭遇情境的知識。擁有知識是一回事，會用又是一回事。我總是這麼告訴聽眾，如果他們正在挑選讀本，就看看每個單元的主題及單元的內容，如果不是什麼重要的文學、自然、社會科或價值觀，就千萬不要用它。小學的語言課程比例愈來愈重，閱讀內容有益的教材也比以前更加重要。

因為有的讀者不太會將自己的知識和閱讀內容做連結，所以就有人開始研究，怎麼鼓勵年幼的讀者學習活用背景知識。有一個方法是鼓勵讀者自問為什麼，並試著根據自己所知來回答問題。對具有學習障礙的學生來說，更完整的教學是必需的，像是 Williams 和她同事發展出來的教學法，包含老師示範、說明及幫助學生尋找和主題相關的重要訊息。這種教學要讀者在閱讀過程中進行預測，而這就需要讀者將舊經驗和文本內容產生連

結，才能推測出接下來可能發生什麼事。

## /處理不同的文體/

　　小學的閱讀教育很不均衡，閱讀的內容中，故事體的比重特別高，其他類型的文體相對少見。例如，Nell K. Duke（2000）發現，一年級的教學充斥大量記敘文，而每天只有 3.6 分鐘接觸到知識性的文章！相反地，平衡式閱讀教學應該包含各種各樣的文本。因為中學主要的閱讀內容為說明文，所以有必要確保小學生有機會接觸非小說的知識性文章，以練習各種閱讀理解策略（Almasi, 2003; Ogle & Blachowicz, 2002）。當然，好的系列讀物中，說明性質的閱讀主題比重也正在不斷增加。

　　此外，網路上能夠取得的文章逐漸增多。小學生應該有一些練習閱讀這類文章的機會，雖然還需要更多的研究才能了解兒童閱讀此類文章時的特殊需求（Spires & Estes, 2002）。

## /不同的閱讀任務/

　　對小學生而言，他們最典型的閱讀任務，就是在閱讀文章之後，可以回答關於那篇文章的問題。有時候這些問題就印在文章之後，需要學生以紙筆回答。有時候則是由老師提問。平衡式理解教學要做的，可不只是要學生在閱讀完後回答問題而已。有很多方法可以評量理解程度，包括要求讀者使用文章裡提到的構想（例如，「寫一篇能整合文章裡各種觀點的短文」；Flower et al., 1990）。平衡式理解教學也包括教導學生如何在文章中找到需要的資訊（Dreher, 2002; Reynolds & Symons, 2001; Symons, MacLatchy-Gaudet, Stone, & Reynolds, 2001），並能在找到後利用它們。

　　讀者反應理論（Rosenblatt, 1978）讓我們清楚了解到，人們閱讀可不只是想得到資訊，有時也為了娛樂。優讀者會對文本有情感上的回應（見Pressley & Afflerbach, 1995）。本章所強調的交流式策略教學的好處是，老師可以示範他們閱讀時的情感反應，而學生則互相分享他們對文本的詮釋與反應。平衡式閱讀教學應該不只是要培養能夠從文本學習的讀者，還要培養能解讀並回應文本訊息的讀者。優讀者一定會學習用不同方式處理及回應文本。

# /小結/

平衡式閱讀理解教學有許多組成成分。學生詞彙層次的處理能力需要經過訓練，使其能流暢地認字，並發展出龐大的字彙量。

廣泛閱讀好書是平衡式閱讀教學非常重要的一環（例如，Guthrie, Wigfield, Metsala, & Cox, 1999），它可以促進流暢性，也能促進字彙發展和世界知識的發展。如果讀者懂得使用精緻的理解策略，就很有可能從好書中吸收到更多知識。本章有一個很重要的概念，這種理解策略是可以教的，而另一個新概念是，還有一種策略應納入教學，就是如何連結先備知識。

閱讀教育者通常不會太擔心幼稚園及一年級兒童的理解力，反而比較重視他們的認字能力。平衡式的閱讀理解教學可以、也應該在低年級就展開（Pressley, El-Dinary, et al., 1992），並以認字能力的發展做為理解策略教學平衡的一部分。然而，連許多大學生都還不會使用精緻一點的理解策略（例如，Cordón & Day, 1996），這個事實顯示出，我們在國民小學就應該讓理解教學更為普及、更有效能。

回想我們的研究生涯，當我們努力推動閱讀理解教學時，我們覺得1998年時特別沮喪，那是本書第一版發行的第一年。沮喪的原因之一是，本書雖然引起那麼多迴響，但全都只關心它如何著墨於自然發音法和全語言法之間的拉鋸戰，以及關於初始閱讀的內容。很少人注意到本書也談了很多關於閱讀理解教學的東西（這也是本書第二版、第三版為什麼增加了這麼長的篇幅在討論閱讀理解的原因，我們想引起大家對閱讀理解的注意）。我們在該年很關切理解力的第二個原因是，國家研究委員會（National Research Council）發表了一篇閱讀教學報告《預防幼兒的閱讀困難》（*Preventing Reading Difficulties in Young Children*; Snow, Burns, & Griffin, 1998）。這份報告中提到很多關於詞彙層次的處理，卻很少談到理解等高層次策略。唯一的例外是交互式教學占了很大的篇幅，也許是因為國家研究委員會的小組中，有人就是交互式教學法的發展者。第三，1998年年底，我們出席參加國家閱讀研討會（National Reading Conference）。早期閱讀成就改善研究中心（設於密西根大學）當時的共同主持人和我們接觸，告訴我們，他們也在幾個四年級的班級裡進行觀察，看到的情形和我們當

初看到的一樣（Pressley et al., 1998）——很少進行閱讀理解教學（後來發表於 Taylor, Pearson, Clark, & Walpole, 2000）。所以到 1998 年底，我們才會覺得真的有必要更加重視教導兒童如何理解。

當我們在修訂本章時，我們認為也有人跟我們一樣，認為閱讀理解教學需要受到更多重視。2001 年初，RAND 公布了一份報告，希望可以鼓勵更多關於閱讀理解的國家級研究。《為了理解而閱讀：閱讀理解的研究發展計畫》（*Reading for Understanding: Towards an R&D Program in Reading Comprehension*; RAND Reading Study Group, 2001; 亦見 Sweet & Snow, 2003），這份報告呼籲全方位地增加關於閱讀理解教學的研究，也呼籲在師資培育及師資專業發展上多下工夫，以刺激更多學校從事閱讀理解教學。更近期一些，紐約卡內基公司（Carnegie Corporation of New York）也在呼籲大家要多加重視中高年級才開始的理解力教學（Biancarosa & Snow, 2004）。

我們非常相信，如果要提升閱讀理解教學的品質，向老師們宣導理解的本質是至關重要的工作，因此下一節就是關於如何開始在小學課程中帶入閱讀理解教學的重要假說，其中一項就是老師本身專業素養的提升。

# 馬賽克思維及老師對自身理解力的反思

Ellin O. Keene 和 Susan Zimmermann（1997）在他們的《馬賽克思維：在讀者工作坊進行理解力教學》（*Mosaic of Thought: Teaching Comprehension in a Reader's Workshop*）一書中，提出了一個很有趣的觀點，他們認為，要成為一個會教理解策略的好老師，很重要的第一步就是自己要會使用理解策略！他們主張，老師會從學習理解策略的過程中獲益良多，也會想要在自己閱讀的時候使用這些策略，那時候，老師就會體會到理解策略的好處。

我們認為這是一項很重要的見解，因為老師常常會拒絕教授理解策略。Pamela Beard El-Dinary 在她的博士論文中提出了一份特別具有啟發性的分析資料（見 Pressley & El-Dinary, 1997）。她對七位有意願進行交流式策略教學的老師們進行研究，整個課程為時一學年。剛開始，要進行策略教學

（左側邊欄）有效的讀寫教學：平衡取向教學　Reading Instruction That Works: The Case for Balanced Teaching

266

非常地困難，例如，有些老師覺得，交流式策略教學法和他們對於閱讀及閱讀教學的信念有所衝突，也有些老師認為，它違背老師們在師培課程中所學的全語言理論（也就是策略教學中，老師指導的味道太重了）。有些老師覺得，理解策略教學以及在閱讀小組中使用理解策略太浪費時間，結果讓學生幾乎沒辦法閱讀太多書籍或故事。此外，也有老師無法一下子處理那麼多小組在討論時因為使用策略而對文本產生的多種詮釋：有些老師會照單全收，不管這些詮釋和閱讀內容是否一致，而有些人則是只要和標準答案不同的都覺得不妥。為期一年的觀察結束時，七位老師中只有兩位能算是合格的理解策略教學者。Pressley 和 El-Dinary（1997）的研究明確指出，理解策略教學，或至少交流式策略教學法，可不是適用於每位老師的。

一些老師用 Keene 和 Zimmermann（1997）的書來學習理解策略，這些老師一次試用一種策略，然後彼此分享心得。不幸的是，Keene 和 Zimmermann（1997）並沒有針對自己所提的方式提出明確檢驗成效的辦法：例如，老師只要照著他們的書做，就能學會各種策略的使用；隨之，還能成為願意委身理解策略教學的老師，最後，在教導學生使用理解策略後，就可以改善學生的閱讀能力等等。雖然並沒有檢驗的方式，但我們還是很驚訝有那麼多老師向我們反映 Keene 和 Zimmermann（1997）提倡的方法有多好用。我們希望不久之後，還是可以有個明確的檢驗方法。

我們的確需要這樣的檢驗，因為我們非常清楚，學習成為一位理解策略老師對很多老師來說是非常困難的。2005 年 Hilden 和 Pressley（in press）研究了兩個中學的班級，他們的老師希望可以透過專業進修（每個月一次以上的會面、讀書小組，以及老師們的互相訓練），改善他們的閱讀理解教學。當一年的課程結束時，很多老師的教學都進步了，但每個老師也遇到了一些瓶頸。例如，有些老師在進行小組教學時，遇到了以前大班教學時沒有遇過的班級經營困擾，也有老師在改變教學之前，對閱讀理解的認知就必須先有天翻地覆的改變！也就是說，理解策略教學對某些老師來說是很難理解的，因為這和他們以前教的東西完全不一樣。

很多老師對於自己能否教授理解策略很沒有信心，常常擔心會失敗，也無法想像這套策略是否可以適用在其他的課程中。相反的，有些老師在

第一個月就退出專業進修，因為他們覺得自己已經很了解要怎麼在班級中有效地進行閱讀理解教學，雖然後來的教室觀察並不支持他們的說法。最後，有些老師將學生視為一大挑戰。有一所中學，老師抱怨道，他們的學生認為閱讀的目的只是要讀得快一點，而不是為了理解或欣賞文學作品。其他老師則是擔心程度較差的學生無法學會使用策略。但克服了這些困難之後，很多老師都覺得，為了改善理解教學所付出的時間、努力和心力都是值得的。我們注意到，也有其他研究者表示，訓練老師成為足以勝任並自信能夠擔任理解策略教學的老師，確實是相當具有挑戰性的任務（例如，Deshler & Schumaker, 1993; Klingner et al., 2004; Klingner, Vaughn, Hughes, & Arguelles, 1999; Pressley & El-Dinary, 1997）。

從本書的第一版發行後，就有許多優良的資源紛紛出現，對希望能改善理解力教學的老師們來說，這些資源能助一臂之力。Miller 的《帶著意義閱讀：在低年級教閱讀理解》（*Reading with Meaning: Teaching Comprehension in the Primary Grades,* 2002）、Blachowicz 和 Ogle 的《閱讀理解：自學者可用的策略》（*Reading Comprehension: Strategies for Independent Learners,* 2001）以及 Harvey 和 Goudvis 的《有效的理解策略：透過教學提升理解力》（*Strategies That Work: Teaching Comprehension to Enhance Understanding,* 2000）都是非常值得老師們仔細研讀的作品。Blachowicz 和 Ogle（2001）的那本算是最容易理解的一本。其實這三本書對於平衡式理解力教學都有許多重要的東西可談，但因為已經行文至本章的最後一節，篇幅所剩不多，無法詳談。

當我們推薦讀者看這些書時，我們也要說明，目前證實最有效的策略教學法（也在本章中提過）其實很簡單——老師直接說明，並在幾個策略的鷹架教學建立後，立刻示範。這樣的教學，通常沒有坊間那些教你怎麼教理解策略的書籍裡的所有訣竅，而其實這些訣竅也是這些書籍的作者由老師的經驗歸納而來的。我們比較建議老師們的是，試試這個簡單的方法，再慎選這些書籍裡的建議去做——記住，理解策略教學永遠是教導學生如何自主運用策略，而不是只會完成學習單，或是任何類似學習單的練習（例如，閱讀過程中預測、構圖、提問、澄清、摘要等的書面作業），坊間的書籍都充斥著這種練習！讓理解策略的練習成為心智上的過程即可，在學

生練習時，示範給其他學生看，並分享在實際閱讀時使用策略的心得。

# 學生該讀些什麼？

學生當然要多讀書，這不會有人質疑。剛開始學習閱讀的學生，應該要讀點真實的文學性文章及知識性的文章，有時也要有一些可解碼的文本。我們參觀到一些閱讀能力很好的班級，學生讀的都是真實的讀本，這類型的閱讀正好符合全語言的觀點（Morrow & Gambrell, 2000, 2001），他們主張文學本位的教學。但是，很多學校仍然採用基礎讀本的課程 5（basal programs），但今日的基礎讀本也已包含了真實的讀本及知識性閱讀。這些基礎課程有許多強調解碼的書 6（decodable books），而很多老師還會在自己的班級圖書館中不斷增加這類圖書。的確，在低年級的班級中，兒童都是既要讀一般的教科書，又要讀強調解碼的書，而當學生已經漸漸有較好的認字能力後，這些強調解碼的圖書就退居幕後。

在最近這幾年當中，我們蒐集到所有 Scott Foresman 1950 年代到 1960年代寫的教科書，也就是頗有惡評的 Dick-and-Jane7 讀本，這系列讀本只出現在入學後一年半的時間，到二年級上學期時就會消聲匿跡了。從一年級開始，這套教材就有很多真實的文學作品。例如，二年級上學期時會讀到一個單元的民間故事，之後還有更多民間故事、知名美國作家寫的故事，還有許多以重要歷史主題為背景的選文。即使如此，根據目前的標準來看，這系列的課本還是很少有文學作品，例如課本裡沒有作家研究（author studies）。雖然教師手冊會鼓勵大家討論一些對故事內容的不同解讀，而這肯定不是當時小學教育所要強調的重點。Dick-and-Jane 讀本的特色就是由淺入深地逐步介紹詞彙，不會讓學生讀到滿是生字的故事內容。相反的，

---

5 譯註：使用 basal readers 或 basal programs 的教室裡使用教科書，類似台灣的現況。但美國有許多全語言教室，反對用教科書教閱讀，所有的閱讀材料都是真實的書籍（authentic books）。

6 譯註：decodable books 是美國小學一、二年級常用的輔助教材，書裡所用的詞彙，其字母拼音完全規則化，沒有例外字，目的在讓兒童學會字母拼讀的規則，但全語言論者攻擊，這種讀本失去了閱讀的意義性。例如，像 The boat made of soap 或 The fat cat sat on a mat 的小書，就是用來練習母音的 decodable books，文章內容的意義性不高。

7 譯註：Dick-and-Jane 是 1930 至 1970 年代，美國最廣被使用的語文教科書，Dick 和 Jane 是這套教科書的主角，配角還有 Sally、爸爸、媽媽和鄰居等。

所謂的一般圖書就是讀者可能會遇到以前不曾遇過、而未來也不可能再遇到的詞彙。至少，1950 年代到 1970 年代的班級中，很多兒童也閱讀了大量的一般圖書，而不是只有 Dick-and-Jane 讀本而已。

我們還特別注意到，現在有許多低年級的班級都有一架一架的書櫃，裡頭的書籍按照閱讀復甦模式來分級，不管是哪個班級，只要是好老師，都會鼓勵學生慢慢由淺讀到深。這是一個多麼棒的方法，確保每位學生都能依照自己的近側發展區來學習閱讀！

低年級的學生到底可以閱讀哪些書籍，這個議題引起了一陣子的爭論（Hiebert & Martin, 2001），例如，兒童必須遇到同一個字幾次，才能將它學起來，成為瞬認字？先假設答案是五到五十次，難道這不表示兒童必須閱讀很多用字重複的書——很多經過分級的書嗎？要求一個兒童去閱讀一般市售圖書——裡面有很多字都是系統性的自然發音教學沒有教過的，這樣合理嗎？從這個角度看，讓兒童閱讀這麼多強調解碼的書，是情有可原的。如果有人說，兒童讀完 Dick-and-Jane 和他們鄰居的故事後，腦海中會得不到什麼世界知識，那麼，讀 *Pat and Mat sat on a fat cat* 以及 *Ted's bed is red* 之類強調解碼的書籍，結果豈不更慘？如果教學目標是閱讀真實的圖書——而不是讀這些強調解碼的書——難道學生不應該多花一些時間嘗試閱讀真實的文本嗎？

雖然我們同意 Elfrieda H. Hiebert（Hiebert & Martin, 2001）的主張，認為應該要有大量的研究，探討在不同種類的閱讀材料組合下，究竟有什麼不同的效果。但有個設計良好的研究還是令我們印象深刻，它探討閱讀強調解碼的文本和其他種類的文本對幼兒的不同影響——實驗結果是沒有差別（Jenkins, Peyton, Sanders, & Vadasy, 2004）。不管閱讀課程中強調的是什麼，在兒童認字範圍內，同時閱讀真實文學及非真實文學（Hiebert & Martin, 2001），是美國的一項傳統。我們期望在可見的未來，低年級的學生還能有機會繼續閱讀各種類型的圖書。

## 總結性迴響

過去八年來，我們花了大量的時間研究小學的班級。我們所看到的大

部分班級，老師都占了主導地位，而學生太過被動。很少人教導學生成為能自我調節的理解者（self-regulated comprehenders）。教室裡有大量的閱讀活動，這些活動背後潛隱的信念是，兒童只要閱讀、閱讀、不斷閱讀，就能成為熟練的理解者。大量的閱讀的確能促進閱讀的流暢性，所以才會說讓學生大量閱讀是為了增加理解力。但只是讀得多，可沒辦法讓讀者成為能夠自我調節的理解者。

　　良好的理解力不只是指詞彙層次的處理能力而已。它還包括能抓出文本的中心思想——主要架構（macrostructures），如同 Kintsch 和 van Dijk（1978）說的一樣。有時候優讀者會構築出一個能包含文本中心思想及重要細節的圖像，熟練的讀者能理解文本中和他們背景知識有關的概念。但我們沒有理由指望小學生能自動發現這個過程，並採取策略來理解文本。事實上，有相當多的證據顯示，很多學生到了大學，還是沒有學到那些熟練的讀者才會的閱讀技巧（Pressley & Afflerbach, 1995）。反過來，更積極地說，有充足的證據顯示，小學生可以學會主動的理解：他們可以學會在閱讀時預測、提問、產生圖像、澄清疑點，最後做出摘要。

　　想一想我們近幾年研究那幾個四、五、六年級的班級，他們的老師有決心要提升孩子們的理解力，而且要讓孩子們持續使用理解策略。所有關於這類教學法的研究結果都是正向的。除了數字會說話外，只要進到教導理解策略的班級，都能感受到一股興奮的氣氛。一年的課程結束時，一小組一小組的兒童會在兩人共讀（pair reading）時使用策略，而當兒童在重述他們讀過的故事時，他們不只是對文本裡提到的資訊照本宣科，而是有見地地反映出閱讀過程中的認知活動。

　　為什麼這樣的教學沒有更普及呢？一方面是因為很多老師不知道理解就是積極的閱讀——就是積極預測、提問、圖像、尋找澄清、摘要以及詮釋。我們一再聽到改教理解策略的老師們說，他們在學會理解策略並開始教導學生使用這種理解策略之前，其實也未真正了解如何積極地閱讀。

　　另一個理解策略教學並未普及的原因是，這會讓班級的互動模式變得和以前完全不同。在一般的班級裡，老師掌控大部分的互動，老師提問，然後學生回答。然而，理解策略教學的目標是教導學生掌控自己的閱讀及思考。當老師和學生一起閱讀時，老師不再發問，而是參與一場真正的對

話。學生自己進行預測、談論他們在閱讀時想到的問題、分享他們在閱讀時想到的圖像、討論文本中難以理解的部分，並產生自己的詮釋，包括對這些詮釋做摘要。在初期的理解策略教學之後——也就是老師不用再介紹這些策略後——老師在談話中的角色比重就下降，只提示學生在這個時候如何主動地決定自己要怎麼處理文本的訊息。在教室裡，老師也應該向學生示範，讓他們清楚了解自己正在學習的理解策略，能夠如何有效套用在不同類型的閱讀中。但這種心理上的操作示範，就不是每位老師都能辦得到的了（例如，Hilden & Pressley, in press; Pressley & El-Dinary, 1997）。

理解策略教學不普及的最後一個原因就是，許多建構主義者，包括很多全語言的教育家，讓老師們以為，經過教導而學習，而不是由學生自己發現而學習的策略，都不是自然的。我們的回應是，老師的解釋和示範都只是一個起點，到頭來還是由學生自己在使用這些策略時，發現了理解策略的益處及適用性。依我們的觀點來看，好的教學必定是建構的，它讓學生可以在往豐收的路上探索。當學生在交流式策略教學中一同使用策略時，建構式的發現就不斷在進行了（Pressley, Harris, & Marks, 1992）。長期使用策略似乎會讓學生在閱讀時能內化活躍的認知處理過程；經過了那麼多研究的檢驗，應該就能顯示出這樣的閱讀的確比較好了。要鼓勵老師們，教導學生要好好學習使用理解策略，讓他們和同學練習各種可能會在小學課程中遇到的閱讀類型。

雖然建構主義者不認同明示地教導策略，但研究者還是從實證研究對明示教學留下深刻印象，仍不斷地去探索教導策略的價值，例如，有一個基礎研究，在了解教導幼兒在閱讀時建構心智圖像有哪些好處（Glenberg, Gutierrez, Levin, Japuntich, & Kaschak, 2004）。此外，小學生隨著年紀的增長，知識性文本所占的比例也愈來愈多。令人振奮的是，為了了解如何教導學生了解更多知識性文本所包含的訊息，有些研究者投入研究，像是賓州由 Bonnie J. F. Meyer 率領的團隊，就有不錯的成果（Meyer et al., 2002）。其中，賓州的研究團隊特別探討如何教導學生分析網路上的說明文字，這項研究很有可能找出一個方法，讓我們可以教導學生學到很有用的技巧——也就是用圖像的方式組織資訊、留意事件的因果關係、進行比較、區分因果，以及分析問題與解決的方法（例如，見 Almasi, 2003, Ch5 的回顧）。

簡言之，研究人員已經將他們的注意力轉向更有效的教學方法，以教導基礎的理解過程，因此不遠的將來，可能會有更好的方法，教導學生如何將理解策略發展得更加淋漓盡致。

關於這點，在推廣本書的演講中，本書作者 M. P. 都會讓聽眾回想第 2 章關於熟練性閱讀的部分，詢問聽眾：「這難道不是你希望學生學會的嗎？」然後繼續說：

> 如果你開始教你的學生用那種方式閱讀，很棒的事情馬上會發生在你身上，連你自己都將成為一個更主動的讀者，而且還不只這些！當你和學生一起閱讀故事和書本時，你就會開始體驗到，學生的回應如排山倒海而來，這是你以前所不敢想的。如果你不相信，再看看 Rachel Brown 和 Lynn Coy-Ogan（1993）的文章，討論的是 Lynn 的班級裡，三組學生對於 Maurice Sendak 著的《野獸國》（*Where the Wild Things Are, 1963*）一書的不同解讀。每個人都會覺得你的課有趣多了，包括你自己。這會讓你的課變得像語文高成就的中學及高中的語文課那樣。（見 Applebee et al., 2003）

## 結論

1. 和低年級一樣，四、五年級的教學也包含一些技巧教學，以及更多真實的閱讀與寫作。雖然四、五年級班級的共同點還滿多的，也還有很多其他教學重點的選擇，因此，每個班級都有自己的核心練習，從這裡可看出班級強調的重點。

2. 雖然大家都同意，理解能力的發展是讀寫教學的目標之一，然而小學的課程裡卻少有這方面系統化的教學。雖然有這麼多支持理解策略教學的證據，但到了二十一世紀，理解教學仍然這麼不普及，實在令人驚訝。

3. 各種被研究人員進行過成效評估的閱讀理解教學模式中，交互式教學或許是最知名的一個。這種方法教導學生以小組方式進行預測、提問、尋求澄清及摘要等步驟，而每一位小組成員輪流帶領小組完成這些過程。

我們認為，交互式教學是教授理解策略全貌很重要的第一步，但我們的了解其實也僅止於此，現在教育家及研究人員正努力研發及證驗更有彈性的長期教學方式。

4. 交流式策略教學由老師的解釋與示範開始，然後學生隨著建構好的鷹架，進行長時間的策略應用練習。大部分的練習活動都是以小組閱讀方式進行，學生之間會有大量的對話，大部分都是學生彼此分享閱讀時應用策略以解讀文本的經驗。這樣的小組長期練習的目的，是為了讓學生內化策略運用的過程。至今，交流式策略教學的正面效果不斷得到實證研究的支持，這種教學法的確能達成策略內化的目的。透過控制良好的實驗，交流式策略教學法在標準化測驗中的卓越成效是有目共睹的。其他從質性資料看成效的研究，也讓人印象深刻。

5. 交流式策略教學法中，最常見的策略有(1)預測；(2)提問；(3)根據文本建構心智圖像（constructing mental images）；(4)尋求澄清釋疑（seeking clarifications）；(5)根據背景知識回應文本（responding）；(6)摘要（summarizing）；以及(7)詮釋（interpreting）。兒童練習這些策略時，老師會教導他們，學習利用熟練的讀者所使用的理解過程，詳情見第 2 章。

6. 平衡式閱讀教學就是平衡式閱讀理解教學。它包含認字能力、字彙量及世界知識的發展（例如，透過廣泛的閱讀），以及理解策略的教學——包括鼓勵利用背景知識，閱讀不同類型文本及任務等策略。雖然那些偏好理解力的老師都比較注重理解策略教學，而不是其他發展理解力的方法。但是好的理解教學絕對不只是理解策略的教學。如果要增加學生的理解力，很多老師還有很大的進步空間。

7. 現在有個很有趣的假設：想要成為一位可以教閱讀理解的好老師，這位老師自己就要先成為優秀的理解者，他／她必須學習使用優秀理解者所使用的策略。這個假設值得我們好好研究。

8. 讓幼兒在初始閱讀時，就閱讀一些不同類型的文本，真實文學及強調解碼的書籍摻雜著讀，這應該是件好事。

# 10 寫 作

與 Mary M. Juzwik*合著

## 為什麼寫作與閱讀有關？

　　關心閱讀教學的人，也應該關心寫作。前兩章裡曾提及，有效的國小閱讀教學可以強化學生的寫作能力。因此，當論及閱讀教學時也應提及寫作。長久以來，我們都知道閱讀和寫作在理論及實務上的關聯性（Fitzgerald & Shanahan, 2000; Shanahan & Tierney, 1990）；例如，兩者都牽涉字形語音的處理（即字母、音節和字彙的處理），都需要文法知識和文本特色的知識。即使寫作不被列入「不放棄任何一個孩子」（No Child Left Behind, 2002）法案早期介入的預算中，我們仍應特別關注寫作，因為於幼稚園時期的早期寫作經歷，會對啟蒙的聲韻能力（phonological competencies）產生正面影響，其中包括聲韻覺識（phonological awareness; Craig, 2003; Frijters, Barron, & Brunello, 2000; Silva & Martins, 2002）。寫作能持續地促進閱讀的發展，而且寫作也應是低年級課堂中不可或缺的一部分（見第 8 章），更何況寫作所產生的效益會延續地影響到高年級的熟練性閱讀（例如，Jenkins, Johnson, & Hileman, 2004）。

　　寫作能力也是學童綜合性閱讀表現的重要預測變項（Jenkins et al., 2004），

---

* Mary M. Juzwik 博士是密西根州蘭辛市密西根州立大學師資培育系的語文與識字助理教授。

寫作尤其對高階閱讀測驗分數有良好的預測力，對看重背誦反應的測驗分數反而沒有那麼明顯的預測力（例如，Langer, 1987）。大部分的教育學者都了解評量時會用到寫作，此意謂著孩子的寫作能力不管在閱讀測驗及各科之學科領域中，可能皆扮演居間促成的重要角色。2005 年的秋季，學術性向測驗（Scholastic Aptitude Test, SAT）及美國大學測驗（American College Test, ACT）皆增加寫作測驗項目，要求學生寫一篇短文，此寫作測驗項目並配有很高的分數，故寫作的重要性對學生而言的確與日俱增。

　　同時，美國各級學校寫作委員會（National Commission on Writing in America's Schools and Colleges, 2003）所提出的報告，以及《全國教育成果評量》（*National Assessment of Educational Progress*; Persky, Daane, & Jin, 2003）都注意到美國學生的寫作能力並未達應有水準。在四、八和十二年級時，只有非常少數的學生能寫得好。許多研究都指出，孩子們的多項寫作技能都是不夠好的（Harris & Graham, 1992; Langer, 1986; Scardamalia & Bereiter, 1986）：

1. 孩子們的寫作技巧——特別是基本的寫字及拼字能力弱，且常未達自動化，此將大量耗用兒童的短期注意力，因此讓他們沒有多餘的心智資源來專心計畫、起草及修正他們正試著產生的訊息。
2. 雖然隨著年齡的增長，孩子們會逐漸理解到寫作之前需建立目標，但是孩子們在試圖寫作之前，卻經常無法形成一個有意義的目標（訊息）（Langer, 1986, Chap. 3）。
3. 孩子們經常無法寫出足夠的內容，他們無法運用先備知識或其他的知識來源，以致寫作內容乏善可陳。
4. 孩子們會使用過多的陳述性知識（knowledge telling），亦即他們只能「我手寫我口」，寫出的是沒有經過組織之內容，且未能將訊息清楚地傳達給預設的讀者，或未能寫出符合寫作情境之文字（Scardamalia & Bereiter, 1986）。
5. 孩子們經常不知道修辭的目的、不知道寫作的對象，也不了解文章的類型，這和老師的教學與寫作的功課有關。
6. 孩子們很少去修改自己的文稿，也未能組織各種零碎的訊息做完整的呈現。

儘管這些報告提出這麼多證據，但是有些迷思仍深植於一般大眾心中——寫作是不需要教的。人們對「自發性寫手」（autonomous writer）的浪漫迷思就是一例，只需獨處於閣樓中，憑靈感即可產生傑出精緻的作品。很不幸地，許多學生和老師深受這概念影響，他們毫無根據地相信，如果他們不是天生的寫作高手，那麼他們將永遠無法成為優秀的作家。

　　再從 Piaget 的心理學觀點來看，另一個常見的迷思是七、八歲的孩子是自我中心（egocentric）的，無法從別人的角度（例如，讀者的觀點）來看問題。然而，有許多證據顯示，其實孩子並沒有如此自我中心（見 Brainerd, 1978; Rosenthal & Zimmerman, 1978 的回顧）。Wollman-Bonilla（2001）以證據直接挑戰了 Piaget 的「自我中心」假設，指出國小一年級的孩子就對讀者的觀點相當敏銳。Wollman-Bonilla 檢視四位一年級學生的家庭日記（family journals），兒童能力各有不同，但為波士頓地區典型的學生樣本。她特別聚焦在兒童寫給家人、試圖說服家人做某些事情的文章。為了達到目的，孩子必須提供一些情境訊息，好讓父母可以在孩子需要時提供協助（也就是，基本上這些需求是在學校發生的，孩子先知道，但父母還不知情）。在 Piaget 的假設裡，以自我為中心的孩子應該無法做到這些，孩子無法了解父母需要被說服。但在 Wollman-Bonilla 的研究裡，孩子寫的訊息清清楚楚，想要說服父母有所行動，以達成兒童欲求的目的（例如，我想要買一本日記）。孩子的訊息也解釋為什麼父母應該行動（例如，我真的想要一本有鎖的日記……如果藉著這趟到佛羅里達的旅行，我可以買一本這樣的日記，我就不會心情低落……我可以用我在銀行的錢來買）。在一年的研究期間，孩子們所寫的訊息，技巧愈來愈好，愈來愈有說服力，每天都在進步。當我們閱讀這個研究裡的例子時，我們會聯想到我們曾經觀察過的傑出老師，他們的學生也寫得出這樣的文章。亦即，只要在支持性的環境下從事有趣的寫作功課，低年級的寫作能力將會有極大的進步。

　　本章將說明，兒童寫作的困難可以經由教學來克服。研究結果已顯示，如果教學上提供引導機會，並在有架構的教室環境裡寫作，孩子可以寫得更好。本章將逐一提出改進上述孩子寫作缺點的方法，我們將提供清楚的訊息，告訴你孩子也可以成為非常優秀的寫手，就像第 8 章我們描述的傑出教室裡所觀察到的優良寫手那樣。

# 了解寫作高手如何寫作

　　目前寫作的教學與研究主要有兩大類取向：認知取向（如卡內基美隆模式，Carnegie Mellon model）與社會文化取向。這兩種取向都提供國小老師有用的資訊。然而，在這兩種取向出現之前，寫作教學的重點集中在作品的形式與特性。這種形式主義（formalist）盛行於 1950 與 1960 年代，文法教學是教學重點（Meckel, 1963; Nystrand, 2005）。國小、國中及高中都花費許多時間學言詞、句子、文法的專有名詞（例如，詞性、數字、語調、時態等）、句子的圖示法及精巧句子與段落的特徵（例如，對句法、明確的代名詞參考、修辭語的配置、主題句）。這種對寫作教學的形式主義取向，在課本上都有陳述，如 John Warriner 的《英文實用手冊》（*Handbook of English*, 1948），這種書發行了一版又一版，並普遍被運用於低中年級教室裡，直到 1990 年代中期；然而，這聚焦於文法的寫作教學課程對學生的寫作並沒有什麼幫助（例如，Hillocks, 1984）。

　　1950 年代末期，寫作研究及新的寫作構想漸漸出現。Kraus（1959）反對當時為顯學的文法教學，他以一群大學生為對象，啟動了一個新的寫作教學取向。在新的途徑裡，學生寫下對文學作品的回應，老師會針對大學生的寫作予以回饋，大學生以小組合作的方式改進自己的作品。若有需要，學生可以參考一本講寫作風格的小冊子。這個新的取向強調寫作的行動，重視同伴或自我修正，致力讓學生在寫作時有自我調節的能力，當時，其他林林總總的證據也支持了這樣的作法（Meckel, 1963）。一個觀念漸漸成形——寫作教學應該可以更有效率。

　　1970 年代，一個致力於作文教學研究的科學領域出現了，早期先驅者包括曾是學校老師的 Janet Emig（1971）和英文教授 Mina Shaughnessy（1977）。接著，在 1980 年代，大家對寫作該如何教，在想法上有了戲劇化的大轉變。這個轉變受到心理學的認知革命及當時既存研究的影響，寫作教學的新取向把寫作視為一系列的認知歷程與策略。對寫作高手的研究，揭露了寫作認知任務的複雜性，但它是可以被教導的，一旦被教導，寫作就會改善。

第二個新的寫作研究取向——社會文化模式——發生在 1980 年代與 1990 年代。它是對認知模式發展不完全領域的一種回應，但受到其他社會科學進展的影響。它聚焦在作家、文本和語言本身的社會文化情境。它探討作者的文本如何受到社會文化的塑形，但同時作者也會透過寫作，反過來塑造社會文化。這兩種不同方式的寫作研究途徑——認知與社會文化——將會在下一段仔細的探討。

## 寫作即認知過程：卡內基美隆模式

John R. Hayes 和 Linda S. Flower（1980; 亦見 Flower & Hayes, 1980）在卡內基美隆大學的一系列論文引發了寫作教學的革命。他們花時間聆聽寫作高手一邊寫一邊談論自己的寫作過程。Hayes 和 Flower 發現在這樣的資料裡，專家寫作的歷程既複雜又有條理，這是形式主義教學取向從未注意過的，他們研究的結論就是卡內基美隆的寫作模型（見圖10.1）。多年來，Hayes 和同事根據更多寫作高手的口語報告，一再更新他們的寫作模式。認知過程的「計畫（包含構想產生及組織）、起草與修正」是 1980 年代模型的核心，而且至今還保有其重要性。至 1996 年，作者的特性已納入模型，而且構想得相當完整（見圖 10.2）。這些因素包括作者的長期與短期記憶；作者的情感和動機；還有當時任務的環境（主題、讀者、動機線索和所涉及的文本本身）。這些作者的因素在計畫、起草和修正期間，都扮演很重要的角色。

### 遞迴的認知歷程

Hayes 和 Flower（1980）並不是第一個了解寫作乃一系列階段組成的研究者（見 Rohman, 1965），但他們卻是第一個了解這些階段並非直線排列的。作者可能要計畫一點，研究一點，組織一點。在組織資訊時，作者可能會變得更清楚，知道還需要更多的計畫與更多的資訊。在幾度搜尋與組織的循環之後，起草才能開始。但若作者仍然覺得還需要更多的搜尋與組織，起草可能再度停止。如此非線性的寫作歷程稱之為遞迴（being recursive）。當熟練的作者寫作時，他們有系統地遞迴，流暢地在計畫、組織、起草和修正歷程之間來回轉移，熟練的作者持續不斷地監控這些活動。

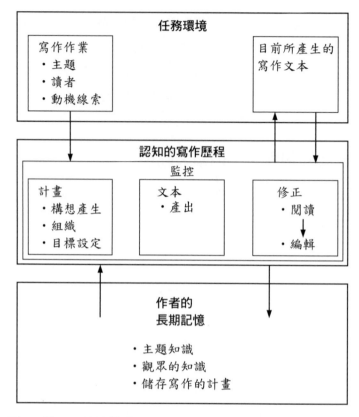

**圖 10.1　Hayes-Flower 1980 模式**
資料來源：Hayes (1996, p. 3). Copyright 1996 by Lawrence Erlbaum Associates.

　　作者必須遞迴，因為寫作時有許多細節需要監控（Flower & Hayes,
1980）。所有的計畫、組織、起草和修正都在作者的短期記憶裡進行。然
而，短期記憶的容量是有限的，這是它最明顯的特徵。遞迴的自然歷程可
以補償短期記憶的這個限制，藉由計畫、組織、起草和修正之間的來回檢
視，可以讓作者在每個寫作時刻，將許多的資訊保留在腦袋裡。

### 寫作的計畫歷程

　　Hayes 和 Flower（1980）發現寫作高手在他們寫作一個句子前，會做
廣泛的計畫。作者搜尋他們長期記憶裡可能有用的先備知識，與主題相關
的長期記憶愈豐富，寫作的最初計畫也就愈快速。此外，長期記憶裡也包

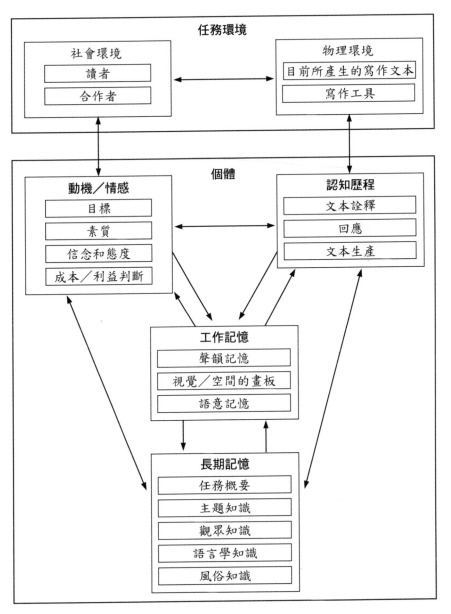

**圖 10.2　Hayes 1996 模式**

資料來源：Hayes (1996, p. 4). Copyright 1996 by Lawrence Erlbaum Associates.

含了讀者的資訊。例如，若要寫一篇關於政治候選人的文章，作者必須先
意識到這篇文章究竟是為支持者或反對者寫的，文本的內容及它的呈現方
式，將受到作者關於讀者及候選人的背景知識影響。另外，作者的記憶中，

會存有各種的寫作計畫，從最複雜精緻的一直到簡單直接的都有。形式主義的寫作課本，如 Warriner（1948）的小手冊將寫作計畫分成四種形式——例如，說明文、描述文、記敘文和論說文。這些寫作計畫可以幫助作者完成文本形式，但是當作者只想直接將他們的構想套用簡單的公式時（例如，五個段落形式的短文；見 Johnson, Smagorinsky, Thompson, & Fry, 2003），這些寫作計畫的功用就很有限了。

和其他的寫作歷程相比，「計畫」是相對簡單的。與起草完整的文本相比，在心裡琢磨各種主意或大概描繪可能的爭論是比較省時間的。優秀的作者在字斟句酌之前，會先設想有什麼材料應該在文本裡出現，並且先做許多筆記。如同在開始挖地下室之前，建築師會準備好藍圖或建築計畫，聰明的作者也會在寫作前計畫。不意外地，這個建築的比喻對學者及研究者了解寫作歷程和寫作教學而言有很大助益（見 Singer & Bashir, 2004 的例子）。

## 構想產生及組織

當作者提取長期記憶的內容，並在短期的工作記憶（short-term working memory）裡運用時，長期記憶的內容在寫作上才占有一席之地。作者也會在外在資源（書籍和文章）裡尋找構想，作者必須組織所找到的不同構想——在短期工作記憶裡運作——然後產生新的構想及洞察力，其層次經常超乎作者原有的背景資訊——這個過程仍然是在短期工作記憶裡進行。因此，一位寫作高手在寫謀殺的劇情時，也許已有許多證據擺在他眼前；經由基本的組織與思考這些證據，他可推論出有什麼是被忽略掉的（例如，「檢察官什麼證據都蒐集了，就是缺了犯案的凶器！」）。只有在眾多資訊集中在一起、組織並產生好的主意之後，寫作高手才開始寫作文本。

## 起草與修正文章

在草擬文章時，作者需要將許多個別的想法訴諸於文字。這些個別想法組織起來，可以完成一個更大的目的或論述。為了讓寫作較有效率，作者必須在一個架構下組織這些個別的想法，這樣全文才能往目的或論點邁進，作者也必須考量寫作的形式、安排與風格（Flower, 1979; Geisler, 1994）。因此，如果短文的目的是為了鼓動讀者投票給特定的總統候選人，

則文章內容必須告訴讀者一些投票給他的理由，如候選人的豐功偉業等，在陳述這些理由時，文字要寫得讓候選人更具吸引力，這個目的可能藉由將個別想法架構成一個論述後而完成。例如，短文可能會指出閱讀者應該投給這位候選人，因為她做了X、Y和Z，而對手卻從來沒有做過X、Y和Z。總而言之，作者會計畫將要寫作的東西，然後草擬句子和段落以傳達作者的構想。

最初寫的東西只是草稿，作者會再回過頭來修正它，修正後的版本會讓訊息更清楚。不像形式主義的寫作觀念強調句子的文法，認知取向強調的是構思與文章架構，認為這才是寫作的關鍵因素，寫作的目的是有效率地寫出重點來，文法和寫作風格只是達成目的之途徑而已。跟其他步驟相比，「文法」在修正文章的階段最作受作者注意，即使如此，作者的重點仍然在於如何使訊息更清楚、更有說服力。

卡內基美隆模式（1996 年版）強調閱讀對寫作歷程的重要性。作者必須閱讀資料以取得相關資訊，要判斷所讀的東西是否重要，讀者需要有批判式的閱讀能力（例如，能判斷作者的立場，他們在文章裡為什麼會這樣寫）。更關鍵的是，作者必須隨著文章的進展，持續地閱讀自己寫的東西，持續地評價它，以決定還需要寫些什麼，還要找什麼資料，好加到下個修正版中。

卡內基美隆團隊的研究學者把熟練的寫作看成一種問題解決的過程。優秀的寫作和優秀的問題解決過程，都需要具備以下的認知歷程：

1. 廣泛使用先備知識。
2. 彈性運用。
3. 廣泛的監控。
4. 深入的處理，以對任務有實質的了解。
5. 很有技巧地管理有限的認知處理容量，即短期記憶。
6. 產生計畫、執行計畫，遇有困難時，可以修正計畫。

### 任務環境

Hayes 和 Flower（1980）也認為寫作的品質和任務環境息息相關，此想法至 1996 年更為成熟，包括主題、讀者、動機線索、文本本身與寫作工

具（Hayes, 1996; 亦見 Hayes & Nash, 1996）。你正在讀的文本，是在文字處理軟體的環境下寫的，用文字處理軟體寫，修正時當然比用打字機容易。因此，到 1996 年為止，卡內基美隆模式中所謂的任務環境包括了社會因素（觀眾、合作者）與物理因素（目前所產生的寫作文本、寫作工具）。即使考量了社會因素，卡內基美隆模式仍比較將作者視為一個獨立的個體，它的觀點比較不把寫作看成社會文化的互動。

## 對寫作的社會文化研究

有人認為，寫作歷程就是「構思後的語言呈現」，這個想法假定寫作始於個人的想法，結束於文本。但是採社會文化取向的研究者不同意這個說法（Nystrand, 1986）。他們的焦點不在於相對地孤立於情境之外的個別作者，而在於探索文化動力和對話情境的功能，對他們而言，寫作功能如同複雜的社會交易（Bakhtin, 1981, 1986; Bakhtin & Medvedev, 1978; Hymes, 1972; Labov, 1972; Vygotsky, 1962, 1978），寫作被視為一個社會歷程，寫作研究基本上以意義為核心，靠的是作者與讀者之間的訊息交易（Nystrand, 1986）。

社會學研究者已經探討了某些主題，例如寫作團體對寫作本身與寫作學習上的成效（Bruffee, 1984），以及兒童在學習寫作的過程中所牽涉的複雜性及深層的社會意涵（Dyson, 1993）。寫作的社會研究學者也檢驗 Hayes 模式所稱的「物理環境」，例如，文字處理軟體、電子郵件和網頁如何影響寫作歷程？這些環境如何改變我們對閱讀、寫作和文本的定義（Haas, 1996）？社會文化的觀點開拓了我們對寫作和寫作教學的視野，並不是只有研究者應了解，寫作教學的老師亦應知悉。

不言而喻，寫作和學習寫作皆涉及文化，例如，本章作者之一（M. J.）曾經教過低年級和中年級納瓦荷族（Navajo）學生作文，試著幫他們寫出比較好的英文文章。這些學生的母語是納瓦荷語，除了書面的英文之外，他們的校外生活有許多不同的溝通模式。他們的父母和祖父母有著痛苦的回憶──當年印第安事務管理局（Bureau of Indian Affair, BIA）有系統地想剝奪掉孩子的納瓦荷語言和傳統。更精確地說，學生在學校出現的寫作問題，其實不是認知問題，而是文化衝突的問題。

M. J.在印第安事務管理局寄宿學校教學的第一年，她做了一趟家庭訪問，因為某位學生抗拒閱讀、寫作和所有學校的活動。當她說明了自己的關心之後，學生的父親生氣地回應，遙指著山谷那頭的學校建築說：「你們白人來這兒強占我祖父的土地，現在還想奪走我兒子的母語？為什麼我要在乎他學不會英文或捶打書桌？納瓦荷人不需要這些！」

一進到這所學校，M. J.身不由己，就已經變成更大的文化與歷史故事中的一部分。為了了解學生在讀寫教育裡的困難，特別是寫作方面，身為老師，她首先需要了解抗拒背後的文化面向，藉著這樣的了解，她要說服學生在安全的教室空間裡寫作，可以學會一種表達及思考的方式，以探索語言和文化的衝突。經過幾年的教學，她學會不要太常在家庭訪問時表達學生的問題，反而要去發現父母們想要他們的孩子成為怎樣的人，和他們想要的教育，並使用家族的「知識財富」（funds of knowledge）來加強她的寫作教學（參照 Moll & Gonzalez, 2004）。處在多重語言和跨文化教學情境的教育學者，可能會發現這種強調社會文化的寫作理論特別讓他們信服且起共鳴，因為這是他們教導孩子成為作者的過程中曾經經歷的困難。

1980 年代，一些社會文化研究者探討了寫作裡「讀者」和「合作」（collaboration）的論題（例如，Ede & Lunsford, 1984, 1990），但是許多近期的社會文化寫作研究從兩個角度檢驗寫作的「背景情境因素」：第一，教室裡寫作的微生態（microecological）研究與其他的練習社群（communities of practice; Wenger, 1998）；第二，寫作的機構、政治和經濟的背景情境。因為這本書談的是教學，我們就聚焦在教室這個情境，並來看一位重要研究者的研究。

Anne Dyson（1993, 1997, 2003）的社會文化研究聚焦在低年級孩子的寫作學習。在她非常仔細的人類學及語言學研究中，Dyson 描述並分析孩子作文時的動態社會歷程，特別是在學校的作文學習。經由長期觀察模範老師，她確信孩子讀寫能力的發展絕對不是直線成長的，這與 Flower 和 Hayes「遞迴」的觀念一致。Dyson 看見孩子的寫作歷程有著複雜的社會互動。他們寫作的素材，來源包括了自己的家庭與鄰居社區、大眾媒體（例如，電動玩具、運動和超級英雄等），也許最重要的來源是，兒童認同的朋友及社會團體，兒童與他們的談話和寫作的素材皆可用。

例如，Dyson（1997）觀察孩子如何與他人溝通，討論如何把大眾文化裡的超級英雄放進他們的故事。Dyson（2003）長期觀察一群一年級的孩子，如何從廣大的資源項目中取材——包括運動、廣播和流行音樂——來做為他們在學校發展多重模式寫作文本的能力。Dyson 指出，經過一段時間，孩子們的圖畫、文字、與朋友的交談都漸漸有了連結，孩子藉由夥伴與老師的幫助與支持，蹣跚前行，進步成為能寫作的人。這對他們來說是很興奮的，因為在一個叫「作家劇場」（Author's Theater）的活動中，孩子們可以表演自己寫的故事。Dyson 發現，孩子們演出自己寫的超級英雄故事時，寫作是持續在進行的，演完故事後，原來文章中的主要意識型態可能被完全翻轉過來，有時在孩子所寫的故事裡超人不但會表達情感，甚至還哭了起來！

社會文化研究學者經由跨文本（intertextuality）的研究（Bazerman, 1988）也已了解作者的社會處境。「跨文本」指的是撰寫中的文本如何與既存文本、調性（voices）和文體在特定活動裡關聯起來的程度。Stone（2003）對一個中學生課後寫作教學課程的研究，就是一個跨文本分析的例子。孩子們用網站之類的數位環境寫作，研究者追蹤孩子如何使用既存的文本——包括電影、卡通、漫畫和其他網站——精心製作新的網站來表達個人認同、文化喜好和他們對組織的忠誠度。例如，有位學生創造一個全都是漫畫的網站。這網站從其他文本裡運用了所有有關漫畫知識的種類及素材；學生透過這些素材的整理，表達了自己的心聲。

## /小結/

我們已經討論過去五十年間寫作教學研究的三種取向：形式主義、認知取向及社會文化取向。對寫作高手及寫作老師的研究並不支持形式主義教學取向的主張。認知與社會文化領域的基本寫作研究，讓我們了解寫作高手是怎麼寫的、要怎樣促成優秀的寫作，以及在教室裡要具備什麼樣的環境因素，才可以支持並發展更優秀的寫作。然而，毫無疑問地，認知取向比起社會文化取向，做了更多寫作教學的研究。因此，接下來我們將提出寫作教學研究的綜覽，不僅將焦點放在策略的教學，而且也提出有利於寫作發展的結構化的教室環境與課程，此外，也將報告寫作教學研究一些

最重要的結論。

# 寫作教學

老師若可以有效能地教導學生計畫、組織、起草與修正的寫作策略，學生的寫作能力就會改善。許多令人驚喜的寫作研究都是以國中、小學學生為對象，特別是身心障礙的學生。在他們還未學會寫作策略之前，寫作還真是他們最頭痛的功課。

## 有效的寫作策略課程：De La Paz 和 Graham（2002）

在一個有控制組的教學實驗裡，De La Paz 和 Graham（2002）以七、八年級學生為研究對象，策略教學組與控制組的學生都接受六星期的教學，每組練習寫五篇小論文。這兩組都被詳細告知，他們的小論文要怎樣評分，控制組的學生接受許多關於「五段式小論文」本質的說明，教學的重點在於技巧訓練。比起寫作策略組的老師，控制組的老師也給予學生較多關於如何寫出構思、句子與段落的指導。

研究開始之前，兩組學生所寫的小論文在品質上旗鼓相當。然而當教學結束時，接受策略教學的學生所寫的小論文表現勝出。接受策略教學之學生所寫的小論文，長度較長，會使用各種不同的字彙，而且在文章的每個面向都展現較佳品質（亦即組織較好、技巧的使用較好等）。

以下我們要來談談，這個成果優良的寫作策略教學是怎麼進行的。該教學依序可分為四步驟：第一，告訴學生什麼是好作品，好作品會具備哪些元素；第二，老師教導學生計畫、組織的策略；第三，各種起草策略；第四，各種修正策略。下一節我們將簡單描述課程中每一部分到底教什麼、到底怎麼教。

### 什麼是好文章：說明文寫作

首先，老師教學生怎樣才是好的說明文文章。和控制組一樣，老師也介紹五段式的論文結構，這是為了準備即將到來的州立評量。老師以範例論文教導，什麼才是好論文。老師將這些範例論文的長處整理出來，告訴

學生，如下列所示：

- 範例論文有起頭、中間與結尾。
- 每篇論文都有一個主題句，短文裡的每個段落也都有。
- 句子與句子間及段落與段落間使用銜接的文字。
- 學生必須辨識出範例裡不同形式的句子。
- 學生必須評述文章中所用的字彙，包括各種遣詞用字的方式。

「什麼是好文章」的介紹快結束時，老師會帶領學生回顧好的文章必須具備哪些元素，並解釋這些元素就是用來評量學生小論文品質的評準。

### 寫作計畫與組織策略

老師用了好幾天介紹寫作時可用的計畫策略。在學生想要使用策略之前，課程就先提供各種策略的資訊。介紹寫作計畫的教學歷程如下所示：

- 確定了解小論文的主題，以及所欲傳達的主要訊息。
- 列舉出欲置入小論文的主要構想。
- 集思廣益，列出更多的小論文構想。
- 腦力激盪出新的構想後，如果可用，回頭修正上述構想清單（請注意，要教學生以遞迴方式進行計畫和修正；即使一行字都還沒有寫出來，寫作的計畫就可以修正了）。
- 決定小論文裡的構想順序（即組織構想）。

討論和示範之後，學生演練這些寫作計畫策略，也是五篇小論文寫作的一部分。學生寫作時，老師會適時給予提示。因此，學生在寫作計畫與組織歷程時，會有一張腦力激盪的紙，以利計畫和組織構思。老師會在學生需要時給予協助，也會激勵他們盡可能靠自己尋求進步（也就是使用策略時，老師會給鷹架）。

### 寫作的起草策略

學生開始會用寫作的計畫策略後，老師就會解釋並示範以下的起草策略：

- 依循前述計畫來引導寫作。
- 先寫下論文的主旨。
- 在文章的核心裡架構一個附有主旨的主要段落，教授學生文章主旨不一定在段落一開始即出現。段落可以藉由各種疑問句或喚起注意的評論展開，甚至用和主旨相反的敘述來展開。

　　解釋說明這個歷程與策略後，學生就轉向起草階段。就像在計畫與組織的階段，學生有一張計畫用紙，用來安排主題段落，提醒他們主旨該放置在段落裡的什麼地方，他們也可收到一些提示詞提醒他們每個段落應該要有什麼內容。學生寫作時，老師隨時提醒學生緊扣主題、遵循文章的組織，並且要讓詞彙與句子的形式多樣化。

### 寫作的修正策略

　　寫作的過程中，學生要以小組的方式和老師討論，每篇小論文的寫作都要逐一報告寫作及修正的進度。當他們回顧並修正小論文時，老師教他們牢記所有的評準：

- 照著寫作計畫走。
- 永遠記住小論文的目標。
- 讓單字與句子的形式多樣化（例如，使用同義字，而非一直重複同一單字）。
- 修正時檢查轉折詞。
- 盡可能將短句子合併，以增進文章的變化性。

　　教學過程中，有許多要求學生口頭複誦策略名稱的活動，教師盡最大的努力以確保學生知道所有的寫作策略。

　　以上所陳述只是許多寫作策略教學中的一種，當然還有許多其他的實證研究，我們現在就來看看其他的實證研究。

## /Graham 的後設分析/

　　Graham（2005；亦見 Graham & Harris, 2003）做了一個寫作策略教學研究的後設分析，該研究包含了三十九篇相關研究。這些研究的對象從小

學二年級到高中三年級，它們運用了不同的教學方法，也有許多不同的寫作評量方式——從論文的整體品質到寫作機制的使用合宜性都有。雖然多數研究的對象是寫作有困難的學生，但跨研究來看，各種程度的學生都有。有些研究聚焦在某特定寫作歷程（例如，寫作計畫），其他研究，如同剛回顧的研究，則涵蓋整個寫作歷程。這些研究裡的寫作教學持續幾個星期至幾個月，有些研究每天可能花三十至五十分鐘來做教學和演練。亦即，這樣的寫作教學在真實的學校課程環境中並非耗時與不切實際的。

　　這些文獻回顧很清楚地告訴我們，教導學生寫作的程序與教導學生如何運用策略（即強調深思熟慮的自我控制），可以產生良好的寫作成效。令人印象深刻地，策略教學的成效都非常良好，教學結束後，成效還可以延續數星期之久，而且許多研究顯示，教學的成效可轉移到其他的寫作任務與寫作環境。無疑地，我們可以確定學生的寫作可經由認知策略教學而得到改善。這樣的教學，從老師的解釋說明與示範策略的使用開始，再來學生試著使用策略，並由老師給予必要的協助。這方面的研究在讀寫能力教學中非常重要，每一位想改進學生寫作的老師都應該仔細地研究。如果本書讀者想要知道從小學到高中可用的寫作策略教學入門書，請見 Harris 和 Graham（1996）與 Graham 和 Harris（2005）。

## /支持寫作發展的教室環境/

　　寫作教學的社會文化研究讓大家注意到結構式環境的教室。與 Pressley 和同事（見第 8 章）、Hillock（1984）和 Dyson（1993, 1997, 2003）的研究一致，有效能的老師可在教室環境的安排上，促成學生的「結構式寫作歷程」（structured writing processes），不像傳統式教學，學生必須獨自坐在書桌前安靜地寫作，老師鼓勵孩子們把寫作弄得像社交活動。當孩子寫作時，好朋友可以坐在一起，自由詢問其他人問題，並且允許談話與評論，還可尋求同儕的幫忙協助。這些教室裡的許多寫作有充分的表達力，讓孩子將他們對複雜生活與世界的理解表達於寫作中。這些研究裡，學生從事的多為敘述與戲劇類型的文章寫作，也會有其他藝術性的媒體，例如音樂和視覺藝術。Dyson（2003）研究裡的一位老師將她最鍾愛的藝術家（例如，Georgia O'Keeffe）作品展現給學生，並使用古典音樂讓學生安靜下來，

或用爵士樂讓學生動起來。學生在「作家劇場」活動裡，向同伴大聲地閱讀或呈現自己的作品。這些方式中，老師強烈地鼓勵寫作的溝通潛能。

　　Dyson 提倡「滲透性課程」（permeable curricula）的寫作教學——老師鼓勵孩子運用「混種」（hybrid）文體，兼用正式與非正式語言。Dyson研究裡的模範老師鼓勵學生把體育界或影劇界的受歡迎人物，例如，超級英雄，納入他們的寫作計畫裡。這個方式，可以讓來自不同社會階層和種族背景的孩子，在學校的寫作課程中得以連結一起。該研究也鼓勵老師設計作業並重構教室環境，以提供鷹架，讓孩子覺察讀者的存在及寫作的目的，孩子在「作家劇場」的活動中把自己的作品表達出來，就是這種教學方式的一個例子（Dyson, 1997）。

## 工作記憶事關重大

　　與卡內基美隆模式一致，有相當多的實證研究指出，寫作發生在短期的工作記憶裡。事實上，所有耗用工作記憶資源的因素，都會削弱寫作（Kellogg, 1994, 1996, 2001; McCutchen, 2000）。有什麼因素會妨礙兒童作者的工作記憶呢？如果孩子拼字有困難，或只是每次都只能慢慢地拼出字來，如此的困難會耗用工作記憶的資源並妨礙寫作（Graham, Berninger, Ab-bott, Abbott, & Whitaker, 1997; Graham, Harris, & Chorzempa, 2002）。不意外地，直接教導學生拼字，會提升他們的寫作能力（Berninger et al., 2002; Graham et al., 2002）。這與其他的許多研究一致，拼字能力應該要直接教導，而不要等它自然地發展出來（Graham, 2000）。如果孩子的寫字能力很弱，且需使用大量注意力的話，工作記憶資源就會耗盡，對寫作品質將造成損害（Graham et al., 1997; Graham & Harris, 2000; Graham, Harris, & Fink, 2000）。這份資料令人信服，讓人了解而留意較低階寫作歷程的發展。無效率的低階寫作技能，可能會阻礙了高階寫作技能的運作效能。

## 文體類型的影響

　　已經有閱讀研究者（例如，Duke, 2000）注意到，國小讀寫教育中，很少見到訊息類文體（informational genres）的教學。研究者主張，訊息類文體的重要性常被忽略，它在教學中應有更重要的地位，因為進入國、高

中後，課本都是這類的文體。讀寫能力研究的學者也逐漸認為基礎的寫作教學裡的文體類型亦會影響孩子的寫作。在國小教室裡練習寫作的文體類型，通常只限於創意故事寫作。但寫故事的能力並無法讓學生寫出實驗報告，或從事閱讀小說後的主題分析。但當學生升級到更高年級的時候，卻必須面對這些報告或分析的功課。因此，最近最好的寫作研究中，已經開始注意到文體類型對寫作與寫作教學的影響；例如，Graham（2005）有一篇策略教學與寫作教學的後設研究，研究設計就控制了說明文和記敘文的文體類型。其他的研究則注意到記敘和說明文體類型的文章，於國小階段可以被用來做為領域學習的重要工具（Kamberelis & Bovino, 1999; Wells, 1996）。

　　近期的研究──主要是社會文化方面的研究──也已經更清楚地聚焦在文體類型上，例如，比較不同文體的教與學，並檢視學生寫作文體的發展（例如，Coe, Lingard, & Telenko, 2002; Freedman & Medway, 1994; Russell, 1997）。有一群強調語言學的澳洲讀寫研究者，稱為「雪梨學派」（The Sydney school），已經提出理論，說明如何教導寫作的文體（例如，Cope & Kalantzis, 1993）。Kamberelis（1999）做了一個實證的教學研究，參與者是五十四位幼稚園、一年級和二年級的孩子，研究者探討兒童對不同寫作文體（包括故事、科學報告和詩詞）的區辨性工作知識。比起詩詞與科學文章，孩子敘事體的處理能力發展得較好。該研究顯示；國小讀寫老師和讀寫研究學者都需要了解如何教導學生，讓孩子可以早一點學會如何寫非敘事性的文體。

## /寫作動機/

　　第 11 章我們將詳細探討閱讀動機，本章我們將只談寫作的動機。雖然本節一直從認知談寫作教學，但是作者的情感因素一定會影響寫作。當兒童擁有精心設想、更完整的寫作目標時，它就會影響他們的寫作（Ferretti, MacArthur, & Dowdy, 2000）。也有實證性研究指出，寫作能力會影響自我效能（self-efficacy）信念。一般而言，由於寫作能力佳，學生就會相信他們更有效率；而自我效能提升後，學生會有更強的動機面對未來的寫作（Klassen, 2002; Pajares, 2003; Pajares, Britner, & Valiante, 2000）。若你想知

道真實的寫作任務以及良好的教室環境如何提升兒童的寫作動機，見 Bru-ning 和 Horn（2000）。還有，許多最棒的低年級教室中有各種不同的機制（見第 8 章）能激勵學生的學業，激勵學生寫作，還有許多種方式，這是身為全語言老師的研究學者（例如，Atwell, 1998）的重要貢獻，使用不同策略的老師可以讓學生的寫作持之以恆，而且愈寫愈好。

## 寫作對學習的影響

針對某學習領域進行寫作，是否會增進學生對該領域的學習？這個議題在國小階段做的研究並不多，大多數的相關研究是在國小數學教學的領域做的，這些研究讓我們可以試著做一個結論——寫作對學科內容的學習有正面的影響。有一個研究，蒐集跨年級透過寫作學習的情形，結果發現產生正面的效果，但效果不大（Bangert-Drowns, Hurley, & Wilkinson, 2004）。寫作對內容領域學習的成效研究，絕對值得學者再投入研究。寫作對學習的影響成效，在文獻中唯一需保留之處是在中學階段，其影響成效較薄弱甚至是負向的；而造成此現象的可能原因是由於在中學階段只有少數的研究，而且其中有些研究的教學執行時間非常短（大部分只進行為期六星期或更短的時間）。

## 總結性評論

有實質的證據顯示，由於學生高層次歷程的不足，如寫作的計畫、起草和修正等能力偏弱，以及低層次歷程的困難，如書寫和拼字能力不足，孩子的寫作的確需要被教導。研究社群對此議題已有良好的回應，研究者經由不同取向的研究去了解兒童的寫作，以及如何提升寫作。認知策略教學的研究做得最多，大量的證據顯示，教導孩子在計畫、起草與修正時使用認知策略可以改善他們的寫作。此外，也有研究探討成功寫作教室的特性、低層次書寫能力對全面寫作能力造成的影響、寫作如何影響閱讀、年幼作者寫作時是否考慮文章預設的閱讀、不同文體的寫作、動機對學生寫作的影響，以及寫作時所發生的學科內容學習等。只要學者持續研究這些問題，我們期待在本書未來的版本裡，會有更完整的寫作教學理念出現。

# 結論

1. 強調文法的形式主義取向寫作教學已經不再受看重，取而代之的是研究導向的認知歷程模式與社會文化模式寫作教學。這兩類後起之秀都更強調作者乃訊息的生產者。

2. 認知歷程模式是根據寫作高手的口語報告資料發展出來的，這些認知模式強調寫作牽涉遞迴式的計畫、起草與修正。這些認知歷程受到許多因素的影響，如作者的動機、預設讀者、寫作的環境、寫作的工具等，都會影響認知歷程。

3. 比起認知歷程模式，社會文化寫作理論家們更強調寫作的情境和環境，這些情境包括可用的語言資源、作者的文化背景與社會互動和溝通的角色。

4. 孩子需要寫作教學，不管是較高層次的能力（亦即了解寫作所需的寫作計畫、草擬與修正，還有如何使用策略）或較低層次能力（拼字、書寫）都需要教導。學術界在了解如何教導高層次歷程，例如寫作策略上，已經有了長足的進展。

5. 兒童的寫作發展是個很活躍的研究領域，讀寫能力的學者正進行不同方向的研究。

# 11 動機和讀寫的學習

在 1990 年代早期，美國正開始設立國家閱讀研究中心〔設在喬治亞大學（Athens）和馬里蘭大學（College Park）〕，主其事者對全國老師做了一個調查，詢問他們最關心的教育議題為何？老師們的回應中，有一個關切的議題比其他的都更突出——老師們非常想知道，要怎麼樣維持學生在學業上的動機？這個議題對任何一個試著要提升學生閱讀成就的機構都構成一個很大的挑戰。根據這些教師們的反應，國家閱讀研究中心立刻把研究重心聚焦在「如何提升學生讀寫的意願」上（O'Flahavan, Gambrell, Guthrie, Stahl, & Alvermann, 1992）。

在國家閱讀研究中心還存在的時候，研究者對兒童的學業動機已經做了許多研究。有些最重要的發現會在本章裡談到。例如，該中心指出，老師們會這麼關切學業的動機，是因為他們認為閱讀動機和好成績是緊緊相連的（Sweet, Guthrie, & Ng, 1998）。其他重要發現指出，學生動機的許多面向都會影響閱讀（Baker & Wigfield, 1999; Wigfield & Guthrie, 1997; Wigfield, Guthrie, & McGough, 1996; Wigfield, Wilde, Baker, Fernandez-Fein, & Scher, 1996）。這些面向包括了：

• 閱讀的自我效能——相信自己能夠讀得不錯，會影響一個人的閱讀意願。
• 閱讀的挑戰性——一本書對一個讀者來講是否有挑戰性，會影響讀者要不要去讀這本書。

- 對閱讀的好奇——學生比較願意去讀那些他們感覺有趣的主題。
- 娛樂性閱讀——有些書是因為讀起來很好玩，所以學生願意去讀。
- 閱讀的重要性——學生若相信閱讀很重要，這種態度會影響他們的閱讀動機，並會促成他們成為好的讀者。
- 讀者的身分——被認為是一個好的讀者會影響兒童閱讀的動機。
- 語文成績——語文的成績會影響兒童閱讀的動機。
- 競爭——讀得比別人好，可以讓兒童有更高的動機去讀，有更高的動機去變成更好的讀者。
- 社會性理由——有機會跟家人或朋友一起閱讀，會影響閱讀的動機。
- 服從——學生為了學校或家長的要求而閱讀（例如，指定的閱讀作業）。
- 阻礙閱讀的因素——有些因素會減少閱讀的可能（例如，文章中的難字或太複雜的故事）。

　　國家閱讀研究中心的這些發現，必須放在過去二十年許多關於學生動機的研究背景中，才會更有意義。這些研究，包括國家閱讀研究中心的報告，讓我們對學生學習閱讀的動機有更全面的了解，比過去更了解到底有什麼因素會決定學習的動機。

　　隨著本章的文字，讀者會愈來愈清楚，學業動機是一個非常脆弱的東西。雖然幼稚園和一年級的兒童，剛入學的時候總是期待自己會有好的表現，對學校和功課都非常熱心，可是這樣的期待，隨著學生的年級增高會漸漸地降低。若想要保持很高的學業動機，學生不但必須在學業上有相當的成功，而且他們也必須認定自己的表現不錯。萬一學生在學校的表現有困難，他的學業動機開始走下坡，也許就不是什麼令人意外的事情。更讓人意外的是，大多數小學所用的教學政策，居然會導致大多數的學生學業動機下滑，學生會認為自己表現得不好，至少是和其他的同學比較起來，他們表現得不好。

　　從比較正向的方面來看，在這些研究裡面，我們已經知道了要怎麼樣進行學校改造，以維持學生高度的學業動機。本章的後半部將報告一些最重要的發現，說明如何維持學生的動機。你把本章後半部的內容和前半部的內容合起來解讀時，就會更明白，我們現在知道比較多的是怎麼樣讓學

生有動機去學習，知道比較少的是現行學校裡面到底做了什麼以維持學生的動機。

# 小學學業動機下滑的現象

人類生來就有動機去學、去增進自己的表現，只要觀察幼兒學習走路，你就會清楚地看到這一點。事實上，發展心理學家已經說得很清楚，幼兒有強烈的動機去探索他們的世界，而且這樣的探索對心智發展及身體發展非常重要（White, 1959）。

雖然生命的開始，兒童是非常有動機的，但這樣的動機經常在小學階段往下滑（Eccles, 1993; Eccles & Midgley, 1989; Harter, 1990; Meece & Miller, 1999, 2001; Stipek & MacIver, 1989）。小孩進入小學之後，他們會逐漸降低學校的重要性，對學校比較不感興趣，對學校所教的東西也不感興趣（例如， Eccles & Midgley, 1989; Eccles et al., 1989; Meece & Miller, 1999, 2001; Wigfield, 1994; Wigfield & Eccles, 1992; Wigfield, Eccles, MacIver, Reuman, & Midgley, 1991）。

在學業上，幼稚園和剛升上一年級的學生相信，他們什麼都辦得到。如果你問他們，他們要不要學閱讀，他們的答案都是肯定的（例如，Entwisle & Hayduk, 1978）。即使遭遇失敗，他們仍然非常有自信，相信下一次他們就會做得好一點（Clifford, 1975, 1978, 1984; Parsons & Ruble, 1977; Phillips, 1963; Pressley & Ghatala,1989; Stipek & Hoffman, 1980）。雖然在學習閱讀時遭遇困難的一年級學生會認為閱讀很難，但他們對自己的閱讀能力仍然有很高的自信（J. W. Chapman & Tunmer, 1995）。相反地，五、六年級的學生對自己就沒有這麼高的自信了，他們沒有自信是否能達成老師和家長對他們學業成就的期待。他們比較能夠察覺到的是失敗，而不是成功（Kloosterman, 1988），五、六年級的學生經常相信，他們只會表現得愈來愈糟（例如，Juvonen, 1988）。學生程度愈弱，自我評價愈悲觀，而且對學業的活動愈不熱心（例如，Renick & Harter, 1989）。

喬治亞南方大學的教授 Michael C. McKenna 和他的同仁（McKenna, Ellsworth, & Kear, 1995）所做的研究，清楚描述了國小階段學生閱讀態度

的滑落。們調查了超過一萬七千名全美國小一到六年級的學生,問卷共有二十題,其中十題評量學生在休閒性閱讀的態度(例如,「你覺得閒暇的時間花在閱讀上怎麼樣?」;「你喜歡去逛書店嗎?」),另外十題則評量學生在學校對學業性閱讀的態度(例如,「讀課本時,你有什麼感覺?」;「上國語課的時間到了,你有什麼感覺?」)。學生在 1 到 4 分之間做選擇,1 表示「非常負向」,4 表示「非常正向」。

不管男生還是女生、不管哪一個族裔、不管兒童的閱讀能力如何,學生在娛樂性的閱讀與學業性的閱讀上,對閱讀的正向態度都有隨年級逐漸滑落的現象。是的,女孩比男孩要正向一點;高能力的讀者,其態度滑落的情形比其他學生不明顯。即使如此,最讓人訝異的是,不管研究者怎麼看這筆資料,閱讀的態度在一年級時相對的高,到六年級時,學生對閱讀的態度就變成很冷漠了。

Wigfield 等人(1997)也檢驗了不同年級兒童的閱讀動機,他有兩個發現:隨著年級的增加,閱讀興趣逐漸下滑;而且,學生也愈來愈認為閱讀是沒有用的。

也許最讓人擔心的是,在中年級時,已有些兒童認為閱讀索然無味。Linda B. Gambrell 和她國家閱讀研究中心的同事(Gambrell, Codling, & Palmer, 1996; Gambrell, Palmer, Codling, & Mazzoni, 1996),對三到五年級的學生實施了一個閱讀動機的問卷,他們發現有相當比例的學生,寧願去打掃也不願閱讀(17%);有些兒童希望長大後可不必讀這麼多書(14%);另有些兒童覺得愛讀書的人是很無聊的(10%),兒童們會把一個像閱讀這樣重要的活動整個「關機」,實在值得我們關心。

發展和教育心理學家曾經做了深度的研究,來探討這些學業態度和動機在國小階段下滑的原因。他們發現了幾項重要的因素,我們等一下就要回顧這些因素,這些因素交織在一起,所以對許多小朋友而言,他們的學業動機隨著年級升高而下降似乎是不可避免的,因為現行的學校氣氛就是這樣。

## /不同年齡兒童的歸因方式/

人們解釋自己成功或失敗的方式是因人而異的。有些人會把原因歸諸

於個人的「努力」，也就是說，我成功，是因為我夠努力；而失敗則是因為不夠努力。但是成功和失敗也可以從「能力」來解釋。有些人會說，我成功，是因為我天生就很聰明，有與生俱來的高IQ；或說，我不會讀書，是因為我生來就有閱讀障礙。另有些情況，人們從「工作的難度」來解釋成功或失敗，例如，考試考得不錯，就說因為試題很簡單；考不好，就怪說，這個試題太難了。最後，有些人相信，「運氣」決定了他們的表現，成功了就說運氣好；失敗了，就說運氣不好。

在以上所有的解釋裡，包括努力、能力、工作的難度和運氣，個人唯一可以控制的只有「努力」。如果你相信成功是因為高度的努力而來的，那在未來，你就有理由繼續努力；如果你認為，你的失敗是因為不夠努力而來的，那為了在未來能夠成功，你就會多做一點，會更努力一點。而努力型的歸因跟未來持續的高度努力有高度的關聯性（Weiner, 1979）。反過來說，天生的能力、工作的難度和運氣是任何人都無力控制的，一個人如果相信其學業表現是因能力、工作的難度或運氣而來的，那麼，想期待他多努力點以提升學業表現的可能性就不高了。

兒童的動機為什麼會下降呢？其中一個理由是，孩子在國小階段，年級愈來愈高時，他們對自己表現的歸因改變了。幼稚園和一年級的學生分不清楚什麼是「努力」，什麼是「能力」。幼稚園和低年級兒童很典型地把他們的成功歸諸於努力，尤有甚者，當他們夠努力的時候，他們認為，他們有努力就是有高的能力。即使他們在高度的努力之後失敗了，他們仍然相信他們的能力很好，因為他們已經這麼樣的努力過了。簡單的說，六和七歲的兒童很典型地相信他們靠著持續的努力就可以成功（Nicholls, 1978, 1990）。

隨著年紀漸漸增長，兒童開始能夠區分「努力」和「能力」間的差別。在國小的最後幾年，兒童已經明白了，若有兩個人，他們花了一樣多的努力，那個成就比較好的可能具有比較高的能力。此外，在國小快要結束那兩年，兒童開始比較容易把成敗歸因於能力，而不是努力。成功，表示我的能力很好；失敗，表示我的能力很差。

當然，高年級這樣的能力歸因，比起低年級兒童的努力歸因，是比較沒有驅動力的。當一個人相信天生的能力決定了表現，他根本就不會有動

機去更努力一點，因為努不努力根本於事無補。兒童年紀愈大，愈相信他們的失敗是因為低能力，也許這個原因就能夠解釋國小兒童在學業的學習上動機愈來愈低落的現象。

## 低年級兒童學習閱讀時的歸因傾向

學習解碼和認字對某些兒童而言是個非常困難的功課，學習的過程中，兒童可能犯了許許多多的錯誤。但是，比起四年級的小朋友，一年級的小朋友在學習解碼的過程中比較不會因為犯了這麼多的錯誤而受挫。畢竟對一年級的小朋友來講，很努力就算數了。相反的，四年級的兒童已經開始相信，他們必須這麼努力才能學會，其他的小朋友卻可以輕而易舉地學會，這就表示我的能力低落。也就是說，四年級兒童若有解碼的困難，而他的同學已經可以輕鬆愉快地閱讀了，相較之下，他們實在有足夠的理由認為他就是缺乏閱讀的能力。這樣的結論會降低兒童繼續學習解碼的意願。這也就是為什麼閱讀困難的一年級兒童，父母或老師的催促鼓勵是比較有效的。到高年級時若仍有閱讀困難，要提升其學習閱讀的動機就相對困難了。從動機的觀點來看，我們沒有理由相信「大隻雞晚啼」，以為一、二年級還沒有學會閱讀的小朋友，他們長大一點，準備好了，就會讀了。事實上，學習閱讀的動機最強的時候就在低年級。閱讀困難的小朋友年紀愈大，他愈會解釋說他自己是低能力的，所以他們就會愈來愈沒有動機去學習閱讀。

## 學習障礙兒童

在提升學業動機方面，歸因的角色已經有了許多的研究，在學習障礙兒童的研究尤其多。學障兒童比起一般的同儕更容易相信他們的學業表現決定於天生的能力，而且他們對自己的學業能力感到非常悲觀（Brooks, 2001; Elbaum & Vaughn, 2003; Gans, Kenny, & Ghany, 2003; Jacobsen, Lowery, & DuCette, 1986; Pearl, 1982）。當然也有例外，有些學習障礙兒童持續相信，多一分努力，多一分成功機會。這種「努力有用」的信念，對這些孩子造成正向的影響。事實上，像這樣的低成就生，相信透過努力就可以控制自己的學業進展，他們的學業表現的確超過那些「能力歸因」的學生（Kistner, Osborne, & LeVerrier,1988）。

我經常在跟一群特教教育者講話時問他們這個問題：「如果你去問一

個五、六年級的學習障礙學生：你在學校裡好不好？並且請他或她解釋一下，為什麼在學校裡會遭遇這麼多困難，這個孩子會怎麼說呢？」幾乎所有的聽眾都會提供一個相同的答案：這小孩子會說：「都是因為我很笨啊！」在學校裡年復一年的失敗，讓學生認為他們無法掌握自己的學業成就，他們根本沒有能力在學校裡有好的學業表現，他們開始期待學業的失敗。發展性的研究指出，在年紀比較小的時候，小朋友根本不是這樣歸因的，那時候小朋友相信多努力他就有更多成功的機會。

這裡發生了什麼事呢？為什麼一個原本認為自己可以學會閱讀並且興致高昂的六歲兒童，在十歲的時候變得相信他永遠也無法度過閱讀的難關（在此無性別歧視的意思，但男孩會比女孩更容易有學習閱讀的困難）？持續失敗的經驗會導致兒童負面的情緒（Covington & Omelich, 1979a），並且降低他們對於未來成功機會的期待（Covington & Omelich, 1979b）。其他同學們在努力之後獲致成功的「他人」經驗，對閱讀失敗的兒童並無幫助，事實上，這些經驗很可能使得他們的挫折感更加強烈（Covington, 1987）。在這樣的情況下，學習無助感——一種相信自己無論怎麼做都無法成功的信念，就產生了（Dweck, 1987）。這些閱讀遭遇挫折的兒童很快地轉而相信他們不是優讀者，閱讀是他們不喜歡的，而且閱讀是困難的事情（J. W. Chapman, Tunmer, & Prochnow, 2000）。這時，「什麼都不做」反而對這些孩子有治療的效果，孩子們會有藉口說「我是因為沒有努力才失敗的」，這個說法就可以避開「我很笨」的結論。因此，學障兒童可以更容易地說服他自己，他們的閱讀成就不佳是因為他們不感興趣，所以試都不想去試（Covington & Omelich, 1981, 1984）。學習障礙兒童在學校常顯得很被動的情形是否令你感到驚訝呢？因為「持續的努力」讓他們無處可逃，「不再努力」則讓他們有一個合理解釋自己失敗的原因，這種解釋相較於努力後卻失敗的結果，比較不會傷害自尊。

我們在第 3 章曾經提到過，在學習解碼過程中遭遇困難的兒童，若用另一種不同於學校裡的方式教導，就可能學得會。一年級兒童學習解碼過程遇到困難，似乎不會感到那麼挫折，因為一年級的小朋友非常願意繼續堅持下去，但隨著年齡的成長，這種堅持逐漸減弱，他們漸漸地明白，自己進步有限，最後，他們就得到自己能力低落的結論。兒童剛開始遭遇困

難時，如果不加以介入處理，我們會讓學生承受更重的挫敗及更低落的自尊。充滿挫敗感的校園生活就像不斷地去上一堂「你好笨」的課一樣。我們絕對不能因為一年級兒童較不受失敗的影響，就認為不必對一年級兒童給予介入與協助。因為兒童隨時都有可能改變他們的歸因——開始把自己的失敗解釋成能力不足。一旦孩子得到自己閱讀能力不好是因為天生能力不足的結論，對他們而言，就不再有理由花費更大的努力去學習閱讀了。所以在這個階段的教學介入，同時也必須把增進學業上的自尊列為目標。本來在一年級很容易藉由簡單的解碼教學克服的問題，現在變得愈來愈困難了，因為這個本來活蹦亂跳的孩子已經學習無助，從歸因論的角度來看，我們一點也沒有理由讓孩子等在那兒，不給予介入。早期的閱讀困難會降低兒童學習閱讀的努力，因此，會產生更多的閱讀問題（Onatsu-Arvilommi & Nurmi, 2000），如此的惡性循環應該在初現端倪時就把它停止，這樣我們才有希望培養出有能力且高動機的閱讀者。

### 其他影響或歸因的因素

　　一個人成功或失敗的經驗，會影響他對「付出努力得到成果」的信念，成功的經驗會鼓勵人們繼續相信努力的力量，失敗的經驗則會讓人們懷疑自己的能力。當然還有其他會影響歸因的因素，老師和家長都可以鼓勵兒童做「努力歸因」，他們可以讓兒童去發現「努力」怎麼樣和「成功」連結在一起（Schunk, 1991）。本章的後半部會提到，所有有效的教育環境都會傳遞「努力可以導致成功」這樣的訊息，家長和老師一定要察覺這種訊息的力量。

　　老師和家長也可以幫助孩子們了解什麼是智力，千萬不要讓學生相信智力是由基因決定、是不能改變的。要告訴學生，能力並不是固定的本質，反之，它是一種可以改變的特質。心理學家Carol S. Dweck 和她的同事（例如，Dweck & Leggett, 1988; Henderson & Dweck, 1990）認為，一個人若相信智力乃生理素質決定，是不受環境影響、不能改變的特質，這種信念會嚴重影響其成就動機。Dweck 以「智力本質論」（entity theory of intelligence）形容那些認為智力是固定的人。這些人相信有些人天生就很聰明，有些人天生就是不聰明。相反的，另外有一些人相信智力是可以改變的，

他們擁有的智力理論稱為「智力增長論」（incremental theory of intelligence）。

Dweck 發現，一個人對於智力的觀點會對於他們追求成就的行為有重要的影響。智力本質論者會極力尋找對他們能力的正向評價，並且極力避免負向的評價。這樣的觀點對個人來說是有破壞性的，萬一他得到了負向的回饋，馬上就會造成傷害，但事實上孩子在學校無法避免得到負向的回饋。智力本質論者傾向於把失敗解釋成低智力，很容易就被失敗打倒，因而垂頭喪氣。相對的，智力增長論者比較傾向於去修正自己，以增加自己的能力，並相信日復一日的努力就會獲致小小的成就，只要持續努力一段夠長的時間，這一切加總起來，就會提高他們的智力。這樣的學生即使遇到了障礙，也會持續努力，因為他們把這些困難視為學習過程理所當然的一部分。

簡單的說，智力本質論者比較可能在失敗的時候經歷到負向的情緒，相信失敗就是低能力的表徵，而且他會讓這樣的信念降低了未來在功課上的努力；智力本質論者會想盡辦法避開過去曾經遭遇過的失敗經驗，因為他們相信那是低能力的證據。智力增長論者在碰到失敗的時候比較不會有負向的情緒，因為他們解釋這些失敗是讓自己進步的一個過程，所以他們會更有動機持續下去。

面對成功時，智力本質論者和增長論者所表現出來的行為差異不大，但在遭遇失敗時，這兩群人所表現出來的行為就有很大的差異。本質論者在遇到困難時，比較可能相信他們是無助的、他們走不下去了，最後逃開這些讓他失敗的情境。相反的，智力增長論者遇到失敗時，卻會盡可能地努力去改變現狀。綜上所述，一個有效能的教室應該傳遞出幾個訊息：

・愈努力會讓成績愈好、智力愈高。
・失敗在學習的過程中是很自然的事情。
・學校不是要求完美的地方，學校只是要求進步的地方。

每一個老師或家長都應該要告訴孩子，人們可藉由持續的努力變得更聰明，從失敗中記取教訓乃變聰明過程中的一部分。另外，學校是讓一個人更好的地方，而不是讓一個人求完美的地方。因為兒童有把自己的表現

歸因於能力的傾向，所以我們應該想盡一切的可能，在解釋學生的表現時，鼓勵學生做「努力歸因」。

## 無聊的閱讀課

最後一個必須向讀者解釋的可能是，有許多無聊的活動是藉著「閱讀」之名進行的。美國有許多州花了很多的時間在做所謂的閱讀教學，事實上並不是真正在閱讀，而只是在準備州政府要考的閱讀測驗，該類測驗非常強調低階的技巧（也就是字詞辨識、簡單文章的快速閱讀），而不是真正的閱讀，也不是對有趣的文章內容做回應。到了六年級，這種所謂的閱讀課已經無聊透頂，學生必須忍耐這些為測驗所做的準備，並且要控制自己不要讓無聊滿溢出來，變成行為控制的問題（Fairbanks & Broughton, 2003）。準備考試並不是閱讀，會減低了兒童對閱讀的興趣。

## 小結

低年級兒童比高年級兒童相信努力的效果，這讓低年級兒童在學習非常複雜的能力例如閱讀的時候，還能夠維持強烈的動機。當一年級的兒童經歷到挫折時，他們以努力歸因的方式讓自己願意再付出更多的努力。相對的，高年級的學生比較可能做的是能力歸因，而不是努力歸因。他們所遭遇到的失敗不再被視為努力不足，而被解釋為能力不足。遇到失敗，認定自己為低能力，就會導致高年級學生降低對相關事件的努力動機。反過來，一年級的學生在面對困難的功課時，比較有可能持續去增強自己的動機，而三年級的學生就不會了。

更糟糕的是，如果一個三年級的學生在面對大多數其他同儕早就學會的功課時，這個三年級的學生就會把他所遭遇的失敗，認定為是自己不具閱讀能力的一個強而有力的證據，他就更不願意花時間去學習閱讀了。我們相信根據歸因理論，一個孩子在一、二年級的時候如果沒有學會必要的基礎閱讀技巧，他對於學習閱讀的動機很可能就無法繼續維持下去。

研究者發現，在一年級的時候讓孩子把他們的學業成就歸因於努力是非常重要的事情。從更廣泛的角度來看，心理學家也指出如果學生相信智力本身是努力的結果而不是天賦，則學生的學業動機可以得到大幅提升，大量的教導努力的價值是非常重要的，因為隨著年級的增高，在教室裡許

多隱而未現的訊息會告訴學生，努力不重要，重要的是聰不聰明。

## 教室獎勵結構下各年級的差異

　　學業失敗會抹殺學生的內在學業動機。為什麼年級愈高，學業失敗愈可能造成毀滅性的影響？隨著年級的增高不斷增加的競爭關係是一個重要的原因。

　　在許多教室中，競爭是生活中的一部分。有的班級把成績畫成曲線，只有少數的學生可以得到最高的分數。更糟糕的是，在教室裡，成績經常是公開而顯著的，例如，學生說出自己的成績，好讓老師把成績登記到成績簿的時候；或者是讓學生從成績分級的紙箱內拿回他們的作業，在找回他們自己作業的同時，也暴露了其他同學的成績。因此，每個孩子都知道，和班上同學比起來，自己有多少斤兩。

　　另一方面，許多社會上的力量支持這樣的競爭關係，許多家長拿到成績單，先問班上其他孩子表現如何，接著說：「如果我們家孩子的成績能夠像某某那樣該有多好！」地方性的報紙登載有關學業成就的新聞，也將學校裡各科成績都拿 A 的學生姓名公布出來。

　　大人們強迫性地想要知道誰比較聰明（其實也是潛隱地在問誰不聰明），使得許多學生的學業動機向下滑落。教室裡的競爭和評量就會導致 John G. Nicholls（1989）所說的「自我涉入」（ego involvement），在一個競爭激烈的班級裡得到成功（尤其是和同儕比較起來），就意謂著學生有高智能（亦即這是個聰明的孩子，這是自我提升），而學業的失敗就意謂著低智能（自我消沉）。因為班上最棒的學生只有幾個，大多數的學生都不會是頂尖的學生，所以教室裡面經常出現失敗的自我批評和負向的自我認知（Ames, 1984）。當學生不太確定自己是否能成功時。很多學生開始預期他們不會得到最好的成績，也不會像其他的學生那樣受到獎勵。當學生難以判斷是否會成功時（例如，面對新的功課），這樣的系統有很高的可能降低了學生努力的意願，因為嘗試和失敗會導致他們否認自己的能力。

　　為什麼學業動機隨著年級而下降呢？一個很可能的原因是，比起中高年級，在低年級的時候評量較少，有的話也比較不明顯（Harter, Whitesell, & Kowalski,1992; Stipek & Daniels,1988）。年紀愈大，兒童愈容易察覺他

們班上的競爭壓力（見 Harter et al., 1992; 亦見 Schmidt, Ollendick, & Stan-owicz,1988），也漸漸察覺不成功所代表的意涵。根據研究（例如，Wig-field, 1988），在小學中年級的時候，一個孩子會不會注意到他跟其他孩子間的比較，會影響孩子對自己能力的知覺、對未來成功的期待和學校的表現。

## 競爭較不激烈的班級

當競爭激烈的班級和競爭比較不那麼激烈的班級相比較時，因為班級激烈競爭所產生的問題尤其顯著。在某些教室裡，學生因為「做得比以前好」而受到獎勵，而不是因為「做得比別人好」受獎，他們因著自己個人在課業上的進步而受獎。相對於前面講的「自我涉入」，Nicholls 把這類型的班級稱為「工作涉入」（task involvement），歸類為鼓勵功課介入型的教室。Nicholls 和他的同事 Terri A. Thorkildsen（例如，1987）將三十個五年級的班級分類為工作涉入或自我涉入。他們發現自我涉入（競爭激烈的班級）比工作涉入（競爭不激烈的班級）較常發生逃避努力的行為。工作涉入班級中的學生相信，只要有興趣、肯努力、有學習的嘗試，就會成功。但自我涉入班級中的學生則相信，比別人聰明、打敗其他同學，才會成功。也就是說，班級裡的獎勵結構影響五年級兒童是否繼續相信努力或是能力是個人表現的決定因素。

比起自我涉入的教室，工作涉入的教室比較可能保持學生對學校的興趣並且認同學校（Meece & Miller, 1999; Nicholls, 1989）。問題在於自我涉入型的班級遠多於工作涉入型的班級，我們經常看到，班級目標設定在讓學生得到比別人更好的成績，而不是設定在學習本身（例如，Ames, 1992; Blumenfeld, 1992）。許多教室的安排都讓學生期待著失敗而不是期待著成功，尤其和其他同學比較起來。這樣做對學生有顯著的影響。

Susan B. Nolen（1988）評估一群八年級的學生，看他們是工作導向還是自我導向的，除此，Nolen 也評估這群學生在平常閱讀和讀課本時是否用了特定的策略。雖然工作涉入和自我涉入的學生都用了表淺的策略來讀書（例如，反覆閱讀整篇文章），工作涉入的學生比自我涉入的學生更願意去用深層的閱讀策略（例如，他們想要知道課本上寫的和上課聽的有什

麼相符之處）。我們想要提倡的高度複雜的閱讀技巧，比較容易發生在競爭不那麼激烈的學生裡面。

## 回歸主流

班級裡的競爭對學習困難的學生也會造成相當大的影響，這些年來，廢除特殊班級變成一個國家運動，教育者希望學習困難的兒童能在普通班受教。在中年級之前回歸主流，對學習困難的兒童而言，意味著把他們放在一個競爭型的班級，他必須和別人比較，因此，失敗似乎早就可以預期。類似的情況發生在母語並非英語的學生身上，這些學生經常進到競爭激烈的班級，各科成績遠遠落後，這些班級裡面的競爭特質保證這些孩子必定失敗，這可能對孩子的動機有毀滅性的衝擊，因為他們從一開始就非常不利。當班級裡面學生的特質相差很大，有不同的能力及準備度，班級裡的競爭就會讓許多學生經驗到失敗，對高危險群的學生就很可能對學業自尊跟動機造成負向的影響。

從動機理論的觀點，如果學校必須是競爭性的，那把程度相同的、有困難的學生放在同一班裡會有一些好處。學生比較可能對他自己的學業能力有正向的知覺，也會在學校有比較好的表現（以某些絕對性的方式測量）。因為一個孩子認定自己能力的方式是跟同班同學比較出來的，和同學間的社會性比較可以激發更多的努力（例如，當他是一個低能力班級最前面幾名時），或者是降低他們的努力（例如，他是在一個高能力班級的最後幾名時；例如，Marsh, 1987）。當然更好的辦法是，把孩子安置在非競爭型的班級，只要學業有進步他們就會得到好成績。但是在可以想見的未來，美國大多數的學校都仍然會強調高度的競爭性，如果真的是如此不可改變，那麼回歸主流就會對弱勢及不利的學生造成動機低落。

## 成功帶來的結果

到目前為止，本節一直在談兒童在班級裡如果得不到獎勵會有什麼負向的結果，我們現在要談的是，教室裡面的獎勵也可能讓兒童降低了他們的內在動機。如果兒童本來就對學習有高度內在興趣時，得到了具體的獎勵後，他們對該活動的內在興趣就會下降，也就是說，如果老師獎勵的行為本來就是小孩子所感興趣的，老師可能造成一個後果，未來在沒有獎勵

的情況，小朋友對那些活動的興趣就會大幅降低，這就是所謂的過度合理化效果（overjustification effect）。因為學生開始相信他們之所以從事這個活動是為了得到獎勵，而不是因為該活動內在的價值（Lepper, Keavney, & Drake, 1996）。一旦得到鼓勵，他們開始合理化這個行為，認為他們之所以做這個行為是為了要得到老師所給的實質獎勵。而對那些沒有獎勵也會做這個工作的兒童而言，唯一的解釋就是他們喜歡這個活動。

McLoyd（1979）用一種很聰明的方式來檢驗過度合理化效果在閱讀上的影響，他讓兒童讀他們非常感興趣的書籍，有部分的兒童閱讀之後會得到獎勵品，McLoyd 發現這些小朋友都是在沒有獎勵的情況之下也能夠自己讀，但那些沒有得到獎勵的兒童會比得到獎勵的兒童讀得更多。我們有很好的理由去懷疑學生是為了加分而讀書寫作，則當老師的鼓勵系統不存在時，他們就不會有高度的動機再繼續閱讀。

有些人常常問我，像必勝客披薩店提供的閱讀獎勵計畫，會不會有過度合理化的效果呢？我的回答是，依孩子的特質而定。對那些已經願意自己去讀的孩子提供外在的獎勵，有可能會降低他們閱讀的內在動機，對那些還沒有主動意願閱讀的孩子，像必勝客這樣子的鼓勵閱讀計畫，就可以使原來不讀的孩子開始閱讀，除非孩子讀了幾本書被公布出來，閱讀的量被用來做同儕間的比較、用來造成孩子間的競爭，這樣提升動機的效果就會低落。我會鼓勵老師用必勝客這樣的計畫來激勵沒有閱讀動機的學生，至於那些自己讀書讀得很快樂的學生，就不要再用實質的鼓勵計畫了，而且在執行計畫時要把計畫裡面的競爭性降低，不要讓每一個小朋友讀了多少書和其他小朋友做競爭性的比較。

經常也有人問我，像加速閱讀（Accelerated Reader®）這樣的系統是不是有用。這是一種加分的系統，鼓勵學生去讀課本，而且回答相關的問題來證明他們已經了解學習的材料。根據我對相關研究的了解，我無法決定這個系統對學業成就是否有所衝擊，但就學業動機而言，這樣的系統會對動機和學習態度有不同的衝擊（Mallette, Henk, & Melnick, 2004; Vollands, Topping, & Evans, 1999）。因為這種方式有許多成就資料的公開展示，例如以圖表呈現每一個小朋友念了幾本書，從動機理論的觀點，這樣會降低孩子的動機，而且這種取向的系統絕對會刺激班級裡的競爭，我們知道這

會降低兒童的學業動機，如果老師要用這種取向，我會請老師保證學生的閱讀資料是私密的，讓小朋友自己製圖呈現自己已經閱讀的數量，而不必跟班級其他的同學做比較，呈現的資料愈是公開來做比較，愈有可能降低兒童的閱讀興趣，這些是我的警告，但是學界對加速閱讀的計畫還沒有足夠的研究，所以我也無法下確切的結論。

### 小結

　　為什麼年級愈高，兒童愈相信能力決定成就呢？原因之一是，因為較高年級的班級教室裡競爭比較激烈。競爭激烈的班級不鼓勵兒童往能力方面去歸因，也因此降低了學生的學業動機。但其實學校可以不必這樣做，我們也可以在班級經營時根據學生的進步來評分，而不是跟其他同學的比較，這樣的班級學生會有比較高的學業動機，而且願意嘗試比較精緻的閱讀，問題是這樣的班級實在太少了，美國還是由競爭型的班級模式主導。競爭型的班級經營讓大多數的兒童，因為跟別人比較而經驗到失敗（不過至少跟其他同學比較是不成功的）。

　　進一步合併出現的問題是，像成績這樣子的激勵系統會降低兒童的內在學習動機。前面提到McKenna等人（1995）的調查，許多低年級的兒童有充足的內在動機去閱讀，但即使是這群孩子裡面最優秀的學生，他的動機也是逐漸下滑的，雖然他們在班上得到非常好的分數，當我們強調的是成績時，那得高分的學生也會讓自己相信他們閱讀只是會得高分或其他實質的獎勵，這裡我們就冒了一個風險，讓孩子原有的內在動機漸漸地降低了（Sweet & Guthrie, 1996）。

　　在低年級我們比較容易把班級經營成合作型的班級，而不是競爭型的班級，進到中年級之後，學生心智漸漸成熟，他開始會注意到自己的成就和別人的成就之間的比較，那時再來推動合作型的班級就會比較困難。

## /不同年齡兒童的社會比較/

　　幼兒不會拿自己和別人比較，尤其是不會比較各種心理特質，像是智力、閱讀能力或先備知識的內容。是的，學齡兒童是會跟其他小朋友比較自己和別人有沒有什麼好東西（Ruble, Boggiano, Feldman, & Loebl,

1980）：「我比你有更多的橘子汁。」「你沒有！」「我也有！」但他們搞不太清楚在學業學習表現上的異同。因此一個小一學生因為二位數加法有困難而不高興的時候，他不會因為老師告訴他，全班的小朋友都有相同的困難，他就會開心起來。在國小階段孩子年紀漸漸變大，學生開始關心自己的學業表現和別人的比較（Ruble, 1983）。因為對大多數學生而言，周圍總是有做得比他好的學生，學生的注意力漸漸放在自己和同學的比較之後，就有一個非常大的可能，學生開始對自己的能力有了負面的結論，這樣的結論就會轉成對成就動機的低落。

## /小結/

　　為什麼學業的內在動機隨著年級的增加而滑落？有可能是因為發展過程中，兒童的特質和訊息處理的能力改變了，同時，美國的學校系統中，不同年級的班級氛圍也改變了。

　　先說訊息處理能力的改變，國小階段，兒童年紀愈大，愈容易和同儕比較學業成就。對許多兒童來說，這就意謂著他們愈來愈會發現自己的學業表現比不上其他的同學。兒童歸因的方式也隨著年齡改變。雖然學前和低年級兒童不會把學業上的困難解釋成「我能力很差」，但年紀愈大，他們愈可能這樣解釋。要獲得好成績所需付出的努力愈大，年級愈高，兒童愈可能得到自己能力不好的推論。總之，訊息處理能力在發展上的改變，導致兒童對未來的成功或失敗有了和幼兒時不同的期待。

　　而在學校裡，年級愈高愈強調競爭，這就是兒童轉而認定自己低能力的發展背景。雖然以「智力增長論」教育孩子是比較健康的做法，但像學校這樣的機構卻免不了會散發出「智力天成」的訊息，學生要不然就是聰明的，不然就是不聰明的（Ames, 1992）。這會讓許多在競爭激烈的學校裡表現不太好的學生感覺非常挫折。在這種氛圍下，我們就能理解，為什麼許多高中生對學校會展現出惡劣的態度。因為學校已經導引他們隨時期待著學業失敗，或和其他同學比較起來沒有什麼機會成功。

　　我的觀點是，「改變就學的動機結構」乃教育改革中極重要的項目。同時，老師和家長必須各盡其職，不斷教育孩子，水滴石穿，最傑出的心靈都是一點一滴的學習努力累積而成的。要鼓勵兒童每天有每天的進步，

而不要鼓勵他們贏過別人。本章後面的內容將說明，閱讀研究者已經找到一些具體的方式來維持和增進兒童閱讀的動機。

# 提升學生的讀寫動機

過去二十年關於學生動機的研究，已經讓學者們覺察到，學生經常沒有動機去閱讀，或者學著改進他們的閱讀，這樣的覺察讓學者開始努力去找出提升學生動機的方法。老實說，我這裡要談的研究大多數都還沒有設計得非常嚴謹，我們在談的時候並不是信心十足，但是整體來說，學術社群已經找到非常有潛能的一群不同的方法，來提升學生的閱讀動機，雖然沒有完全被驗證，但每一種方法在概念上都是滿合理的。老師們如果要運用這一節所談的各種方法，你會是在教育動機領域裡面走在最前面的，當然我希望這方面的研究在近幾年內可以更精練，蒐集更多的評估資料，對於各種的技巧提供各種不同的評估資料，以累積出實證的效用。

本節所要討論的方法，從讀寫教學的個別成分（例如，有趣的材料、歸因的再訓練），到讀寫教育的再定義（例如，觀念導向的教學、全語言法）。以下討論從閱讀教學的個別成分開始，再來談讀寫教學的再定義。

## /難度適當的教材/

教育研究界的資料已經非常清楚地指出，給學習者的材料要比他現有能力稍高，這樣才會引起最大的學習動機（例如，Brophy, 1987）。有一點點難度的教材會讓學生更努力，而且會覺得喜歡去學，而不具挑戰性的教材除了枯燥乏味之外，也從來不會讓學習者有機會看看他們到底能做到什麼程度，也會因此削弱了學習者的自信心（Miller & Meece, 1999）。前面幾章裡，我們看到有效的老師可以清楚掌握兒童的能力在什麼地方，也可以催促兒童嘗試稍微有點難度的學習，像這樣的挑戰才是一個健康動機信念的核心。

## /歸因的再訓練/

許多低成就兒童的歸因是有問題的（亦即學生把他們的失敗歸因於不

可控制的能力因素，也因此不願意在學業上多加努力；例如，Carr, Borkow-ski, & Maxwell, 1991），這個現象讓許多的研究者試著對學生的歸因傾向進行再訓練。應用性的和基礎性的研究（例如，Foersterling, 1985; Stipek & Kowalski, 1989）已經說明了歸因的再訓練可以實質改變兒童的動機，若沒有訓練，這些兒童會把他們很弱的學業表現歸因於努力之外的其他因素。其中一個最相關的研究是John G. Borkowski和他的同事（例如，Borkowski, Carr, Rellinger, & Pressley, 1990; Borkowski, Weyhing, & Carr, 1988; Reid & Borkowski, 1987）曾經做過的分析，他們試著對低成就生進行介入，試著改變他們的歸因以提升閱讀理解。

Borkowski 發現，對低成就的學生而言，只訓練他們把成功歸因於努力可能是沒有效果的，必須再加上其他因素，這樣的想法和本書從頭到尾的觀點是一致的，閱讀策略後設認知和概念式的知識也都會影響閱讀成就，Borkowski 的團隊教導學生如何使用策略來完成學業的任務，而同時他們說服學生自己功課的成功或失敗，除了運用適當的策略之外，都是來自於個人的努力（Clifford, 1984）。Borkowski和他的同事教導學生，讓他們相信只要學了策略，他們就擁有提升自己學業表現的有效工具，這可以提供一個強而有力的動機讓他們去學研究者教導的策略（M. Chapman, Skinner, & Baltes, 1990）。

例如，在其中一個研究中（Carr & Borkowski, 1989），低成就的國小學生被分派到以下三種實驗情境：

1. 策略加上歸因訓練：研究者教導兒童理解策略，兒童被教導在閱讀的時候進行自我測試，來檢查自己是否了解所閱讀的材料，研究者也教學生進行摘要、找主題句和提問的策略，以作為理解一篇文章的方法。在歸因訓練這部分，包括了對學生強調他們可以藉著運用理解策略來了解文章——了解文章的程度，是他們閱讀時所採用的策略決定的，而不是什麼天生的閱讀能力決定的。

2. 只教導閱讀策略：只教導閱讀策略而沒有教導歸因訓練。

3. 控制組：研究者沒有教導策略也沒有教導歸因訓練。

第一組，即策略加歸因訓練組，表現好得出奇，在介入教學結束後三

個禮拜，策略加歸因組的學生比其他兩組更願意去運用閱讀策略，而且他們回憶出來的文章內容也是三組中最高的，除此，策略加歸因的兒童，他們回到教室運用閱讀理解策略的情形也都遠遠超過另外兩組。

雖然歸因再訓練的效果還需要再進一步的分析，以了解這樣訓練對改變兒童自我觀念的潛能，許多教導學習障礙學生的老師已經在他們學生身上運用歸因訓練。例如，在堪薩斯大學所發展一個很出名的學障課程裡面，老師教導學習障礙的學生了解、寫作和記憶的策略（例如，Deshler & Schumaker, 1988; Deshler, Schumaker, Harris, & Graham, 1998），這課程裡持續地強調可自我控制因素的角色，例如策略的應用，那是因為堪薩斯團隊認為學障學生的歸因經常是有問題的（例如，「我很笨」）。這樣的歸因如果持續存在的話，很有可能會讓其他所有的教學全盤失敗——只要相信自己是笨蛋，他也就會相信做什麼都是沒用的。

## /提供有趣的閱讀材料/

至少從 John Dewey（1913）以來，整個二十世紀已經注意到學習時，「興趣」所扮演的重要角色：高度的興趣會增加兒童從文章裡學習的投入程度（例如，Hidi, 1990, 2001; Renninger & Wozniak, 1985; Schiefele, 1992）。這個發現讓許多作者和教材研發公司都嘗試著要發展出能擷取兒童興趣的教材。

兒童閱讀時，興趣到底扮演什麼角色？Richard C. Anderson 和他的同事（例如，Anderson, Mason, & Shirey, 1984）的相關研究最為人所知。在他們的研究裡，兒童被要求讀事先選好的「有趣的句子」和「無趣的句子」，結果兒童對有趣的句子之事後記憶優於無趣的句子。句子有趣與否，對記憶的效果非常大，遠勝於諸如句子可讀性的效果量（effect size）。

Anderson 的團隊也做了一些非常仔細的分析性研究（例如，Anderson, 1982），以探究到底是什麼機制讓興趣可以有這麼好的效果，他們假設，較有趣的材料比較可能吸引兒童的注意力。事實上似乎就是如此——學生花比較多的時間閱讀有趣的文章。此外，有趣的文章實在太引人入勝了，學生在閱讀時，會因此而忘了依實驗者的規定，對一個信號盡快做反應（例如，聽到一個聲音，就要按一個鈕）。不但如此，單只有「注意力」，不

足以解釋興趣提升學習的效果，若以統計方法控制注意力和努力的因素（也就是控制兒童花在閱讀的時間），興趣的效果值仍然很大（例如，Shirey & Reynolds, 1988）。亦即，興趣可以直接影響注意力和學習，但只有少部分的學習是因注意力的增進而提升的。

　　不幸的是，Anderson、Shirey、Wilson 和 Fielding（1987）分析社會科和自然科的課本，他們發現這些課本都是索然無味的。他們也發現，為了想讓課本有趣一點，教科書的作者會在文章中加入小小的軼事典故，但是這樣做反而造成文章的不連貫（例如，Armbruster, 1984），而且，學生有可能只記得這些軼事典故，反而無法抓到文章的重點。也就是說，學生會記得有趣引人的細節（例如，甘乃迪總統和他弟弟在白宮草地上玩美式足球），但卻沒有學到文章中提要式或一般性的重點（例如，甘乃迪執政時提倡全面性的社會改造；Garner, 1992; Garner, Alexander, Gillingham, Kulikowich, & Brown, 1991; Garner, Gillingham, & White, 1989; Hidi & Baird, 1988; Wade & Adams, 1990）。

　　雖然我們仍不知道，如果不加這些軼事典故，課本要如何編寫才會引發兒童興趣，但我們仍可以在兒童的閱讀材料上動腦筋，讓閱讀更有趣一點。讓兒童自己決定他們要讀的書籍，就是一種成本很低、卻能增加兒童閱讀興趣的方式。這也是全語言教育者會提供這麼多選擇機會給學生的主要理由。當然，讓孩子自己選感興趣的書也會出問題——對小朋友來說，教室裡的圖書角和學校圖書館裡的書都太無趣了（Ivey & Broaddus, 2001; Worthy, Moorman, & Turner, 1999）。國小兒童要看的是恐怖故事、連環圖畫、流行雜誌、運動叢書、講畫畫的書、關於汽車卡車的書、動物書、趣味小說等，但學校裡只有趣味小說比較多（Ivey & Broaddus, 2001; Worthy et al., 1999）。有些孩子買得起他們想看的書，有些孩子不能。我認為，我們應該努力想辦法，讓兒童更容易大量觸及他們感興趣的圖書和雜誌，同時，也要設法讓兒童該讀的書更有吸引力一點。我見過許多班級的老師能讓孩子喜愛閱讀文學名著，所以知道這是可能做到的。平衡的讀寫教師知道要找什麼好東西給學生讀，也有辦法確定孩子到底有沒有讀。全語言法在這方面啟發了我們，如何使用好的文學作品提升兒童的閱讀動機。

# /全語言：文學和文學本位的教學活動/

　　全語言學者和支持者持續宣稱，富含文學氣息的環境能啟發兒童的閱讀動機，他們的說法得到研究的支持。國家閱讀研究中心的研究員 Barbara M. Palmer、Rose Marie Codling 和 Linda B. Gambrell（1994）問十六個班級裡三年級和五年級的學生，什麼因素讓他們想要閱讀？研究者對四十八個閱讀能力、閱讀動機不同的兒童進行深度晤談。兒童有不同的表達方式，但是主要都在表達，他們的動機來自於豐足的讀寫環境。

　　「與書相遇」的經驗是「想要閱讀」與「想要讀某本書」的重要動機來源。兒童們報告道，在電視的閱讀彩虹節目見過或聽父母師長讀過某些書，就會想要讀那些書。另一個類似的情況是，若兒童先讀過某系列讀物中的幾本，會讓他們想再去讀同一系列的其他書籍。

　　和書籍相關的社會互動也會影響閱讀的興趣，參與該研究的兒童說，他們想讀朋友、父母和老師在談的書。像以下的對話相當常見：

　　　　我的朋友克麗絲汀跟我講她正在讀那本書，我就說：「嗯，聽起來滿有趣的。」

　　　　我會感興趣，是因為另一組……正在讀，所以我就去圖書館借了。（Palmer et al., 1994, p. 177）

　　另外一項影響閱讀動機的因素是書籍取得的便利性，兒童們有強烈的動機去讀自己的書及班上隨手可得的書。學生們特別強調班級圖書的重要性，這個發現和讓教室裡到處是書、以提升兒童閱讀動機的全語言主張是一致的（Fractor, Woodruff, Martinez, & Teale, 1993; Morrow, 1992）。

　　前一節提到，全語言哲學的標誌之一，就是主張讀寫教育應該讓兒童有自己選書的自由（其他教育動機的學者也這麼認為；Schraw, Flowerday, & Lehman, 2001）。Palmer 等人（1994）的研究發現，相對於大人指定閱讀的書籍，兒童認為讀自己選的書比較起勁（Spaulding, 1992）。我喜歡這麼解釋這個現象——要相信小朋友，因為距離他們動機最近的，就是他們自己。但是，有許多社會科學家對研究中常用的「自我報告」存疑，特別

是和動機有關的自我報告。他們主張直接觀察閱讀行為本身；最可信的不是自我報告，而是見到兒童在充滿讀寫刺激的環境下，真的比傳統教室的兒童有更高的閱讀動機。事實上，的確有些研究提供了這方面的證據。

Julianne C. Turner（1995）在密西根大學的博士論文，嚴謹地比較了充滿讀寫刺激的六個全語言的一年級班級及六個使用基礎讀本、強調解碼技能的一年級班級。全語言班級的情況很像本書第1章所描述的全語言班級，但老師們在課堂上多解釋了一些語音法及其他的解碼技巧，這些解釋經常在團體閱讀（例如，用大書閱讀）時發生。基礎讀本的班級上課的內容多為讀故事和解碼技能練習，包括反覆抄寫的語音教學法。

Turner（1995）的研究結果，最讓人驚訝的發現之一是，全語言教室裡的兒童比基礎讀本教室的同儕用了更多的學習策略。他們似乎更投入學習的內容、更願意去複習、對學到的概念更能進行衍生的思考、計畫更為周詳，而且更能監控他們自己是不是了解所讀的東西。看來，全語言教室在這方面是有優勢的。兩種教室都提供了許多可以提升動機的機會，和Palmer 等人（1994）的研究結論一致的是，兩種教室的學生都一樣，在閱讀讀本時興趣較高，在寫習作時興趣較低，而且讓兒童自己選書，他們就會讀得多一點。簡言之，Turner（1995）的研究指出，只要教室情境的安排方式和Palmer 等人（1994）所建議的提升動機方式吻合，學生的閱讀動機會比較好。

Lesley M. Morrow（1992; Morrow & Sharkey, 1993）也針對全語言法的原則如何提升學生在學習上的動機作了研究，她把文學本位的閱讀課程引進一些二年級的班級，課程包括教室裡的讀寫角，那是設計來刺激各種讀寫活動（例如，閱讀、故事的角色扮演、錄音帶故事聆聽、寫作）、老師指導下的文學活動（例如，由老師朗讀或者說故事、學生重述故事或是述寫故事、創作故事、書籍分享），和獨立的閱讀寫作，在這段時間裡允許兒童自由選擇相關的讀寫活動（也就是閱讀、寫作、聽故事、角色扮演等）。在全語言教室裡學生之間有著許多社會和合作性互動，當他們從事讀寫活動時，學生有大量的社會和合作性互動。

相對的，在控制組的班級，學生參與的是傳統解碼導向的課程，有著許多寫練習簿的活動，控制組的教學包括小組的上課和課間的習作，寫完

練習簿之後，學生便閱讀圖書館書籍。雖然控制組的老師偶爾會念故事給小朋友聽，但這不是教學的重點。

在介入結束的時候，使用全語言法的班級比起控制組有明顯的優勢，例如，學生在全語言班級裡比較能夠重述和重寫老師剛剛念的故事，全語言教室的學生在一個聽覺理解測驗裡，也比控制組的同儕有更好的表現，當研究者要求兒童寫出原創性的故事時，全語言班級的兒童也超越控制組的兒童，他們所使用的語言比較複雜，且運用多樣的詞彙。本章最關切的問題是學生的閱讀動機，此研究指出全語言教室的學生在課後比控制組閱讀了更多的書籍和故事，當全語言的學生談論到班上的讀寫課程，總是表現出熱情，強調這是一件好玩的事情。

總之，不同研究的結果都指出在全語言式的閱讀經驗裡面，學生的閱讀動機是比傳統的、強調技巧和練習的教室來得高一些，也許類似的研究最沒有爭議的結論是，當閱讀教學裡有真實文學的閱讀及充滿社會互動時，這樣的經驗能讓教室活化起來，全語言經驗真的非常能激發兒童的動機（Bergin & LaFave, 1998）。

## 閱讀起跑（閱讀從基礎做起）

閱讀起跑計畫（Running Start program）是由「閱讀從基礎做起」（Reading Is Fundamental）這個組織所贊助，它主要的觀念是讓孩子沉浸在書籍的氛圍裡，能夠有效提升兒童的閱讀動機（Gambrell, 1996）。「閱讀從基礎做起」這個團體強調，當兒童可以和別人互動分享他們正在閱讀的書籍，或當他們可以和一群非常熱心於閱讀的大人和小朋友相處，或當他們身邊的大人對自己能夠學習閱讀有高度的期待時，兒童最有動機去學習閱讀，「閱讀從基礎做起」強調如果兒童可以對他們所要閱讀的書籍有選擇權，那他們會有最好的閱讀動機。

「閱讀起跑」是一個十週的介入計畫，計畫裡一年級的兒童接受挑戰，要閱讀二十一本書（或者由大人念二十一本書給他們聽），在計畫剛開始時，「閱讀從基礎做起」組織捐獻了六十到八十本新書給參與班級的圖書室，在接下來的十週裡，這些教室要利用這二十一本書幫助兒童進行互動，閱讀和書籍的分享變成教室裡面一個非常常見的教學活動，家長和高年級

的兒童會到教室拜訪，針對這些書籍與小朋友互動，有時讀給小朋友聽，有時聽小朋友讀。

「閱讀起跑」計畫用種種不同方式提升兒童的閱讀動機，有一個直方圖的閱讀進度圖表可以幫助兒童知道目前的閱讀進度，教室裡利用書籤來提醒兒童閱讀到何處，而書籤也被當作獎勵品。當小朋友達成閱讀二十一本書的目標，計畫就給他們一些書籍，讓他們能帶回家讀，變成他們自己的書。

Linda B. Gambrell（1996; Gambrell, Codling, et al., 1996; Gambrell & Morrow, 1995）的團隊在國家閱讀中心評估了閱讀起跑計畫提升閱讀動機的效果，來自全美各地的小朋友和家長報告道，在參加這個方案後，閱讀的動機和共讀的動機都提高了，研究裡包括一個對閱讀起跑的準實驗評估，對象為社會經濟不利的一年級兒童。一般來說，和參加閱讀起跑計畫的控制組兒童比較起來，參與閱讀起跑計畫的兒童自己閱讀的量比較大，和家人共讀的量也比較大。非常重要的是，在閱讀起跑計畫結束後六個月，參與者仍然有比控制組學生更多的閱讀和讀寫的相關活動（例如，和爸爸媽媽討論所閱讀的書籍）。

為什麼閱讀起跑計畫會有如此的效果呢？理由之一是，參與班級的文化。老師們在房間裡設置了更多的讀寫角落，花更多時間作默讀的活動，在實驗組的班級裡，學生和老師彼此分享閱讀和書籍的時間也增多了。

總之，「閱讀從基礎做起」這個知名的慈善組織，對沒有書的兒童提供了長期的圖書支援，這個組織已經設計一種一年級的介入方案，來增進兒童獨力閱讀和與父母共讀的時間，Gambrell 在國家閱讀研究中心的團隊，也對該計畫提升動機的效果提供了有力的證據。

## 學習社群取向：概念導向的閱讀教學

Ann L. Brown 和她的同事最先開始了學習社群（community-of-learners）取向的閱讀教學，在這種教學方式裡，學科內容的教學和讀寫的教學融合在一起（Brown, 1992; Brown et al., 1993; Brown & Campione, 1994; Campione, Shapiro, & Brown, 1995）。這個導向的教學並不會膚淺地去涵蓋許多主題，學習社群的學生在一個學年之內，只要深度探索少數幾個他們

有效的讀寫教學：平衡取向教學

Reading Instruction That Works:
The Case for Balanced Teaching

關切的議題。學生開始研究一個新的議題時，他們先提出想回答的問題，老師教導學生各種策略來執行研究，學生大部分的時間用在團隊合作以解決自己所提出的問題上。這樣的研究會包括圖書館的搜尋，也包括田野觀察、實驗的進行，或各種不同的、可能有助於解決問題的活動。在學習社群取向裡的學生，也學會各種理解的策略，能夠提升他們在教科書裡面尋找和記憶重要觀念的能力，這方面的閱讀是他們研究中的一部分。最後，他們花了許多時間寫作。對參與社群的學生而言，一個高舉的學習目標是，學會他們將來可以廣泛使用的策略性和概念性的知識，該研究團隊得到了可觀的證據，證明學生所學的技巧可以轉移到其他的情境，這些技巧都是他們在進行研究和寫作時所理解和習得的觀念（Campione et al.,1995）。

　　John T. Guthrie（1996）和他國家閱讀研究中心的同仁（Grant, Guthrie, Bennett, Rice, & McGough, 1993/94; Guthrie et al.,1996）發展各種不同學習社群取向的教學。他們嘗試要把讀寫教學整合閱讀、寫作以及自然科教學，他們強調真實世界的科學觀察、學生的自我指導、策略教學和學習中學生的合作與互動。Guthrie 把這種取向的教學稱為概念導向式閱讀教學（concept-oriented reading instruction, CORI）。

　　有一個研究花了將近一年的時間評估 CORI 的效果，三年級和五年級的兒童在課程中觀察自然世界裡一些具體的東西，課程的目的在發展兒童概念式的興趣，希望能提升他們對所觀察現象的學習動機。例如，為了開始研究鳥類和環境，兒童在野外觀察鳥巢，觀察的後續活動是相關的具體經驗，包括試著自己搭建鳥巢，在野鳥飼養台觀察記錄野鳥的行為、而且去拜訪一個收藏鳥類標本的地方。像這樣具體的經驗促成了許多的學習，一名學生在試著築鳥巢的過程中留下了以下的報告：

> 　　我們用樹葉、草莖和樹枝築巢，也用了泥巴，我們先是在遊戲場裡面找這些東西，黏土用來把我們的鳥窩黏在一起，因為如果我們不用黏土，鳥窩就會破掉。我們把黏土叫做泥巴。我學到要建一個鳥窩是很困難的，除非你真的很努力去嘗試，我學到小鳥兒要做窩是相當困難的，但是我讀了一本書，讓我們有比較好的學習，而且我發現如果你和一個團隊一起合作，事情會容易一

點，而且會交到很多好朋友。（Guthrie et al., 1996, p. 312）

　　具體的觀察會導引出學生的提問，再來學生要合作，試著以腦力激盪的方式提出研究問題。這些問題會激發進一步的觀察、閱讀、寫作和討論，學生提出的問題被展示在教室的牆壁上，以隨時提醒學生他們想要在研究閱讀和寫作中發現東西。自然科的教學裡包括進行觀察、蒐集和記錄資料、資料的型態辨識，和對這些觀察與資料的解釋。

　　學生為了要回答自己所提出來的問題，他們需要發展出某些搜尋技巧。在 CORI 裡，老師教導學生如何搜尋書籍以及其他的材料，學生學習如何用書本的目錄、索引、標題和插圖，以聚焦尋找相關的訊息，學生學著：⑴在搜尋時確定他們想要找的東西是什麼（例如，形成一個搜尋的目標）；⑵確認他們尋找的材料儲放在什麼地方；⑶從資料來源中提取關鍵的訊息，建構出結論，並且用自己的話重述關鍵的材料；⑷從不同的訊息裡面整合出重要的主意和一般性的概念。這些技巧由老師和同儕先示範，繼之以老師在學生搜尋的當下提供鷹架，當然因為學生在他們搜尋資料時，以合作的方式工作，同儕提供鷹架也是必然的現象。

　　CORI 的學生也學習好幾種理解的策略，包括找出文章的重點、尋找關鍵的細節、大意摘要、進行文章比較、把文章裡的說明以口述表達、給一本書評價、對一篇文章的觀點提出迴響。這些技巧是在閱讀說明文和論說文時練習，學生在學習這些主題時，老師說明這些策略可以用在幻想的和真實的寫作上，學生學習怎麼樣寫筆記，以留下重點及細節的記錄。

　　在 CORI 課程裡，閱讀的作品都是真的文學，因此學生在研究鳥類的時候，他們會閱讀《貓頭鷹的月亮》（*Owl Moon*; Yolen, 1987）、《白鳥》（*White Bird*; Bulla, 1966）和《翼人》（*Wingman*; Pinkwater, 1975），學生也會讀和鳥類相關的詩作，他們在讀這些文章時，老師教導學生閱讀時的想像是很重要的，也教導故事結構的元素，例如，背景、事件、衝突、解決等聯合起來才是一篇完整的故事。

　　藉著對主題的廣泛閱讀和搜尋研究問題的答案，學生們漸漸成為該主題的專家，這樣的能力會被學生用來寫相關的報告，發展出和焦點觀念有關的故事，並且有視覺藝術的創造（例如，壁報），學生在執行這些活動

時，他們學習如何剪裁蒐集到的訊息，以適應特定對象的需要，並且學會用不同的方式表達意義。

CORI的學生在許多方面都會有所進步，例如，蒐集資料、理解技巧、寫作、了解焦點觀念、理解文章和詮釋的技巧（例如，Guthrie, Anderson, Alao, & Rinehart, 1999; Guthrie et al., 1998）。特別重要的是絕大多數的學生說，方案進行時，他們對閱讀和參與讀寫活動有較高的動機（例如，Guthrie, Wigfield, & VonSecker, 2000）。還有，絕大多數的學生報告道，進行CORI 那一年，他們的閱讀量大增。

在本書的第二版時，Guthrie 和他的同仁繼續在評估 CORI 對學生參與、理解和成就的影響（例如，Guthrie,2004; Guthrie & Cox, 2001; Guthrie et al., 2004），我愈來愈被說服，這種教學方式相對於傳統教師的教學是有效的。同時，我覺得Guthrie的團隊應該再用不同的方法進行嚴謹的比對，以說明提升閱讀成就的效果。例如，Guthrie 等人（2004）比較了 CORI 和只被教導理解策略的一群學生，該研究中 CORI 的學生表現較佳，但事實上接受理解策略教學的學生，其表現和傳統教學沒有兩樣，亦即。對於一個無效的理解策略教學，CORI 表現較佳。為什麼閱讀理解策略教學無效呢？我的臆測是，那些老師只接受了非常短時間的訓練，這當然會造成問題，因為過去的研究指出，要讓老師變成策略教導的能手，必須花大約一年的時間（Pressley & El-Dinary, 1997），要等到閱讀理解策略教學生效，就必須等老師們對這個方式非常了解時才有可能（例如，Brown, Pressley, Van Meter, & Schuder, 1996）。

Guthrie 和標竿學校的團隊合作，嘗試對有閱讀困難的中學生進行CORI 教學的可行性（Gaskins et al., 1994）。雖然在這些學生身上實施 CORI 有相當的難度，但是實施之後，學生搜尋資料的技巧和觀念的理解都有顯著的成長，學生看待自然科的態度也比較少聚焦在事實的學習，而學到比較多自然科的觀念性理解。文章稍後將會在討論到標竿學校怎麼樣用不同的方式提升學生的學習動機，該校多面向的提升方案之中，就有 CORI 走向的方案在內。

最後，Swan（2003）對於在國小如何實行 CORI 寫過一個相當仔細的總結性文章，對於想要嘗試以概念式驅動教學來高度提升兒童動機的老師

來說，這本書非常可貴，特別是 CORI 聚焦在增進學生的理解能力和讀寫發展上。

## /小結/

許多研究者都在試著了解在教學裡有哪些成分可以抓住學生的興趣，讓他們有動機去讀、去學。雖說研究的結果有時令人沮喪，但是我們得到成功的案例是多過於失敗的。最鼓舞人心的，也許是這些能提升的優良教學方式正被廣泛傳揚。雖然研究者對全語言教學在基礎解碼上的成效持保留態度，但全語言教學的確能提高兒童學習閱讀的動機，也因此被廣泛傳揚。「閱讀從基礎做起」的方案也逐年被更多的班級採用。即使學校不接受這些方式，但學習動機的研究告訴我們許多原則和方法，只要班級願意改變，就可以使用。

討論動機時，有一個重點經常被忽略——最能夠引發動機的，莫過於「成功的經驗」。孩子對閱讀的投入，決定於他們到底能讀得多好。因此，你在閱讀本書一大堆提升閱讀動機的建議時，千萬別忘了，幫助兒童成功地閱讀，比提升閱讀動機更重要（McCarthey, 2001）。要怎樣獲致成功的閱讀呢？本書所強調的各種高品質教學，才是正道。

# 讓教室裡充滿動機

在研究一年級的有效教學時，我們發現有效能的老師在提升兒童動機方面下了許多工夫。這個觀察讓我們進一步去比較「魅力老師」及「較無魅力老師」的一年級班級在學習動機上的差異。Bogner、Raphael 和 Pressley（2002）以一學年的時間觀察七個一年級的教室，其中有二班的學生絕大多數時間都全神貫注地投入讀寫學習，但另外五班的老師在鼓勵兒童讀寫方面就沒有那麼成功，學生經常出現不專注和與學習無關的行為。

## /能鼓勵兒童參與的教師行為/

該研究最重要的發現是，學生有強烈動機的那兩個班的老師，我們稱為魅力教師，比其他五個班的老師，做了許多努力來提升兒童的讀寫動機。

他們的教學風格中，有許多面向都具有提升動機的效果，包括：雖然學生個別的努力被老師看重，但班級中有許多合作學習的機會；兩位老師提供了許多鷹架；教室裡有許多資源連結，包括圖書館閱讀活動；老師鼓勵學生獨立，給學生許多自主選擇權；老師的態度溫和而關心，常有一對一個別的正向互動、班親聯繫及許多機會教育。這兩位優秀老師和學生相處時親力親為，他們支持適當的冒險、把教室弄得很有趣、鼓勵兒童的創意活動。老師們的作為讓這兩個吸引人的班級成為積極正向的好地方。

除了教學風格之外，這兩位魅力老師的教室裡也提供了豐富的學習內容。每個孩子的學習內容都相當有挑戰性，但絕不會難倒他們。老師在教學中玩遊戲，他們和孩子一同工作，完成學習成果，例如全班共同創作的大書，讓兒童引以為榮。老師強調深度甚於廣度，經常同時讀好幾本和正在進行的社會或自然科單元相關的書籍，一個單元可能進行好幾星期。教室裡到處都是優秀的文學作品。

魅力老師和學生之間的溝通無礙，在談抽象的觀念時，能舉具體的事例說明。老師鼓勵學生的好奇心，並在課堂中故意製造懸疑氣氛（例如，「我不知道等一下主角怎麼樣應付這一群鬼耶！」）；他們會確認兒童是否知道目前的學習目標，是否了解指派的功課；他們經常帶著熱情，興味盎然地稱讚兒童，並給予回饋；他們也會示範思考和問題解決的技巧（例如，如何念出字音、如何猜出文章中的生字等）；魅力老師持續告訴兒童學校功課是很重要的，值得高度的關注，也經常很有信心地表示，班上學生的程度跟得上學校的要求。

在魅力老師的班上，自我概念的發展非常受到看重，兩位老師鼓勵學生做努力歸因（也就是相信成功是因努力而來，失敗則需要更加努力）。老師告訴學生，只要多努力，如大量閱讀，任何人都可以變得更聰明。

魅力老師的班級經營超棒，特別值得注意的是，他們關注的眼神無所不在，隨時都知道全班每一個小朋友正在做什麼，誰需要幫忙了，老師會隨時出現，提供協助。

# /斲喪兒童參與的教學行為/

但有些行為是魅力老師絕對不做的。較無魅力的老師不看重兒童的動機，他們的教學風格大致如下：有些老師鼓勵兒童間的競爭，上課時居然增強了不專心的行為（例如，為了小事，讓全班鼓噪歡呼，導致教學中斷好幾分鐘）。有的老師讓學生的成績公開化，兒童成績差都被公布出來；有的小朋友出於內在動機，自動自發出現好的行為，但老師還是給予外在獎勵。在較無魅力的教室裡，教學內容經常很無趣，或過於簡單，不必努力也可以達成；班級內溝通不良，常有負向的回饋；在兒童自我概念的發展上，老師的作為經常背道而馳，經常讓學生相信他們的成功是因為能力好，失敗則是因為能力差；這些教室的班級經營缺乏效能，老師無法關照到整個班級的需求，常用威脅和處罰控制班級。

簡言之，兩位魅力老師就是能讓教室裡充滿了學習動機，他們鼓勵兒童努力、投入學業的學習，而且絕對不會斲喪兒童的努力。相反的，較無魅力的老師比較少鼓勵學生積極向學，事實上，甚至會做出背道而馳的事，斲喪學生投入學習的意願。底下我們要介紹 Bogner 等人（2002）研究中的一位專家教師——南西。

# /專家教師南西/

專家教師南西在典型的日子裡，用了超過四十種不同的正向動機機制來鼓舞學生的投入，她的班級裡總是充滿著積極的語調和各種引發動機的活動。不管是全班性活動或分組活動，她總是鼓勵同學們互助合作。如果同學們正和夥伴們一起閱讀，南西老師就會提醒：「重點是，你們應該要幫助你的夥伴喔！」當學習活動有點挑戰性時，她讓兒童覺得安心，而且提供了有趣的鷹架。例如，待會兒要考試了，測驗內容和語音法有關，南西老師會提醒同學們這陣子一直在學的語音法內容，而且向兒童強調，他們應該在考試裡把所學的運用出來。

南西老師的教學內容相當有深度，會談到成熟、有趣的觀點。例如，在黑人歷史月（Black History Month），同學們不只要完成相當仔細的、關於五位傑出非洲裔美國人的讀書報告，南西老師還帶領了一項關於吉姆克

羅法律（Jim Crow laws[1]）的討論，同學們熱烈地參與，過程中的發言證明在這個月中他們的確對種族歧視的議題有了豐碩的學習。對話中，南西老師談到人民可以用哪些方式改變社會，包括公民的不服從、不遵守不公義的法令和在原有體系內改變法律。南西老師和她的一年級學生討論平等和不平等的議題，從學生們提出的評論可看出，他們真的掌握了一些難度很高的概念。

　　南西老師的教學讓課程和社區有了連結，讓學校和家庭有了連結。在學年的第一個月，她帶著她的班級去拜會幼稚園，這樣做，可以讓她提早認識她未來的學生，也讓幼稚園和一年級的學生搭起了互動的橋樑，她要求學生寫下這次拜會的日記。幾個星期後，她班上的學生正在寫故事，南西老師對同學說：「也許會把你們的作品給幼稚園的小朋友看喔！」亦即，她讓一年級與幼稚園的關係成為增強的籌碼。南西老師偶爾也會說一些話，讓學生的家庭經驗和學校連結起來。例如，有一次有位小朋友把「little」這個字念得又快又好，南西老師說：「你在家裡和媽媽一起練習過是嗎？我真是以你為榮。」她這麼做時，同時強調了努力和家庭作業的重要性，也把兒童家庭生活的經驗帶到學校來了。南西老師也排了一天「行行出狀元日」，邀請家長來分享或實際操作他們的專業技能，活動之後，學生要寫札記，並且畫出自己最喜歡的職業做為家庭作業。除了這個特別的作業，日常的作業有每晚閱讀十五分鐘、完成一張短短的數學學習單及練習拼字。

　　南西老師在班級裡有許多機會教育，課間習作挑戰性和吸引力兼具（也就是學生沒有辦法立刻完成，但看來滿有興趣的）。每次到教室觀察，都清楚看到她強調好的文學作品、寫作歷程和理解。全班完成了許多學習成果，這些具體的成就包括自製的大書，它們被放在教室裡醒目的地方展示，老師和同學們常常討論它們。南西答應讓每個同學在學年結束時，能夠帶一本自製大書回家。她也為學生進行了許多跨課程的教學活動（例如，讓學生使用網路和圖書館，以搜尋關於黑人歷史月的資料，蒐集到的資料就會被用來寫小論文）。

------------------------

1 譯註：這是 1876 年美國開始執行的地方法律，把黑人及其他有色人種在公共場合的使用空間區隔開來，包括學校、廁所、公車等。這種充滿歧視的法律在 1954 年被美國最高法庭判定違憲，1964 年的人權法案將之完全廢除。

南西老師在課堂上會把一切清清楚楚地明示出來。讀書給學生聽時，她示範出對閱讀的興趣和熱情，也展現對故事後來可能怎麼發展的好奇心，這個做法讓閱讀有了高度的懸疑性。當發下新課本時，她翻開書說：「是新書耶！就像是禮物一樣，我知道你一定很想要翻開來看看吧！那就翻開來看，看到什麼有趣的東西嗎？有沒有什麼東西是你曾經讀過的？」

南西老師提供了清楚的學習目標，學年剛開始，她在黑板上寫下幾個故事，要小朋友抄下來；她會清楚地解釋為什麼要求小朋友抄寫故事：「這樣你才知道什麼樣的作品是好作品。」同樣的，在教寫作策略時，她會強調學了這些寫作策略，可以在一年級結束要寫作時派上用場。

南西老師強調努力歸因。發成績單當天，她兩度告訴學生：最重要的一項成績就是努力的成績。她和學生們常用一個詞「個人的最高境界」來描述正在做的工作。

南西老師對學生的監管無所不在，她常說：「我走到你身邊的時候，我要聽到你在讀書，或者在幫忙你的夥伴，或者在討論故事喔！」她在行間巡視時，會隨時幫助學習有困難的小朋友。

當然，南西老師在鼓勵兒童方面的付出，收到了良好的成效。她的班級兒童參與學習情況熱烈，學習的步調快速，她出的作業總是這麼有趣，她讓學生們對學習有了熱情，學生們總是埋頭在有生產性的工作裡。

## 一年級後，如何讓教室充滿動機

在 Bogner 等人（2002）的研究後，Pressley 團隊也在國小各年級（Dolezal, Welsh, Pressley & Vincent, 2003; Pressley et al., 2003）及中學的六年級（Raphael, Pressley, & Mohan, 2005）進行了類似的研究。基本上，研究結果和一年級的研究結果完全相同，老師們在引發兒童的動機上，有明顯的個別差異，最有魅力的老師可以讓班上充滿蓬勃的學習動機，他們每一分鐘都有事情做，讓全班、各分組或每一個學生都能熱情參與。魅力老師們用了許多引發動機的機制，這些機制從教育動機研究的角度來看，完全合乎學理。除此，魅力老師從來不會有打壓學生動機的行為，相反的，一般老師較缺乏、也較少用正向的動機機制，用的策略倒常常給學生的熱情澆了冷水（例如，處罰）。

這幾年，Pressley團隊開始關心在提升高危險群學生學業成就上成效卓著的學校。他們發現這些學校在提升動機上的確有幾把刷子（例如，Pressley, Raphael, Gallagher, & DiBella, 2004）。在這裡討論他們最近在標竿學校的研究最切題不過（Pressley, Gaskins, Solic, & Collins, 2004）。標竿學校收的學生，主要的問題是學習閱讀發生困難，在其他的學校有一年或多年的失敗經驗。學生在校的時間從一到九年不等（平均四至七年），該校用類似本章所介紹的、很能提升學習動機的 CORI 式教學概念，教導學生學習閱讀、作文，並體驗概念導向的數學、社會科、自然科學習。最重要的發現是，在每一間教室，學生每一天表現出滿溢的學習動機。老師們一致鼓勵學生們相信，只要努力而且學會運用好的策略及內容，就可以決定自己的學業成就。學生的成就會得到許多讚美，讚美都聚焦在他的好表現上。學校不看重成績，等第都是看學生個別的進步情形來打的。老師給個別學生不同的學習目標，但都具有挑戰性，都只比學生的現有能力再難一點點。每一班都在做合作學習。跨領域的連結很多，老師盡可能以有趣的方法去教有趣的材料，而且相當成功。老師的管教方式頗有智慧，能反映出行為的後果，重點在於讓兒童知道違規行為對他人和自己造成的影響。最重要的是，在每一個班級，老師們都在教學上表現出對學生極大的關心（Goldstein, 1999; Noddings, 1984），標竿的老師對學生有深刻的認識，這種對學生個人的熟識可以轉化成偉大的教學承諾與教師決心，就能鼓勵學生在校追求好的學業成就與成功（Worthy & Patterson, 2001）。當然，在標竿學校，學生的學業投入和成就都很高，和其他被學生認為在教學上關心學生的學校一樣（例如，Skinner, Wellborn, & Connell, 1990; Skinner, Zimmer-Gembeck, & Connell, 1998; Wentzel, 1998）。

# 總結性迴響

當今的美國，排山倒海的訊息在告訴你，學校辦得很爛。這個印象是從測驗成績而來的。許多像這樣的哀喊，說美國學生測驗分數低落、日趨下滑的說法是沒有道理的（Berliner & Biddle, 1995）。我從來不擔心測驗分數的問題，我真正擔心的倒是學生年級愈高、學業動機愈低落的現象。

當然，造成如此現象的原因之一，是幼稚園和一年級生本來就非常樂觀，充滿內在動機，滿腔熱血，因此，動機的起落只有一個方向可走——往下掉。但是當學生五、六年級（甚至更早）對學業豎白旗時，一定是哪裡出了問題。即使是最優秀的讀者，在校期間其閱讀動機也是逐年下降的（McKenna et al., 1995）。看來美國的教育者應該盡一切可能，設法增強學生的學習動機。

要怎麼看待本章舉出的學習動機研究呢？若能把研究激發的點子應用在每一個教室，也許是最具生產性的方向。雖說這些研究並非無懈可擊，許多地方仍然需要再檢驗，以求得最肯定的結論，但我認為，現在已經有足夠的證據告訴每一位老師，盡可能依著以下的準則教學，就會提升兒童的學習動機：

- 保證學生的成功：一定要確定學習目標是訂在學生能力所及的範圍內，學習內容的難度要有適當的挑戰性，太難或太容易都會讓學生失去學習動機。

- 老師要能提供學習鷹架：老師要隨時能看到學生的學習是否發生了困難，學生一發生困難，老師就應提供足夠的支持，讓學生能有持續進步。

- 鼓勵學生做努力歸因：要鼓勵學生把成功歸因於適當的努力，把失敗歸因為努力不夠，或是努力的方法不對（例如，用了錯誤的策略）。這個方法對成績好的和成績弱的學生一樣重要，好學生若將成功歸因於「我能力好」，他是在建構一個「我不必再更努力」的個人神話；成績弱的學生若將失敗歸因於「我能力差」，因為能力是無法改變的，他們就不會想要以「多努力」來改變現狀。

- 鼓勵智力增長論：讓學生相信，智力不是天生、固定的，智力是一直都在改變的。聰明人會因為學得更多而變得更聰明，他們學著使用聰明人使用的策略，他們深度地去了解自然科、社會科和讀寫課程中的重要概念。只要一個人相信智力增長論，他就有理由比那些相信智力本質論的同儕更為努力。

- 失敗是自然現象：鼓勵學生把失敗看成是學習過程中必然發生的自然現象，千萬別讓學生認為失敗等同於低能力。要鼓勵學生把失敗當成「以

後我要更努力」的記號，老師也可以利用學生的失敗來判斷何時及如何提供學生學習的鷹架。

- 要設法讓學生有成功的機會：讓學生覺得，現在很困難的材料，不久之後就會學會了。如果一年級的學生解碼的學習持續發生困難，這會讓他們備受挫折。老師要設法以不同的方式教會學生解碼，並且好好利用一年級學生永不放棄努力的特質。持續性失敗導致的學習停滯，會讓學生動機低落；無論如何，都要預防學生持續地失敗下去。

- 不要鼓勵學生間的競爭：鼓勵學生競爭沒有提升學習動機的效果，反而會斲喪學生的學習動機。在競爭激烈的班級裡，覺得自己是失敗的人，多於覺得自己是成功的人。與其鼓勵競爭，倒不如增強學生「贏過自己」，老師要不停地強調「比以前的自己進步」才是最重要的。

- 鼓勵學生在讀寫上的互助合作和互動：當學生談到書本時，彼此會傳遞什麼值得一讀或什麼地方有趣的訊息，學生可彼此提供鷹架。當學生進行配對閱讀時，碰到難字就會互相幫忙。在學習社群中，兒童們互助合作，有助於把概念性的知識發展得更完全。

- 對學生主動的讀寫活動，不要玩加分的遊戲：如果學生已經有了內在動機去讀，師長再給予人工化的酬償增強他們本來就喜歡做的事，他們對閱讀的內在動機反而可能減弱。一般而言，愈鼓勵學生為分數而努力，學生的內在動機會愈形低落。

- 讓學生可以接觸多元、有趣的書籍：對學生來說，教室裡的圖書角是一個非常重要的閱讀材料來源，學校要盡可能充實班級裡的圖書，以確保學生容易取得他們想看的書籍。

- 盡可能讓學生自己選書及決定學習內容：允許學生選擇自己想看的書，甚至允許學生選擇教學中的焦點主題，教導學生如何在感興趣的領域選書。

- 整合讀寫教學和學科內容教學：這樣的整合可以讓學生清楚，他們正在學習的讀寫技能在學習自然或社會科時非常重要。

- 看重深度重於廣度：要形成學習社群，每學年都選幾個特別能激發學習動機的主題做為當年的學習焦點。

其實前面幾章我們已經談過類似的概念，為什麼呢？回頭再看第 8、9 章關於傑出優良教師的討論，這些優良老師也都擅於激發學生的學習動機，因為他們在教學中運用了許多本章提到的點子。

　　回顧學生動機的相關研究，我們發現，並無證據顯示，有哪一種特定、單一的機制會比其他的機制更能有效提升學習動機。全語言支持者宣稱，學生在閱讀時因持續遭遇挫折而動機滑落，因此，文學提升閱讀動機的力量必須被考慮。但這是不是說，學習認字有困難的學生，如果在教室裡提供文學作品，他們的閱讀動機就可以維持呢？我懷疑這樣的說法。當學生能成功地讀寫時，全語言的主張才會有比較好的機會提升兒童的閱讀動機，這也就是我們主張平衡式教學的理由之一。對個人來說，最能提升動機的，還是閱讀有趣和難度適當的閱讀材料之後所帶來的成功經驗。

# 結論

1. 一般而論，從入學到高中畢業，兒童的學業動機是逐年下降的，對閱讀的熱情及興趣，也隨著學業動機的下滑而低落。

2. 許多心理發展的變項會影響動機的滑落，包括不同年齡學生對失敗的不同反應：孩子年紀愈小，愈傾向於將失敗歸因於努力不足，而非歸因於能力不足。年紀愈大，愈會把自己和別人比較，這就會讓遭遇困難的兒童動機下降。

3. 學校的結構性因素也會造成「年級愈高，動機愈低」的現象，最明顯的是年級愈高，同儕間的競爭變大，這會造成學習動機的下降。

4. 研究指出，有許多不同的機制對學生的動機有正向的影響。首先是訓練學生對成功及失敗的經驗做努力歸因，而不要做能力歸因。全語言法偏好的策略，如選擇及閱讀傑出的文學作品，似乎可以提升學生的閱讀動機（但全語言法有許多方面都值得學習，這只是其中一項，雖然全語言法對解碼的觀點並不正確）。學習社群導向式的教學可以增加概念式理解的深度，這可以提升兒童的學業動機。

5. 過去的二十年間，學界對兒童學業動機的了解有相當大的進展。期待這方面的努力可以持續下去，而且其研究結果能應用在學校改造上。嚴肅

地看待這個問題，本章討論的研究發現，可能對全國學校有天翻地覆的影響，例如因為競爭會降低兒童的內在動機，如果我們認真看待這些研究結果，取消學業競爭及分數競爭的制度，想想看，這會有什麼衍生性的影響。

6. 平衡教學中的解碼技巧教學增加了學生閱讀成功的機會，這對提升閱讀動機大有助益。全語言法的提倡者在增加兒童閱讀材料的多樣性上已經做了許多努力，這和他們動機提升的一貫作為一致，平衡取向的教學則運用了多重提升動機的機制。在最成功的個案中，孩子們感受到成功的經驗，並且有動機努力去嘗試。他們只要試著去讀，他們會發現這些書太棒太有趣了，書本的難度是他們能力所及的範圍，因為他們已經學會了閱讀解碼的技能。從這個角度看，平衡取向的教學比起全語言或強調技巧的教學，更有提升兒童閱讀動機的效果。第 8 章裡，我們談到傑出教學，其特色之一就是學生高度的投入和動機，這些特色在平衡式閱讀教學裡特別容易出現。

7. 有些像南西這樣的專家老師能夠成功地讓班級裡滿溢學習動機，而且值得注意的是，專家老師們絕對不會做出可能斲喪兒童努力的教學行為。藉著南西老師的例子，本書只想讓老師們從南西的個案得到一個靈感，要提升學生對讀寫的投入有太多的辦法可用。在南西班上觀察的每一個小時，我們都有信心宣稱，每一位小朋友都有豐富的學習，每一位小朋友也喜愛學習，有效能的讀寫教師是備受學生愛戴的老師，他們幫助學生充分實踐、發展生命潛能，也因此在教室裡得以安身立命。

有效的讀寫教學：平衡取向教學

Reading Instruction That Works:
The Case for Balanced Teaching

3
3
2

# 12 總結性迴響
## ……因為時間的關係

這本書總歸一個重點，就是採取平衡式的讀寫教育——也就是在全語言和聲韻解碼技巧教學中間找到一個平衡點——應該會比完全只有閱讀和寫作，或是完全只用解碼技巧的教學更可靠。本書以大量篇幅談論有效的閱讀歷程必須兼顧認字能力及閱讀理解策略的使用。而有效能策略的使用取決於讀者的先備知識，包括經由過去的閱讀累積起來的知識。當然，我並不是唯一一個將這個議題提出來討論的人！

## 三份國家級的報告

自從本書初版發行後，聯邦政府發表了三份重要的研究，目的都在提供證據本位的閱讀教學實務，而這些研究的結論也補足了本書的不足，只是沒有像我一樣那麼強調平衡式的教學。

### 國家研究委員會之研究

國家研究委員會發表之《預防幼兒的閱讀困難》（Snow, Burns, & Griffin, 1998）由委員會中的學者們共同完成，這些學者之前都做過許多優秀的閱讀相關研究（例如，語言發展、寫作及讀寫能力）。Snow 等人（1998）的書就是一份這樣的研究，作者們廣泛閱讀文獻，寫出共識，報告出哪些閱讀教學實務是有實證研究支持的。因為委員會中有七位學者曾

經對語音、字母及詞彙層次的閱讀能力有特別深入的了解，無怪乎 Snow 等人（1998）會大力主張這些能力在閱讀教學的重要性。或許本書第一版之所以如此成功的原因之一，是因為它和 Snow 等人在 1998 年春天的著作同時發行。許多看了 Snow 等人（1998）著作的人，都抱怨它太偏重技巧教學，讓人忍不住想參考其他的意見。

## /國家閱讀小組之研究/

一開始，國家閱讀小組（National Reading Panel, 2000）就決定他們的研究方法要和 Snow 等人（1998）有所區別，他們事先限定範圍，之所以限定範圍是因為論述有關早期閱讀教學的實證研究多到不可勝數。研究小組因此決定只探討下列幾項教學主題：字母學（alphabetics；即音素覺識教學、自然發音教學）、流暢性、理解力（即詞彙教學、文章理解教學、教師養成及理解策略教學）、教師培訓和閱讀教學，以及電腦科技和閱讀教學等議題。研究小組也將重心放在真實驗及準實驗[1]（true experiments and quasi-experiments）研究上，並以此回應國會的要求，因為國會希望研究小組能採取最嚴謹的研究方法。為了用後設分析法[2]來歸納出結論，研究人員傾向利用研究整合策略，也就是必須在同一主題上進行實驗和／或準實驗的比較。這個方法可以得到跨研究的平均效果值。簡言之，研究小組控制了研究範圍，只針對特定的主題蒐集各家實驗和／或準實驗的結果，分析後做出判斷。

研究小組最後根據文獻提出了非常有力的結論，其中幾項最重要的臚列如下：

- 音素覺識教學對早期閱讀（例如，詞彙閱讀、閱讀理解力）及拼字能力非常有效。研究小組的結論是，音素覺識教學對於一年級生、幼稚園以及有閱讀障礙的高年級學生都有顯著成效。
- 系統化的自然發音教學能提升閱讀及拼字，對閱讀理解也有成效，但成

---

1 譯註：這兩種研究設計最能控制無關的變項，是所有研究設計中唯一能得到變項間因果結論的設計。

2 譯註：後設分析（meta-analysis）方法蒐集聚焦在相同變項的不同研究，並將結果整合在一起，看出變項間的關係來。

效不如閱讀及拼字。雖然Chall（1967）曾說過，綜合式語音法（即直接教導學生將字母轉為聲音，再將聲音結合起來）比其他任何系統化自然發音教學更為有效，但研究小組的報告並未提出具體的統計數字說明綜合式語音法優於其他自然發音教學。

- 引導式的口頭閱讀（教師聽學生朗讀，必要時提供指導）及重複閱讀能增加小學階段的閱讀流暢性。
- 許多不同的字彙教學法都有其成效，更對閱讀理解有正面的影響。
- 理解策略教學能改善理解力，有許多策略都能提升對文本的理解，包括教導學生對「正在理解」的自我覺察，或處理閱讀時產生的迷思的方式（例如，藉著重讀來解決問題）；利用圖像及語意組織表徵文本；教導學生在閱讀時多注意故事結構（例如，「人」、「事」、「時」、「地」、「原因」等訊息）；在閱讀過程中的自問自答，及做總結摘要等。國家閱讀小組特別推薦教導學生使用一些有效的閱讀策略（例如，預測接下來的文本內容、澄清閱讀時的疑惑、提問、建構表徵文本的圖像，以及總結摘要）。國家閱讀小組也很贊成兩種強調直接說明的教學法（Duffy et al., 1987）——第一種由教師示範及講解開始，接著教師提供鷹架，幫助學生練習策略；第二種是交流式策略教學（即強調教師與學生、學生與學生之間的討論，以及策略練習時對文本的解讀；Brown, Pressley, Van Meter, & Schuder, 1996; Pressley, El-Dinary et al., 1992）。
- 雖然哪些方法最為有效還有待更多研究來證實，但現職的教師可以改變閱讀教學的方法，提升學生的成就。
- 電腦科技對於改善早期閱讀的成效，在認字能力、字彙量及增進理解力等方面的提升皆有相當大的潛能。

總而言之，該研究小組認為，技巧教學得到較多研究的支持——要以教學來協助學生發展音素覺識、自然發音能力、詞彙知識及理解策略。雖然閱讀研究小組還提出一些關於教師發展和電腦閱讀教學等值得信賴的建議，然而對這些主題所做出的研究卻有資料較不完整、不足、缺乏有力證據的缺失。閱讀小組的報告中指出，有大量科學證據支持閱讀技巧的教學。其實還有後設訊息（metamessage）指出，沒有什麼比教導單獨的技巧更恰

當的了。因此，即使是有關高層次的理解能力，小組仍強調許多教導個別策略的研究。他們討論到，熟練的讀者閱讀艱深文本時，會使用整套複雜的策略歷程（Pressley & Afflerbach, 1995），但他們再次強調，只有非常少數的研究提出令人信服的數據。

## RAND 的理解力研究

美國教育部任命一群專精理解力領域的學者成立RAND閱讀研究小組（RAND Reading Study Group），他們交出一本叫《為理解而閱讀：閱讀理解的研究發展計畫》的報告（RAND Reading Study Group, 2001）。這可是一大傑作，把閱讀理解教學、師資培育以及閱讀理解評量等相關研究做了整理討論，告訴讀者哪些東西是已知的，哪些還需要進一步研究。舉例來說，如何透過教學加強理解力呢？本報告包括流暢性、理解策略教學、詞彙教學、課程連結、不同文體理解教學的表徵、學習動機，還有教師如何利用各種明確的教學方式來發展學生的理解力。現在的學校有一個通病，就是理解教學的時間幾乎都不夠。因此，除了像一般研究那樣說明理解教學的基本概念之外，RAND 小組鼓勵大家多運用現行課程的材料進行理解教學，對弱讀者理解教學尤然。研究者特別關心如何在已經滿檔的課程中再加強理解教學，尤其是針對低成就的學生。RAND 小組指出，教師必須更了解如何利用評量來帶動理解教學。英語為第二語言學生的理解教學是另一個備受RAND看重的議題，RAND特別指出需要更多的研究來提升他們的閱讀理解。簡而言之，在關於理解力教學的諸多議題上，RAND 小組提供了很大的討論空間，我認為這份研究是所有K-12 的教師們都必須研讀的，它對整個 K-12 閱讀能力的發展都有非常完整的闡述。

## 總結性評估

讀過 Snow 等人（1998）和國家閱讀小組（National Reading Panel, 2000）的報告之後，我第一個反應就是覺得它們到目前為止的可信度很高。例如，它們歸納出來的大部分結論在本書的第一版就都有提到，而且大部分的發現都是致力研究閱讀教學的人完全認同的事實。不過即使這些研究的可信度很高，個人仍然覺得它們在閱讀教學上的考量觀點太過狹隘，尤

有效的讀寫教學：平衡取向教學

*Reading Instruction That Works: The Case For Balanced Teaching*

3
3
6

其是國家閱讀小組的報告。其實在該小組裡，至少有一個人發聲，主張要有更寬廣的概念——她就是在奧瑞岡執教的 Joanne Yatvin。後來該報告接納她的想法，指出小組未能涵蓋許多教學議題，這些議題是早就應該在研究兒童閱讀教學的資料中討論，但小組卻未曾思考到。

國家閱讀小組只願意參考實驗及準實驗的相關數據，但本書所呈現的許多資料是該小組當納入而未納入的。例如，研究者能教導家庭透過和兒童的互動完成讀寫的任務，這份比較性的研究就令我印象深刻（Jordan, Snow, & Porche, 2000; Morrow & Young, 1997）。還有另一些很棒的研究，說明志工的個別指導也能帶來不同的教學效果（Baker, Gersten, & Keating, 2000; Elbaum, Vaughn, Hughes, & Moody, 2000; Fitzgerald, 2001; Invernizzi, Juel, & Rosemary, 1997; Wasik, 1998）。因為有充足的實驗及準實驗資料支持全語言對讀寫能力確實有正面的影響（例如，Dahl & Freppon, 1995），而且全語言教學在國小非常普遍，因此，本書也對全語言的相關研究做一些整理分析。簡言之，雖然許多平衡式教學的原理都是經過實證方法檢驗，但還是被國家閱讀小組（National Reading Panel, 2000）忽略掉。雖然 Snow 等人（1998）的報告內容較為寬廣，但仍僅止於個別成分效能的評論，其他的一概不碰。如同本書對安迪、碧琪和南西三位專家教師的教學描述（見第 8 和第 11 章），我們見到平衡式教學乃是各種教學成分的協奏交響樂。而在美國政府委託的這類研究報告，卻對這種綜合式教學極少著墨。在完成本書第一版以及觀察數百次平衡式教學的十年後，我堅信透過思考教學的每項組成元素，以及專家級的教師安迪、碧琪和南西是如何將這些元素組織起來，平衡式教學才能為人所了解。然而，國家閱讀小組的研究卻完全沒有提及這些聲音，以及這麼優秀的教師的教學，這是讓我感到非常遺憾的地方。

我並不是說國家閱讀小組的研究對教學完全沒有貢獻。事實上，它的觀點對推廣「不放棄任何一個孩子」法案（2002）中的閱讀優先政策非常有幫助。這項政策大大刺激幼稚園到三年級間的技巧教學，強調音素覺識、自然發音法、流暢性、字彙發展以及理解策略（Pressley, Duke, & Boling, 2004）。然而，這項法案本來應該能夠造福更多兒童，只是小組希望他們能夠有更充足完整的證據，來為小學閱讀教學做準備。

從平衡式及未來發展的觀點來看，RAND閱讀研究小組（RAND Reading Study Group, 2001）的報告無疑是最令人印象深刻的國家級研究。其他兩份研究報告則是以已經廣為人知的內容為主。而RAND的研究則闡述較多我們還需要了解的議題，所以它對教育者及研究者都有相當的啟發與知識性。也就是說，我很少看到有什麼研究可以造成如此大的影響。我在此推薦各位教師及準教師們去閱讀RAND的研究並將之付諸實行。

# 三種初始閱讀及早期閱讀教學的模式

本書討論了三種教學模式，現在在各地的學校都繼續推行。

## /技巧導向模式/

根據技巧導向的教學法，閱讀必須先發展出特定的某些能力。因為有些能力是其他能力的先備條件，所以不同的年級／年紀也有不同的發展及教學重點。

在學前階段，或最晚在幼稚園到一年級時，兒童應該要會分辨不同的字母、認識字母的名字，以及字母與語音的關係。兒童也應該要知道，詞彙是由語音合成的，這種音素覺識非常依賴經驗，教學裡要強調詞彙由哪些語音組成，這些語音可以怎樣操弄、拼音。沒有音素覺識，就很難教導學生字母及語音的對應關係，小朋友也弄不懂字母如何拼成詞彙的道理（也就是解碼教學的目的將不明確）。

首先，要學會字母及語音的對應和結合，兒童需要花很大的工夫，而且需要協助。大量練習後，兒童慢慢能把看字讀音的歷程自動化。此外，學生能夠將經常遇到的字母組合自動轉為組塊。當熟悉的組塊又在不熟悉詞彙中出現時，就能成為發音及拼合（blending）的主要基礎。當兒童再遇到原先不熟悉的詞彙時，把整個詞彙當成一個辨識單位的自動化處理就逐漸出現。到完全自動化時，認字過程只需要耗用極少的認知資源，甚至不費吹灰之力。

當認字所需花用的力氣減少了，就能把認知空間釋放出來用於閱讀理解。也就是說，解碼和理解共用有限的注意力空間——5 ± 2 單位的短期

記憶空間。當學生奮力解碼時，所有的短期記憶空間都被用來辨認詞彙，而撥給理解的空間所剩無幾，這就是造成理解力低下的原因（LaBerge & Samuels, 1974）。

當學生已經能夠自動認出詞彙，詞彙的意義提取也隨之自動化。心理學家曾用一種方法證實這件事，就是史楚普效應（Stroop effect）的研究。我九歲的孩子 Tim，四年級時的自然科學作業就講到了這個效應。Tim 讓他的朋友和一些年齡更幼小的小朋友看一些關於色彩的詞彙──藍色、紅色、綠色、黃色、黑色、紫色、橙色和棕色。每個詞彙都用相應顏色的墨水印刷在同一張紙上（也就是「藍色」就用藍色墨水印刷，「紅色」就用紅色墨水印刷）。另一張紙上，每個字都用不相應的顏色印刷（例如，「藍色」用紅色墨水印刷，而「紅色」用藍色墨水印刷）。他朋友的任務不是要念出那個詞彙，而只要依序念出墨水的顏色。和 Stroop 的結果相同，要念出和字母所代表顏色不同的墨水，對他那些四、五年級的朋友來說非常困難；相反地，幼稚園及一年級的學生則毫不費勁，不管那個詞彙的意思是什麼。怎麼會這樣？四、五年級的學生已經如此自動化地閱讀那些詞彙，所以也直接接收了這些詞彙的意思，即使他們被要求的是「念出墨水的顏色」，而不是「念出卡片上的詞彙」。高年級對詞彙閱讀的自動化程度及意義的提取，也影響到他們被要求說出的墨水顏色。能夠熟練地閱讀詞彙，肯定也會影響理解力。除了史楚普任務這種例外的情況，自動化的理解通常都能改善閱讀的表現。

然而，理解可不單單只有詞彙層次的處理而已。例如，各派學者都在探討詞彙層次以上的理解是如何發生，又該如何促進（例如，Lorch & van den Broek, 1997; Pressley, 1997）。優讀者能一字一字地處理文本裡的細節，但在建構文本的主要概念時又不會受限（例如，Kintsch & van Dijk, 1978）。優讀者能非常積極地建構文本的意義，他們會選擇性地吸收文本各方面資訊，能夠對其加以闡述，記住文本中可能是重點的部分，並對文本中的構想做出情緒上的回應。

如同之前所討論的，有許多科學性的評量證據支持解碼技巧的教學。尤其是針對促進讀寫能力及音素覺識能力的教學方法，已被證實對閱讀能力有長期的影響。還有，能幫助兒童讀出字音的解碼教學，以及讓兒童學

會組字規則以加強認字能力的教學，都被證實是有效的。閱讀理解教學鼓勵學生更積極地運用策略，的確也能改善學生的理解力（例如，Pressley, El-Dinary, et al., 1992）。

．．．

雖然實證研究一再指出，技巧導向的教學法可以幫助兒童發展出良好的閱讀能力，但是，技巧導向的教學法並不怎麼吸引教育家。它似乎有點機械化，也有點化約主義（reductionistic），當老師遇見資質優秀的學生時，尤其如此。有些學生雖然還不會拼音，但已經想要開始寫字；有些雖然認字不多卻迷上故事書；有些學生甚至已經具備相當複雜的語言能力。這時如果教學法過度強調技巧練習，加上教室裡用的是坊間出版、非常強調技巧的教科書，每天都有學習單要寫，則學習會更顯得制式化與無趣。有一些狂熱份子堅持一年級的閱讀一定要用自然發音法。這樣的老師只是表現出他不懂如何運用文學來發展兒童的讀寫能力與對閱讀的熱忱。還有，這群老師假設，只要兒童學會用自然發音法來解碼，所有的閱讀問題就都迎刃而解。對他們來說，學習閱讀唯一的瓶頸就在解碼這道關卡。

技巧導向教學失敗的原因，不是因為技巧不重要，而是因為技巧，特別是解碼技巧，只是技巧導向教學信念的核心，而不是讀寫能力的全部。技巧導向的教學模式是一種不完整的讀寫發展模式，連實際負責美國小學的人——小學教師，都不認為這有比他們在推行的全語言更重要。

## /全語言模式/

除了技巧導向的教學外，還有全語言教學。它主張只強調發展特定閱讀技巧的教學法，基本上就是錯誤的。會讀寫的人都能閱讀整個文本，有時也能寫出整個文本。而全語言的觀念是，如果你希望你的孩子能閱讀文章，你就要讓他讀；如果你要你的孩子成為作家，就要讓他們寫。整體性的閱讀和寫作會促進兒童對閱讀本質及目的之深層了解；也會讓他們明瞭字母及詞彙層次的處理歷程，能在真實的讀寫活動中得到發展，這是很重要的。

近年來，主張全語言的人已經承認，技巧是需要被教的，只是得要在情境中教。換句話說，老師應該教導兒童一些他或她可能在全整性閱讀及寫作中需要用到的特定技巧。因此，如果老師注意到某位學生對複數形感

到困難（例如，以西班牙語為母語的學生學英文時，會發現英文的複數比西班牙語複雜許多），這時就需要老師直接說明複數形的文法。在這種教學情境下實施就很自然，而經過教學後，在閱讀及寫作方面的成效則顯示出學習複數形的重要性。

　　全語言的前提信念是，學生有強大的語言學習能力。兒童在沒有直接教學的情形下，直接浸淫在言談的世界裡即可學習說話，就是這個信念的明證。同樣的，全語言論者也假設學生只要浸淫在讀寫經驗中，自然就學會閱讀和寫作。然而，這套信念最大的錯誤在於──學習讀寫和學習說話不盡相同；人類還沒有進化到能夠光靠浸淫在讀寫經驗中就能學會閱讀和寫作。

　　除了理念上的不足之外，全語言也還未能如其他教學模式，例如，技巧導向模式一樣，得到那麼多實證證據的支持。我想有以下幾個原因：

1. 有很多研究的結果和全語言教學的基本假設不符，例如，全語言論者認為應鼓勵兒童靠前後文線索去猜出字詞來，但研究指出只有弱讀者才會依靠這種解碼方法。
2. 能夠證實全語言有效的研究，數量還不夠，或許是因為全語言派的人不喜歡對全語言進行科學的研究吧。
3. 雖然有研究指出，全語言對讀寫能力某些方面的發展有正面的效果，但全語言似乎不像其他教學法一樣在解碼能力上有適當的成效。這是很重要的問題，因為在目前的政治氛圍中，解碼能力似乎逐漸被強調成關鍵的讀寫能力。

　　如果說全語言和技巧導向教學的爭辯沒什麼貢獻，它們至少刺激了很多實證研究，探討解碼對成熟讀寫能力發展的重要性。然而，在許多方面全語言還是有它的吸引力。它極端地以兒童為中心，而且，強調讓兒童在真實情境中自然發展，這種教育模式歷史悠久。但是，它入門的明細清單實在太不明確，以至於很多老師無法了解，怎樣才能成為一位全語言的教師。但是，在許多符合全語言哲學的教學活動書籍出版後，這種情況已有改善。但是即便隨意瀏覽那些資料，就會發現優良的全語言環境對老師有很高的要求：傑出的全語言教師必須對文學、寫作歷程非常了解，而且要

密切地監控學生的表現，才能知道學生需要發展哪些能力，這樣才能幫助學生在閱讀及寫作上更上一層樓。

因為支持全語言的的實證研究不多，即使有，也沒有受到注意。這也難怪會不斷受到政策決定者的質疑，而使用全語言的教師就會面臨行政方面的阻力。因為接受全語言教學的學生，詞彙層次的解碼能力並不會突飛猛進，而此方面正是父母所極度關心的，對很多父母來說，閱讀就是會認字！

基本上，全語言模式的缺點和技巧導向教學一樣：它只是一種不完整的讀寫能力發展歷程的模式，尤其是關於學習語音、字母以及詞彙層次方面的部分，說明非常不完整。

## 平衡式教學模式

其實全語言有很多吸引人之處，也有很多地方讓我們在直覺上就覺得應該如此。然而，很多教師發現，如果先讓孩子們具備文字解碼的能力，再讓他們浸淫在書海裡是非常有益的。這些教師也相信，如果能先讓孩子學會一些技巧（例如，拼字）來增強他們以文字描繪創意及想像力的能力，則寫作本身會對孩子更有獎賞的效果。在我自己和最要好的同事所做的研究中，閱讀及寫作能力發展最好的班級，通常都學會最多的技巧，而且教師都會給予極多的支持，讓兒童將他們正在學習的技巧用在閱讀優良讀物或寫作時。

# 讀寫能力的發展

本章後面的附錄整理了本書提及的內容，列出各年齡階段及該階段應有的讀寫發展。其中很多都是要成為一個高度熟練的讀者所必須發展的能力，包括在積極且有選擇性地處理文章時，也能以超高效率處理個別的詞彙。

早在兒童入學之前，讀寫能力就已經開始發展了。人們在過去的數十年間，對早期讀寫能力的發展有了更多的了解。關於小學的課程教學（也就是本書的重點），我們已經知道直接解碼教學和理解策略教學的價值，

也知道真實的閱讀經驗和每日作文的好處。最重要的發現都整理在附錄中了，包含小學畢業之後讀寫能力會如何發展。我們要提醒大家的是，讀寫能力的發展可不侷限於兒童時期，而是一輩子的事。

從附錄中發展進程的複雜程度，我們知道簡化的讀寫能力及發展模式是行不通的——不管這些模式是全語言陣營，或強調技巧陣營出發的。然而，許多簡化版的閱讀教學模式眾聲喧嘩，但這是很不對的，其中十個最讓人不舒服的誤解將在稍後談到。

## /必要的研究/

有效的國小讀寫教學還有待許多實證研究的檢驗，最近學術界對讀寫教學的研究突飛猛進，只要研究人員能持續了解最新的發現，這些進展讓我們對未來基礎讀寫教學的研究進展更有信心。

總是有人會根據前人的研究不斷修正，再進一步探討。然而，本節重點並不在此，而是要花點篇幅談談我們還期待見到哪些大方向的、關於閱讀教育和熟練性閱讀發展的研究。

## /更多有效能平衡式教學的描述性研究/

有很多在實驗室環境中完成的實驗研究，說明了如何去發展技巧，而熱衷於技巧教學的人，其實也提供了這樣的資料。很多全語言的教師寫了不少佳作，指出讀本種類及寫作經驗，而全語言的熱衷者也寫了不少這樣的傑作。然而，如果你想了解技巧教學和全語言間複雜的連結，就得從觀察優良的平衡式教學開始。

描述性研究並不像社會科學研究那樣，針對原定的假設找出因果關係。然而，更積極地說，將教育研究轉變為質性研究法，讓近來的描述性研究更蓬勃發展。我認為一個人多完成幾份描述性研究，是一件很好的事，因為做這種研究能拓寬研究者對小學讀寫教育的認識。儘管如此，我們還是需要更多明確的結論，以及對這些結論歸納的測試。那麼，我們就需要將這些觀察研究進行對比分析——也就是說，將平衡式教學的評估和其他教學方法的評估做比較。

平衡式教學比技巧教學和全語言教學都複雜得多，所以也需要更複雜

的方法來評估與說明。也就是說,未來科學的研究不只是讓科學家明白它的內容而已,最好的研究還要讓實踐者了解;為了達成這個目的,詳細的描述說明絕對是必要的。人們透過獨特具體的實例(即個案)來學習,其成效通常比抽象的敘述來得好。

## /師資培育的研究/

教師訓練的研究方面還需要投入更充足的資源,才能幫助更多教師成為平衡式讀寫教學的優良執教者。按理來說,這樣的教師應該要對兒童文學有深入的了解,要對美語的語言結構及字彙瞭若指掌,還要知道鷹架構成的認知教學模式,以及最有效的寫作歷程(例如,Harris & Graham, 1994)。教師必須學習如何在學生學習閱讀和寫作的過程中,對各種現象加以解釋。這需要的是不斷密集監控學生的讀寫過程,並對閱讀及寫作本身有全盤的了解,才能知道要如何在學生嘗試完成任務時給予鼓勵。

Pamela B. El-Dinary 和我(例如,Pressley & El-Dinary, 1997; 亦見 Deshler & Schumaker, 1993; Klingner, Vaughn, Arguelles, Hughes, & Leftwich, 2004; Klingner, Vaughn, Hughes, & Arguelles, 1999)發現,對教師而言,要成為平衡式理解力教學的教師是一件非常具有挑戰性的任務。如果學生要學會解碼及理解的技巧並用於真實的閱讀及寫作的話,每個步驟就必須要有複雜的銜接。當平衡式教學在進行的時候,研究人員必須對這種教學本身的挑戰性有非常敏銳的感覺,才能在研究中描述教師是如何克服困難才完成有效的教學,並將此做為研究的重點成果。

在我看來,那些大專院校的教授們在告訴年輕人要怎麼成為一名教師時,應該自己先在國小待一段時間。因為我自己這麼做過,我現在才能一眼看出哪幾位大學教授是腳踏實地的專家,哪幾位不是。如果你想影響國小的教學,卻又不肯花時間到國小去,那麼看了再多的參考書籍也無濟於事。現在有非常有效的觀察方法,有助於學者們了解諸如國小教室這般複雜環境的本質。這是一些長年待在教室裡的人所發展出來的研究方法,所以才值得學界重視。若不是過去十五年間花了數百個日子在小學觀察小學上課的情形,我也不會有這麼多心得可以寫這本書。

我的研究清楚地讓我們知道,要成為一位有效能的讀寫教師確實不容

易，而現在該是時候了，我們得好好評估，除了現行的師培，有沒有別的辦法可以促成良師的養成。

## 縱貫研究

作為一位發展心理學家，我相信兒童發展的縱貫研究（longitudinal research）非常重要，我相信針對兒童進行多年的長期追蹤，一定可以得到許多重要的發現。從以前到現在，已經有不少讀寫發展的縱貫研究，但不幸的是，這些研究經常未能提供完整的發展描述，也無法解釋為什麼兒童間存在著個別差異，這讓人對兒童讀寫發展的研究沒什麼信心。現在有一些研究，想針對四歲及五歲的兒童做一些音素覺識的量化指標，用來預測小學生標準化成就測驗的成績。讀完這份研究後，我發現自己好像從來沒有這麼了解過這些兒童。然而，當有人進行更詳細的研究後（例如，Snow, Barnes, Chandler, Goodman, & Hemphill, 1991），則浮現出一個重要議題，為什麼隨著學生年齡漸長、能力漸強後，學校的影響愈來愈重要（高危險學生的家庭比較能提供低年級的閱讀技巧協助，較高年級的材料，家人就幫不上忙了）。Snow 和她同事（1991）的研究活生生地、具體地指出，隨著兒童年級的成長，其所接受的教學品質會產生不連貫的現象，Snow 等人也指出有這種現象可能造成什麼樣的結果（Pressley & Palmer, 1992）。

這樣的研究至關重要，因為美國學生的確在課程裡感受到這樣的不連貫。如果學生在一年級時的導師推行全語言，然而隔年的導師卻偏好技巧教學，這樣的教學可能會導致澈底失敗，但如果他們接受的是以平衡式教學為主的環境，年級與年級間的教學可能更有連貫性。我相信這個可能性值得探討，更重要的是，學年之間在讀寫教學上的連貫性也應該接受評估。

## 用什麼語言教導讀寫？

美國有幾項重點議題至今仍爭論不休，例如，若兒童的母語不是英語，學校該不該用孩子的母語來教英文？這個問題應該能夠在控制良好的環境下接受科學的評估與對比分析，而的確也有人這麼做了（例如，Carlisle & Beeman, 2000）。答案似乎是肯定的，兒童的母語如果不是英語，則以其母語進行英文讀寫教學，其成效優於使用英語來教讀寫教學。於是我開始

思考，美國有一種讀寫教育的作法極為失衡，就是完全摒除其他語言，只以英語來進行讀寫教學。如果教學能夠結合各種語言，應該是一件非常美好的事情——舉例來說，老師可以用兒童的母語擴充其詞彙知識（Cunningham & Graham, 2000）。可以確定的是，當某些地方的學校提供多達九十種不同母語的教學時，就有必要好好思考，用哪一種語言來進行讀寫教學會不會帶來什麼不同。其實很容易想像這個畫面，用數種語言進行整體性閱讀和寫作，能有助於學生迅速了解，如何在愈來愈多語言的世界達到理解的目的並增廣見聞。

平衡式教學的下一個研究領域，是去了解如何同時進行兩種語言的讀寫教學（Slavin & Cheung, 2005）。身為一個加拿大的長期居民，我想起我有很多學生都在魁北克省長大，而他們就都是在兩種語言的環境中學習。這些學生讓我相信，教學至少可以在兩種語言間取得平衡。

## /將國小的閱讀教學原則延伸至國中及高中/

讀完這本書，任何人都會由衷讚嘆過去這二十年來，我們在學前及小學階段的讀寫能力發展上有著如此巨大的斬獲。然而，和國小高年級、國中以及高中以上的課程相比，我們注重幼童讀寫發展的程度也很驚人。這個現象必須改變，因為很多國、高中的學生也都需要接受閱讀教育。

我的研究主要偏重於小學階段，眼看美國很多小學的教育改革都有研究做為決策的基礎，我感到很驕傲。相反地，在中學裡就看不到那麼多改革的跡象，而且就算有改革，也多半不是因為受到研究的啟發，而是教育願景的啟發。而當地小學改革的火熱，也通常不會影響到學區內國中或高中的改革。

在幾所不是根據研究來改革的中學裡，雖然有 Jetton 和 Dole（2004）能夠做為借鏡，但還是有重要的例外。有一些特別的教育家在學習障礙的讀寫教學方面，有發展、驗證及宣導等卓越的貢獻，其中最著名的要屬堪薩斯大學 Donald D. Deshler 和 Jean B. Schumaker（例如，1988, 1993）的研究，他們在這個領域居於理論與實務的領導地位。我算不出聽了多少次中學老師這樣肯定堪薩斯大學的研究：「他們用在學習障礙學生身上的理解及寫作策略，所有中學生也都應該學習。」現在中學階段的讀寫策略教學

研究還算足夠，讓我可以很有信心地說，這些老師的說法的確有道理（見 Deshler, Schumaker, Harris, & Graham, 1998; Wood, Woloshyn, & Willoughby, 1995）。

# 十種不明智且隱含危機的讀寫教學主張

　　關於讀寫教學，有很多人提出了強力的主張，其中有很多是不可靠的。我在這一節裡要提出十種流傳甚廣、但我認為是最不明智而且隱含危機的讀寫教學主張，在 David Letterman 的脫口秀節目中[3]，我列出了這十項內容。當然，我知道可能會有人覺得順序應該要調整，甚至覺得還有其他選項可以列進來，但是，我認為提出這個排行榜——可以稍微提醒讀者這些教學方式的存在——我能有效地檢視，這些對閱讀教學有極大干擾的主張有哪些地方和現有科學證據不符。

10. 各方面都正常的兒童，卻沒辦法學習閱讀，就是生理上出了問題，所以教學才會沒有效用。事實上，導致閱讀能力低落的原因，生理上失讀症的可能性不高，比較可能是缺乏適當的教學。很多學習解碼有障礙的學生，除了正常的課程之外，輔以密集的教學，像是個別指導，就會有所進步。

9. 小學三年級前會學習如何閱讀，之後則可以透過閱讀來學習。即使是三年結束後，解碼能力也還未發展成熟，閱讀的學習之路還很長。而且，關於閱讀理解，還有更多需要學的東西——這是在小學畢業後還要繼續教導閱讀的理由。此外，我們應該強調，在學習閱讀的黃金時期——一至三年級——只要兒童閱讀的是優良讀物，那麼只要在閱讀，就是在學習。

8. 教師如果使用坊間出版的讀寫教材，就會削弱自己的教學技巧。而且，它們也是政府控制社會、經濟及政治立場下的產物。這說法來自熱衷全語言的人士，但這是不正確的。事實上，當教師使用坊間出版的教材時，

---

3 譯註：David Letterman 是美國著名脫口秀「Late Show with David Letterman」的主持人，節目特色是邀請名人列出某個主題的十大排名，以針砭時弊達到娛樂效果。

他們並不會盲從書上的指示，而是挑選可用的素材及活動，應用在自己的讀寫教學中。至於政策部分，有許多無特殊政治立場的人會覺得，教兒童學會讀寫是一件很棒的事！當我看了這些政治陰謀論的說法後，我很驚訝他們的每一項意見都無法讓我認同，其中，還有人認為，我們這些喜歡將直接教學法當作讀寫教學一部分的人，並不承認全語言的優點。因此，這就造成了第 7 點誤解……

7. 全語言對讀寫能力沒有幫助。浸淫於閱讀及寫作的經驗，像是故事的結構性特色，及其他各種形式的作品，能夠增進對閱讀及寫作元素的理解。聆聽及閱讀故事會增加字彙量以及世界知識，而拼字的過程也會增加對語音組成的了解。簡而言之，在全語言環境中的學生，讀寫能力是會增強的。然而，全語言無法達到的功效是字母層次、字母－語音以及認字技巧的突破，也因而導致第 6 點誤解的產生……

6. 藉由浸淫式閱讀和寫作，兒童會漸漸擁有音素覺識，並發現字母與語音之間的關係（自然發音）。如果直接告訴他們這些知識，而不是讓他們自己去發現，是不利的；例如，會削弱學生閱讀的動機。的確，全語言能引導學生學習音素覺識及自然發音法，但如果能有更直接的技巧教學，學習進步的空間就會更大。教學會干擾自然發音一說，是沒有根據的古老說法。的確，說到動機，放任兒童獨自和失敗與挫折搏鬥，很有可能會破壞兒童閱讀的興趣，而這又引發了第 5 點謬論……

5. 如果兒童解碼時遇到了困難，我們只需要等待，等他們成熟一點，自然就會讀了。一年級就落後的兒童，通常會持續落後，不要以為光等就能讓兒童跟上腳步。在兒童早期接觸閱讀就面臨困難時，就要教他們解碼的技巧，才能幫助他們進步。

4. 閱讀遭遇困難的學生若接受短期的加強輔導，就能趕上其他的學生，而教導結束後，這些學生就能繼續和其他同學並駕齊驅。對於學習遇到障礙的同學，持續長期的優良教學，效果一定比短期的成功。如果用醫學來打比方的話，短期的教學就像是預防接種，注射之後，未來的醫療就不會太麻煩。然而，對於閱讀發展有困難的學生，需要的應該是像對慢性病的長期照護。

3. 只要學生閱讀、閱讀、再閱讀，就能成為好的理解者。有充足的證據顯

示，如果教導兒童使用熟練讀者所用的理解歷程，他們就能成為更好的理解者。和音素覺識及認字能力一樣，單單只讓學生浸淫在閱讀裡，無法保證他們會發現這麼複雜的理解策略。

2. 學生應被教導，在認字時，把意義（也就是語意情境）線索放在第一位。
這是一個非常過時、但全語言論者仍堅持著的想法，已經有許多研究證實，優讀者會將音韻、字母組合及詞組的線索放在認字的第一順位。此外，強調念出聲音及類推解碼的教學效果，也比強調語意情境的教學好。這並不表示語意情境線索不重要，它只是在讀者根據聲韻線索正確地解碼之後，可以發揮評估的作用。語意情境線索也能在一詞多義的情況下，用來選擇要用哪個意思來解釋。

1. 技巧教學和全語言教學無法和諧共存。 系統化的技巧教學在過去都有良好的評價，而有許多平衡式讀寫教學的優秀教師在實施系統化技巧教學時，會協助學生將技巧慢慢融入閱讀與寫作中。他們就能證明，在廣泛閱讀文學及寫作的教學環境中也能融入系統化的技巧教學。這麼做能夠改進閱讀能力發展的事實，也顯示出全語言環境中的技巧教學無論如何都不足以滿足學生的需求。

如果剛剛那十個概念能讓大家對教學的對象及教學方法有更清楚的認識，那本書中所詳述的平衡式教學將描繪出一個樂觀的前景，學生們的閱讀也都會比預期更好。當然，本書要強調的一個重點是，揭露美國學校目前很普遍的十大誤解。樂觀一點地說，我希望本書能幫助更多教師、父母及決策者了解，不該再讓這十大誤解影響了我們教育上的決策。

# 平衡式讀寫教學與練習

1995 年 12 月，我參與國家閱讀研討會的一個座談會，這個座談會是由各個派別的讀寫研究者所組成。我則在那天負責一場平衡式閱讀教學的討論。結果那間討論室大爆滿，人群一直排到走廊上。參與的人數如此之多，使得整個討論以及與聽眾間的互動相當特別：你很難不去注意到聽眾的反應，因為人群都已經站到了演講者背後的牆邊，甚至擠到了講台的四

周，還真的有點擠呢！

　　當然，初始閱讀是一定會討論到的內容，而觀眾的反應相當熱烈，畢竟觀眾裡既有全語言的死忠支持者，也有人堅持直接的解碼技巧教學就是初始閱讀教學的首選。主持人想強調不用太執著於極端，應可以在兩者間取得平衡點，但我還是感覺到雙方有逐漸緊繃的情緒，大家可能真的會吵起來。

　　我只是沒辦法直接說出可能會變成導火線的話，但我還是決定表達我的想法。那天參加討論的幾個人，後來要求我把這些評論寫出來，所以我就將那天所報告的重點發表在這裡。

## /對平衡式讀寫教學座談會的評論/

　　「我今天並不是以一位讀寫研究者的身分來到這裡，而只是一位想參選我們家鄉少棒聯盟負責人的候選人。我想參選的原因，是因為我反對少棒聯盟的兩個少年計畫。有的父母和經理認為我們的少年計畫應更強調發展兒童的棒球技巧。他們真的很堅持，甚至還有人認為聯盟不能定期安排比賽。另一方面，則有人主張六到九歲的孩子應以參加棒球比賽為主，因為這就是一個人學習打棒球的方法。現在，我們的計畫比較偏向後者，因此我想說說我對前者的看法。」

　　「我們六到九歲的孩子打了很多場棒球比賽，有些孩子打得真的很好，但是，很不幸的，也有很多人在比賽中的學習停滯不前。如果他們認為一個完整的比賽就能發展兒童的能力（也就是一個六歲的孩子已經知道壘包在哪哩、要往哪個方向跑、該不該擊球），那麼他們對許多基礎上的細節還欠缺理解。你們當中有多少人見識過八歲的孩子不知道他們可以跑超過第一個壘包？我看過幾個九歲的孩子還不會處理外野的滾地球，而應該要揮棒的時候，還有八歲和九歲的孩子不知道要怎麼拿球棒，更不用說他們知道要等投到好球帶的球，才能揮棒。」

　　「我知道有人說，要玩過比賽，兒童才會喜歡這個比賽。然而，我必須老實說，我見過太多小朋友覺得比賽很無聊，因為他們搞不懂他們正在玩的比賽是怎麼一回事。我見過太多小朋友哇哇大哭，因為他們根本搞不清楚他們弄錯或被三振時到底做錯了什麼，他們只知道他們沒有打好。還

有，最後，我很驚訝有那麼多孩子退出少棒隊，而且再也不打棒球，因為他們小時候有不好的經驗。」

「我並不是在偏袒任何一方，打擊、跑步以及實戰練習都很重要。但是，不斷練習棒球卻連一場比賽都不能打，這也沒有用。除非這些孩子真的在比賽中運用這些技巧，否則他們永遠也不了解為什麼要先全力衝刺，將自己完全置身於滾地球前方，或者等待投手投球。我還記得當我在國中的棒球隊時，教練教我們不斷練習各種技巧，但即便如此，我們在比賽時還是潰不成軍。我絕對不會忘記中場休息時，教練大吼：『你為什麼不用我們練習過的那招！』於是我們突然明白那些技巧可以這樣用在比賽中！而如果只是不斷重複練習技巧，是沒有辦法讓兒童學會比賽的。」

「如同你們知道的，我是少數幾個棒球隊的一員，我記得成功的團隊都需練習技巧，通常早在球季前就開始練習，賽前的練習也比賽後的練習多。然而，技巧練習完後就要來場比賽，將球隊分成兩組來比。比賽時，教練要做很多教學，提醒球員要把練習過的技巧用在比賽中。因此，如果在比賽中有人跑壘時沒有衝過一壘的話，教練就有可能說：『還記得我們練習時有跑超過嗎？』一個外野手準備要接滾地球的時候，教練可能會建議：『到球的前面去。』因為有先前的練習，這個指令就有了意義。教練做的這些事就是鷹架作用教學。教練知道這些兒童在技巧教學及練習時並不會完全『了解』，而『了解』建立在應用上。只要在適當的時機稍微暗示他，學生就很有可能『領悟』了。」

「現在，有些『全棒球』的教練和父母要說，這種平衡式訓練的技巧練習會讓兒童覺得無趣到爆。我可不這麼認為。我只知道，我日復一日、經年累月將網球丟向牆壁，藉由接反彈的球，讓自己熟稔攔截到滾地球的技法。我小時候花了多到數不清的時間將東西往上扔，來練習接住飛向外野的高飛球。雖然我聽你們當中有些人說過，練習技巧會干擾兒童學習打真正的棒球。我的回應是：『證據呢？』我認為你應該想不出來，有哪個成功的運動員可以不用做大量的技巧練習。泳將和跑者練習出發和起跑、橄欖球前鋒練習擒抱的假動作、籃球員則是投籃、投籃、再投籃，而大聯盟的棒球員則要花大量的時間在打擊網區，還要花更多時間練習接滾地球跟高飛。如果說技巧練習會干擾到真正比賽的學習，那至少那麼多專業

運動員就顯示不出有這種干擾的存在。」

「我的用意是將平衡式教學法比做我們的少棒計畫，它需要的是技巧教學、練習和比賽，這些練習混合了一些真實的比賽，但真實的比賽是由許多的鷹架作用和指導所組成。我們少棒聯盟的比賽無關輸贏，而是要在興奮和刺激的環境中學會六局的棒球比賽。教練應該要有一本成績冊，但不只記錄得分：它應該記錄球員們達成的技能和缺失，教練往後才能再次檢視，並思考有什麼是需要在未來加強練習的。注意力的焦點在於球員的進步情形，每個兒童都受到不同的幫助，也因為自己的進步而感到驚喜，我認為這才是少棒聯盟應該有的樣子。」

## 平衡式教學法及一般學生建構的知識

我沒有成為少棒聯盟的負責人，但我是一名兒童學習領域的資深研究人員，我曾投入大量時間研究學生認知發展的情形，而我也非常清楚建構主義者（constructivists）的主張都會歸納成一句：「不要教——讓孩子自己發現。」這種教育上的想法其來有自，要追溯到 John Dewey（1933），再來到 Piaget 學派（Inhelder, Sinclair, & Bovet, 1974; Kohlberg & Mayer, 1972），一直到現代所謂激進的建構主義者，包括全語言論者。讓學生自己發現的教學，並不能造成快速明確的認知發展，這個說法也淵遠流長（例如，Schauble, 1990），至少不會像透過教學那樣快速明確（Brainerd, 1978; Mayer, 2004; Shulman & Keislar, 1966; Wittrock, 1966）。

在第 11 章中，我曾舉一個例子，說明當教學能配合學生的能力時，學生成績進步就是最好的證明。不管教師使用什麼教學方法，都應符合學生的能力——套用 Vygotsky 的用詞（Vygotsky, 1978），就是近側發展區。然而，我們不能一廂情願認為，學生會把老師說的話照單全收。我和我同事 Karen R. Harris（Harris & Pressley, 1991; Pressley, Harris, & Marks, 1992）說明過，當教師向學生講解完一個策略，學生不一定就完全吸收，但這就已經是一個開始。如果接下來，教師讓學生應用策略，並引導學生在情境中使用策略，學生就能學習到更多。藉著額外練習的機會，學生會漸漸了解策略能在什麼時機運用，以及如何運用。藉著練習的增加，教師就不再需要提供協助，甚至在可以應用策略時也不用加以暗示。最後，學生能夠有

彈性及合宜地使用策略，甚至和其他策略及知識一起使用。

　　如果要說我們從 Lev S. Vygotsky 身上學到了什麼，那就是一代傳一代的認知能力及策略。成人帶領著兒童發展認知能力，用他們不可能自己發現的方式思考（有多少父母教導兒女們打棒球，而這些父母小時候也是父母親教他們的呢？）。在這種代代相傳的教學中，有講解，但更多的是鷹架教學，因為人們不只要聽，更要在真實的情境中從做中學，所以鷹架教學非常重要（有多少父母花費大量時間在少棒比賽中引導兒女們學習？）。懂得有效促進兒童發展的大人，不會讓兒童自己去發現技巧（即使是偉大的全壘打王 Babe Ruth，也是有好老師在巴爾的摩的聖瑪莉學校教導他們打棒球，才能成為一位成就非凡的棒球選手）。發現學習是一種錯誤的教學方法；如果白天上學時間由一位有效率的讀寫老師來帶領孩子們進行學習讀寫，就如同少棒隊夠幸運地獲得一位好教練在放學後進行訓練，那麼鷹架教學就很容易讓人信服了。

# 總結

　　我們已經談了很多小學閱讀教育，現在大家爭論的主要是針對技巧教學和全語言教學孰優孰劣，特別是低年級時的自然發音法及全語言。

　　全語言就像只會打球賽的少棒隊，如果沒有足夠的能力，就直接進行全語言活動或比賽，是沒有好處的，而技巧導向的教學就像不斷練習內野、外野及打擊一樣。除非球員嘗試過各種技巧，像是撿滾地球、高飛球，還有連續打擊，否則他們不會成為棒球選手，也不會知道球賽裡每個細節都是環環相扣的。棒球，就跟所有的運動一樣，需要技巧發展及應用練習，每個發展階段都有適合的練習目標。

　　以此類推，閱讀也同時需要發展技巧，練習把難度適中的技巧運用於閱讀與寫作的實務中。這也就是為什麼平衡式教學會比技巧導向教學或全語言教學好的原因。平衡式比任何形式的全語言教學牽涉更多系統化的技巧教學，而且只把教學重心放在已被證實有需要的部分。但平衡式教學也建議，在技巧導向教學中加入更多文學讀物及寫作的元素。

　　當學生逐漸熟練閱讀與寫作，他們也因為美好的成功經驗而想要讀更

多、寫更多。全語言的罩門就是缺乏技巧教學，可能因此降低讀寫的長期動機。同時，缺乏閱讀及寫作的有趣經驗來點綴技巧導向的教學，也可能降低兒童對讀寫的興趣，因為兒童就跟一般人一樣，喜歡有趣的事物。平衡式讀寫教學就是最好的管道，維持並促進學生不斷學習讀寫，不但提供成功讀寫所需具備的技巧，還讓他們透過有趣的書籍以及撰寫一些主題對他們來說很重要的文章，來練習這些技巧。

在本書第三版的最末，我覺得有義務要問一個時常縈繞我心的問題：為什麼我不多談點評量方面的研究呢？這是現在教育決策者多麼重視的一個問題啊。第一個理由是，這本書的主題是教學，而另一個理由是，在我看過那麼多優秀的班級中，評量都是隱而不顯的，只有一個例外：優秀的教師會用各種非正式的方式來評量他的學生——監控每位學生的學習情形，以及檢視他需要什麼幫助。優秀的教師勤於觀察，適時提供指導，為學生指引方向。雖然優良的教師還是會施行以課程為導向的測驗——例如，拼字測驗及瞬認字流暢性測驗——但都很少用標準化測驗。沒錯，他們會發學習單讓學生練習為這類的測驗做準備，但他們不會太依賴學習單，也不會在考前大幅更改課程內容。也就是說，我聽說很多優秀的老師都認為，許多強加在他們身上的標準化測驗效果都很有限。簡而言之，我所遇過傑出的平衡式教師，選擇評量方面的偏好都和我最敬愛的學者很相像（Allington, 2001; Johnston & Rogers, 2001; Murphy, with Shannon, Johnston, & Hansen, 1998; Paris, 2001; Paris & McEvoy, 2001; Paris & Urdan, 2001）。他們都非常重視非正式的評量形式，並經常使用，而且他們並不是很相信標準化測驗的效度（見 Johnston & Rogers, 2001）。他們不認為標準化測驗對他們的教學有什麼正面的影響，而認為兒童上學的每一天都必須進行很多對身心有益的活動。

也就是說，我知道國家勢必繼續執行考試評量，但我希望大家可以好好思考我們要測驗的目標究竟是什麼。一位傑出的讀寫學者 Jill Fitzgerald（Fitzgerald & Noblit, 2000）決定要以本書所描述的平衡式教學教導一個一年級的班級。當 Jill 教學的時候，她整理了一些小朋友的成長記錄：

1. 音素覺識增強了。

2. 瞬認字變多了。

3. 兒童結合字母和語音的能力變好了，也更了解拼字的組型。

4. 兒童認字策略進步了，會使用視覺文字（visual-letter）線索、句法線索以及情境線索。

5. 他們的字彙量增加了。

6. 他們逐漸了解閱讀是理解和溝通的過程，也因此能分享更多他們從中學習到的一切。

7. 他們培養了閱讀的嗜好，並且希望能讀得更多。

8. 他們學會對讀本做出情緒上的反應（例如，愛上一個故事、感到害怕）。

9. 對自己愈來愈會閱讀感到很開心，彷彿學會了以前所不會做的事。

這些都是了不起的成就，而時下的標準化測驗只能看出其中幾項這樣的變化。當這種測驗發展成熟後，我希望會有更新的方法，能夠一舉測出這些面向出來。

近年來，我們之前所談到關於初始讀寫教學的議題，幾乎都淪為派系間的唇槍舌戰，但初始讀寫教育的討論的確應該要更健康而有建設性，能引領出更多這方面的實務研究。我是希望如此，但如果還不行，我也有信心，這些還沒問世的讀寫研究會陸續誕生。因此這本書第三版結論的實踐也只是時間問題，端看新的研究結果而定。

# 附錄　讀寫能力發展之里程碑
## （或何時發生何事）

## ╱零至二歲（嬰幼兒時期）╱

- 讀寫萌發經驗開始發展；有豐富語言互動機會的嬰兒較占優勢，語言發展從出生就開始了。例如，有語言互動機會的幼兒，會有較廣泛的詞彙發展。
- 親子間安全的依附關係是健康讀寫能力發展的基石。
- 如果依附行為出現危機（例如，嬰兒具難照顧型的氣質），父母可以在指導下學習如何和幼兒互動，以培養安全的情感依附。
- 背景知識的發展從嬰兒期就開始，兒童的基模知識正反映出他們所擁有的經驗（例如，如果幼兒去過很多次麥當勞和漢堡王，他們就會擁有速食餐廳的基模）。

## ╱二至五歲（學齡前幼兒）╱

- 許多重要的、不同的萌發讀寫經驗可能在這個時期出現；兒童對學校讀寫教育的準備度，取決於不同質量的讀寫萌發經驗。
- 經過相當長的時間，兒童透過與大人間豐富的語言和認知互動，促成了語言及認知技巧的內化，這對閱讀來說非常重要。自我中心語言在學齡前相當常見。這個時期以內在語言為主。
- 若父母不擅於進行萌發讀寫互動（emergent literacy interactions），通常他們可以在被教導後得到很大改善，兒童語言也會有所進步。
- 「習得字母的名稱」與「學習字母與語音的關係」都非常重要。這些學習可以透過和父母互動或收看「芝麻街」等電視節目來完成。
- 開始發展認字能力。例如，讀得懂有意義的符號（logograph；例如，只要是那個金色彎彎的招牌，就是麥當勞）。四歲的幼兒會利用詞組，以類比的方式閱讀新的詞彙（例如，如果兒童認識了 bee，她或他也會認出 see 和 bee，因為都有 -ee）。

- 後來被診斷為讀寫障礙的兒童，在此階段會出現語言障礙，其語言發展和一般兒童不同。
- 隨著親子間的押韻遊戲和押韻文字的閱讀，音素覺識會受到刺激而開始發展。
- 兒童可以開始寫字，從自己發明，通常只寫出每個字的第一個子音，到一個字或兩個字的故事，然後可以自己假裝「念」成很多字和很多句子的故事，讀給其他孩子或大人聽。

## 五至七歲（學前的最後一年到低年級）

- 入學前幾年學習的學業動機最強，學生相信，只要願意去讀去寫，就會成功。
- 完整的音素覺識通常無法僅透過讀寫萌發經驗就得到良好的發展，但可以在幼稚園時透過教學來奠定基礎，這對以後的學習很有幫助。這種教學通常包含各種活動，讓學生聽出以及玩弄詞彙裡的各種語音。這種音素覺識教學融入幼稚園及全語言的學前環境，就能對之後的讀寫能力發展有正面的影響。
- 很多兒童開始嘗試字母式的閱讀，可以念出大略的字音（例如，會只根據特別明顯的字母來閱讀）。
- 從進入幼稚園的前幾天開始，正規的學校教學包含了每天都有的閱讀及寫作。當學生閱讀及寫字愈來愈流暢時，活動的種類與範圍就要開始增加。
- 兒童能夠透過自然發音教學法學習解碼——透過綜合式語音法的效果會優於分析式語音法，兒童也能透過類比法來學習解碼。說自然發音法和類推法不能結合是沒有道理的，當兒童透過自然發音法學習的時候，他們也習得了詞彙組成的知識，而即使一開始只會使用詞彙的某些部分，兒童也能學習將詞組的聲音和另一個聲音結合起來（例如，結合 s 和 -ee 而發 see）。有大量證據顯示，有效的解碼教學是要教學生如何分析組成語詞的每個語音，以及如何結合這些語音。當學生學會解碼後，他們自動辨認瞬認字的能力也就進步了（也就是經常解碼的字就會成為瞬認字）。

- 接受純粹全語言教學的學生，被教導要將語意情境線索作為解碼的主要工具，但是這種教學效能不佳，不像自然發音法或是詞組類比法那樣，能穩定地幫助學生熟練地解碼。
- 優秀的班級都會有平衡全語言（也就是閱讀真實的讀本與文章）和技巧教學的學習經驗。兒童在真實的閱讀與寫作過程中，教師會提供鷹架，帶領學生應用讀寫技巧。課堂中有融入讀寫能力及課程內容的整合教學。我們有合理的理由懷疑，極端技巧導向或是極端排斥技巧的教學（也就是技巧教學只有在閱讀和寫作過程中，非常必要時才進行），都不如平衡式教學來得有效。
- 智力正常的一年級學生中，有20%至30%難以習得解碼。這些解碼的困難大部分能透過密集性的教學來改善，只有一小部分是生理上的讀寫障礙，天生沒辦法處理音素，或是有視覺－空間上的問題。
- 兒童開始學習寫作策略，尤其是計畫、起草以及修正等策略，第一學年結束時可能已經能夠寫出長達數頁的故事。
- 繼續習得詞彙：直接教導詞彙，比起放任學生浸淫在豐富的語言環境中任意學習，效果來得顯著而良好。

## 七至十一歲（小學中、高年級）

- 學業動機逐漸下滑，尤其是遭遇學習困難與挫折的學生。在小學生涯中，學生對於「努力就會成功」的信念逐漸動搖，並將失敗歸因於能力不足。
- 隨著年級的增加，班級裡的競爭愈明顯，也削弱了許多同學的學習動機。他們漸漸學會和別人比較，並將相對的弱勢歸咎於自己能力不足。但是，好成績對優讀者來說也未必是件好事，因為有可能降低他們對閱讀的單純熱誠。也就是說，優讀者會認為閱讀是為了取得好成績。如果有一天閱讀無關乎成績，他們可能失去閱讀的動機（這就是過度合理化效應）。
- 有效的教學強調努力就會有成果，傳達努力不懈就有好成績、就能變聰明的觀念，而失敗只是學習的一個過程。在學校學習的目的是變得更好，而不是變成最好。用進步本身來獎勵學生，而不是和其他人比較，就能提升學習動機。
- 隨著年級的增加，班級的教學重心也隨之改變。也就是說，各地一年級

的課程內容可能相去不遠，但同一所學校裡的五年級，每個班級的課程可能卻都不一樣。有些核心課程（例如，理解策略的運用）是造成二至五年級的讀寫能力發展程度迥然不同的重大原因。

- 理解策略是可以教的，一般都會改善對文本的理解力，如果長期實施策略教學，並經過澈底整合，教學效果會更加理想。然而，大多數時候，技巧都是以直接而廣泛的方式進行教學。所以，學生在閱讀中所扮演的角色並不是太積極。

- 優秀的班級需要在全語言（也就是閱讀真實文本、寫作活動）和技巧教學間取得平衡點。教師在真實閱讀與寫作的過程中建立鷹架，引導學生運用技巧。還有讀寫與整合課程內容的教學。

- 閱讀小說成為很重要的語文活動。

- 隨著閱讀量的增加，自動化認字能力增強，字彙量及其他知識也接觸得愈來愈多，而讀得愈多的人則會成為較優秀的讀者。

- 閱讀不流暢的學生可以和大人進行一對一閱讀，並從回饋中獲得改善。因為理解力取決於流暢的閱讀，所以這種教學很重要。

- 詞彙教學在此階段仍應持續進行，因為還有很多詞彙要學習。

- 要強調計畫、起草以及修正過程等寫作步驟，隨著年級的增加，文章的格式規矩及拼字教學也要逐年增加。

- 學生開始閱讀其他領域的文本，其中多半是無趣的。當學生有權選擇他們要閱讀的內容時，學習動機就會比較強。

## 小學畢業之後

- 熟練性閱讀是由上而下（例如，根據背景知識預測接下來的內容），以及由下而上（例如，處理到每個字母及詞彙）兼具的。

- 熟練性讀者每分鐘可以閱讀二百至三百字，而且在閱讀時，大部分的詞彙以及詞彙裡的每個字母，幾乎都能夠處理到。閱讀時，視覺在由左而右的字裡行間跳躍，並在訊息量高的詞彙上停留。

- 熟練的讀者比較依賴字母及詞彙層次的形素－音素線索（包括認出瞬認字的部分組合）以辨認詞彙。不熟練的讀者就比較偏向利用語意－情境線索來認（就是解碼）字。然而，當詞彙一旦被認得，優讀者就會利用

語意－情境線索，來決定解碼出來的字在該上下文中是什麼意思，因此準確度就會比不熟練的讀者高。

- 熟練的讀者能毫不費力地快速辨識詞彙（也就是他們擁有龐大的瞬認字彙）。這種不費力的認字方式，能釋出短期認知容量用來理解。
- 除了不經意就學到新詞彙外，熟練的讀者可能會繼續透過詞彙教學而更上一層樓。
- 優讀者記得他們讀過文章的大概內容，有些是自動化的閱讀結果。然而，對文本的理解和記憶，也會透過使用不同的理解策略而增加，而理解策略能夠變化的部分原因，是因為有充足的背景知識，能夠讓連結性推論（bridging inference）發揮。
- 若在小學時沒有學會如何寫作，此階段教導計畫、起草及修正等策略還是有很大的幫助。
- 閱讀能力會持續發展趨於成熟，直到成人。
- 很多成人仍然是不熟練的讀者，從根本不會解碼，到尚未習得熟練性讀者所具備的技能者都有。

國家圖書館出版品預行編目資料

有效的讀寫教學：平衡取向教學／Michael Pressley著；

　　曾世杰譯. - -初版. -- 臺北市：心理, 2010.03

　　　面；　公分. -- （語文教育系列；48012）

　　　參考書目：面

　　　譯自：Reading instruction that works: the case for balanced
teaching

　　　　ISBN 978-986-191-344-5　（平裝）

　1. 語文教學　　2. 小學教學

523.31　　　　　　　　　　　　　　　　　　99001670

語文教育系列 48012

# 有效的讀寫教學：平衡取向教學

作　　　者：Michael Pressley

譯　　　者：曾世杰

責任編輯：晏華璞

執行編輯：陳文玲

總　編　輯：林敬堯

發　行　人：洪有義

出　版　者：心理出版社股份有限公司

地　　　址：231 新北市新店區光明街 288 號 7 樓

電　　　話：(02)29150566

傳　　　真：(02)29152928

郵撥帳號：19293172　心理出版社股份有限公司

網　　　址：http://www.psy.com.tw

電子信箱：psychoco@ms15.hinet.net

駐美代表：Lisa Wu（lisawu99@optonline.net）

排　版　者：臻圓打字印刷有限公司

印　刷　者：正恒實業有限公司

初版一刷：2010 年 3 月

初版四刷：2015 年 3 月

I S B N：978-986-191-344-5

定　　　價：新台幣 420 元【含光碟】